’T HOOGE NEST

Van Roxane van Iperen verscheen eerder

Schuim der aarde

Roxane van Iperen

't Hooge Nest

LEBOWSKI PUBLISHERS
AMSTERDAM 2021

Eerste druk, november 2018
Dertigste druk, juni 2021

Omslagontwerp: Riesenkind, 's-Hertogenbosch
Auteursfoto: Jan Willem Kaldenbach
Typografie: Crius Group, Hulshout

ISBN 978 90 488 5478 3
ISBN 978 90 488 4179 0 (e-book)
NUR 320

www.lebowskipublishers.nl
www.overamstel.com

OVERAMSTEL
uitgevers

Lebowski Publishers is een imprint van Overamstel uitgevers bv
Meld je aan voor de nieuwsbrief om op de hoogte te blijven van de nieuwste boeken van Lebowski Publishers via www.lebowskipublishers.nl/nieuwsbrief

WOORD VOORAF

Zodra we het bospad op rijden en het huis zich tussen de bomen aan ons openbaart, zijn we verkocht. Het spreekwoordelijke 'hutje op de hei' waarnaar we op zoek waren dekt niet bepaald de lading – dit huis is enorm en heeft zelfs een eigen naam: *'t Hooge Nest.* Onze blik glijdt over de statige voorgevel, de stenen muren bedekt met klimop en de ramen omlijst met oude luiken. Het ademt geschiedenis en grandeur, maar zonder de pretentie of stijfheid die daar vaak mee samengaat. Integendeel: de wilde bostuin, het hoge gras, de touwladders die her en der bungelen en de boomgaard achterin nodigen uit tot rennen, spelen, een fikkie stoken en avonden lang praten onder een sterrenhemel, ongemoeid door de bewoonde wereld. We kijken elkaar aan en denken hetzelfde. Als we hier toch mogen wonen.

Het onvoorstelbare gebeurt. In de nazomer van 2012 nemen mijn man en ik met onze drie jonge kinderen, een Oudduitse herder en drie katten onze intrek in een stacaravan in de tuin van 't Hooge Nest, en beginnen aan een lang traject van het in ere herstellen van dit bijzondere pand. Muren worden gerestaureerd en trappen opgeschuurd, panelen worden verwijderd en onthullen plafonds met ingenieuze balkenconstructies. Met onze blote handen trekken we vloerbedekking los en in bijna iedere kamer ontdekken we luiken in de houten vloeren en schuilplekken achter oude lambrisering. Daar treffen we kaarsstompen, bladmuziek, oude verzetskrantjes aan. Zo begint ook de reconstructie van de geschiedenis van 't Hooge Nest. Een verbijsterende geschiedenis die, zo blijkt, een belangrijk deel van ons oorlogsverleden omvat, dat onder een breed publiek onbekend is – zelfs in de omgeving van het huis.

Ik hoor de voormalige eigenaresse, buurtbewoners en winkeliers in de omringende dorpen uit, duik in kadasters en archieven en val van de ene verbazing in de andere. Op het hoogtepunt van de Tweede Wereldoorlog, als de treinen richting de concentratiekampen met volle capaciteit rijden en de *Endlösung der Judenfrage*, de 'Eindoplossing voor het Jodenvraagstuk', succesvol vorm begint te krijgen, wordt in 't Hooge Nest door twee joodse zussen een groot onderduik- en verzetscentrum gerund. In de jaren die volgen leer ik de nazaten van deze groep mensen kennen en komen de onderduikkinderen weer terug in het huis. Ze geven mij de herinneringen en persoonlijke documenten waarmee ik het verhaal kan inkleuren en de zussen een stem kan geven.

Langzaam maar zeker, kamer voor kamer, komen de puzzelstukjes bij elkaar tot het onvoorstelbare verhaal dat nu, zes jaar later, op papier staat. Het is een geschiedenis die mijn allereerste gevoel bevestigt: dit huis is groter dan wij zijn. Wij zijn slechts de passanten die het geluk hebben het te mogen bewonen.

MENSCH, DURF TE LEVEN

Dit verhaal begint met een lied. Hoewel het in 2017 zijn honderdste verjaardag vierde is het nog altijd een van de bekendste liedjes van Nederland, geliefd in alle lagen van de bevolking en vertolkt door stemmen uit iedere generatie: 'Mensch, durf te leven'.

Muzikaal wonderkind Dirk Witte, zoon uit een Zaanse onderwijzersfamilie, schrijft al op jonge leeftijd zijn eigen muziek en teksten. Een carrière als musicus wordt door zijn ouders niet als een serieuze levensinvulling gezien, dus als hij in 1900 op vijftienjarige leeftijd van school gaat treedt hij in dienst van een houthandel in Zaandam. Buiten werktijd schrijft Dirk stug door aan zijn muziek en op een goede dag in het voorjaar van 1914 neemt hij zijn lot in eigen handen. Hij loopt het Concertgebouw in Amsterdam binnen, waar op dat moment een afgeladen zaal geniet van het optreden van een Nederlandse conferencier van wereldnaam: Jean-Louis Pisuisse. Bij gebrek aan goede Nederlandstalige nummers bestaat zijn repertoire uit Franse, Engelse en Duitse liedjes. Na de voorstelling klopt Dirk aan bij de kleedkamer waar Pisuisse zich zit af te schminken, en spreekt hem aan: 'Ik ben gewoon een bediende in een houthandel in Zaandam, maar voor een paar verenigingen in onze plaats heb ik liedjes gemaakt die de mensen erg aardig vinden. Ik heb de leukste uitgezocht. Mag ik die eens laten horen?'

Hij overhandigt Pisuisse de tekst van 'M'n eerste', over een prille liefde van een jongen voor een meisje van de zangvereniging, die bruusk eindigt als de jongen niet meer bij stem is:

Maar toen m'n stem het niet meer dee
Kreeg ik heel gauw m'n congé

Toch blijft de jongen de rest van zijn leven aan 'z'n eerste' denken, tot aan zijn huwelijksdag aan toe:

Als ik straks nu toch nog met een ander trouw
En dan deftig ondertrouwreceptie hou
Met zwarte jassen, lang en kort
Ooms en tantes, witte port
Zie ik toch met lichte weemoed naar m'n vrouw
Als ik in de kerk dan voor het altaar sta
En gearmd de lange loper overga
En de mensen kijken uit
Naar de bruigom en de bruid
En de vrienden en vriendinnen zien ons na
En ze zingen ongezien
't Bruidskoor uit de Lohengrin
En ik sta daar en ik hoor
De sopranen van het koor
Dan denk ik toch nog weleens even aan m'n eerste

Pisuisse is enthousiast, neemt het lied op in zijn repertoire, en korte tijd later klinkt 'M'n eerste' in alle Nederlandse huishoudens. De ontmoeting met de pionier van het Nederlandse cabaret verandert het leven van Dirk Witte voorgoed en hun samenwerking zal een reeks liedjes voortbrengen die in het collectieve geheugen van Nederland is gegrift.

Enkele maanden na hun eerste succes wordt op 28 juni 1914 in Sarajevo de Oostenrijkse troonopvolger Franz Ferdinand doodgeschoten; een schot dat de laatste barrière voor het begin van de Eerste Wereldoorlog wegneemt – en de eerste in de nieuwe carrière van Dirk opwerpt.

In Nederland wordt eind juli de mobilisatie van honderdduizenden mannen afgekondigd. 'Alle miliciens zoo spoedig mogelijk onder de wapenen komen!' staat op aanplakbiljetten verspreid door het land. Kerkklokken luiden, plunjezakken worden van zolder gehaald en echtgenotes worden gedag gekust wanneer een paar honderdduizend dienstplichtigen zich moeten melden bij kazernes, opslagplaatsen en, bij gebrek aan ruimte, zelfs bij mensen thuis. Zo ook Dirk Witte, die met zijn negenentwintig jaar net binnen de meldplicht valt. Hoewel de echte strijd zich buiten de landsgrenzen afspeelt – de Duitsers laten Nederland met rust en Nederland verklaart uitdrukkelijk geen kant te kiezen –, maken de oorlogsjaren die volgen diepe indruk op hem. Dat komt vooral door de situatie in buurland België, dat weigert de Duitse troepen doorgang te verlenen. Om de weerstand te breken reageren de Duitsers met de executie van onschuldige burgers en steken zij dorpen in brand, waarop tienduizenden Belgen naar Limburg vluchten. In haar troonrede van 15 september 1914 maakt koningin Wilhelmina duidelijk dat Nederland in dit conflict volstrekte neutraliteit in acht neemt en de vluchtelingen met open armen zal ontvangen.

De Duitse troepen rukken op en jagen daarmee honderdduizenden Belgen voor zich uit, de grens over. Onder een door de Duitse legertop strak georganiseerd offensief begint de 'Verkrachting van België'. Omdat de Belgen niet willen meewerken en het op enkele plaatsen zelfs wagen de Duitsers te beschieten, wordt iedereen die van enige vorm van weerstand wordt verdacht door de Duitsers zwaar bestraft. Lugubere verhalen doen de ronde over Duitse wraakacties: van baby's die tegen muren worden doodgeslagen en verkrachting van vrouwen met gloeiend hete staven, tot nonnen die aan de klepels van kerkklokken worden vastgebonden en door het luiden ervan worden vermoord. Een deel van de geruchten blijkt achteraf Engelse propaganda om de Duitsers te dehumaniseren, maar wreed gaat het er in die periode wel degelijk aan toe: zo'n zesduizend Belgen komen door Duits geweld om het leven.

Dirk Witte is ondertussen in Eindhoven gestationeerd als ziekendrager in militaire dienst – volgens zijn zus de meest onhandige broeder ooit – en de verwondering over de situatie waarin het land en hijzelf opeens terecht zijn gekomen schrijft hij van zich af in een reeks oorlogsliedjes. Het nummer 'Aspirine', in een uitvoering van zijn creatieve partner Pisuisse, wordt door de minister van Oorlog opgenomen in de *Zangbundel voor het Nederlandsche Leger.* Het groeit al snel uit tot een lijflied onder soldaten:

's Morgens staan ze kwart voor acht
Voor de dokter, voor de dokter
Alles wat maar moet op wacht
Staat al klaar om kwart voor acht
Negen krijgen van de tien:
Aspirine, aspirien!
Aspirine voor de goeierds
Na een slapeloze nacht
Aspirine voor de knoeiers
Die verlangen: vrij van wacht!
Aspirien alleen kan baten
Voor of'cieren en voor soldaten
Voor fourier en voor sergeant
En voor 't paard van d'adjudant

Als we eens weer burger zijn
Gaan we nooit meer naar de dokter
Zelf genezen w'alle pijn
Als we eerst maar burger zijn
Kopen elk een pond of tien
Aspirine, aspirien!

Terwijl Nederland krampachtig aan zijn neutraliteit vasthoudt, krijgt de bevolking wel nadrukkelijk met de gevolgen van de oorlog te maken. Als een Angela Merkel avant la lettre had koningin Wilhelmina zich in haar troonrede nobel en gastvrij getoond; ze kon niet weten dat binnen een paar maanden één miljoen Belgen van haar aanbod gebruik zouden maken.

Op 10 oktober 1914 valt havenstad Antwerpen. De Belgen slaan massaal op de vlucht en met name Zeeland, Brabant en Limburg worden overspoeld door wanhopige zuiderburen. Treinstations zijn overbevolkt en een eindeloze stroom houten paardenkarren steekt, bepakt met huisraad en familieleden, de grens over naar Nederland. Overheidsbeleid voor de opvang van zoveel vluchtelingen is er niet en daarmee is het aan de Nederlandse burgers om een oplossing te vinden. Plaatsen als Roosendaal en Bergen op Zoom, met elk zo'n zestienduizend inwoners, nemen tussen de honderdduizend en tweehonderdduizend vluchtelingen op, waarvan er zo veel mogelijk bij mensen thuis worden geplaatst. Maar het zijn er te veel. Scholen, fabrieken, treinstations, weilanden, parken en plantsoenen: waar je maar kijkt zitten en liggen Belgische vluchtelingen. Baby's worden in de modderige berm geboren, mensen slapen buiten in de vrieskou en de toestroom houdt aan. In de dagen die volgen lijkt het alsof de buurlanden met onzichtbare handen over elkaar heen worden geschoven, de twee volkeren opeens beperkt tot het grondgebied van één. De exodus stopt pas als de Duitsers een tweehonderd kilometer lange stroomdraad langs de Nederlands-Belgische grens spannen: de Draad des Doods, twee meter hoog met lijnen om de twintig centimeter, waarop een spanning staat van 2000 volt. Omwikkeld met wollen dekens, met handen en voeten op porseleinen borden of met een suïcidale snoekduik proberen veel Belgen alsnog de grens over te komen – honderden worden geëlektrocuteerd.

Wanneer niet meer te ontkennen valt dat de situatie onhoudbaar is en de Nederlandse regering zich gedwongen ziet met een plan op de proppen te komen, neemt het militaire gezag het over. Door het hele land worden grote kampen ingericht, die in veel gevallen de negatieve connotatie van dit woord eer aandoen. Bij gebrek aan eenduidig overheidsbeleid is de organisatie van de kampen afhankelijk van de plaatselijke commandant, en de meeste gezinnen zitten uiteindelijk gewoon opgesloten in houten barakken onder militair regime. Er zijn veldkeukens, primitieve wasplaatsen en greppels die dienstdoen als riool. In het Hollandse voedsel vinden de Belgen ook al weinig troost: het is iedere dag weer hopen dat er geen erwtensoep geserveerd wordt – *béton armé,* zoals er in België nog jaren nadien vol afgrijzen aan wordt gerefereerd.

De vluchtelingenmassa drukt te zwaar op de samenleving. De Nederlandse regering treedt in onderhandeling met de Duitse bezetter en verzoekt om een terugkeer van de Belgen zonder represailles. De Duitsers zeggen toe, en inmiddels is ook duidelijk dat de ware strijd zich in de loopgraven aan het front afspeelt, waardoor grote delen van Vlaanderen relatief veilig zijn. De minister van Oorlog draagt Nederlandse gemeenten dan ook op de Belgen 'onder zachte dwang' huiswaarts te doen keren. In sommigen plaatsen wordt dit bevel met al te veel Hollandse nuchterheid uitgevoerd: in Harderwijk worden de Belgen zonder pardon de gemeente uit gezet en in Scheveningen wordt de opgevangen Belgen in het Circustheater te kennen gegeven dat als ze niet rap de trein naar huis nemen, er maatregelen zullen volgen. Rond mei 1915 zijn ongeveer negenhonderdduizend zuiderburen naar huis teruggekeerd – het einde van een bliksembezoek.

Dirk Witte schrijft tijdens zijn diensttijd gewoon door. Hoewel hij niet hoeft te vechten, maken de oorlog en de massale influx van vluchtelingen grote indruk op hem. De plotselinge chaos, de omgang met de Belgen en de houding van Nederland: hij vraagt zich af wat zijn rol in het grote geheel is, hoe hij onderdeel van dit alles kan zijn zonder zijn gevoel van eigenwaarde te verliezen.

Wanneer de oorlog bijna is afgelopen en het gewone leven weer aanvangt, komen daar zijn dagelijkse zorgen bij: hij wordt heen en weer geslingerd tussen zijn leven in de kunstwereld, waarin hij wordt omgeven door vrije geesten, en zijn 'fatsoenlijke' leven als zakenman, waarin hij een goedbetaalde baan in de houthandel heeft – precies zoals zijn burgerlijke ouders het zo graag zien. Deze worstelingen leiden in 1917 tot het schrijven van zijn lijflied: 'Mensch, durf te leven! (Memento vivere)'. Het *Algemeen Handelsblad* schrijft op 6 november 1917 een recensie over het optreden van Jean-Louis Pisuisse, waarin vermoedelijk voor het eerst melding wordt gemaakt van de uitvoering van het lied. 'Een door Dirk Witte gedichte levensles, welke het publiek gretig in zich opnam.'

Je leeft maar heel kort, maar een enkele keer
En als je straks anders wilt kun je niet meer!
Mensch, durf te leven!
Vraag niet elk minuut van je korte bestaan
Hoe hebben m'n pa en m'n opa gedaan
Hoe doet er m'n neef en hoe doet er m'n vrind
En wie weet, hoe of dat nou de wereld weer vindt
En wat heeft het fatsoen voorgeschreven
Mensch, durf te leven!

Je kop in de hoogte, je neus in de wind
En lap aan je laars hoe een ander het vindt
Hou een hart vol van warmte en van liefde in je borst
Maar wees op je vierkante meter een vorst
Wat je zoekt kan geen ander je geven
Mensch, durf te leven!

Het lied ademt verzet, nodigt uit tot kritisch nadenken en wordt vol bravoure gebracht; het is een groot succes in naoorlogs Nederland.

Niet lang na het uitbrengen ervan waagt Dirk de stap en zegt zijn baan op om zich volledig aan zijn artistieke bestaan met Pisuisse te wijden. Hij trouwt boven zijn klasse, met de mooie, welgestelde Doralise 'Jet' Looman uit Bussum, en in 1920 geven zij een architect uit Zaandam opdracht hun droomhuis te bouwen. Op een sprookjesachtige locatie midden in het natuurgebied van Naarden, op de grens tussen de hei en de bossen, verrijst een robuust landhuis. Grote ramen bieden een vrij uitzicht rondom en in de verte zelfs op de Zuiderzee. Vanuit de lucht bezien vloeit het huis over in haar omgeving, de grote tuin wordt omsloten door eikenbomen die in het bos overgaan, en op het dak liggen gele rietstengels verstrengeld zoals aan de oever van het water verderop.

Op een stralende zomerdag in 1921 poseren Dirk en Jet met hun pasgeboren dochter Doralise in de kinderwagen trots voor hun nieuwe huis: 't Hooge Nest. Witte kon toen niet bevroeden dat nog geen twintig jaar later, wanneer in de Tweede Wereldoorlog de mensheid opnieuw op de proef wordt gesteld en veel Nederlanders zich afvragen wat hun rol in het geheel is, zijn strijdkreet zo letterlijk in het door hem gebouwde huis tot leven zal komen, alsof de ziel van het lied in de stenen zit gemetseld.

I

Oorlog

'Wanneer er gevochten moet worden, moet er maar gevochten worden. Je kunt jezelf niet ontrouw worden. Je kunt jezelf ook niets wijsmaken. We stonden ervoor. We hebben gedaan wat we moesten doen, wat we konden doen. Niet meer en niet minder.'

Janny Brandes-Brilleslijper

1

Een val op het Binnenhof

Naarden, februari 1943. Janny is persoonsbewijzen aan het sorteren en Eberhard speelt in de voorkamer piano, wanneer Mik van Gilse uit Amsterdam langskomt met het bericht dat die lieve Gerrit op het Binnenhof uit het raam is gesprongen. Met zijn kop op de stenen. Dood.

Hadden ze zichzelf op enig moment wijsgemaakt dat ze hier, in dit sprookjeshuis buiten de stad, veilig waren? Dat de oorlog hoog boven hun hoofden voorbij zou trekken, zoals 's nachts de vliegtuigen van de Royal Air Force die van Engeland naar Duitsland vliegen, en weer terug? Dat het leed in grote bewegingen om hen heen zou blijven cirkelen, zoals de politiewagens die ze 's ochtends tegen vieren met ingehouden adem horen uitrukken als de razzia's beginnen? De loeiende sirenes houden hen gevangen tussen de wil ervandoor te gaan, de voordeur uit lukraak de donkere bossen in te rennen, en het kalme besef dat ze alleen maar kunnen afwachten tot de wagens gepasseerd zijn. En dat hebben ze tot nu toe steeds gedaan. Het gevaar van wat ze hier doen en de ernst van de dreiging heeft geen van hen ooit onderschat, maar de boodschap van Mik dat Gerrit zich op de klinkers van het bezette parlement te pletter heeft geworpen, brengt de realiteit weer in één klap binnen.

Gerrit Kastein was een neuroloog met stalen zenuwen en een stijve kop, die hem jammer genoeg niet van zijn lot had gered. Janny was al met hem bevriend sinds hun Spaanse tijd, toen ze als jonge twintigers met de Internationale Rode Hulp de antifascisten in Spanje ondersteuning hadden geboden. De Spaanse Burgeroorlog bleek een generale repetitie voor de jaren die zouden volgen. Gerrit en Janny voegden zich bij het comité Hulp voor Spanje: de Nederlandse afdeling van de Internationale Rode Hulp. Janny's voornaamste missie was geld inzamelen voor verbandmiddelen, waaraan in Spanje een groot gebrek was. Gerrit ging naar de oorlog als hoofd van de Nederlandse ambulance. Hij was net assistent neurologie in Oegstgeest en promovendus; een carrièreperspectief dat voor de meeste mensen voldoende reden zou zijn alle gouden eieren zorgvuldig in het mandje te houden, maar niet voor Gerrit. Vanuit het Catalaanse ministerie voor Volksgezondheid reisde hij per trein naar de Pyreneeën, vlak bij de Franse grens, waar troepen van het Volksfront tegen de fascisten vochten, en hielp daar met het verzorgen van gewonde burgers en Volksfrontsoldaten.

Na drie maanden keerde Gerrit terug naar Nederland, pakte zijn artsenleven weer op en promoveerde in 1937 aan de Rijksuniversiteit Leiden. Maar zijn ideologische vuur was niet gedoofd: hij zat in de redactie van het CPN-maandblad *Politiek & Cultuur* en gaf lezingen over de Spaanse Burgeroorlog. 'Een overwinning voor Franco is funest voor West-Europa, dus mede voor ons,' betoogde hij. Hij schreef artikelen en publiceerde in 1938 een boek getiteld *Het Rassenvraagstuk*. Het bevatte een wetenschappelijke verhandeling over klassentegenstellingen en het antisemitisme in Duitsland, die resulteerde in zijn stelling dat racisme onvermijdelijk in oorlog uitmondt. Op het bewijs hoefde hij niet lang te wachten.

Als de Communistische Partij van Nederland halverwege 1940 door de Duitsers wordt verboden, gaan de communisten ondergronds om sabotageacties te organiseren. Dokter Kastein, met zijn vrouw en twee dochtertjes woonachtig in Den Haag, is aanwezig bij de oprichtingsvergadering van de Haagse illegale afdeling van de partij en initiatiefnemer van diverse verzetsgroepen. Ook bij de Amsterdamse verzetsgroep CS-6 ontpopt hij zich als een leidende figuur en als in juli 1942 de jodendeportaties aanvangen – die voor hun succes leunen op een gesmeerde Nederlandse infrastructuur – raakt Gerrit ervan overtuigd dat het verzet tot rigoureuzere acties moet overgaan: Nederlandse collaborateurs dienen uit het veld geruimd te worden. Hij haalt de leden van de CS-6 groep over om samen met hem moordaanslagen te plegen op de mensen die de bezetter zo enthousiast bijstaan, en stelt een lijst op.

Het eerste beoogde slachtoffer is Hendrik Seyffardt: de tweeënzeventigjarige in Breda geboren, gepensioneerde generaal van de Nederlandse krijgsmacht; een man met meer medailles op zijn bef dan in een kampioenskast te vinden zijn en een pruilmond als van een hofdame. Seyffardt is sinds juli 1941 commandant van het fascistische Vrijwilligerslegioen Nederland, een nationalistisch vehikel dat feitelijk als integraal onderdeel van de Waffen-SS aan het oostfront vecht. Seyffardt is net door Leider van het Nederlandsche Volk Anton Mussert als gemachtigde in zijn schaduwkabinet benoemd; de verwachting is dat hij op korte termijn minister van Oorlog wordt en dan een algemene militaire dienstplicht ten behoeve van het Duitse leger zal doorvoeren. Hij is een logisch doelwit voor het verzet.

Op 5 februari 1943 gaat bij de woning van Seyffardt aan de Haagse Van Neckstraat 36 – tweehonderd meter van waar Kastein woont – de bel. Nietsvermoedend loopt Seyffardt naar de voordeur. Wanneer hij opendoet, ziet hij twee jonge mannen staan: de voor hem onbekende leden van de verzetsgroep CS-6, Jan Verleun en Leo Frijda. Frijda wil zich ervan verzekeren de juiste voor zich te hebben en vraagt de generaal naar zijn naam: 'Hij had zo'n mooie stem,' zou Frijda er later over zeggen. Seyffardt zegt zijn naam. Verleun schiet onmiddellijk en de twee maken zich uit de voeten in de veronderstelling dat Seyffardt op slag dood is.

Seyffardt is zwaargewond, maar weet de Sicherheitsdienst (SD) nog te vertellen dat de daders 'twee studenten' waren. Hij overlijdt de volgende dag en ondanks zijn nadrukkelijke verzoek zijn dood niet te wreken, worden er onmiddellijk razzia's onder studenten gehouden. Achttienhonderd jongens tussen de achttien en vijfentwintig jaar, onder wie zeshonderd studenten, worden opgepakt en afgevoerd naar concentratiekamp Vught.

Verleun duikt onder, in het bezit van het pistool waarmee hij de aanslag pleegde. Gerrit Kastein heeft intussen het volgende doelwit al uitgekozen. Deze keer wil hij de aanslag zelf uitvoeren, maar daarvoor moet hij snel een nieuw pistool regelen. Dat doet hij bij een verzetskameraad, Lucas Spoor, die hem er een leent – een zet die Gerrits einde zal inluiden.

Twee dagen later, op 7 februari 1943, pleegt Gerrit de tweede geplande aanslag, op Hermannus Reydon. Deze serieuze jurist en vooraanstaande NSB'er was tot het moment van de bezetting parlementair redacteur van NSB-dagblad *Volk en Vaderland*, en is zojuist voor zijn trouw aan het Groot-Duitse gedachtegoed beloond. Enkele dagen voor de aanslag is hij benoemd tot president van de Nederlandsche Kultuurkamer, het staatsorgaan ten behoeve van 'gezonde kunst voor de arische mens', waarvan alle Nederlandse kunstenaars lid moeten worden, én tot secretaris-generaal van het speciaal opgerichte NSB-departement van Volksvoorlichting en Kunsten.

Kastein belt 's avonds aan bij het huis van Reydon in Voorschoten en diens vrouw doet open. In koelen bloede schiet Gerrit haar dood, sluit de deur en wacht binnen in de donkere gang tot Reydon thuiskomt. Na enige tijd hoort hij de sleutel in het slot; de voordeur zwaait open en hij schiet onmiddellijk. Reydon wordt in de nek geraakt en Kastein maakt zich uit de voeten. Reydon is zwaargewond en ligt nog een halfjaar verlamd in het ziekenhuis voor hij alsnog overlijdt.

Gerrit Kastein is degene die de trekker overhaalt, maar Reydon en zijn vrouw zijn door de Duitsers bewust geofferd in een vooropgezet plan om Kastein in de val te laten lopen, geheel conform het ongeschreven motto 'een dode verzetsstrijder is belangrijker dan een levende NSB'er'. Kastein heeft de pech aan de andere zijde van de strijd een man te treffen die hem in ambitie evenaart, maar in rücksichtslosheid overtreft. SS-Sturmbannführer Joseph Schreieder is onder Heinrich Himmler opgeklommen tot de rang van Kriminalrat, en in die rol verantwoordelijk voor de contraspionage van de SD in Nederland, gestationeerd op het Binnenhof. Zijn hoofddoel is het oprollen van verzetsgroepen – en daartoe is alles geoorloofd.

Zogenaamde verzetsvriend Lucas Spoor, die Gerrit het pistool levert, is eigenlijk Anton van der Waals: een Nederlandse spion voor de SD die in verzetsgroepen infiltreert – een man die de boeken in zal gaan als een van de grootste landverraders ooit, in een tijdperk waarin die toch ruim voorhanden waren. Kastein heeft hem bij een eerdere ontmoeting, de dag na de aanslag op Seyffardt, gevraagd of hij hem op 6 februari een pistool kan leveren. Meteen na dat verzoek is Van der Waals naar zijn chef, Schreieder, gesneld. Die kent geen enkele twijfel: natuurlijk geven ze die kerel een wapen en natuurlijk schiet hij daarmee iemand overhoop. Dan laten ze sectie verrichten op het lijk en kunnen ze aan het kaliber van de kogels zien of de nieuwe vriend hun wapen heeft gebruikt. Is dat het geval, dan kunnen ze ook wel aannemen dat hij Seyffardt heeft doodgeschoten.

In de vroege ochtend van 6 februari overhandigt Anton van der Waals als verzetsman Lucas Spoor het pistool aan Gerrit. Op het Binnenhof wachten Schreieder en zijn SD-collega's in spanning op de afloop van hun spelletje Russische roulette. Wie zal het leven laten?

Lang hoeft Schreieder niet op zijn lichamen te wachten. Reydon eindigt zwaargewond in het ziekenhuis, maar gelukkig hebben ze het lijk van zijn vrouw om sectie op te plegen. Met grote tevredenheid neemt Schreieder de rapporten in ontvangst: de schoten zijn inderdaad gelost met het pistool dat hij zijn infiltrant heeft meegegeven. Dat een secondant van Mussert en zijn vrouw moesten sneuvelen is vervelend, maar, zo redeneert hij: NSB'ers genoeg.

Als Anton van der Waals verslag komt uitbrengen bij zijn baas, wacht hem een nare verrassing: Schreieder wil Kastein niet arresteren. Integendeel, hij wil juist dat Van der Waals de banden met Kastein verder aanhaalt en via hem meer informatie over verzetsdaden en -kameraden vergaart. Van der Waals is inmiddels doordrongen van de koelbloedigheid van Kastein en ziet niets in het idee: hij mag dan een productieve verrader zijn, moedig is hij allerminst. Hij vreest dat hij zelf weleens de verliezer in dit spelletje zou kunnen worden. Van der Waals probeert Schreieder te overreden, maar Schreieder peinst er niet over de operatie stop te zetten. Sterker nog: hij ziet het als een mooie krachtmeting tussen zijn topinfiltrant en die fanatieke communist Kastein. Als *unser* Anton daarin het onderspit delft, is dat conclusie en oplossing ineen.

Op 19 februari 1943 heeft Van der Waals een nieuwe afspraak met Gerrit Kastein in café De Kroon aan de Houttuinen te Delft – en wordt het probleem onverwacht vanzelf opgelost voor de spion. Een overvalcommando van de SD heeft net daarvoor Kastein gearresteerd. Schreieder is woedend en vermoedt dubbelspel van zijn laffe spion: heeft die uit angst voor Kastein misschien een collega-SD-leider gevraagd actie te ondernemen? Kastein is intussen in de boeien geslagen; op zijn lijf zijn twee revolvers gevonden, die hem worden afgenomen. Agenten leiden hem naar een gereedstaande dienstwagen en hij wordt naar het Binnenhof gebracht, waar sinds de bezetting het hoofdkwartier van de Sipo/SD is gevestigd: de politieke recherche en de geheime dienst. Maar Gerrit heeft niet voor niets zo'n geduchte reputatie bij zijn tegenstanders; hij is niet van plan zich als een mak schaap door de Duitsers te laten afvoeren. Als hij op het Binnenhof uitstapt, ziet hij zijn kans schoon: met geboeide handen vuurt hij via een speciale binnenzak in zijn broek een pistool van klein kaliber af. Een agent wordt in zijn been geraakt en een ander schot ketst af voordat ze hem het pistool afhandig kunnen maken.

Binnen zitten vier mannen hem al op te wachten voor verhoor. Na een tijdje vertrekken twee agenten voor koffie en een derde voor een plaspauze. Eén SD'er is geen partij voor Kastein. Hij vloert de man, trapt het raam in en neemt een sprong vanaf de tweede verdieping. Op tweeëndertigjarige leeftijd wordt de arts dan toch geveld, als hij met zijn kop op de kasseien van het bezette Binnenhof landt – precies op de plek waar een week eerder het eerste slachtoffer van zijn lijst, luitenant-generaal Seyffardt, onder een haag van gestrekte armen een grootse uitvaart kreeg.

~

In 't Hooge Nest zijn ze allemaal kapot van het nieuws. Bob komt thuis van zijn werk op het distributiekantoor in Weesp en treft hen met strakke, bleke gezichten in het schemerdonker van de voorkamer. Janny neemt haar man apart en vertelt hem wat er is gebeurd. Bob en Gerrit waren goede vrienden uit het communistische circuit. Als Janny hem deelgenoot maakt van Gerrits overlijden en de bizarre omstandigheden van het ongeluk, zakken zijn schouders naar beneden, de aktetas glijdt bijna uit zijn hand. Natuurlijk, ze wisten dat Gerrit voor de partij gevaarlijke opdrachten uitvoerde en een cruciale rol speelde bij aanslagen op Nederlandse collaborateurs, maar op een vreemde manier hadden ze hem onaantastbaar gewaand.

Die avond is de sfeer tijdens het eten bedrukt en er wordt op gedempte toon gesproken: iedereen wil van Mik horen wat de laatste ontwikkelingen zijn. De lange tafel zit vol mensen, kaarsen verlichten de serieuze gezichten. Ze spreken over het te verwachten tweede front, over de dysenterie-epidemie die al maanden om hen heen kinderlevens eist en over de voortgang van de aanleg van Hitlers Atlantikwall, die hen uit Bergen heeft verdreven, naar 't Hooge Nest hier in Naarden.

Ze proberen hun verdriet voor elkaar te verbergen, zoals altijd.

Na het eten, wanneer de kinderen naar bed zijn, halen ze herinneringen op aan Gerrit. Aan zijn en Janny's jaren tijdens de Spaanse Burgeroorlog, aan zijn rol in het verzet en aan de groeperingen die hij sinds het begin van de bezetting bijeen heeft gebracht. Over zijn strategische inzicht en organisatietalent, die nooit een excuus waren niet ook zelf vuile handen te maken. Ook speculeren ze over het motief van zijn sprong uit het raam. Gerrit kennende wilde hij de vijand nog één keer te slim af zijn: met de verwondingen van de val zou hij naar het ziekenhuis zijn gebracht, waar het voor hem misschien nog mogelijk was geweest te ontsnappen. Niet alleen omdat het een nieuwe locatie met nieuwe omstandigheden was, maar ook omdat hij daar, als neuroloog, de weg wist. Een gehavend lichaam deed hem niks, zijn hersenen moest hij preserveren voor de strijd. Maar hij kwam zo ongelukkig op dat verdomde Binnenhof neer dat hij het niet kon navertellen.

Gerrits dood is een tastbaar bewijs van de nieuwe fase waarin de bezetting is beland: aan beide zijden zullen nu in hoog tempo meer doden vallen.

Vlak voordat Mik weggaat, terug naar Amsterdam, neemt hij Lien en Eberhard, Janny en Bob in de hal apart. Ernstige ogen in een jeugdig gezicht; de oorlog drukt zwaarder dan de tijd.

'Pas op dat jullie hier niet té veel mensen in huis nemen. Dat kan op den duur fout gaan.'

'Mik,' reageert Lien verontwaardigd, 'als iemand in nood is, moeten we hem toch helpen!'

'Ik wil jullie alleen maar waarschuwen: wees voorzichtig.'

Ze kussen Mik, een laatste omhelzing, en kijken hem na terwijl hij het tuinpad af loopt, het donkere bos in.

2

De Slag om de Nieuwmarkt

Amsterdam, 1912. Als de slag om de Nieuwmarkt anders was beslecht, had het gezin Brilleslijper waarschijnlijk niet bestaan. Het was daar, op het plein in de Amsterdamse Jodenhoek, aan de voet van de eeuwenoude stadspoort De Waag, waar Joseph Brilleslijper om de hand van Fijtje Gerritse vocht.

Hun families zijn perfecte tegenpolen: Joseph stamt uit een circusgeslacht van rondreizende, Jiddisch sprekende muzikanten, en hoewel zijn vader inmiddels fruitimporteur is, kenmerkt het huishouden Brilleslijper zich nog steeds door de uitbundige vrijdagavonden thuis aan de Jodenbreestraat, wanneer alle gezinsleden zich verzamelen om muziek en theater te maken. Fijtje Gerritse daarentegen komt uit een familie van vrome Friese joden, groot en stuurs met roodblond haar, die hun zes kinderen met ijzeren discipline grootbrengen te midden van de goddeloosheid van de Amsterdamse Zeedijk, met zijn publiek van havenarbeiders, hoeren en zeelui. Vanaf jonge leeftijd werkt dochter Fijtje daar in de avondwinkel van haar ouders, op een kratje achter de kassa, met haar drie broers als uitsmijters aan haar zijde. Ze is smoorverliefd op de goedlachse Joseph Brilleslijper, maar haar ouders moeten niets van de jongen hebben: een nietsnut zonder beroep, die te pas en te onpas wegloopt om zijn rondreizende circusopa te bezoeken.

Nadat Joseph door de drie Gerritse-broers al een paar keer genadeloos op zijn lazer heeft gekregen en, wanneer hij bij Fijtjes ouders thuis om haar hand komt vragen, door hen zelfs het pand uit wordt gebonjourd, met zijn gezicht plat op de klinkers, weet hij dat er nog maar één mogelijkheid is. Hij nodigt de ongeslagen reuzen van de Zeedijk uit van hun troon af te dalen zodat hij de familie Gerritse eens en voor altijd kan laten zien wat hij waard is. Met zijn oudere broer Ruben trommelt hij wat vrienden uit de Jodenbreestraat en de Joden Houttuinen op, onder wie Stomme Öpie, een jongen die nog nooit een woord heeft gesproken maar die zo beresterk is dat niemand dat hardop durft te zeggen, en met gebalde handen en opeengeklemde kaken koersen ze richting De Waag. Voor de Vishal op de Nieuwmarkt komt het tot een spectaculair vuistgevecht, en voor het eerst in hun bestaan worden de gebroeders Gerritse op de knieën gedwongen. Joseph veegt het bloed van zijn knokkels, haalt zijn 'Fietje' op bij de winkel van haar ouders en trekt met haar in bij Ruben en diens vrouw. Of het nu strategisch inzicht, brute kracht of geluk was: de overwinning is het startsein van een liefdevol samenzijn. Op 1 mei 1912 trouwen ze en Josephs vader regelt een huisje voor het jonge stel in het armste gedeelte van de Jodenhoek. Het is daar aan de Joden Houttuinen, hoek Uilenburgersteeg, dat op 13 december 1912 hun eerste kind Rebekka, 'Lientje', Brilleslijper het levenslicht ziet.

Het gezin is arm, maar gelukkig. Na een paar schrale jaren kunnen ze met hulp van Josephs vader, Opa Jaap, een winkeltje overnemen aan de Nieuwe Kerkstraat, waarboven ze met de kleine Lien hun intrek nemen. Fietje werkt dag en nacht in de winkel, terwijl Joseph als knecht bij de groothandel van Opa Jaap helpt. Het duurt nog vier jaar voor het echtpaar Gerritse vanaf de Zeedijk – slechts van hen gescheiden door het Waterlooplein en de Nieuwmarkt, maar toch een wereld van hen verwijderd – weer contact zoekt met hun dochter. De aanleiding is de geboorte van Fietjes tweede dochter, die ze naar haar moeder vernoemt: Marianne – 'Janny'. Vijf jaar later, in de zomer van 1921, wordt dan eindelijk de langverwachte zoon, Jacob – 'Japie' – geboren, en is het gezin compleet.

Terwijl Joseph en Fietje de klok rond werken om telkens het einde van de maand te kunnen halen, voedt de Jodenhoek de kinderen op. Grote gezinnen wonen in huizen zo smal als pijpenlades, met slaapplaatsen onder gootstenen en tegen de plinten in de hal, dus het leven van de kinderen speelt zich voornamelijk af op straat. Om de hoek van het ouderlijk huis bevindt zich Theater Carré, waar ze uren staren naar de toestroom van mooi uitgedoste mensen die naar de revue komen. Verderop in de Jodenbreestraat zit het Tip Top Theater, een geliefde ontmoetingsplek waar stomme films worden gedraaid en bekende artiesten als Louis en Heintje Davids optreden. Iedereen in de buurt kent elkaar; broers helpen mee de kost verdienen, zussen helpen mee de kinderen opvoeden en in de straten rond het huis hangt de geur van eten; van het Waterlooplein tot de Jodenbreestraat staan stalletjes geroosterde kastanjes, verse vis, scherpe kruiden en zure augurken uit te venten. Op vrijdag heeft Fietje, net als enkele andere vrouwen in de buurt, altijd een grote pan soep op het vuur staan voor de armen. Tijdens de oorlogsjaren, als er opeens veel Belgische vluchtelingen in de winkel verschijnen, geeft ze bezorgde moeders zonder geld toch hun boodschappen mee – 'Ik schrijf het wel op,' zegt ze dan, en stuurt ze met een glimlach de winkel uit. Op vrijdagavond komt het gezin met de rest van de familie Brilleslijper bijeen in het huis van Opa Jaap aan de Jodenbreestraat. Dan wordt er kippensoep gegeten en de hele avond met alle ooms, tantes, neven en nichten muziek en theater gemaakt. Het is een traditie die Joseph, als Opa Jaap overlijdt, met zijn eigen gezin zal voortzetten.

Zo speelt de vroege jeugd van de drie kinderen Brilleslijper zich binnen de onbemiddelde, maar beschermde omgeving van de Amsterdamse Jodenhoek af, in een gezin vol liefde en muziek. Maar in de loop van de jaren twintig wordt het leven zwaarder. De werkeloosheid stijgt, gezinnen zitten zonder eten en als Fietje eens op vrijdag bij een buurvrouw langsgaat, blijkt diens traditiegetrouwe pot soep voor de armen een grote pan met stomend heet water. Het pand waarin hun winkel en daarboven hun woning zijn gevestigd, wordt verkocht aan een grote firma en ze moeten noodgedwongen verhuizen naar de Rapenburgerstraat. Het is maar een blok verwijderd van hun oude huis, maar moeder is haar winkeltje kwijt en dat verlies valt haar zwaar. Joseph verdient in z'n eentje te weinig om het huis te kunnen betalen en het gezin verhuist opnieuw, naar twee kleine kamers om de hoek van de Marnixstraat aan de rand van de Jordaan. Iedere ochtend voor dag en dauw verlaten Fietje en Joseph samen het huisje om geld te verdienen als fruit- en groentegrossiers.

Pas als in 1925 tot hun verdriet Opa Jaap overlijdt, keert het tij een beetje: Joseph neemt met hulp van zijn broer Ruben de groothandel over, en het gezin Brilleslijper verhuist naar een pand vol familie aan de Marnixstraat, waar ze de eerste verdieping betrekken en Janny en Lien samen een prachtige kamer krijgen. Maar voor de meisjes voelt de vertrouwde Jodenhoek mijlenver weg; ze missen hun buurtje, de mensen en het vertrouwde Jiddisch-Amsterdams met de gelispelde s. Afgesneden van de Jodenhoek begrijpen de meisjes voor het eerst waarom de almaar groeiende stroom joodse vluchtelingen uit Rusland en Polen zo in smalle pandjes bij elkaar klit. In het straatbeeld rond de Nieuwe Prinsengracht, in de buurt van hun oude winkeltje, waar veel Oost-Joden altijd bij Fietje verse vis kwamen kopen, vormen ze een hecht geheel van mannen in zwarte kaftans met lange pijpenkrullen en vrouwen met hoofddoeken om.

De zusjes zijn niet alleen uiterlijk moeilijk uit elkaar te houden, ze zijn ook onafscheidelijk en genieten van de vrijheid die de liefdevolle verwaarlozing van hun ouders hun biedt. Als Joseph en Fietje 's ochtends in het donker naar de markt zijn vertrokken en Japie nog ligt te slapen, halen ze hun fietsen uit de loods en trappen met voorovergebogen lichamen langs het Olympisch Stadion via de Amstelveenseweg en dan rechtsaf naar het IJsbaanpad. Bij de houten loopbrug over het spoorlijntje naar Aalsmeer moeten ze afstappen; die brug is zo steil en hoog dat ze zich schrap moeten zetten en met gestrekte armen hun fietsen omhoogduwen, met tot spleetjes geknepen ogen om maar niet de rails in de diepte onder zich te zien. En daar, waar de Schinkel in de Nieuwe Meer stroomt, ligt op hoge palen het Schinkelbad, een in hout opgetrokken buitenzwembad vol stadswater. Met bezwete lichamen van het fietsen en de eindklim springen ze snel in het koude water om altijd net te lang door te zwemmen, zodat ze zich moeten haasten om Jaap op tijd naar school te brengen.

Janny en Lien groeien op tot twee beeldschone meiden. Ze zijn klein en donker, met een rechte neus en hoge jukbeenderen, wenkbrauwen als vossenstaarten en een onder in de nek bijeengebonden zwarte haardos. Aan het einde van de lagere school is hun opleiding klaar; vader en moeder hebben geen geld om hen nog langer naar school te laten gaan en kunnen hun hulp bovendien goed gebruiken. Het is niet erg: de zussen zijn leergierig en hebben een scherp oog voor de wereld om hen heen – Amsterdam biedt hun alles wat ze nodig hebben. Ze helpen Fietje met het huishouden, draaien volle werkweken als naaisters en zorgen voor hun broertje. Naarmate ze ouder worden, lijkt het leeftijdsverschil te krimpen maar valt het verschil in karakter meer op. Lien is spontaan en extravert, lichtvoetig van aard, zoals haar vader, en met het hoofd snel in de wolken. Janny is nuchter, soms gereserveerd, en ze heeft een ijzeren wil, zoals haar moeder.

Lien ontpopt zich als een muzikaal talent. Op jonge leeftijd zit ze in een kinderkoor en staat ze vooraan tijdens de muzikale avonden bij Opa Jaap. Als beginnende tiener volgt ze een paar jaar les aan de dansschool van Florrie Rodrigo, een joods-Portugese danseres die eerst naam maakte bij het cabaret van Jean-Louis Pisuisse en later als expressionistische danseres in Berlijn; nadat ze een toenemend antisemitisch Duitsland is ontvlucht is ze een dansschool begonnen in de Jodenhoek van Amsterdam. Joseph vindt de frivole hobby van zijn dochter niets en verbiedt haar nog langer naar Florrie te gaan. Maar Josephs koppige genen zijn sterker dan zijn gezag: via

Florrie komt Lien terecht bij de choreografe Lili Green, en rond haar zestiende verjaardag begint ze bij haar in het geheim lessen te volgen. Lili is een pionier in de danswereld, een danseres die klassieke ballettechnieken moderniseert, en ze ziet voor Lien een serieuze toekomst in het vak weggelegd. Zodoende werkt Lientje overdag als naaister, haast ze zich 's avonds naar de studio van Lili Green aan de Pieter Pauwstraat voor danstraining en toont ze 's nachts haar kunsten in de clubs rond het Rembrandtplein. Als ze weer eens bij het ochtendkrieken thuiskomt en op de trap tegen haar bezorgde moeder aanloopt, loodst die haar snel naar haar kamer voordat Joseph haar ziet.

Jongere zus Janny houdt het maar een halfjaar uit op het naaiatelier. Net als toen ze nog op school zat is ze ongeduldig en opstandig. Ze noemt zichzelf gelovig, maar niet religieus. Ze is opgegroeid midden in de Jodenbuurt, maar gaat nooit naar de sjoel. Ze komt uit een kruideniersgezin, maar ze meldt zich aan bij de zionistische organisatie Hatzair, waar vooral kinderen van dokters en advocaten zitten. Zodra ze iets merkt van een scheve behandeling verzet ze zich hevig – geïnspireerd door de historie van haar grootouders Gerritse, die haar vader te min vonden om met haar moeder te trouwen. Na het mislukte avontuur op het naaiatelier heeft ze een waaier aan baantjes en belandt dan op een laboratorium waar ze met haar verdiende geld af en toe cursussen mag volgen. Janny leert er een woordje Engels, Frans en Duits en volgt een EHBO-cursus; iets wat haar en Lientje later misschien wel het leven redt. Ze stapt uit de zionistische beweging, omdat ze van mening is dat ze moeten vechten voor een betere samenleving voor iedereen, niet voor het bestendigen van rechten voor een gegoede bovenlaag. Ze verdiept zich in het communisme, in Marx, in sociaaldemocratische grondbeginselen – vader en moeder Brilleslijper lezen thuis dagblad *Het Volk* – en gaat met iedereen, over alles, het debat aan. Met lede ogen beziet ze de aanwas van gevluchte Oost-Joden en andere emigranten in de Jodenhoek, hoewel het voor hen steeds moeilijker wordt de grens over te komen. Janny probeert haar vader te overtuigen van het bruine gevaar: het fascisme. Joseph denkt dat het zo'n vaart niet zal lopen, maar Janny ziet een reële dreiging in het vriendenverbond tussen Hitler, Mussolini en Franco, en wanneer in de zomer van 1936 de Spaanse Burgeroorlog begint, wordt ze als meisje van negentien jaar actief in de illegaliteit.

Ze is vooral bezig met de Internationale Rode Hulp: met diverse activiteiten ondersteunen ze Nederlandse vrijwilligers die in de Spaanse Burgeroorlog gaan vechten. Ook zit ze in het comité Hulp aan Spanje, en werkt daarvoor samen met vrienden van een gemeenschapshuis aan de Keizersgracht 522, die ze heeft leren kennen via Lien – journalist Mik van Gilse, fotografen Eva Besnyö en Carel Blazer en filmmaker Joris Ivens. Vanuit Amsterdam draagt Janny bij door geld op te halen voor verbandmiddelen en andere schaarse spullen, smokkelt een ambulance de grens over en ze helpt met het zoeken naar onderdak voor het toenemende aantal gevluchte mensen uit Duitsland. Van hen hoort ze verhalen over de groeiende haat jegens joden en 'bolsjewieken'. De Duitse nederlaag in de Eerste Wereldoorlog, de beurskrach op Wall Street in 1929 die voor een wereldwijde crisis zorgde die Duitsland hard trof en de steeds openlijker antisemitische sfeer – alle factoren die hebben geleid tot de verpletterende zege van Hitlers Nationaalsocialistische Duitse Arbeiders Partij, de NSDAP.

Ook de situatie in Nederland verslechtert. De economische malaise zorgt voor brede verpaupering, de werkloosheid loopt verder op en premier Colijn hanteert een ijzeren bezuinigingspolitiek. Thuis bij de Brilleslijpers gaat het ook al niet goed: Joseph heeft een aantal zware oogoperaties ondergaan en herstelt daar slecht van. Fietje en de drie kinderen brengen het geld binnen, tot ook moeder ziek wordt en in het ziekenhuis belandt. Er is één lichtpunt aan het einde van die rumoerige jaren dertig: de zussen ontmoeten allebei een man die hun leven verandert.

~

Lien is inmiddels op zichzelf gaan wonen, vooral om aan haar vaders toorn over haar dansactiviteiten te ontkomen. Ze woont in een kunstenaarscommune aan de Bankastraat in Den Haag met een kleurrijk gezelschap van studenten. Er is een gezamenlijke keuken, een huishoudpot en in de gang hangt een schoolbord met bewoners, kamernummers en administratieve mededelingen. Als Lientje door een hersenschudding aan bed gekluisterd is – ze is op weg naar danstraining gevallen – komt een nieuwe bewoner van het huis haar een bosje zelfgeplukte bloemen brengen. Ze is gecharmeerd van deze lange, blonde jongen met zijn blauwe ogen en verlegen lach. Het is Eberhard Rebling, een concertpianist en muziekwetenschapper uit Duitsland, die het nationaalsocialisme en zijn militaristische vader in zijn thuisland is ontvlucht. Eberhard is op zijn beurt gefascineerd door deze kleine, donkere vrouw met haar scherpe tong. Op papier hadden ze niet meer tegengesteld kunnen zijn, maar toch worden ze hevig verliefd. Ook muzikaal vormen ze al snel een duo: zodra Lien weer op de been is geeft ze dansles en dansuitvoeringen, daarbij op piano begeleid door Eberhard. Ze raken bevriend met andere studenten die in het gemeenschapshuis komen, met wie ze avondenlang debatteren over de dreigende politieke situatie in de omliggende landen. Zo zijn daar de jonge arts Gerrit Kastein, hoboist Haakon Stotijn en zijn vrouw Mieke, en economiestudent Bob Brandes, zoon uit een bekende Haagse architectenfamilie.

Als Lien in de zomer van 1938 voor haar werk in de revue tijdelijk op het Leidseplein in Amsterdam een kamer huurt, komt haar vier jaar jongere zusje Janny na haar werkdag vaak een hapje eten. Op een avond is Janny weer bij Lien en ontmoet daar Bob Brandes, die haar plagerig uitdaagt over haar politieke overtuigingen – hij zit in het bestuur van de Sociaaldemocratische Studentenvereniging en loopt in Amsterdam stage bij de communistische uitgeverij Pegasus. Tijdens de discussie wordt Janny zo kwaad dat ze met kussens begint te gooien om die betweter de mond te snoeren. Maar als ze enkele weken later van Lien de sleutel van haar kamer aan de Haagse Bankastraat krijgt, gebruikt ze die al snel om Bob vaker te ontmoeten. 'Het lijkt hier wel een links bordeel,' bromt een medebewoner als de zoveelste relatie in het huis wordt bezegeld.

Mevrouw Brandes, de moeder van Bob, krijgt lucht van de affaire en belt de keurige pianist die al eens in hun voorkamer een huisconcert heeft gegeven, Eberhard Rebling, om hem te vragen of hij zijn vriend Bob wil toespreken; dit meisje uit een discutabel koopmansmilieu is echt te min voor haar zoon. Eberhard hoort haar geamuseerd aan, stelt mevrouw Brandes gerust en verzekert haar dat die familie Brilleslijper heus alleraardigste dochters voortbrengt. In januari 1939 neemt Bob Janny mee naar de bioscoop in Den Haag, gaat na afloop met haar mee naar huis en vertrekt niet meer.

De ouders van Bob weigeren toestemming te geven voor het voorgenomen huwelijk: naast Janny's sociale achtergrond vinden ze haar joodse afkomst in deze tijd een risico. Hoewel hun houding haar verdriet doet, volgt ze het voorbeeld van haar eigengereide ouders: in september 1939 treden de bijna drieëntwintigjarige Janny en de zesentwintigjarige Bob vanuit Janny's ouderlijk huis in Amsterdam in het huwelijk. Zonder vader en moeder Brandes, maar wel in aanwezigheid van zijn zussen, onder wie Aleid Brandes, met wie Janny het goed kan vinden. Joseph smeert broodjes voor iedereen, Fietje is weer thuis uit het ziekenhuis en Janny is met een niet te negeren bolle buik het stralende middelpunt. Met enig leedvermaak heeft Bob een annonce van hun huwelijk in de Haagse krant laten plaatsen, met als gevolg dat meneer en mevrouw Brandes nog wekenlang worden overspoeld met gelukwensen uit hun deftige kennissenkring.

Een maand na hun trouwen, op 10 oktober 1939, wordt Robert Brandes geboren en nemen Janny, Bob en de baby hun intrek in twee kamers in de Haagse Bazarlaan bij juffrouw Tonnie de Bruin, die tippelt in de Prinsenstraat – maar dat weet zogenaamd niemand.

Het jonge stel leeft op een roze wolk, maar daarvan kunnen ze niet eten. Van haar laatste baan voor haar zwangerschap, in een fabriekshal achter de breimachines, heeft Janny een kleine zwangerschapsuitkering meegekregen, die snel slinkt. Bob stopt met zijn studie en vindt een baan als ambtenaar bij het Rijk en Janny verzorgt de kleine Robbie.

Het gezin breidt zich al snel uit: in de winter van 1939 nemen ze hun eerste onderduiker in huis. Alexander de Leeuw is een vooraanstaande advocaat uit Amsterdam, bestuurder bij de CPN en directeur van uitgeverij Pegasus, waar hij Bob heeft leren kennen. De Leeuw staat bekend om zijn hoekige karakter, maar ook om zijn felle strijd tegen het fascisme en veel gelezen publicaties. Als bekend communist en CPN-advocaat is hij een doelwit in het steeds grimmiger wordende Amsterdam. De jarenlange soberheidspolitiek van de kabinetten-Colijn heeft het land niet over de economische crisis heen geholpen, integendeel: het herstel komt amper op gang en de aanhoudende schraalte zorgt voor oplopende spanningen. Honderdduizenden joden en socialisten proberen uit Duitsland en verder oostelijk gelegen landen te ontkomen, op de vlucht voor de geweldsorgie die in de Kristallnacht eind 1938 is ontketend, waarbij joden op straat werden gelyncht. Uit angst Duitsland te schofferen heeft de Nederlandse regering hierop de grenzen gesloten voor vluchtelingen, die als 'ongewenste elementen' werden bestempeld. Bovendien, zo redeneerde Colijn, zou een massale toestroom van joden het bestaande antisemitisme in ons land enkel verergeren. 'Vermeden moet worden alles wat de strekking heeft duurzame vestiging in ons reeds zo dichtbevolkte land te bevorderen, daar een verder binnendringen van vreemde elementen schadelijk zou zijn voor de handhaving van het karakter van den Nederlandschen stam. De Regeering is van oordeel dat in beginsel ons beperkt territoir voor de eigen bevolking moet blijven gereserveerd,' vermeldt de Memorie van Antwoord bij de Rijksbegroting van 1938.

De voedingsbodem voor een zondebok toont zich ook in Nederland vruchtbaar en de haat wordt steeds openlijker getoond. In die winter van '39 wordt in diverse bioscopen in de hoofdstad *Olympia* gedraaid, de film die Leni Riefenstahl in opdracht van Adolf Hitler maakte over de Olympische Spelen van 1936 in Berlijn – een langgerekt dwepen met arische sportlichamen. De film trekt groepjes opgeschoten NSB'ers en er ontstaan vechtpartijen in de stad: NSB'ers tegen linkse en joodse jongens.

Advocaat De Leeuw voelt zich zelfs in zijn stamcafé Reynders op het Leidseplein niet meer veilig en zoekt een plek om onder te duiken. In de Haagse bovenwoning van Janny en Bob slaapt hij op zolder en moet hij zich stilletjes wassen in het zijkamertje van de pasgeboren Robbie. Het valt Janny op hoe in zichzelf gekeerd en onhandig hun onderduiker is. Als haar zuster Lientje op een morgen onaangekondigd binnenkomt en ze De Leeuw bij Janny in de woonkamer achter zijn ontbijt ziet, staren ze elkaar verschrikt aan. De Leeuw bromt wat, grabbelt zijn spullen bijeen en stuift met gebogen hoofd langs Lien naar zolder. Die trekt vragend haar wenkbrauwen op naar Janny, maar haar zus perst demonstratief haar lippen op elkaar en haalt haar schouders op alsof ze de man nooit eerder heeft gezien.

Als op 10 mei 1940 om 03.55 uur Duitse pantsertreinen de Nederlandse grens oversteken en eskaders van de Luftwaffe het luchtruim binnenvliegen, is dat voor Janny geen verrassing. Het is de dag dat het net zich sluit en de illusie van het Nederlandse neutraliteitsdenken wordt verbroken. De proclamatie van koningin Wilhelmina die dag luidt:

> Nadat ons land met angstvallige nauwgezetheid al deze maanden een stipte neutraliteit had in acht genomen, en terwijl het geen ander voornemen had dan deze houding streng en consequent vol te houden, is in de afgeloopen nacht door de Duitsche weermacht zonder de minste

> waarschuwing een plotselinge aanval op ons gebied gedaan. Dit niettegenstaande de plechtige toezegging dat de neutraliteit van ons land zou worden ontzien, zoo lang wij haar zelf handhaafden.

De eerste paar dagen hopen Janny en Bob nog dat de Engelsen de Duitsers eruit zullen jagen, maar er gebeurt niets. Vanuit hun huisje aan de Bazarlaan kunnen ze de koninklijke stallen van Paleis Noordeinde bijna aanraken, en als ze op 13 mei een konvooi chique wagens zien vertrekken dringt het echt tot ze door: Nederland is bezet. Die avond, wanneer Robbie ligt te slapen, bespreken Janny en Bob de situatie. Ze kennen de verhalen van de vluchtelingen uit het oosten, de trauma's van de Spanjestrijders en de verharde stemming in Nederland in aanloop naar dit moment. Toch bestaat er geen twijfel over: ze zullen zich verzetten tegen het fascisme. Over de mogelijke consequenties zijn ze niet naïef, hoewel ze zich geen voorstelling kunnen maken van wat hun te wachten staat.

Als Janny een paar dagen later tijdens een wandeling met zoontje Robbie in de kinderwagen plots wordt overvallen door het luchtalarm, rent ze door de Haagse straten, op zoek naar hulp. Het onheilspellende geloei vult het luchtruim, cirkelt eerst laag en zwaar om haar heen en schiet dan omhoog – keer op keer, terwijl de angst haar buik afknelt en de stoeptegels onder haar voeten voorbijschieten. Ze ziet een bekende gevel, belt aan bij het huis van kennissen van de familie Brandes, ene familie De Pres, en vraagt buiten adem of ze bij hen mag schuilen. Beschaamd maar resoluut wijzen ze haar en de baby de deur.

3

De bruine pest

De eerste die ze na de capitulatie verliezen is Anita, een vrolijk meisje uit het gemeenschapshuis aan de Bankastraat. Op 14 mei 1940 staan Lien, Eberhard en de rest van hun vrienden achter het raam in de voorkamer zwijgend naar de zwarte rookpluimen in de verte boven Rotterdam te staren – een foutje van de Duitsers die na de Nederlandse capitulatie hun vliegtuigen niet op tijd hadden teruggeroepen. Plotseling horen ze gekreun boven zich, het komt van de eerste verdieping. Lien haast zich de trap op met Eberhard achter haar aan, en ze vinden Anita krijtwit en slap op haar bed, een glazen buisje naast haar. De jonge vrouw was Duitsland ontvlucht wegens de steeds gewelddadiger uitingen van antisemitisme en ze had Lien eens verteld over de dosis arsenicum die haar vader, een joodse arts, haar als afscheidscadeau had meegegeven. Hoewel het verhaal de ernst van de situatie in Duitsland opnieuw benadrukte, hadden ze het gebaar van de vader ook wat dramatisch gevonden. Tot nu. 'Liever dood dan in handen van de nazi's,' had Anita's vader haar op het hart gedrukt.

In de rest van Nederland denken velen er hetzelfde over: wanneer het nieuws van de capitulatie bekend wordt beroven honderden mensen zich van het leven. Toch hervat het publieke leven vrij snel zijn gang; mensen gaan naar hun werk, winkels zijn open en kranten verschijnen. Janny en Lien bezoeken geregeld hun ouders en broertje in Amsterdam en ook daar oogt alles verraderlijk normaal. Bobs oudere zus Aleid is naar goed voorbeeld een gemeenschapshuis vol gelijkgestemden begonnen aan de Nieuwe Herengracht, in de buurt van de Hortus Botanicus, gevuld met vrienden als Janric van Gilse, de oudere broer van Mik, en anderen uit de gezamenlijke vriendenkring van Janny en Lien. Pas als de zussen bij Aleid langsgaan en bijna niemand van hun vrienden thuis treffen, dringt het tot ze door dat sommigen al met één been in de ondergrondse staan: ze logeren overal en nergens en komen soms thuis langs om spullen te pakken. Janny en Lien horen dat er lijsten circuleren met namen van Spanjestrijders, linkse jeugd, sociaaldemocraten, communisten en andere antifascisten die de Duitsers al in het vizier hebben. Voor de opstelling ervan leunen ze sterk op kennis van de vijfde kolonne: fascistisch gezinde burgers die graag hun steentje bijdragen door lang gekoesterde informatie vrij te geven – van Nederlandse ondernemers over hun 'rooie' klanten tot Duitse dienstmeisjes over gezinnen waarvoor ze al jaren de vuile was doen. Bezorgd dat zij, Bob en hun vrienden misschien al ergens geregistreerd staan, bespreekt Janny de lijsten met Bob, maar die haalt zijn schouders op: 'We merken het vanzelf.'

En zo begint het wachten.

Op 29 mei 1940 houdt Rijkscommissaris Arthur Seyss-Inquart zijn eerste toespraak als hoogste beambte van de bezettingsmacht, in de Ridderzaal te Den Haag. De Oostenrijkse jurist met zijn spuuglok en kleine, ronde brilletje maakt daarin duidelijk dat het Nederlandse volk niets van de Duitsers te vrezen heeft:

> Wij komen hier niet om een volkskarakter in het nauw te brengen en te vernielen en om aan een land de vrijheid te ontnemen. (...) Ditmaal is het niet gegaan om volkskarakter en geld of om vrijheid. Deze goederen des lands waren nooit bedreigd. Ditmaal is het erom gegaan of de Nederlanders zouden worden misbruikt als een springplank voor

> een aanval tegen het geloof, de vrijheid en het leven van het Duitsche volk. (...) Dat zijn de woorden, die ik heden bij de overneming van het hoogste regeeringsgezag in de Nederlanden tot het Nederlandsche volk te zeggen heb. Wij zijn niet gaarne met wapengeweld gekomen, wij willen beschermers en bevorderaars zijn om dan vrienden te blijven, dit alles echter in den zin van de hoogere taak, die wij Europeërs hebben, want het gaat erom een nieuw Europa te bouwen, dat als richtsnoer tot grondbeginsel heeft: nationale eer en gemeenschappelijken arbeid.

Nederland slaakt een collectieve zucht. Het zal er hier anders aan toegaan dan in de oostelijke bezette landen: voor dit beschaafde, westerse land hebben de Duitsers tenminste respect. Hitler heeft altijd duidelijk gesteld dat hij de Slavische volkeren als op te ruimen vuilnis in zijn achtertuin ziet, daar waar hij *Lebensraum* wil creëren, en hij hoopt dat zijn Germaanse broeders in het westen hem daarbij willen helpen. Nederland heeft zich afzijdig gehouden van de Duitse onderdrukkingspolitiek en krijgt daarvoor vast een milde behandeling terug, is de hoop in ons land. Zelfs de Duitse soldaten blijken wel mee te vallen: met het stralende zomerweer zie je ze overal in het straatbeeld en aan het strand van Scheveningen genieten ze vreemd genoeg van warme chocolademelk met slagroom. Ook in het gemeenschapshuis aan de Bankastraat zijn ze optimistisch: dat een van de bevriende grootmachten Hitler snel zal verslaan staat vast, het is alleen afwachten of dat één of misschien twee jaar gaat duren. Voor de joden hier zal het niet veel gevolgen hebben; de Nederlandse joden zijn volledig in de samenleving geïntegreerd en de rest van het land zal niet toestaan dat hun iets overkomt.

Als Lien opgewekt koffie gaat drinken bij Janny, beweegt die niet mee in haar positieve verhaal. Janny is opvallend afwezig en kortaf.

'Je moet maar niet zo vaak meer hier komen.'

Ze zegt het nog voordat ze haar zus iets te drinken heeft aangeboden. Lien denkt aan de vreemde mannen die ze steeds in het huisje ziet, de verboden krantjes, de geheime afspraken. Janny vertrouwt haar eigen zus toch wel?

'Is het Eberhard?'

Lien krijgt het bijna niet over haar lippen. Ze knijpt haar ogen tot spleetjes, houdt haar hoofd scheef en kijkt haar zusje aan. Lien weet dat Janny geen grijstinten in deze bezetting ziet, zij gelooft dat iedere dag langer met Duitsers binnen de landsgrenzen er een te veel is. En Eberhard is een Duitser.

'Hoe kóm je daar nou bij? Ik vertrouw Eberhard als mijn eigen familie.'

Janny drukt Lien tegen zich aan en zucht. Dan houdt ze haar zus met gestrekte armen voor zich en kijkt haar strak aan.

'Het is hier gevaarlijk, Lientje. Jij hebt geen idee waartoe die moffen in staat zijn. Geloof me: hoe minder jij hier bent, hoe beter. Voor jou en voor mij.'

Kort na het gesprek met haar zus staat Lien buiten de dansstudio, klaar om haar volgende dansles te geven, als een vreemde man op haar komt aflopen. Lien schrikt als hij haar aanspreekt en herkent dan zijn stem. Het is een van haar Oost-Joodse studenten; hij heeft zijn lange baard en pijpenkrullen afgeschoren en is onherkenbaar met een glad en bleek gezicht boven zijn nieuwe kleren. Hij durft Lien amper aan te kijken. Ze tovert met veel moeite een glimlach op haar gezicht en begint monter aan de les, maar de rest van de middag is haar buik verstrakt en voelen haar ledematen zo zwaar dat ze ze maar met moeite de lucht in krijgt.

~

Op een avond in oktober komt Bob thuis van kantoor met een formulier. Het is een ariërverklaring, waarop alle ambtenaren in Nederland verplicht moeten aangeven of zijzelf of hun familie joods zijn. Zodra ze Robbie in bed hebben gelegd gaan ze naast elkaar zitten en lezen de verklaring geconcentreerd door:

De ondergeteekende: …
beroep: …
betrekking: …
geboren den … te …
wonende te …
verklaart, dat naar zijn/haar beste weten noch hijzelf/zijzelf, noch zijn/haar echtgenoot(e)/verloofde, noch een zijner(harer)/hunner ouders of grootouders ooit heeft behoord tot de Joodsche geloofsgemeenschap.
Aan de(n) ondergeteekende is bekend, dat hij/zij zich, ingeval vorenstaande verklaring
niet juist blijkt te zijn, aan onmiddellijk ontslag blootstelt.
…, 1940.
(handteekening)

Bij de laatste zin laten ze hun ogen even op het papier rusten. Dan kijken ze elkaar aan. Het is begonnen. Bob zegt niets, pakt met een vies gezicht een hoek van het papier vast, opent het deksel van de potkachel en laat het langzaam in het vuur zakken.

'Wat doe jij nou?' vraagt Janny.

'Ik vul niets in en jij ook niet. Ik wil hier niets mee te maken hebben, en wat er gebeurt, dat zullen we dan wel weer zien.'

Een maand nadat Bob met zijn ariërverklaring de kachel aansteekt, wordt iedereen in overheidsdienst van wie bekend is dat hij joods is, ontslagen. Onder hen is de vader van hun vriendin Tilly en voorzitter van de Hoge Raad: mr. Lodewijk Visser. Geen van zijn collega's tekent bezwaar aan.

Janny en Bob hebben nog geen idee waartoe de strak georganiseerde registratie van joden een opmaat is en laten de verklaring verder rusten. Veel interessanter zijn de bemoedigende tekenen van verzet in hun eigen omgeving. Ze horen over de staking van tientallen leerlingen van het Vossius Gymnasium in Amsterdam, en over de burgerlijke ongehoorzaamheid van professor Rudolph Cleveringa van de Rijksuniversiteit Leiden. De protestrede van Cleveringa is door studenten met duizenden exemplaren illegaal door Nederland verspreid en Janny en Lien krijgen ook een exemplaar in handen. Cleveringa hoort, net als Bob, bij de zeer kleine groep ambtenaren in Nederland die besluit de ariërverklaring niet te tekenen – in zijn geval uit solidariteit met zijn twee joodse collega's, de professoren Meijers en David, die zojuist zijn ontslagen. Maar iedereen die het formulier weigert in te vullen dreigt ook zijn baan te verliezen. Cleveringa is geen man van impulsieve bravoure, hij realiseert zich goed wat de mogelijke consequenties zijn en toch wil hij een duidelijk standpunt innemen. Op 26 november 1940 vertrekt Cleveringa 's ochtends naar de universiteit, zogenaamd om het college van zijn collega Meijers over te nemen. Voor zijn nietsvermoedende studenten spreekt hij in het Groot-Auditorium van de Rijksuniversiteit Leiden vervolgens een protestrede uit die nog steeds wordt beschouwd als een van de beste toespraken die ooit in Nederland zijn gehouden. In zijn rede laat Cleveringa, als eerbetoon aan zijn leermeester Meijers, de verscheidenheid van diens werk de revue passeren en brengt daarmee het Nederlandse recht tot leven. Hij gaat in op de grondvesten van de verschillende rechtsgebieden en de verdiensten van Meijers tijdens zijn indrukwekkende loopbaan, en doet daarna een appel op de ratio, het geweten en het rechtsgevoel van zijn jonge toehoorders:

> Meijers is deze Nederlander, deze nobele en ware zoon van ons volk, deze mensch, deze studentenvader, deze geleerde dien de vreemdeling, welke ons thans vijandiglijk overheerscht, "ontheft van zijn functie"! Ik zeide U niet over mijn gevoelens te zullen spreken; ik zal mij eraan houden,

al dreigen zij als kokende lava te barsten door al de spleten, welke ik bij momenten den indruk heb, dat zich, onder den aandrang ervan, in mijn hoofd en hart zouden kunnen openen. Maar in de faculteit, die blijkens haar doelstelling gewijd is aan de betrachting van de rechtvaardigheid, mag toch déze opmerking niet achterwege blijven: in overeenstemming met Nederlandsche tradities verklaart de Grondwet iederen Nederlander tot elke landsbediening en tot de bekleeding van elke waardigheid en elk ambt benoembaar, en stelt zij hem, onafhankelijk van zijn godsdienst, in het genot van dezelfde burgerlijke en burgerschapsrechten.

Nadat Cleveringa zijn laatste woord heeft uitgesproken barst een daverend applaus los en zetten enkele studenten het Wilhelmus in, daarin gevolgd door de rest van de zaal. Het gevoel van saamhorigheid kolkt door de Leidse straten, maar wordt een dag later hardhandig de kop ingedrukt met de arrestatie van Cleveringa, die als straf voor zijn verzet tot de zomer van 1941 vastzit in het Huis van Bewaring in Scheveningen. De Universiteit Leiden wordt gesloten.

Janny en Lien bespreken de actie met hun vriendin Tilly om haar een hart onder de riem te steken en benadrukken de moed van haar vader, mr. Visser. Ze vinden het bewonderenswaardig hoe hij zijn rug rechthoudt, zelfs na zijn ontslag door de nazi's en hun collaborateurs bij justitie, gevolgd door de stilte van zijn collega-raadsheren. Als hem naar zijn ontslag wordt gevraagd blijft hij hardnekkig volhouden dat het niet geldt: de koningin heeft hem benoemd en alleen zij heeft de bevoegdheid hem uit zijn functie te zetten – al het andere acht hij wederrechtelijk. Mr. Lodewijk Visser laat het daar niet bij en blijft zich actief verzetten tegen de Duitsers. Hij is medewerker van de illegale krant *Het Parool* en wordt voorzitter van de Joodse Coördinatie Commissie; een landelijke, autonome organisatie, opgericht door twee joodse religieuze genootschappen.

Lien ziet in de houding van mensen als Lodewijk Visser ijkpunten van verzet die de massa vast in beweging zullen brengen tegen de bezetters – die dachten misschien dat de Hollanders hun vrij spel zouden bieden, maar ze zullen nog vreemd opkijken. Janny daarentegen rekent noch op genade van de Duitsers, noch op redding door het Nederlandse volk. Als in januari 1941, enkele maanden na de verplichte ariërverklaring voor ambtenaren, ook een registratieplicht voor álle joden in Nederland volgt, meldt ze zich dan ook niet. Als een van de weinigen in haar omgeving weigert ze de zwarte hoofdletter J van jood in haar persoonsbewijs te laten stempelen. Het enige waarvan ze later spijt krijgt, is dat ze niet iedereen in haar omgeving heeft opgedragen hetzelfde te doen. Zoals haar eigen zuster Lien, die zich niet druk maakt om deze bureaucratie, zich wel meldt en daardoor een J in haar persoonsbewijs gestempeld krijgt, net als 160 820 andere joden in Nederland. Een kleine administratieve handeling die van grote waarde zal blijken voor het deportatiesysteem dat niet lang hierna in werking treedt, gefaciliteerd door de efficiëntie en ambtelijkheid waar de Duitsers de Nederlanders zo om prijzen.

Alleen al in Amsterdam worden zo'n zeventigduizend joden geregistreerd – tien procent van het totale aantal inwoners van de stad. In de Zentralstelle für Jüdische Auswanderung, het Centraal Bureau voor Joodse Emigratie, aan het Adama van Scheltemaplein, kan op deze manier later in de oorlog met een paar simpele kaartenbakken precies worden bijgehouden wie al is weggevoerd en wie nog moet. Van iedere trein die vertrekt wordt een kopie van de namenlijst naar de Zentralstelle gestuurd, waar een boekhouder voor iedere naam de bijbehorende persoonskaart van de ene bak naar de andere bak overhevelt. Eén kaart per afgevoerde man, vrouw of kind, tot de bak met geregistreerde joden in Amsterdam bijna leeg is, en die met gedeporteerde joden vol.

4

Staakt! Staakt! Staakt!

Het is een ijskoude winter, de eerste sinds de Duitse bezetting, en onder leiding van Anton Mussert worden de NSB en diens Weerbaarheidsafdeling WA – een chique naam voor zwartgeüniformeerde knokploegen – steeds brutaler. De NSB lift mee op de rollende spierballen van de vreemde bezettingsmacht; tot de Duitse inval had de partij in het Nederlandse politieke landschap weinig te vertellen. Ondanks een fanatieke campagne met de leus 'Mussert of Moskou?', waarin Mussert werd voorgesteld als redder van de bolsjewistische dreiging, haalde de partij tijdens de landelijke verkiezingen van 1937 nog geen vier procent van de stemmen – een halvering van de bijna acht procent die ze twee jaar eerder tijdens de Provinciale Statenverkiezingen behaalde, wat ook kan worden verklaard door het feit dat traditioneel rechts geleidelijk aan standpunten van de fascisten had overgenomen.

Beschermd door Hitlers sterke arm is de bravoure van de NSB steeds duidelijker voelbaar in het dagelijks leven. De partij organiseert doelgerichte provocaties in buurten waar veel joodse gezinnen wonen en onder de mensen in de Amsterdamse Jodenhoek – het gebied tussen het Centraal Station, de Kloveniersburgwal, het Waterlooplein, de Valkenburgerstraat en de Prins Hendrikkade – heerst een nerveuze sfeer.

De bezetter heeft nieuwe richtlijnen voor de Nederlandse politie uitgevaardigd, waarin staat dat ze de NSB beter moet beschermen tijdens hun confrontaties met joden en opstandige burgers; het aanhouden van WA'ers wordt bovendien verboden.

Janny is vaak in Amsterdam. Ze ziet de strakke gezichten, hoort het gefluister in de stegen en voelt de spanningen in en rond het centrum oplopen. Het lijkt wel of iedereen haast heeft en wie geen reden heeft op straat te zijn blijft binnen. 's Avonds thuis bij Bob doet ze verslag van de situatie in de hoofdstad. Zo vertelt ze op een keer hoe ze heeft gezien dat groepjes WA'ers caféhouders bezoeken waar nog geen bordjes met VOOR JODEN VERBODEN zijn opgehangen – en dat gaat niet zachtzinnig. Bij De Kroon aan het Rembrandtplein zijn alle ramen ingegooid en bij andere door veel joden bezochte cafés slaan WA'ers, gesteund door Duitse soldaten en machteloos gadegeslagen door Nederlandse agenten, de huisraad in puin.

'Dat kan niet goed gaan, Bob. Ook gewone mensen pikken dit niet. Er is een knokpartij met NSB'ers geweest waarbij zelfs iemand is overleden, een zekere Koot, en nu hebben ze de Snoekjesgracht omgedoopt in Kootwijk.'

Janny heeft het over vechtersbaas en overtuigd WA'er Hendrik Koot. Op 9 februari had al een veldslag plaatsgevonden bij café Alcazar aan het Thorbeckeplein, een kleine uitloper van het Rembrandtplein. Alcazar was het laatste café dat weigerde VERBODEN VOOR JODEN-bordjes op te hangen en de NSB had de zaak met grof geweld overgenomen. In een overwinningsroes trekken de mannen vervolgens door de stad, richting de joodse buurt. Rond het Waterlooplein richten ze grote schade aan: ze slaan deuren en ruiten in en mishandelen voorbijgangers. Als ze de losgeslagen groep zwarthemden zien naderen trekken mensen op straat zich angstig terug in smalle stegen of schuilen in nissen, maar niet alle Amsterdammers zijn onder de indruk.

Een aantal buurtbewoners zit die zondagnamiddag in de kroeg nabij het Waterlooplein als ze buiten horen gillen dat de WA eraan komt. Zonder nadenken grijpen ze de keus van het biljart, breken die op hun knieën in tweeën en rennen ermee naar buiten. Als omwonenden de mannen met hun houten spiesen zien, snellen ze van alle kanten toe om te helpen en met een ruime meerderheid jagen ze Musserts ijzervreters de Jodenbuurt uit.

Het nieuws dat er WA'ers op oorlogspad zijn en dat de Nederlandse politie niet ingrijpt verspreidt zich snel door de stad. De dag daarna voegen vrienden en kennissen uit andere Amsterdamse buurten, onder meer vanuit de Jordaan en Kattenburg, zich bij het groepje burgers rond het Waterlooplein met de bedoeling de Jodenbuurt te verdedigen bij een nieuwe aanval. Maar die maandag 10 februari 1941 gebeurt er niets.

Een dag later is het wel raak. Op dinsdagochtend duiken er weer twee WA'ers op tussen de stalletjes op het Waterlooplein, maar als de groep burgers erop afloopt nemen ze de benen, 'zo gauw, dat kun jij je niet voorstellen', zoals een Amsterdamse getuige van het eerste uur later vol leedvermaak in het café navertelt. Een ijzerhandelaar die de buurtbewoners goedgezind is, heeft ondertussen zijn loods voor hen opengesteld. De mannen pakken er ijzeren staven en houten balken en maken zich op voor de terugkeer van de WA'ers – die niet lang op zich laat wachten.

Overal in de stad breken die dag schermutselingen en vechtpartijen uit, tussen joodse, niet-joodse en communistische burgers aan de ene kant, versus NSB-gezinde burgers aan de andere. Er doen geruchten de ronde dat ook in de Haagse Jodenbuurt wordt gevochten, en dat NSB'ers in Amsterdam van plan zijn de synagoge bij het Jonas Daniël Meijerplein in brand te steken. De sfeer in de stad is gespannen, zeker nu men aan den lijve heeft ondervonden dat de Nederlandse politie echt geen bescherming meer biedt tegen de agressie van NSB'ers. Het is leger op straat dan alleen de kou kan verklaren en als de zon achter de daken begint te zakken lijkt het bijna of de wijzers van de klok op de Westertoren zich vertraagd voortbewegen.

Na de vernederende aftocht van de twee WA'ers op het Waterlooplein heeft de NSB ruim vijftig man opgeroepen zich bij het Vendelhuis van de WA aan de Singel 400 te melden. In het vroege avonduur komen ze in beweging. In hun gitzwarte uniformen marcheren ze in colonne door de stad terwijl ze anti-joodse strijdliederen zingen, van de Singel via het Spui, het Rokin, de Nieuwe Doelenstraat en de Staalstraat naar het Waterlooplein in het hart van de Jodenbuurt. Mensen sluiten deuren en ramen, het is doodstil in de straten en de spreekkoren van de WA'ers dragen ver tussen de huizen terwijl de zon snel ondergaat.

In de Turfsteeg, bij het Waterlooplein, staan enkele tientallen gewapende Amsterdammers hen in het donker op te wachten. Even verderop staat een tweede groep klaar. Zodra de WA'ers aankomen breekt aan de kant van de speeltuin van het Waterlooplein een massaal gevecht uit. De mannen kunnen amper een hand voor ogen zien, maar volgens een van de aanvoerders is het simpel: sla op al dat een zwart uniform is. Er wordt gevochten met ploertendoders, knuppels, biljartkeus, ijzeren staven en stenen. Als de WA'ers na enkele minuten vluchten, blijft een van hen roerloos liggen. Het is Hendrik Koot. Hij wordt met een schedelbasisfractuur naar het ziekenhuis gebracht, waar hij aan zijn verwondingen bezwijkt. Koot is de martelaar die de fascisten nodig hebben om de volgende stap te zetten.

Diezelfde nacht nog wordt het hart van de Amsterdamse Jodenbuurt hermetisch afgesloten, de Jodenhoek waar meer dan 25 000 mensen wonen. De bruggen worden opgehaald en op andere plekken worden manshoge prikkeldraadversperringen uitgerold die de toegang versperren, met *Grüne Polizei*, Duitse politieagenten, ervoor op wacht. Een dag later eist de bezetter de oprichting van de Joodse Raad: een centraal orgaan dat de joodse 'rechten' behartigt en waarmee de Duitsers kunnen communiceren – wat al snel uitdraait op een orgaan dat ze verantwoordelijk kunnen houden voor het uitvoeren van hun opdrachten. Mr. Lodewijk Visser, frontman van de Joodse Coördinatie Commissie, is direct tegenstander van het orgaan en het beleid van de voorzitters van de Joodse Raad: Abraham

Asscher en David Cohen. Waar Asscher en Cohen menen namens de joodse gemeenschap te kunnen bemiddelen met de Duitsers en misschien zelfs positieve invloed te kunnen uitoefenen, vindt Visser dat ze zich veel te coöperatief opstellen. Visser weigert namens de Joodse Coördinatie Commissie met de Duitsers te praten en richt zich enkel tot de Nederlandse overheid. Later dat jaar zullen de Duitsers bevelen dat de Joodse Coördinatie Commissie haar activiteiten staakt, en wijzen ze de Joodse Raad aan als enige landelijke vertegenwoordiger van de joodse gemeenschap.

De propagandamachine van de NSB draait naar aanleiding van de dood van Koot intussen op volle toeren. NSB-weekblad *Volk en Vaderland* meldt:

> *Juda heeft het masker afgeworpen! (…) Wachtmeester Hendrik Evert Koot is vermoord. Vermoord? Neen, vertrapt met sadistischen wellust! Vermorzeld onder de lompe pooten van een nomadenvolk – dat niet van ons bloed is. Deze methode van Oostersche afslachting is slechts den Joden voorbehouden. (…) Laten de misdadigers het zich voor gezegd houden dat het nu de laatste, allerlaatste keer is geweest, dat een der onzen door Joden werd vermoord.*

In de week die volgt verschijnen in diverse Nederlandse kranten artikelen met eenzelfde toon. Er wordt melding gemaakt van de vele bijtwonden die Koot zou hebben gehad, sterker nog: een jood zou zijn strottenhoofd hebben doorgebeten. Binnen enkele dagen heeft de dood van Koot mythische proporties aangenomen en moeten Joseph en Fietje Brilleslijper machteloos toezien hoe de joodse wijk met hoge omheiningen van de rest van Amsterdam wordt afgesneden. Overal, ook rond hun woning, worden grote borden getimmerd met daarop: JUDENVIERTEL/ JOODSCHE WIJK.

Maar het is nog niet voorbij. Op 19 februari volgt weer een knokpartij, nu rond de joodse ijssalon Koco, aan de Van Woustraat 149, tussen manschappen van de Grüne Polizei en een afweerploeg van vaste klanten die al langere tijd de eigenaren in bescherming neemt: de Duits-joodse vluchtelingen Alfred Kohn en Ernst Cahn. De Duitsers worden hierbij bespoten met een speciaal geprepareerde fles ammoniakgas. Eigenaren en klanten worden gearresteerd en het incident wordt rechtstreeks aan Heinrich Himmler gerapporteerd, de leider van de SS. Van café Alcazar via de dood van Koot naar het gasincident bij ijssalon Koco: de Duitsers hebben voldoende alibi om tot een groot offensief tegen de joden over te gaan, zonder dat ze daarbij nog veel tegenwerking van de Nederlandse burgerij verwachten. Ze hoeven nog maar één ding te doen: de Joodse Raad opdragen zijn gemeenschap te ontwapenen. De kersverse voorzitters van de Raad, diamantair Asscher en hoogleraar oude geschiedenis Cohen, doen een oproep tot inlevering van alle wapens onder de joodse bevolking, vóór vrijdag 21 februari 1941. 'Wordt hieraan thans geen gehoor gegeven, dan zullen onvermijdelijk strenge maatregelen van de Overheid het gevolg zijn.'

Dat weekend maakt de Nederlandse bevolking voor het eerst kennis met een fenomeen waarmee ze al snel vertrouwd zal raken: razzia's. Mensen worden uit hun huizen gesleurd, mannen die er joods uitzien van hun fiets getrokken en vrouwen die zich ergens mee bemoeien met geweld terzijde geschoven.

Tijdens die eerste razzia's op 22 en 23 februari 1941 worden 427 joodse mannen tussen de twintig en vijfendertig jaar opgepakt; een groot aantal rond de synagogen bij het Jonas Daniel Meijerplein in Amsterdam, een kleine driehoek tussen het water en het Waterlooplein. De Nederlandse politie is niet op de hoogte gesteld en aangezien het de 23e zondagsmarkt is zijn veel niet-joodse burgers getuige van de actie. De mannen worden bijeengedreven en zitten op hun hurken met hun handen omhoog of achter hun hoofd, met spierwitte gezichten en verwijde pupillen. Soldaten bewaken ze en zetten jongens met een trap van hun laars op hun plaats, andere soldaten slaan verse aanvoer met de kolf van hun geweer vanuit omringende straten naar het plein. Vrachtwagens rijden voor, een groep wordt erin gejaagd, de chauffeur trekt op en weg zijn ze. Doorschuiven, armen hoog houden, geschreeuw, een klap. Het zijn joodse mannen in werkkleding, mannen in hun goede, zondagse pak, één man in rokkostuum. Omstanders kijken toe, hun voeten als aan de straatstenen genageld, anderen rennen naar huis. Als de laatste vrachtwagen die zondagavond is vertrokken, is het ijzig stil in de Jodenhoek.

Bij de arrestaties zitten ook vrienden van Janny en Lien. De mannen eindigen grotendeels in werkkamp Mauthausen: een concentratiekamp in Oostenrijk waar graniet wordt gewonnen. Het is weer Lodewijk Visser die verschillende malen een beroep doet op de secretarissen-generaal – dezelfde secretarissen-generaal die hem bij zijn ontslag de rug hadden toegekeerd –, of ze zich dan in ieder geval willen inzetten voor het lot van de joodse mannen die zijn gearresteerd en afgevoerd. Visser heeft gehoord dat gevangenen in het werkkamp massaal overlijden, door het werk in de steengroeve, door honger, ziekte of marteling, en vindt dat de Nederlandse overheid moet ingrijpen. Maar opnieuw vangt hij bot. De Duitsers zelf worden zo gek van deze man, dat ze dreigen hem zelf naar een concentratiekamp te sturen als hij zich niet gedeisd houdt. Het blijkt niet nodig. Lodewijk Visser overlijdt begin 1942 aan een hersenbloeding. Op zijn begrafenis is geen van zijn voormalige collega's van de Hoge Raad aanwezig.

De hele groep mannen die tijdens het weekend van 22 en 23 februari 1941 uit Nederland is meegenomen is binnen enkele maanden dood, op twee 'geluksvogels' na, die worden doorgestuurd naar concentratiekamp Buchenwald en dat overleven. Ernst Cahn van ijssalon Koco aan de Van Woustraat wordt in maart door een vuurpeloton doodgeschoten op de Waalsdorpervlakte en is daarmee de eerste burger in de Tweede Wereldoorlog die op deze wijze wordt vermoord. Zijn kompaan Alfred Kohn keert niet terug uit Auschwitz.

~

Dan gebeurt er iets buitengewoons. Een dag na de razzia's verspreidt de verboden communistische partij 's avonds laat pamfletten door de hele stad. In zwarte typemachineletters en met veel uitroeptekens staat op één vel een uitgebreide oproep tot staking en solidariteit met de joden:

Organiseert in alle bedrijven de protest-staking!!!
Vecht eensgezind tegen de terreur!!!
Eist de onmiddellijke vrijlating van de gearresteerde joden!!!
(…)
Ontrekt de joodse kinderen aan het nazi-geweld, neemt ze in uw gezinnen op!!!
BESEFT DE ENORME KRACHT VAN UW EENSGEZINDE DAAD !!!
Deze is vele malen groter dan de Duitse militaire bezetting!

STAAKT!!! STAAKT!!! STAAKT!!!

Eerder die dag, in de vroege avond van 24 februari, hebben enkele honderden CPN-leden, vooral gemeentearbeiders, gehoor gegeven aan een oproep van hun leiders om samen te komen op de Noordermarkt in Amsterdam voor een openluchtvergadering. Uit alle straten en stegen verschijnen ze op het plein; mannen in dikke jassen die met de mutsen over de oren getrokken de kou trotseren. Een mist van ademwolken en sigarettenrook zweeft boven het publiek aan de voet van de Noorderkerk en in gloedvolle bewoordingen spreken de initiatiefnemers hun gehoor toe.

Een eerder stakingsplan, vanwege de uitzending van Nederlandse metaalarbeiders naar Duitsland, was afgeblazen, maar met de keten van antisemitisch geweld van de laatste weken verwachten de CPN-leiders nu meer draagvlak om tot actie over te gaan. Iedereen hier op de Noordermarkt aanwezig, zo benadrukken de mannen, moet niet alleen zélf in actie komen, maar ook anderen aansporen mee te doen, als gezamenlijk protest tegen de behandeling en het wegvoeren door de vreemde bezettingsmacht van de Amsterdamse joden – hún Amsterdamse joden. De woede over de mishandeling van de mannen op het Jonas Daniël Meijerplein heeft iets wakker gemaakt en de organisatie van een groot protest wordt door velen die avond gesteund. Aan het einde van de vergadering worden stapels pamfletten uitgedeeld en de groep breekt op, keert terug naar hun Amsterdamse buurten om het woord te verspreiden.

De volgende ochtend breekt de Februaristaking uit: een grootschalig, georganiseerd en openlijk protest tegen de Jodenvervolging. Een cruciale eerste daad is de staking van de Amsterdamse trambestuurders; doordat de trams niet komen opdagen vragen de wachtenden bij de haltes zich af wat er aan de hand is en verschijnen ze niet op hun werk. Het heeft een domino-effect en het nieuws verspreidt zich snel door de stad. Voor velen vergt de aanzet tot staken het uiterste van hun zenuwen, een daad van ongehoorzaamheid die indruist tegen hun gebruikelijke manier van doen – maar er is steeds maar één iemand per bedrijf nodig die de zaak in gang zet. Een jongen bij de dameshoedenfabriek van de Gebroeders Van Duin dooft met een emmer water de grote kachel zodat er geen stoom meer is om hoeden te maken, waarop de hele fabriek platligt en het personeel massaal het pand verlaat. Een jonge naaister heeft haar voornemen met haar echtgenoot voorbereid: vanuit het naaiatelier op de eerste verdieping wacht ze bij het raam op zijn teken, beneden op straat, dat de staking is begonnen. Hierop draait ze zich nerveus tot de zaal met naaisters, schraapt haar keel en roept hen op het werk neer te leggen en te staken tegen de bezetter en de misdadige behandeling van de joden. Tot haar verbazing staan de vrouwen allemaal op en volgen haar naar buiten.

Als de eerste arbeiders onbevoegd hun plek verlaten en met jassen aan en mutsen over de oren getrokken op straat verschijnen, is het hek van de dam. Overal in de stad verzamelen zich groepen mensen op straat in de winterse kou, mannen en vrouwen, kantoorbedienden en stratenmakers. Eerst aarzelend en dicht bij elkaar, maar naarmate de huizen en fabrieken verder leegstromen en hun aantallen toenemen, met de borst vooruit en in afwachting van een onvermijdelijk reactie.

De Duitsers zijn volledig verrast door het verzet en de tweede dag verspreidt de staking zich naar andere delen van het land: het noorden, 't Gooi, Utrecht en voorzichtig ook in Den Haag. Er heerst een overweldigend gevoel van saamhorigheid en de spanning die door de gebeurtenissen van de laatste weken in het land heerste, maakt plaats voor hoop en strijdlust. Maar dat is van korte duur. Op de eerste stakingsdag is een bijeenkomst op de Noordermarkt al ruw uiteengeslagen door de Grüne Polizei, waardoor de angst bij de bevolking terugkeert. Op de tweede dag is er een grote politiemacht op de been, evenals de SS: de Schutzstaffel ofwel de Duitse zwarthemden, de grote broers van de WA. De noodtoestand wordt afgekondigd en met grof geweld wordt het verzet van de stakers gebroken.

Lien en Janny volgen alles vanuit Den Haag, met een opwinding die al snel omslaat in bezorgdheid. Door de Haagse straten zien ze politiewagens racen, sirenes klinken door de stad en via luidsprekers wordt mensen duidelijk gemaakt dat ze binnen moeten blijven en onmiddellijk hun werk moeten hervatten. Het is duidelijk: de fascisten zijn in paniek. Een staking zoals deze is in nog geen van de bezette landen voorgekomen. In Amsterdam vullen de stegen zich met haastig uitgerukte bataljons om de burgers terug naar binnen te slaan. Waren de straatklinkers de eerste stakingsdag vooral bezet door werkschoenen, die tweede zijn ze dat door politielaarzen. Er vallen zeker negen doden, tientallen zwaargewonden, en honderden mannen worden gearresteerd. De deelnemende steden krijgen boetes opgelegd door de Duitsers – Amsterdam alleen al moet vijftien miljoen gulden betalen – en burgemeester Willem de Vlugt wordt vervangen door een pro-Duitse burgervader: Edward Voûte. Ten slotte laat ook de net operationele Joodse Raad zich verleiden tot een oproep aan de stakende arbeiders weer aan het werk te gaan.

Janny en Lien vernemen via hun familie en vrienden uit het CPN-milieu de bloedige details van de afloop en zijn het niet eens over het effect van de laatste ontwikkelingen. Door de tweedaagse staking is Lien voor het eerst sinds de razzia's weer optimistisch over hun kansen; de Amsterdamse arbeiders hebben toch maar aangetoond dat je je zelfs tegen de ergste terreur kan verweren. Maar Janny wil er opnieuw niets van weten; ze voorspelt dat de acties averecht zullen uitpakken voor de joden. 'De Joodse Raad probeert nu de joden te kalmeren,' zegt ze tegen haar zus, 'en dat past precies in het straatje van de moffen.'

Meteen na de oorlog wordt een herdenking van de stakingen georganiseerd, en bij de eerste bijeenkomst in 1946 maakt koningin Wilhelmina bekend dat, naar aanleiding van de Februaristakingen, het motto 'Heldhaftig, Vastberaden, Barmhartig' aan het wapen van Amsterdam zal worden toegevoegd. Ondanks, of misschien wel dankzij het eenmalige karakter van dit georganiseerde protest tegen de Jodenvervolging, volgt een decennialange strijd om de rechtmatige eer voor het ontketenen ervan. De leidende rol van de CPN wordt ontkend of doodgezwegen; in de eerste jaren na de oorlog wordt de mythe gevoed dat de mensen spontaan de straten op gingen, uit woede om het beleid van de nazi's. Ten tijde van de Koude Oorlog worden leden van de partij zelfs jarenlang geweerd van de officiële herdenking van de Februaristaking. Tot op de dag van vandaag is het verband tussen de CPN en de beroemde acties niet in brede kring bekend. Een symbool van gerechtigheid is zo vreemd genoeg in zichzelf een symbool van onrechtvaardigheid geworden.

Op het Jonas Daniël Meijerplein in Amsterdam, de plek waar de slachtoffers van de eerste razzia werden opgesteld en uren in de kou op hun hurken moesten zitten, staat ter nagedachtenis aan de staking het standbeeld *De Dokwerker*: een zware, onverzettelijke man met opgestroopte mouwen en de kin omhoog, maar met hulpeloos lege handen.

5

Kinderen van de oorlog

Op het moment dat de Februaristaking plaatsvindt zit Janny letterlijk boven op de vijand. De etage aan de Bazarlaan huist boven een drukkerij waar een NSB-blad wordt gedrukt, en zo snel als de fascistische propaganda op de begane grond van de band afrolt stencilen Bob en zij één verdieping hoger met een bakbeest van een machine illegale verzetsblaadjes. Als een volleerd drukker kopieert ze haar eerste verzetskrantje, *Het Signaal* – een knipoog naar het propagandablad *Signaal* van de Wehrmacht, dat tweewekelijks in een oplage van 2,5 miljoen exemplaren in twintig talen verschijnt. Zover is Janny nog niet, maar ze stencilt moedig door met een slapende Robbie aan haar zijde.

Om haar activiteiten uit te kunnen breiden huurt Janny een pandje in de Haagse Schilderswijk, een paar kilometer verderop, waar ze een ondergrondse drukkerij opzet. De angst en het onderlinge wantrouwen groeien met de dag: na de Februaristaking zijn alle tussenpersonen en contacten met Amsterdam gearresteerd en Janny krijgt steeds vaker met wildvreemden te maken. Het maakt haar nerveus. Ieder oogcontact, een briefje zonder afzender, een ontmoeting op een straathoek in de Schilderswijk om informatie over de logistiek van de gedrukte krantjes uit te wisselen: ze weet nooit wie ze tegenover zich heeft. Zijn het mollen, naïeve avonturiers die haar in gevaar kunnen brengen, of mensen die zich, net als zij, weldoordacht voor de goede zaak willen inzetten? Bij ieder nieuw gezicht dat argwanend onder een hoed vandaan gluurt vraagt ze zich af of diegene wel te vertrouwen is. Gelukkig krijgen ze aan beide zijden codewoorden mee om elkaar snel duidelijk te kunnen maken met welk doel ze elkaar ontmoeten.

De groeiende paranoia is niet voor niets: de verhalen over werkkampen in binnen- en buitenland, waar gearresteerde joodse mannen naartoe worden gebracht, worden steeds hardnekkiger. Maar de geruchten over mensen die daar overlijden worden geweten aan de barre omstandigheden: de kou, ziekten of zware arbeid. Er geldt al een verbod voor joden om bioscopen, cafés of markten te bezoeken, en in Amsterdam moeten joden precies opgeven hoeveel huizen en winkels ze in bezit hebben, waar hun kinderen op school zitten, welke tram- of buslijnen ze nemen en naar welke culturele instellingen ze gaan. Reizen is voor joden bijna niet meer mogelijk. Het volgende doel van de bezetter is zo veel mogelijk joden uit Amsterdam, en later uit heel Nederland, op een centrale plek samen te drijven. De afgesloten Jodenbuurt lijkt daarvoor de ideale plek, maar die blokkade houdt geen stand: er zijn te veel joden in Amsterdam om in dat kleine deel kwijt te kunnen en daarnaast wonen er zeker 6000 niet-joodse Amsterdammers achter de opgehaalde bruggen. Die kunnen niet zo makkelijk uit huis worden gezet en willen bovendien gewoon bezoek blijven ontvangen en naar hun werk elders in de stad gaan. De versperringen worden weggehaald, maar de borden blijven staan: JUDENVIERTEL/ JOODSCHE WIJK. Joden mogen niet meer verhuizen. Met iedereen vast op zijn plek kan het grootschalig in kaart brengen van de gemeenschap beginnen.

Als Lien op een avond in december 1941 na een dansvoorstelling haar spullen pakt, bespreekt ze de situatie met goede vriendin en pianiste Ida Rosenheimer, die haar tijdens het optreden heeft begeleid. Lien kan zich niet voorstellen dat de bezette landen zullen toestaan dat Hitler zijn plannen nog verder doorvoert – de logistieke operatie tienduizenden mensen af te voeren lijkt haar al schier onmogelijk – maar Ida is de hele avond bedrukt. Via haar familie heeft ze vernomen dat de joden in Polen en Tsjechoslowakije in getto's worden samengedreven en dat iedereen die ook maar de minste weerstand biedt naar nieuw gebouwde concentratiekampen wordt afgevoerd. Ze vindt haar vriendin naïef en probeert haar te waarschuwen: Hitler zegt al twintig jaar dat hij de joden wil vernietigen. In het oosten is hij al begonnen, en in Nederland komen ze vast ook aan de beurt.

Die waarschuwing heeft Liens jongere zus niet nodig: Janny breidt haar activiteiten in de illegaliteit in hoog tempo uit. Bob werkt bij de centrale voedselvoorziening, iets wat later van grote waarde zal blijken, en Janny houdt zich, naast het drukken en verspreiden van illegale verzetsbladen, ook bezig met andere zaken die voor joden van levensbelang zijn geworden. Indien nodig bieden ze in hun kleine huisje onderdak aan mensen in gevaar – politieke vluchtelingen en verzetsleden die de Duitsers al in het vizier hebben. Al gauw kloppen de eerste opgejaagde communisten bij hen aan en ook voormalig Tweede Kamerlid Kees Schalker duikt bij hen onder. Hij is een van de leiders van de illegale CPN en staat op een Duitse lijst. Verkleed als een oude man, met een hoed en grijze baard, probeert hij een gedaantewisseling te ondergaan, maar net als hun eerdere onderduiker Alexander de Leeuw zal Schalker het einde van de oorlog niet halen. Robbie weet niet beter dan dat er soms vrienden zijn die een tijdje blijven logeren en als Lien bij haar jongere zus op bezoek komt en er weer een vreemde man in het piepkleine keukentje de krant zit te lezen, stelt ze niet eens meer vragen.

Daarnaast is het vervalsen en stelen van persoonsbewijzen urgent geworden. Voor mensen die willen onderduiken zijn valse persoonsbewijzen, of 'pb's', van levensbelang – een persoonsbewijs waarmee je bij een aanhouding, op straat, tijdens een razzia of bij het reizen, niet als joods kan worden geïdentificeerd, of een vals persoonsbewijs om aan te tonen dat je op een bepaald onderduikadres zogenaamd officieel woonachtig bent. De oproep eerder dit jaar aan joden zich te melden voor aanvullende registratie is zeer succesvol geweest: er zijn ruim 160 000 geregistreerde joden in het land – mensen met een grote, gestempelde J op de linkerpagina van hun persoonsbewijs, naast de pasfoto. Slechts een enkeling – zoals Janny – heeft geen gestempelde J.

De pb's zijn zo een krachtig machtsmiddel geworden, een papiertje dat op cruciale momenten het verschil tussen leven en dood uitmaakt. Een vervalst pb kan een joodse man, vrouw of kind net de mogelijkheid bieden een controle door te komen, naar familie of vrienden te reizen en zichzelf in veiligheid te brengen bij een onderduikadres. Ook de personalia op de rechterbladzijde van het pb worden nogal eens vervalst, van een uitgesproken joodse naam naar een Hollands klinkende, van Simon Wallach naar Hendrik Akkerman.

Naast persoonsbewijsvervalsingen komt een tweede belangrijke handel op gang: die van distributiebonnen en -kaarten. Door de bezetting is de handel met het buitenland bijna geheel stil komen te liggen, met een schaarste aan allerlei goederen en levensmiddelen tot gevolg. Ieder huishouden heeft een distributiestamkaart op naam nodig, waarop precies wordt bijgehouden welke distributiebonnen zijn uitgereikt. Op de kaart staan aan de linkerkant diverse categorieën – levensmiddelen, schoenen, geboorte, ziekte, brandstof, diversen –, met daarachter hokjes waarin wordt aangekruist wat en hoeveel is verstrekt. Hoewel de kaart een simpele administratieve aangelegenheid lijkt, is ook dit weer een belangrijk machtsmiddel: na de Eerste Distributiestamkaart, die aan het begin van de oorlog is ingevoerd, volgt in 1943, als de deportaties in volle gang zijn, een Tweede Distributiestamkaart, en alleen 'gewone' Nederlanders kunnen die komen ophalen. Alle mensen die zijn ondergedoken, of die een vals pb hebben, kunnen dat niet. Talloze gezinnen met onderduikers in huis, soms één, soms een hele familie, stellen als voorwaarde dat hun onderduikers niet mee-eten van hun distributiestamkaart, maar hun eigen kaart en voedselbonnen moeten regelen.

Een effectieve wijze om de groep die zich niet heeft gemeld voor transport alsnog uit te hongeren of uit hun schuilplaats te verjagen.

Ook distributiestamkaarten en distributiebonnen worden dus door verzetsmensen op grote schaal gestolen en verspreid. Janny heeft een heel netwerk van vaste, betrouwbare contactpersonen bij wie ze dit regelt. Ze reist heen en weer tussen Den Haag, Amsterdam en Utrecht, met papieren verstopt in haar beha of onder haar rok.

De vechtpartijen met de WA en de eerste razzia's hebben duidelijk gemaakt dat zowel de bezetter als de NSB geen genade meer kennen, maar toch dringt het pas in de loop van 1941 echt tot Janny door hoe gevaarlijk het is wat zij en Bob doen. Ook de jacht op de communisten is nu geopend: mensen die ondergronds werken voor de CPN worden opgepakt en verdwijnen zonder enige vorm van proces.

Volgend doelwit zijn de Nederlandse vrijwilligers die in de Spaanse Burgeroorlog tegen de fascisten streden: de oud-Spanjestrijders, waaronder veel vrienden van de zussen Brilleslijper. De meeste van hen zijn ook nu weer, of nog steeds, ondergronds actief – de Spaanse Burgeroorlog werd niet voor niets de generale repetitie van de Tweede Wereldoorlog genoemd. Oud-Spanjestrijders werken mee aan illegale blaadjes als *Het Parool, Vrij Nederland* en *De Waarheid* en vormen onderling nieuwe verzetsgroepen. Janny valt in iedere vijandelijke categorie van de fascisten en loopt driedubbel risico: ze is joods, communist en, hoewel vanuit standplaats Nederland, ook oud-Spanjevrijwilliger.

In mei 1941 wordt bekendgemaakt dat alle geregistreerde oud-Spanjestrijders zullen worden geïnterneerd. Vanaf dat moment worden ze als stateloze criminelen beschouwd. In concentratiekamp Dachau worden voor hen speciale barakken ingericht: het *Interbrigadistenblock,* en vanuit heel Europa worden ze hierheen afgevoerd. Janny hoort de verhalen van haar vrienden en realiseert zich wat de mogelijke gevolgen van haar acties zijn. Het weerhoudt haar er niet van haar werkzaamheden voort te zetten; de urgentie joden en andere mensen in nood te helpen wordt steeds groter en ze breidt haar netwerk zo veel mogelijk uit met mensen die ze vertrouwt. Om de J voor jood uit pb's te halen reist ze bijvoorbeeld naar Hans Verwer in Amsterdam. Hans is ballerina en een goede vriendin van Lientje; samen hebben ze tot voor de oorlog bij Lili Green gedanst. De fijne motoriek en sierlijkheid die van haar zo'n goede danseres maakten, komen in de oorlog goed van pas: zij en haar man zijn topvervalsers. Ook via Janny's ouderlijk huis komen goede contacten, hoewel Joseph tegen zijn dochter vaak zijn zorgen over haar werk uitspreekt. Boven de woning van Joseph en Fietje aan de Nieuwe Achtergracht wonen hun vrienden Leo Fuks en zijn vrouw Loes. Leo heeft een groot netwerk van joodse intellectuelen en brengt Janny in contact met de mensen die ze nodig heeft voor haar illegale werkzaamheden. Zo heeft ze een vast contact op het gemeentehuis dat papieren voor haar uit het Amsterdamse bevolkingsregister uitdraait en iemand die haar echte persoonsbewijzen met authentieke zegels levert, die Janny weer inruilt voor valse die worden gebruikt voor nieuwgeborenen.

In de zomer van 1941 zijn de voorbereidingen voor het bijeendrijven en in kaart brengen van alle Nederlandse joden in volle gang. Ruim 160 000 joden zijn geregistreerd, hun bewegingsvrijheid is beperkt, ze mogen geen markten, zwembaden of stranden meer bezoeken, bedrijven zijn ingenomen en radio's geconfisqueerd. Ambtenaren van de gemeente Amsterdam, waar ruim 80 000 joden wonen, hebben in opdracht van de Duitsers een 'stippenkaart' gemaakt: een plattegrond van Amsterdam waar met stipjes op de meter nauwkeurig in kaart is gebracht waar hoeveel joden wonen, waarbij iedere stip staat voor tien joodse inwoners. In één oogopslag is zo duidelijk hoeveel werk er te doen is: sommige wijken zien zwart van de stippen, terwijl andere een rustiger patroon laten zien. Beetje bij beetje en zonder noemenswaardige tegenwerking van de Nederlandse overheid, is een hele bevolkingsgroep van haar rechten en waardigheid beroofd, van de rest van de samenleving geïsoleerd en tot in detail in kaart gebracht.

Toch gaat het dagelijks leven voor de meeste mensen gewoon door. Juist de gedachte aan een betere toekomst na de oorlog, zonder naziterreur, houdt velen op de been en in de omgeving van de zussen verwachten zelfs meerdere koppels een baby. Lien en Eberhard zijn tot hun verdriet niet getrouwd – de Neurenberger rassenwetten, die in 1935 al hadden bepaald dat joden niet meer met mensen van Duits bloed in het huwelijk mochten treden, hadden dat onmogelijk gemaakt. Lien is nog steeds stapelverliefd en wordt in beslag genomen door de vraag of ze op dit moment wel een gezin moeten stichten. Janny en Bob zijn, ondanks al hun illegale activiteiten, heel gelukkig met de kleine, inmiddels eenjarige Robbie, net als Haakon en Mieke dat zijn met hun baby Renée. Haakon, zoon van de in binnen- en buitenland beroemde hoboïst en dirigent Jaap Stotijn, werkte eerst voor het radiosymfonieorkest van de VARA, maar heeft een aanstelling als solohoboïst bij het Koninklijk Concertgebouworkest gekregen. Hij neemt deze prachtbaan trots aan en het gezin verhuist van Hilversum naar de Johannes Verhulststraat 26 in Amsterdam, vlak achter het Concertgebouw – een adres dat voor de zussen van groot belang zal worden.

Zo zijn velen bezig hun leven vorm te geven, in de veronderstelling dat de bezetting niet lang zal duren. Wanneer Lien op kraambezoek gaat bij vrienden in Amsterdam, verdwijnen haar laatste twijfels zodra ze het kind in haar armen heeft.

Korte tijd later zijn beide zusjes Brilleslijper in verwachting: Lien van haar eerste en Janny van haar tweede kind.

Eberhard en Lien maken er samen weleens grappen over hoe zijn Duitse vader ervan zou gruwen als hij zijn zoon nu zou kunnen zien. Die trotse Pruisische officier uit het keizerlijke leger, die alle soorten muziek haatte met uitzondering van militaire marsen, had een zoon op de wereld gezet die zich ontwikkelde tot alles waaraan hij een hekel had: marxist, pianist, gepromoveerd muziekwetenschapper, ongehuwd samenwonend met een joodse vrouw – die nu ook nog zwanger is – in een kunstcommune in Nederland. Eberhard had zijn vaders militaristische inborst vanaf jonge leeftijd verafschuwd. De verhalen over het grote Duitse Keizerrijk, het romantiseren van de Eerste Wereldoorlog, toen zijn vader in België was gestationeerd, de opzwepende muziek die erbij hoorde. Eberhard herinnert zich zijn leven lang de stokslagen waarmee zijn vader probeerde hem gehoorzaamheid en dezelfde voorkeuren in te peperen.

Eén keer had zijn vader hem gevraagd wat te spelen, tijdens een avondje met zijn oude regimentskameraden. Ieder jaar op de verjaardag van de keizer huurden de mannen een zaaltje om het heugelijke feit daar te vieren met een driewerf hoera, toespraken en het uitwisselen van glorieuze herinneringen aan die goede, oude oorlog. Voor zo'n keizerlijke viering had vader Rebling de zestienjarige Eberhard gevraagd wat leuks op zijn piano te spelen en de tiener zag ernaar uit voor hen Beethovens Waldsteinsonate op te voeren – een stuk waarop hij al heel lang oefende. Zijn vader en diens vrienden stampten en klapten hartstochtelijk mee op de muziek. Vader Rebling vroeg zijn zoon of hij, na dat gepingel aan die sonate, nu eens een fatsoenlijke militaire mars wilde spelen. Met een rood gezicht durfde Eberhard te weigeren, ondanks zijn vaders herhaaldelijk aandringen. Als excuus voerde hij aan dat hij de dringende instructie van zijn leraar had gekregen alleen dát te spelen waarop hij fatsoenlijk had gestudeerd.

Eberhard had het geluk dat dirigent Otto Klemperer hem onder zijn hoede nam, en hij ontwikkelde zich tot een begenadigd pianist. Door Klemperer leert hij de wereld kennen van Stravinsky, Paul Hindemith, Wagner en Beethoven. Hij studeert muziekgeschiedenis, Duits en filosofie in Berlijn, en voelt zich steeds meer aangetrokken tot het communistische gedachtegoed. In 1935, Eberhard is dan vierentwintig jaar, promoveert hij op 'De sociologische grondslag van de stijlverandering van muziek in Duitsland rond het midden van de 18e eeuw'. In die periode is hij al werkzaam voor de communistische partij, en het heersende klimaat in zijn land én zijn familie grijpen hem steeds meer naar de strot. Met de machtsovername van de NSDAP, twee jaar eerder, was de Weimarrepubliek ten einde gekomen en Adolf Hitler had zichzelf dictatoriale volmachten gegeven om zijn plannen voor het Duitse Rijk in gang te zetten. Eberhards oudere broer Dietrich, die in hun vaders ogen tenminste wel tot een eervolle zoon was opgegroeid, sluit zich bij de nationaalsocialisten aan en Eberhard neemt een besluit: zodra zijn studieschulden zijn afbetaald verlaat hij het land dat een koers uitzet waarvan hij geen deel wil uitmaken, en een familie die maar al te graag op Hitlers tanker meelift. Een jaar later, in 1936, verlaat hij *die Heimat* en komt met zijn typemachine en een paar centen aan in Den Haag, waar hij zijn grote liefde Lientje ontmoet. De rest is geschiedenis.

6

De huiszoeking

Het bovenhuis van Janny en Bob in Den Haag is een broeinest van verzetsactiviteiten. Ze bieden er onderdak aan staatsvijanden: opgejaagde joden, verzetslieden, leden van de illegale communistische partij. Eerst Alexander de Leeuw, de nukkige advocaat uit Amsterdam, toen Kees Schalker, voor de oorlog Tweede Kamerlid en net als Alexander lid van het partijbestuur van de CPN. Dan komt een tijdje hun vriend Frits Reuter in huis: ook hij is een vooraanstaand communist en bovendien een van de initiatiefnemers van de Februaristakingen. Samen met hem runt Janny de illegale drukkerij in de Schilderswijk. Ze blijft vlugschriften, pamfletten en illegale tijdschriften drukken en verspreiden. Met Robbie in de wagen en haar dikke buik vooruit loopt ze haar rondes door Den Haag, soms alleen, soms met Bob, en een enkele keer ook met Dick Teixeira de Mattos, buitenlandjournalist voor de illegale, communistische krant *De Waarheid.* Met iemand op de uitkijk, en soms ook niet, loopt ze dan naar geselecteerde straten en plakt daar stencils op kastjes en palen. Niet alleen de sleutels van de illegale drukkerij liggen bij haar thuis, maar ook het gehele partijarchief van de CPN bewaart ze er. Gerrit Kastein heeft het direct na de bezetting bij Janny ondergebracht. Zoveel activiteit vanuit één adres kan niet lang goed gaan en die zomer gaat het dan ook mis.

In Den Haag zijn pamfletten met antifascistische teksten door de Duitsers onderschept. Er wordt iemand opgepakt en die persoon noemt, waarschijnlijk niet vrijwillig, de namen van Janny en Bob.

Vervolgens verraadt hij, of zij, het adres van het bovenhuis aan de Bazarlaan, waar Janny, puffend van de hitte en met dikke enkels, de laatste weken aftelt voor ze zal bevallen van haar tweede kind.

Het is zondag 17 augustus 1941, een benauwde zomerdag, wanneer een groep mannen met groot kabaal het huis binnenvalt en de trap op stormt. Het is de SD: de staatsinlichtingendienst van de nazi's, begeleid door een handjevol Nederlandse agenten. Janny komt toevallig net buiten aanwandelen met kleine Rob en een wagentje met spullen: ze is bij de Kruisvereniging geweest om een steek, een bedzeil en bedklossen op te halen. Er is geen tijd meer om rechtsomkeert te maken; Bob is gelukkig op kantoor. De mannen die nog beneden staan houden haar aan.

'Woont hier Bob Brandes?' blaft er een.

'Die heeft hier wel gewoond, ja, maar die woont hier nu al lang niet meer.' Janny zegt het eerste wat in haar opkomt. De mannen intimideren haar en kleine Robbie klampt zich huilend aan zijn moeder vast. Een Nederlandse agent buigt zich naar haar toe, zijn neus raakt bijna haar gezicht.

'Jij bent de vrouw van Bob Brandes.'

Janny durft niets meer te zeggen en houdt zwijgend de sleutel omhoog, als een schild tussen hen in; als ze het vriendelijk hadden gevraagd hadden ze de deur niet hoeven intrappen.

De mannen begeleiden haar en Robbie naar boven en planten haar neer op een stoel in het keukentje. Andere agenten zijn al bezig het huis te doorzoeken: kasten worden opengetrokken, kleding overhoopgehaald, de boekenkast wordt geplunderd. Janny raakt in paniek; in allerijl probeert ze te bedenken hoe ze kan voorkomen dat alle illegale spullen worden ontdekt – het lijkt een onmogelijke opgave, met zoveel mankracht op zo weinig vierkante meter. Ze grijpt naar haar buik, roept dat ze hoogzwanger is en vraagt de mannen wat ze van haar willen. Als niemand reageert zegt ze dat haar kindje komt. Op zich niet vergezocht: met nog maar enkele weken te gaan is haar buik kogelrond. De mannen schrikken, niemand zit te wachten op een bevalling, en als Janny smeekt of ze de dokter mag bellen zwicht een van de SD'ers.

Met Robbie aan de hand snelt ze naar de overkant, naar het kruidenierswinkeltje, waar ze een telefoon hebben. Janny belt haar vriendin Joop Moes, arts in het Haagse ziekenhuis De Volharding. Joop heeft een ruime week eerder, op 8 augustus, ook al de bevalling van Lientje gedaan. Ze begrijpt onmiddellijk wat er aan de hand is en springt op haar fiets. Janny neemt Robbie mee terug naar huis, weet daar stiekem de sleutels van de drukkerij te pakken en gaat in de slaapkamer liggen wachten, de sleutels in haar ene, het handje van Robbie in haar andere hand geklemd. Terwijl ze hoort hoe de mannen met grof geweld alles binnenstebuiten keren, bidt ze dat ze het CPN-archief niet zullen vinden: het ligt in het kleine keukentje in verschillende pannen en een emmer verstopt.

Het is warm weer en de lucht hangt zwaar tussen de muren van het bovenhuis. Janny hoort hoe de mannen keer op keer de keuken in gaan om water te drinken. Iedere keer als iemand de kraan opendraait om zijn glas te vullen ziet ze voor zich hoe op enkele centimeters van zijn hoofd zich het complete CPN-archief bevindt. Als ze het vinden betekent dat haar einde. Ze drukt Robbie nog wat dichter tegen zich aan en luistert met ingehouden adem hoe met grote slokken een glas wordt geleegd, en iedere keer weer weet ze zeker dat dit het moment is waarop het oog van de agent op de planken boven zijn hoofd zal vallen. Maar steeds opnieuw wordt het glas met een klap op het aanrecht gezet en vervolgen de mannen hun zoekactie.

Dan arriveert Joop Moes. Ze snelt de trap op naar de slaapkamer en gooit de SD'ers die er bezig zijn eruit. 'Heren, ik moet mevrouw toucheren. Wilt u zo vriendelijk zijn onmiddellijk weg te gaan?'

Terwijl Janny voor de vorm haar broek uitdoet, stopt ze Joop de sleutels van de drukkerij toe. Haar kompaan Frits Reuter is op dat moment bij Joop in huis, vlak bij Kijkduin; bij Frits zijn de sleutels in goede handen.

Joop vertrekt weer, maar niet zonder een recept uit te schrijven. Ze zorgt dat de SD'ers haar horen als ze Janny instructies geeft: 'Dit is een recept voor een kalmerend middel, dat je nu onmiddellijk bij de apotheek moet gaan halen, anders is de baby in gevaar.' Het is al tegen vijven, en om vijf uur zal Bob zijn kantoor verlaten. Janny grijpt Robbie bij een arm en vliegt de deur uit. De apotheek is tegenover het werk van Bob en ze moet hem opvangen voor hij in de armen van de agenten loopt. Een van hen komt achter haar aangelopen. De apotheek ligt aan een pleintje, en aan de andere kant daarvan is Bobs werk. Ze wandelt het pleintje rond, met Robbie aan de hand en de man in haar kielzog, wanneer het plots begint te plenzen. Een zomerse bui geeft de doffe stenen van het pleintje binnen een minuut een donkere glans. Janny duikt een portiek in en wacht tot de agent haar gehaast passeert in de regen. Aan de overkant gaat een deur open en Janny ziet Bob uit zijn werk komen. Verbaasd staart hij naar zijn vrouw en kind in het portiek. Hij loopt het plein rond, kruist daarbij de agent zonder dat een van hen doorheeft wie de ander is, en geeft Janny en Rob een zoen.

'Wat doe jij hier?' vraagt hij. Dan ziet hij hoezeer ze van streek is. 'Wat is er in godsnaam aan de hand?'

'Je moet als de sodemieter maken dat je wegkomt. Nu!' zegt Janny.

Bob draait zich om en springt zonder omkijken op een passerende tram. Vanachter de wagon verschijnt de agent, die haar op het pleintje aan het zoeken was.

'Mevrouw, u moest toch naar de apotheek?'

'Ja meneer, ik stond hier even te schuilen.'

Janny haalt het recept en keert met Robbie terug naar huis, waar Bob niet meer zal komen.

De SD'ers keren bijna ieder voorwerp in het huis om en jagen Janny zelfs uit bed om haar matras open te snijden. Uit hun boekencollectie worden veel exemplaren meegenomen, bijna allemaal boeken van Bob, maar ook Janny's geliefde exemplaar van *De kleine Johannes* van Frederik van Eeden, uit haar jeugd. Een vriend van haar die boekbinder is, heeft het ooit voor haar in mooi rood leer gebonden – voor de Duitsers voldoende reden tot wantrouwen. De boeken zijn weg en alle keukenkastjes zijn leeg getrokken, maar niemand heeft in de pannen op de planken gekeken. Als het schemerdonker invalt en er in huis werkelijk niets meer op zijn plaats staat behalve de pannen met daarin het partijarchief, vertrekken de mannen. Van de spanning moet Robbie vreselijk hard huilen; hij brult en gilt tot hij koorts krijgt en Janny hem bezorgd in bed legt. Dan gaat de bel. Beneden in het donker staat een jongen voor de deur. Op samenzweerderige toon zegt hij dat hij heeft gehoord wat er is gebeurd.

'Geef me de sleutels,' fluistert hij.

Janny antwoordt dat ze niet weet waarover hij het heeft.

'Ik moet contact opnemen met onze tussenpersoon, kun je me het adres geven?'

'Nee,' zegt Janny, 'dat kan ik niet. Kom morgen maar naar het Noordeinde, voor het standbeeld van Willem van Oranje.' En ze smijt de deur dicht.

Met haar zware buik rent ze de trap op, pakt Robbie in, die bijna niet meer kan lopen van vermoeidheid en gloeit als een straalkachel, zet hem achter op de fiets en rijdt naar het huis van Joop. Buiten adem overlegt ze daar met Frits Reuter wat ze moeten doen. Het is duidelijk dat ze in de problemen zitten: ze zijn door iemand verraden. Bobs naam staat op een lijst en waarschijnlijk die van Janny en Frits ook. Hoeveel weten ze? Wie was die jongen aan de deur? Weten ze van de drukkerij, of zoeken ze maar wat in het wilde weg? Bij Janny hebben ze niets gevonden wat haar belast, en Bob is, voor zover ze weet, veilig weggekomen. Met Frits spreekt ze af dat ze de volgende dag naar het Noordeinde zal gaan, en hij op afstand zal toekijken of het goed of fout volk is.

Na een woelige nacht voor zowel kleine Rob als Janny, vertrekt ze de volgende ochtend doodop en gespannen naar het Noordeinde.

Ze ziet het meteen als ze komt aanlopen en denkt aan de afspraak met Frits: 'Als er moffen staan sein je me in, zodat ik kan maken dat ik wegkom.' Janny geeft het sein, wordt aangehouden en doet alsof ze gek is. Ze zwijgt, ook als ze druk op haar uitoefenen en Robbie begint te huilen. De Duitsers zijn op haar adres gekomen doordat een van hun contacten heeft gepraat dus ze heeft zich één ding stellig voorgenomen: altijd je mond houden. De Duitsers laten haar gaan, maar maken duidelijk dat ze haar in de gaten hebben. Bob duikt vanaf dat moment onder bij Haakon en Mieke op de Johannes Verhulststraat in Amsterdam. Janny blijft alleen achter in het bovenhuis in Den Haag, met kleine Robbie en een dikke buik. Ze verbrandt alle waardevolle papieren in de kachel.

Kort daarna wordt Liselotte geboren.

7

As van verzet

Terwijl Janny al sinds het begin van de oorlog actief is in het verzet, concentreert Lien zich tot nu toe met Eberhard op haar artiestenbestaan. Ze is een graag geziene gast in de kunstenaarsgroep aan de Keizersgracht in Amsterdam. Nu is Lien zwanger en zijn haar dansoptredens vanwege de bezetting grotendeels opgedroogd. Mik van Gilse doet een beroep op haar: er zijn snel meer valse persoonsbewijzen nodig voor onderduikers. Lien kent vanwege haar reizende bestaan veel mensen, in verschillende steden; Mik stelt voor dat ze bij zo veel mogelijk vrienden langsgaat om ze te bewegen hun persoonsbewijs als verloren op te geven, waarna ze bij het gemeentehuis een nieuwe aanvragen. De 'verloren' persoonsbewijzen gaan het illegale circuit in.

Zo begint in 1941 ook het verzetswerk van Lien. Als eerste gaat ze naar een jonge beeldhouwer die maskers voor haar optredens maakt. De man aarzelt bij het verzoek, tot zijn vader binnenkomt en vraagt waarover ze praten. Als Lien het hun vertelt barst de man in lachen uit.

'Wat, ben jij je persoonsbewijs nog niet verloren, jongen? Het is een schande; geef het haar onmiddellijk. Zo, en dan ga je nu naar het gemeentehuis om een nieuwe aan te vragen, dat kunnen ze je niet weigeren.' Hij knipoogt naar Lien en vanaf dat moment komt haar handeltje op gang. Lien is een snelle leerling; ze heeft misschien niet zoveel ervaring als Janny, maar de belangrijkste vereisten voor dit werk delen ze: ze zijn voor niemand bang en beseffen hoe hoog de nood is.

Liens carrière als danseres staat op een laag pitje, maar haar lenigheid dient een belangrijker doel dan ooit. Zo gaat ze geregeld baantjes zwemmen in het openbare zwembad en negeert daarbij de bordjes VOOR JODEN VERBODEN. Na het zwemmen kruipt ze, in badpak met haar dikke buik, over de gladde tegels onder de tussenwanden van de kleedhokjes door om uit broekzakken persoonsbewijzen te ontvreemden. Als ze te dik wordt om eronderdoor te passen, klautert ze eroverheen. De wanden zijn zo dun dat ze vreest dat ze op een dag onder haar gewicht zullen bezwijken.

Aanvankelijk neemt ze alle persoonsbewijzen mee waarop ze haar hand kan leggen, maar het werk wordt moeilijker als ze ook persoonsbewijzen op maat moet zien te vinden, bijvoorbeeld voor een vrouw van vijfenvijftig jaar met zwart haar. Een aantal joden is al opgepakt met valse papieren, dus het verzet moet beter en gedetailleerder werk leveren. Het Nederlandse persoonsbewijs is een van de moeilijkst te vervalsen documenten van Europa: het bevat zowel een pasfoto als een vingerafdruk, en om vervalsing te voorkomen zijn de pb's ook nog eens aan een centraal register gekoppeld. De inkt is moeilijk na te maken, op het papier is met een chemische reactie vrij makkelijk te achterhalen of er veranderingen zijn aangebracht, en als men de pasfoto van het document verwijdert, wordt een onzichtbaar zegel achterop verbroken, waarop de vingerafdruk staat.

Lien bespreekt de situatie met Mik, die al een oplossing heeft bedacht. Hun vaste grafisch ontwerper heeft een geraffineerde techniek uitgewerkt waarbij hij de pasfoto van het persoonsbewijs scheidt en hij de achterkant, waar de vingerafdruk staat, intact laat. De nieuwe, flinterdunne, pasfoto wordt erop geplakt en het stukje stempel hersteld. Het team is inmiddels zo vaardig dat het al honderden persoonsbewijzen heeft vervalst. Alleen de vingerafdruk klopt niet, maar die kan bij een simpele straatcontrole toch niet gecontroleerd worden.

Op een dag geeft Mik Lien vervalste pb's mee en draagt haar op naar het distributiekantoor aan de Laan van Meerdervoort in Den Haag te gaan. Daar zal zij een medestander uit het verzet treffen; Mik beschrijft hem tot in de details. 'Denk eraan: alleen als híj er zit, want hij werkt voor ons. Als er iemand anders zit, maak je rechtsomkeert.' De man zal haar distributiestamkaarten voor de komende maand meegeven, die zij weer kan verspreiden in het ondergrondse circuit. Met de distributiestamkaarten kunnen weer distributiebonnen worden verkregen.

Die eerste keer wandelt Lien met kloppend hart naar het kantoortje. Eenmaal binnen herkent ze de man en overhandigt hem de valse pb's. Wanneer hij haar aankijkt vreest ze even dat het misgaat, maar de man vertrekt geen spier en overhandigt Lien de kaarten. Het moment zal ze zich haar leven lang herinneren. Twee mensen die elkaar niet kennen maar op elkaar moeten vertrouwen, die zich allebei ongedwongen moeten gedragen terwijl ze beseffen hoe gevaarlijk het is wat ze doen, om anderen, die nog groter gevaar lopen, te helpen.

In de eerste maanden van haar zwangerschap combineert Lien haar verzetswerk nog met wat laatste optredens en lessen. In Amsterdam neemt ze deel aan muziek- en cabaretavonden met joodse kunstenaars die niet meer mogen werken, voor een joods publiek. Het is een prominent gezelschap dat voor een groot deel bestaat uit bekende, gevluchte acteurs en cabaretiers uit Duitsland, zoals Max Ehrlich en Otto Wallburg. Maar ook de Deense tenorzanger Max Hansen maakt er deel van uit, die in 1932 een satirisch, homoerotisch lied over Hitler heeft geschreven: 'War'n Sie schon mal in mich verliebt?' (Ben je al eens op mij verliefd geweest?), waarmee hij de eeuwige toorn van de nazi's over zich heeft afgeroepen, evenals de Nederlandse cabaretière Henriëtte Davids, bekend onder haar artiestennaam Heintje Davids uit de musical en bioscoopfilm *De Jantjes*. Lien wordt in brede kring bewonderd om haar vertolking van Jiddische liederen, is bekend uit de grote revues waarin ze al jaren speelt, en ze geniet ervan dat ze met zo'n vooraanstaand gezelschap mag optreden. Tot haar verdriet moet ze met de avondoptredens stoppen als haar zwangerschap te ver is gevorderd. Max Ehrlich plaagt haar ermee: 'Dan hebben we eindelijk zo'n begaafde, jonge kunstenares, en dan krijgt ze een kind!' Lien trekt zich terug uit het gezelschap, een deceptie die al snel een tragisch geluk zal blijken. De hele groep, met uitzondering van Heintje Davids en Max Hansen, wordt opgepakt en naar verzamelkamp Westerbork afgevoerd. Allemaal eindigen ze in Auschwitz; geen van hen keert terug.

Op 8 augustus 1941 beginnen de weeën. Eberhard is niet thuis: hij is ergens aan het optreden. Lien zwiert haar dikke buik over de dwarsstang van zijn fiets en trapt naar ziekenhuis De Volharding. Vriendin Joop Moes doet de bevalling en als Eberhard in de pauze van zijn symfonieconcert belt om te vragen wat de stand van zaken is, kan Joop hem vol trots mededelen dat hij zojuist vader is geworden.

Op 12 augustus 1941 schrijft hij een vriend in New York: 'Het is een dochter, Kathinka Anita, zeven pond, donker haar, lichte wenkbrauwen, donkerblauwe ogen, de neus van haar moeder en de mond van haar vader. Gelukkig is alles goed verlopen, en Lien wordt door al onze bekende en rijke leerlingen met bloemen, fruit en pralines (echt hele goede!) verwend.'

Het is de laatste brief die hij zijn vriend schrijft; hierna stopt eerst het postverkeer over zee en wanneer Japan op 7 december 1941 de Amerikaanse marinebasis Pearl Harbor aanvalt en de Verenigde Staten direct bij de oorlog betrokken raken, zijn ook alle andere verbindingen met de rest van de wereld verbroken.

Janny vindt het fijn dat haar zuster en zij tegelijk een dochter hebben gekregen; ze hebben veel steun aan elkaar. Nadat ze eerst haar zorgen heeft uitgesproken over Liens nieuwe verzetsactiviteiten, is ze nu dankbaar voor de samenwerking. Haar Bob zit nog steeds in Amsterdam bij Haakon en Mieke Stotijn ondergedoken, dus Janny bemant in haar eentje vanuit hun bovenhuis, met peuter Robbie aan de hand en baby Liselotte op een heup, de illegale drukkerij. Een deel van de stapels illegale kranten bewaart ze tegenwoordig bij Lien, in de buik van de Bechsteinvleugel van Eberhard – iets waarover de zussen samen gniffelen. De eigenaresse van het vooraanstaande vleugelmerk, Helene Bechstein, is een bekende vriendin en sponsor van Hitler, die ze als een zoon beschouwt en liefkozend '*mein Wölfchen*' noemt; de vrouw moest eens weten hoe er met haar instrumenten wordt omgesprongen.

Janny is trots op Lien die met de pasgeboren Kathinka in de kinderwagen de hele stad doorkruist, het matrasje onder de baby bol van de stapels illegale tijdschriften die door haar worden gedrukt: *Signaal, De Waarheid, De Vrije Katheder*. Lien spreekt bij voorkeur af op het consultatiebureau met een vriendin en haar baby. Daar praten ze over de ontwikkeling van de kinderen, halen de dreumesen uit de wagens en wisselen hun dikke, wollen dekens uit, gevuld met pakken stencils en tijdschriften die later weer verspreid moeten worden. Na het onderzoek worden de baby's weer boven op de smokkelwaar gelegd en gaat ieder haars weegs. Maar het werk is gevaarlijk en ze beginnen steeds meer vrienden te verliezen. Ook Liens vriendin van het consultatiebureau wordt opgepakt: zij en haar kindje worden gedeporteerd en komen om in Auschwitz.

Hoewel Janny er nu dus alleen voor staat, ziet ze haar familie gelukkig veel. Vader Brilleslijper en broer Japie komen vaak op bezoek en brengen dan samen met Lien, Eberhard en de kleine Kathinka de dag door in de bovenwoning aan de Bazarlaan.

Broertje Jaap is Janny's oogappel, vijf jaar jonger dan zij en handig als een Zwitserse klokkenbouwer. Joseph was bij de geboorte van Janny al in de veronderstelling dat hij een zoon zou krijgen; de vroedvrouw riep dat ze een jongenskopje zag. Toen ze er alsnog een meisje uit viste was hij zo kwaad dat hij de vrouw een pets tegen haar hoofd gaf. Natuurlijk was hij al snel zielsgelukkig met zijn dochter.

Japie lijkt ontzettend op zijn zussen. Hoge jukbeenderen, volle lippen en zwarte wenkbrauwen als stofvegers; velen zien, niet verwonderlijk, iets Indisch in hem. In hen alle drie overigens. Maar waar de meisjes een rond gezicht hebben, is dat van Jaap langgerekt – en met zijn stalen ziekenfondsbrilletje is hij net een uitvinder. De jongen heeft de fantasie van zijn vader en het arbeidsethos van zijn moeder. Zolang ze zich kunnen herinneren verzint en tekent hij de wonderlijkste creaties, maar hij zet zijn uitvindingen ook daadwerkelijk in elkaar – met eigen handen. Zo is hij volgens Janny de uitvinder van de allereerste fietsradio. Wekenlang zat hij op zijn kamer en op een dag had hij een heuse radio gebouwd. Het ding kraste en knetterde, maar er kwamen wel degelijk stemmen uit. Vervormd en nasaal klonken ze, maar wel verstaanbaar, en als hij Engeland te pakken kreeg moesten ze allemaal meeluisteren. *Daventry calling!* Van een plank, een paar dopjes en een kristal fabriceerde Japie vervolgens een radio die hij voor op zijn fiets monteerde. Het contact zat op zijn stuur en de antenne was een dunne koperen draad; de stroom werd geleverd door de dynamo. Zo fietste hij zingend naar school, begeleid door de muziek uit zijn stuur.

Terwijl zijn oudere zussen al mannen en kinderen hebben, woont Jaap, twintig jaar jong, nog bij zijn ouders in Amsterdam. Vanwege geldgebrek heeft hij eerder de mulo moeten verlaten; het waren crisisjaren en vader kon al een tijdje niet meer werken met zijn slechte ogen. Jaap was aan een avondstudie handelscorrespondentie begonnen, maar eind augustus 1941 zijn alle joodse leerlingen van school gestuurd. Enkele jaren daarvoor was hij aan de overkant van zijn ouderlijk huis een beheerde fietsenstalling gestart om wat bij te verdienen. Geheel in de geest van zijn zussen begint hij daar een illegaal distributiecentrum. Met de fietsenstalling als dekmantel neemt hij post, pakketten of boodschappen in ontvangst van het verzet en verspreidt ze door het hele land.

Terwijl de joden steeds meer worden geïsoleerd en de rest van de bevolking zich verder terugtrekt en de oogkleppen opzet, bereikt het ondergrondse netwerk van de uitgebreide familie Brilleslijper zo een almaar groter deel van Nederland. Met gevaar voor eigen leven solderen zij tussen Amsterdam en Den Haag een as van verzet – of een as van kwaad, afhankelijk van welke kant je het bekijkt.

8

De hongerkuur

Hoewel ze er onder elkaar om kunnen lachen dat niet de joodse zussen, noch de Duitse deserteur, maar uitgerekend kaaskop Bob als eerste is ondergedoken, beseffen ze allemaal dat een van hen de volgende kan zijn. Dat vermoeden wordt waarheid wanneer Eberhard door Duitsland wordt opgeroepen voor militaire dienst. Krap twee weken hebben hij en Lientje van hun dochter Kathinka kunnen genieten, wanneer er een brief op de mat valt waarin staat dat hij zich vier weken later moet melden bij een kantoor van het Duitse leger in Den Haag. Als hij dat najaar door de keuring komt, zal hij zich in januari 1942 bij de Wehrmacht moeten voegen. Die avond willen Eberhard en Lien de brief bespreken, en wat hun nu te doen staat. Ze vragen klarinettist Jolle Huckriede, die in de kamer naast hen woont, of hij wil helpen de huilende Kathinka in slaap te krijgen door wat voor haar te spelen. Jolle voldoet graag aan het verzoek; het is in zijn eigen belang dat het kind stopt met huilen. Iedereen in het gemeenschapshuis is dolblij met de komst van nieuw leven, maar het meisje heeft het temperament van haar moeder geërfd. Slechts eenmaal eerder in die eerste weken van haar leven is Kathinka gedurende enkele uren achter elkaar stil geweest, en dat was omdat Lientje voordat ze het kind de borst gaf een fles sekt leegdronk om de geboorte te vieren.

Zodra Kathinka slaapt, vertrekt Jolle en kunnen Lien en Eberhard een plan maken. Moet Eberhard onderduiken? Maar waar? Of moet hij zich gewoon melden en maar zien of hij door de keuring komt? Als hij wordt afgekeurd, kan hij daarna misschien gewoon weer naar huis. Ze komen er niet uit en voor het eerst in lange tijd laat hun goede humeur hen in de steek. Als Eberhard naar het front moet zou dat zijn einde kunnen betekenen – wat nog te rechtvaardigen was als hij zijn eigen strijd vocht. Niet die van de vijand.

'Ga naar Rhijn,' zegt Lien ten slotte, 'hij heeft vast wel een idee hoe we dit moeten aanpakken.'

Rhijn is dierbare vriend Rhijnvis Feith, die ze kennen via Janny en Bob. Hij is vanaf het prille begin een spil in het Nederlands verzet, zoon van de schatrijke familie Feith en zenuwarts in Den Haag. Een man voor het leven getekend door kinderverlamming: krom, gebocheld en met een enorm hoofd op zijn smalle schouders, maar vooral bekend om een loepzuiver moreel kompas. Rhijn is ook degene die samen met Gerrit Kastein het Solidariteitsfonds heeft opgezet, waarmee ze geld voor verzetsdoeleinden collecteren en weer uitdelen, daar waar het nodig is. Het is niet vreemd dat Lien Eberhard naar hem stuurt: Rhijn helpt velen in nood. Niet alleen gebruikt hij zijn praktijk als contactadres voor ondergrondse werkers, die hij simpelweg inschrijft als 'patiënt', ook heeft hij Janny enkele weken eerder onmiddellijk bijgestaan toen Bob moest onderduiken.

De ochtend na de huiszoeking, die het uiterste van haar zenuwen had gevergd, kwam Rhijn vanuit zijn praktijk helemaal naar de Bazarlaan gewandeld, een kop koffie in de ene en een pakje sigaretten in de andere hand. Hij was de trap op gelopen naar haar verdieping en had tegen de hoogzwangere Janny gezegd: 'Zo, hier ben ik. Nu ga jij verse koffie zetten en dan bespreken we hoe we dit gaan aanpakken.' Terwijl Rhijn rookte en Janny van de hete koffie slurpte, vroeg hij haar op de man af waar ze van dacht te leven, nu Bob verdwenen was, een klein kind aan de hand en een baby op komst. Ze moest hem het antwoord schuldig blijven. Ze had er zelfs nog niet over nagedacht, maar als Bob niet op zijn werk verscheen, kregen ze natuurlijk ook geen salaris gestort.

'Hoeveel verdiende die Bob van jou?' vroeg Rhijn.

Janny wist het niet precies, maar vertelde hem wat ze ongeveer te besteden hadden. Daarop wilde Rhijn het gironummer weten en of ze zelf bij die rekening kon komen, en vertrok weer. Enkele dagen later ontving Janny het gehele salaris van Bob op de rekening, niet van Bobs kantoor, maar van ene P.G. Jonker – pseudoniem van jonkheer Rhijnvis Feith. Tot Bob weer zelf verdiende ontving ze het equivalent van zijn salaris van Rhijn, en iedere ochtend kwam hij even bij haar langs op de Bazarlaan, dronken ze samen een kop koffie en rookte hij precies twee sigaretten voordat hij weer naar zijn praktijk vertrok en aan het werk ging.

In het najaar van 1941 klopt Eberhard bij Rhijn aan. Het is van levensbelang dat hij wordt afgekeurd. Rhijn komt meteen ter zake.

'Hoeveel weeg je nu?'

'Zevenenzestig kilo ongeveer, bij een meter tachtig.'

'Dat wordt dan een hongerkuur. Ik wil dat je naar vijftig, max tweeënvijftig kilo zakt, zodat je zo'n treurig figuur slaat dat niemand je nog wil hebben. Nu moeten we alleen nog een ziekte voor je verzinnen.'

'Ik kan me herinneren dat mijn drie jaar oudere broer een nierkwaal had, en die is toen bij de keuring van de Wehrdienst afgewezen.'

'Goed,' zegt Rhijn, 'ik geef je tien dagen vóór de afspraak een rabarbermedicijn, zodat je kunt aantonen dat je een vroege nierinfectie in je urine had. Ik waarschuw je alvast: dat spul smaakt afschuwelijk – maar dat overleef je wel.'

Eberhard gaat meteen met het plan akkoord en Rhijn schrijft hem een streng dieet voor; hij vertelt hem hoe hij zichzelf in zo kort mogelijke tijd van een fitte, knappe jongeman, tot een armzalige bottenzak kan omtoveren.

'Wat je doet is dit: je werkt tot 's nachts drie uur door, drinkt vervolgens meerdere koppen sterke koffie, slaapt een of twee uur –

niet meer, gaat dan op je fiets zitten en trapt op je hardst zo'n tien, liever nog twintig kilometer door de stad. Je komt tweemaal in de week bij mij voor controle. Vanaf nu ben je mijn patiënt.'

Eberhard gaat onmiddellijk in training. Het zwaarste vindt hij het vroege opstaan: om vijf uur, in het donker en als het hele huis nog in diepe rust is verzonken, sleept hij zijn hongerige lijf naar buiten om op zijn fiets rondjes door Den Haag te rijden. Met een knorrende maag en benen zo slap als kauwgom sjeest hij als een wedstrijdrenner over de straatstenen tot de zon opkomt en keert dan terug naar Lien en Kathinka, die warm in bed liggen. Hij is uitgeput, bezweet, ziet sterretjes en zakt bijna door zijn benen, maar hij houdt steeds het doel voor ogen: niet naar de Wehrmacht worden gestuurd, weg van zijn vrouw en pasgeboren dochter.

Terwijl Eberhard in rap tempo vermagert, sijpelen berichten binnen over Hitlers offensief in de Sovjet-Unie. Daar zijn de Duitse troepen de grootste militaire actie uit de geschiedenis gestart: Operatie Barbarossa. Hitlers ultieme doel ligt in het oosten: daar waar voldoende Lebensraum is om zijn plannen voor het Duitse volk te verwezenlijken. In *Mein Kampf* was hij helder over zijn minachting voor het Slavische volk, de *Untermenschen*, en hun verwerpelijke ideologie, het communisme. Zonder voorafgaande oorlogsverklaring valt de Wehrmacht op 22 juni 1941 de Sovjet-Unie binnen, met vier miljoen manschappen, zeshonderdduizend paarden en tweeduizend vliegtuigen. Eberhard, en daardoor ook Lientje, was vanaf de eerste dag van de bezetting optimistisch geweest: deze oorlog zou niet lang duren. Maar met de opening van het oostfront en de berichten dat de Duitse troepen de Sovjets met hun bliksemaanval hebben overrompeld, verschijnen de eerste barsten in hun voorheen zo montere toekomstbeeld.

Na enkele weken meldt een schim van de oude Eberhard zich op een druilerige herfstdag voor de commissie in Den Haag. Tussen zijn bovenbenen is een zee aan ruimte ontstaan, zijn vel spant pijnlijk over zijn botten en het lijkt of hij permanent zijn wangen naar binnen zuigt. Gelige wallen en een glinsterend laagje zweet op zijn voorhoofd geven hem een ziekelijke aanblik. Een rij weldoorvoede mannen in te strakke uniformen neemt hem misprijzend op, terwijl hij zich tot op zijn onderbroek moet uitkleden. Eberhard wordt gemeten en gewogen.

'Eenenvijftig kilo!' roept een stem.

'Een beetje weinig, mankeer je soms iets?' zegt een ander.

'Ja, ik ben bijziend,' zegt Eberhard.

'Irrelevant!'

'Ik heb kromme benen en kan niet zo lang lopen.'

'Dat wordt dan geen infanterie, maar we hebben ook mensen nodig voor het luchtafweergeschut.'

Eberhard begint te twijfelen. Hij voelt zich al dagen beroerd, maar uit de geschokte reacties van zijn huisgenoten over zijn voorkomen putte hij hoop dat dit plan zou lukken wanneer hij nog even zou doorzetten. Terwijl de heren onbewogen toekijken, begint het hem te dagen dat alles met een kloppend hart slaagt voor de test: ze hebben gewoon kanonnenvlees nodig.

'Als kind heb ik driemaal een fikse oorontsteking gehad, dus…' probeert Eberhard.

'Je bent musicus, dan kun je toch goed horen?'

'En ik heb zeker twee keer een zware nierontsteking gehad.' Zijn protesten klinken zwakker, hij begrijpt dat al zijn inspanningen voor niets zijn geweest.

'Voorwaardelijk KV!' snerpt een uniform richting de man die de formulieren invult.

'Je hoort van ons.'

Ze draaien zich van hem weg, de keuring is afgelopen. De mannen voor en na hem worden goedgekeurd en ontvangen ter plekke een oproep. Eberhard is een splinter hoop toegeworpen: voorwaardelijk *kriegsverwendungsfähig*. Voorwaardelijk 'oorlogsgeschikt'. Zijn lot hangt aan een zijden draadje. Ze zullen weer moeten wachten.

De weken nadien eet Eberhard alles wat Lien hem voorschotelt om weer iets aan te komen. Terwijl hij iedere dag minstens tienmaal de brievenbus controleert, bespreken ze de mogelijke scenario's voor als de oproep komt. Moet hij het gehate uniform aantrekken en voor de vijand vechten, in de hoop dat hij ooit levend terugkomt bij Lien en Kathinka? Of zal hij de illegaliteit in duiken, zoals de vele mensen die hij en de zussen al hebben geholpen? Misschien hadden ze dit allemaal kunnen zien aankomen, maar toch valt de beslissing hun zwaar: als hij een oproep krijgt, zal Eberhard onderduiken.

De dag na Sinterklaas valt de brief op de mat die van Eberhard officieel een deserteur zal maken. Staatsvijand nummer één. Hitler is altijd duidelijk geweest over landverraad of *Fahnenflucht*: aan het front kán men sterven, als deserteur móét men sterven. In de oproep staat dat hij zich op 15 januari 1942 moet melden bij een regiment in Wolfenbüttel, waar hij voor kantoordiensten voor de NSDAP is ingedeeld. In de envelop zit al een treinkaartje, enkele reis. Terwijl hij het kaartje in de hand houdt, weet hij dat hij niet zal gaan, zeker na de laatste berichten over het oostfront.

Via het verzet heeft hij gehoord van de Blitzkrieg: dat de razendsnelle blikseminslag die de Russen op hun knieën had moeten dwingen, is veranderd in een trage, ijskoude dodenmars. Na een reeks Duitse triomfen in de eerste maanden hapert de oorlogsmachine. De infanterie kan de voortstormende pantserdivisies niet bijbenen, ook de aanvoer van nieuwe voorraden blijft achter en Hitler neemt onnavolgbare strategische beslissingen. Miljoenen manschappen jakkeren voort over de steppen en toendra's, en dan moet de genadeloze Russische winter nog beginnen. Op de dag dat Eberhard zijn oproep krijgt, wordt in Moskou al 29 graden onder nul gemeten, en nadat de Sovjets in de eerste fase van Operatie Barbarossa bijna 800 000 manschappen hebben verloren, is het Duitse leger rond Sinterklaas aan een grimmige inhaalslag bezig. Soldaten verliezen ledematen, oogleden, haren, neuzen en oren aan de vrieskou – maar ze moeten door. Het zombieleger trekt verder en laat een spoor van vogelverschrikkers achter op de Russische steppe. Sommige soldaten uit het Rode Leger, zelf ook hard getroffen door de 'blonde monsters' uit de nazitroepen, maken er een sport van de lichamen in de meest wonderlijke posities in de sneeuw te plaatsen, als macabere sculpturen in een oorlogsdans. Het reusachtige oppervlak van het Sovjet grondgebied, in combinatie met een toevoer van manschappen waarbij die van Hitler verbleekt, creëert een levend stootkussen waarop het Duitse leger zich murw beukt. Stalin heeft zes miljoen manschappen tot zijn beschikking en een actieve reserve van nog eens veertien miljoen – kanonnenvlees waarmee de sneeuw langzaam rood kleurt.

~

In januari 1942 heeft Janny Bob al een halfjaar niet gezien – en heeft Bob zijn dochter Liselotte nog niet ontmoet. Hij zit nog steeds ondergedoken bij Haakon en Mieke Stotijn in Amsterdam, en Janny mist hem vreselijk. Haar schoonzusje Aleid komt met een idee, zodat ze elkaar even kunnen zien. Aleids man Jan Hemelrijk komt uit een vooraanstaande familie met een groot netwerk in Noord-Holland; zijn joodse vader Jaap Hemelrijk was rector van het Murmellius Gymnasium in Alkmaar en raadslid in Bergen, tot hij wegens de Duitse maatregelen op straat werd gezet. Janny kijkt tegen hem op; ze noemt hem liefkozend 'opa Hemelrijk'. Hoewel ook hij, net als alle andere joden, lijdt onder de onderdrukkende maatregelen, straalt hij een zekere onverwoestbaarheid uit die Janny inspireert bij haar eigen activiteiten. Jan Hemelrijk woont met Aleid in Bergen; zij zal haar man en schoonvader vragen of zij, of iemand uit de familie, misschien een vakantiehuisje in de buurt weet waar Janny, Bob en de kleintjes stiekem een paar dagen met elkaar kunnen doorbrengen. Maar het loopt anders.

Janny hoort van haar zus dat Eberhard toch is opgeroepen en probeert haar te troosten. Lien is doodsbang dat de Duitsers Eberhard komen halen voor de Wehrmacht, of dat hij bij weigering als deserteur zal worden opgepakt – en ze weten wat dat betekent. Janny heeft een idee en bespreekt dat met haar goede vriend Rhijn. Het lijkt haar verstandig als eerst Eberhard naar Bergen gaat; Janny vindt wel een andere gelegenheid om Bob te zien – dit is belangrijker.

Rhijn vindt het een goed plan. Maar de tijd begint te dringen: Eberhard moet zich op 15 januari in Wolfenbüttel melden en de bewegingsvrijheid van de Nederlanders wordt steeds meer beperkt. Joden mogen al een tijdje niet meer verhuizen en de Duitsers bereiden een gedwongen verplaatsing voor, die ze met een strategisch eufemisme 'evacuatie' noemen – een woord dat door de Nederlandse bevolking al snel wordt overgenomen en ook in de kranten opduikt. Deze 'evacuatie' houdt in dat joden uit alle dorpen en steden in Nederland huis en haard moeten verlaten en naar Amsterdam verkassen – met achterlating van al hun spullen. Het plan is iedereen in een van de vier *Judenviertel* te concentreren: de Transvaalbuurt, de Rivierenbuurt, de Jodenhoek en Asterdorp. Rhijn en Janny spreken af dat Janny opnieuw contact opneemt met Jan Hemelrijk om hem om hulp te vragen, en dat ze uit veiligheidsoverwegingen niets tegen Lientje zullen zeggen. De ondervragingsmethoden van de Gestapo zijn berucht, en wat Lien niet weet kan ook niet uit haar geslagen worden. En zo geschiedt: Janny spreekt met Jan en ze beslissen dat het voor Eberhard het veiligste is als hij bij Jan en Aleid thuis onderduikt, aan de Karel de Grotelaan in Bergen. Niemand, behalve Janny en Rhijn, zal hiervan op de hoogte worden gesteld.

Eberhard bereidt zijn naderend vertrek voor, zogenaamd om zich bij het hem toegewezen regiment te melden; ook zijn huisgenoten mogen niet van de eigenlijke plannen weten. Hij neemt afscheid van zijn pianoleerlingen, pakt zijn muziekboeken in een kist, die hij bij Jolle Huckriede in de kamer naast hem in bewaring geeft, en hij schrijft zijn ouders in een korte brief dat ze voorlopig weinig van hem zullen horen maar dat ze zich geen zorgen hoeven maken. Hij pakt alleen het hoognodige in en vult zijn koffer verder met boeken: om de afzondering en eenzaamheid die hem te wachten staan een beetje in te kleuren, is hij van plan zo veel mogelijk te lezen en te studeren.

Oudejaarsavond vieren ze in bedrukte stemming met elkaar in Amsterdam, bij vader en moeder Brilleslijper en broertje Jaap. Janny is er ook met de kleintjes en onder elkaar durven ze hun wensen voor het nieuwe jaar uit te spreken. Met een knipoog naar een gebed grijpen ze elkaars handen vast rond de tafel en proberen hun angsten met een vloek en een toverspreuk te bezweren. Vader Brilleslijper gaat voor: 'We wensen dat de Sovjet-Unie belangrijke overwinningen behaalt en dat Engeland en Amerika de beslissing nemen een tweede front in West-Europa te openen. Verder wensen we de fascisten een snelle ondergang en Hitler persoonlijk de dood.' Bij dat laatste trekt Fietje een wenkbrauw op, hoewel ze het verlangen niet kan ontkennen. 'Laten wijzelf, ten slotte, voldoende moed en kracht hebben deze oorlog tot de eindoverwinning te verduren, en onze droefheid met optimistische toekomstdromen bestrijden.' Ze heffen het glas en luiden het jaar in met een bitterzoete toost.

Op 14 januari 1942 prikt Eberhard zijn zogenaamde nieuwe adres in Wolfbüttel duidelijk zichtbaar op het gemeenschapsbord in de hal naast de telefoon, zoent Lien en zijn kleine Kathinka vaarwel en neemt de trein naar Amsterdam. Op datzelfde moment steekt een onbekende jongeman uit het verzet met het treinkaartje van Eberhard de Nederlandse grens over, zodat het lijkt alsof hij daadwerkelijk naar Wolfbüttel is afgereisd; dat hebben Rhijn en Jan Hemelrijk zo geregeld.

In Amsterdam laat Eberhard zich in de Jodenhoek kaalscheren – hij weet tenslotte niet wanneer hij weer buiten zal komen om zich te laten fatsoeneren – en klopt in de namiddag aan bij een kunstenaarspension aan de Prinsengracht, waarvan hij het adres van

Rhijn heeft doorgekregen. Hij zal daar overnachten en de volgende ochtend naar Bergen reizen. Maar of het nu zijn versgeschoren kop of zijn zware koffer is: op een of andere manier heeft de pensionhoudster door dat hij een onderduiker is, en voordat Eberhard het zich comfortabel heeft kunnen maken wordt hij terug de winterkou in gestuurd. Voor Eberhard, die van nabij heeft meegemaakt hoe zijn joodse vrouw steeds vaker met de nek werd aangekeken maar die zelf altijd als respectabele burger is behandeld, is het een eerste kennismaking met zijn nieuwe status als paria.

In het schemerdonker loopt hij de Prinsengracht af naar het Centraal Station, waar hij zich zo onopvallend mogelijk in het drukke werkverkeer voegt. Met de trein reist hij naar Alkmaar waar hij stoomtram Bello naar Bergen neemt en volgens de instructies van Rhijn naar het huis van Jan en Aleid Hemelrijk wandelt. Rhijn heeft hem ook een vals persoonsbewijs meegegeven. De man op de foto is ongeveer even oud, ook pianist van beroep en heeft een klinkende Hollandse naam. Wanneer Eberhard, inmiddels ingesloten door het donker maar stipt op tijd voor het avondeten, bij Jan en Aleid in Bergen aanklopt, is hij Jean-Jacques Bos.

9

De gijzeling

Voorjaar 1942. Een bibberig zonnetje weerkaatst tegen de klinkers van de Nieuwe Achtergracht in het centrum van Amsterdam. Als Jaap 's ochtends het ouderlijk huis verlaat om naar zijn fietsenstalling te gaan, realiseert hij zich niet eens dat hij zich midden in de Jodenbuurt bevindt, in een tijd waarin dat bepaald geen aanbeveling verdient. De bezetting, de razzia's, het feit dat hij en zijn vrienden nergens meer welkom zijn in de stad: in dit mooie ochtendlicht is dat alles ver weg en is de wereld even net als vroeger. Aan zijn ene schouder bevindt zich de achterzijde van Theater Carré, aan zijn andere de Weesperstraat, waar hij zijn fietsenstalling heeft. Hij houdt van die straat, met haar drukte, de vele winkels, de mensenstromen en daartussendoor een klingelende tram 8. Hij kent iedereen in deze buurt.

Aan de overkant van de delicatessenzaak die ze tot een paar jaar geleden hadden, zat ome Meijer Waterman met zijn sigarenwerkplaats. In het grote hoekpand op de Weesperstraat 74 had de familie een sigarenzaak. Jaap keek graag toe hoe handige Meijer zelf de sigaren rolde, een secuur werkje. Naast Waterman zat een winkel met tweedehandsspullen, en daar weer naast een koperslager. In dat pand woonden wel drie families: de familie Werker, van de koperslager, daarboven de familie Elzas en onder de familie Werker de familie Korper, in de kelder. Niet alleen runde grootmoeder Korper er een groentewinkel, er woonden ook nog eens twee jongens en een meisje met prachtig roodbruin kroeshaar, een bleke huid en sproetjes. Er moeten ook nog ouders hebben gewoond. De keldertrap stond vanaf 's ochtends vroeg vol met kistjes groenten en enkele grote aardappelbakken, maar ze zagen nooit iemand van het gezin over die kisten heen naar binnen of naar buiten gaan. Aan de overkant van Korper woonde Manke Nelis: een man met vanaf zijn knie een houten been, waar hij prima mee liep. Voor een halve of hele cent verkocht hij liedjes – maar hij zong ze eerst en na afloop wilde niemand meer betalen. Dan was er nog de man op de kar, die door vader altijd de 'ongemetselde sukkelaar' werd genoemd. Zijn vrouw trok hem als een slappe vaatdoek op een handkar door de straten, terwijl hij luidkeels riep: 'Ongelukkige metselaar, ruggengraat gebroken! Gewerkt van mijn twaalfde tot mijn zesentwintigste, toen van het dak gevallen en door de mensen in de steek gelaten!' Een hartverscheurend tafereel, al had je het honderd keer gezien. Dan ging zijn vrouw met de pet rond en schoof vervolgens haar man met handkar en al de kroeg van Hovingh binnen. De herberg zat op de hoek van de Weesperstraat, tegenover ome Meijer Waterman, een prachtige zaak met een houten gevel. 's Avonds laat zagen de buurtbewoners de ongemetselde sukkelaar op de handkar lallend huiswaarts keren, slingerend voortgeduwd door zijn dronken vrouw, een laatste pluk kinderen er joelend achteraan.

Terwijl Jaap de voordeur achter zich dichttrekt en naar zijn fietsenstalling wandelt, komt een bekende wijkagent hem tegemoet lopen. Het is iemand van het bureau aan het Jonas Daniël Meijerplein, die hij al zijn hele leven kent. Jaap wil hem groeten, maar de man kijkt recht voor zich uit. In het voorbijgaan sist de agent hem iets toe.

'Ze hebben Henk. Maak dat je wegkomt.'

Gedurende enkele seconden staat Jaap stil, als genageld aan de kinderkopjes, terwijl hij probeert te verwerken wat de agent zojuist tegen hem heeft gezegd. Henk is zijn compagnon, met wie hij de fietsenstalling beheert en alle illegale contacten coördineert. Dan vermant hij zich, knoopt zijn jasje dicht en loopt in één rechte lijn naar de tram richting Centraal Station, waar hij de trein naar Den Haag neemt. Enkele uren later klopt hij aan bij Janny in de Bazarlaan, die hem zonder iets te vragen van straat trekt en mee naar boven neemt. De volgende ochtend horen ze dat de Duitsers na deze gemiste vangst als represaille hun zieke, halfblinde vader uit huis hebben gesleurd en hem hebben vastgezet. Ze waren naar hun idee zo voorzichtig te werk gegaan – het ingenieuze netwerk van contacten, de codewoorden en waarschuwingssystemen om zichzelf en hun illegale activiteiten te beschermen – maar hier hadden ze zich niet op kunnen voorbereiden. Jaap en Janny, geheel in strijd met hun Brilleslijpernatuur, weten zich even geen raad. De gedachte aan hun vader in een cel is onverdraaglijk. Maar Janny herstelt zich snel en bedenkt wie uit haar netwerk de juiste persoon is om dit in één keer goed aan te pakken. Ze zoekt contact met Benno Stokvis, een bekende advocaat uit Amsterdam, van wie ze weet dat hij goede contacten bij de Duitsers heeft. Stokvis heeft zo zijn eigen manieren en ingangen en heeft al vaker succesvol bemiddeld voor opgepakte joden.

Janny drukt hem op het hart haar vader met grote spoed uit de cel te krijgen, en daarvoor te doen wat nodig is. Het lukt hem, met geld en zoete praatjes, en na een paar dagen openen de celdeuren zich voor Joseph Brilleslijper, die niet weet hoe hard hij Fietje aan de borst moet drukken. Janny is inmiddels ook naar Amsterdam gegaan – Jaap blijft in Den Haag bij de kleine Rob en Liselotte.

In de beslotenheid van het huisje aan de Nieuwe Achtergracht bedankt Janny advocaat Stokvis voor zijn diensten en bespreekt haar zorgen met hem. De Duitsers zaten al achter Bob aan, in het gemeenschapshuis van Lien is de laatste weken een aantal keer telefoon van Duitsers geweest om te vragen waar Eberhard is gebleven, en nu zitten ze ook achter broertje Jaap aan: het net begint zich langzaam rond hen te sluiten. Het is een wonder dat de zussen zelf nog niet zijn opgepakt. Stokvis geeft haar zijn advies.

'Maak dat je wegkomt. Neem je ouders mee, sluit de deur achter je en kom hier niet meer terug. Het gaat nog veel erger worden dan jij en ik kunnen bevroeden.'

Janny twijfelt geen moment aan de ernst van zijn woorden. Zonder tegenspraak te accepteren beveelt ze haar moeder alleen het hoognodige te pakken, pakt haar en vader bij de arm en neemt hen mee naar Den Haag, waar Jaap en de kleintjes in de Bazarlaan op hen wachten.

Vader, moeder en Jaap trekken in bij Janny, geen van drieën zal ooit nog in hun geliefde Amsterdam terugkeren.

~

Terwijl de familie zich zo goed en kwaad als het gaat hergroepeert, bereiden de nazi's de volgende fase van hun bevolkingspolitiek voor. De meeste geregistreerde joden in Nederland zijn in en rond Amsterdam geconcentreerd, en Rijkscommissaris Arthur Seyss-Inquart heeft de organisatie voor de beoogde deportaties bijna op orde. Groepen werkloze en buitenlandse joden worden al naar kamp Westerbork gebracht, dat in 1938 werd gebouwd voor de opvang van vluchtelingen uit omringende landen. De Duitsers hebben er nu een andere bestemming voor bedacht: die van doorvoerplek naar concentratiekampen.

Bij het Poolse plaatsje Oświęcim, dat op zo'n 1100 kilometer ten oosten van Westerbork ligt, is in 1940 op een oud kazernecomplex een kamp gebouwd om de enorme toestroom van Poolse gevangenen te kunnen verwerken. Oświęcim wordt in het Duits al snel verbasterd tot Auschwitz. Op dit terrein kunnen in stenen barakken tussen de vijftienduizend en twintigduizend mensen gevangen worden gehouden. Het is niet genoeg. Hitler beveelt de bouw van een nieuw, veel groter kamp, en in maart 1941 wordt op enkele kilometers van basiskamp Auschwitz I een vlakte van 175 hectare ontgonnen voor de bouw van Auschwitz II, ook wel Auschwitz-Birkenau genoemd. In de loop van de oorlog zullen er nog zo'n veertig kleiner opgezette nevenkampen rond Auschwitz worden gebouwd, waar gevangenen dwangarbeid verrichten, uiteenlopend van fabrieks- tot landwerk.

Een volgende stap richting de 'eindoplossing' is de geheime Wannseeconferentie, op 20 januari 1942. In Villa Marlier, een landhuis aan de Wannsee in het zuidwesten van Berlijn, komen op uitnodiging van ss-Obergruppenführer Reinhard Heydrich vijftien nazikopstukken bijeen voor een vergadering die amper twee uur zal duren. De besprekingen van deze dag worden in vijftien pagina's notulen samengevat. Onderdeel van die samenvatting is een inventaris die één vel papier beslaat, met daarop de grootte van de joodse gemeenschap per land, als in een kasboek. Het totale aantal onder de streep is elf miljoen mensen; Nederland staat er met 160 800 personen op vermeld. Verschillende oplossingen komen tijdens de vergadering voorbij, van opsluiting tot massale sterilisatie. Hoe de grote schoonmaak van elf miljoen joden zal worden georganiseerd wordt letterlijk vastgelegd: 'In het kader van de praktische tenuitvoerlegging van de eindoplossing wordt Europa van het westen naar het oosten uitgekamd. Het rijksgebied zal inclusief Bohemen en Moravië reeds alleen om redenen van het huisvestingsprobleem en andere sociaal-politieke noodzakelijkheden als eerste aan de beurt dienen te komen. De geëvacueerde joden worden eerst, trein voor trein in zogenaamde doorgangsgetto's samengebracht om van daaruit verder naar het oosten te worden getransporteerd.'

De Duitsers geven de NS de opdracht een treinspoor aan te leggen naar het kampterrein van Westerbork, zodat treinen in het kamp kunnen stoppen en er ook weer vandaan kunnen rijden, wat de logistiek vergemakkelijkt. De burgemeester van het naastgelegen Drentse dorp Beilen protesteert nog even tegen de aanleg van dit spoor dwars door zijn boerenland, vanwege mogelijke vernieling van het natuurschoon, maar dat bezwaar wordt door de Duitsers weggewimpeld. Tenslotte gaat het om een tijdelijke constructie, zo schrijven ze in een reactie, 'das wieder entfernt wird sobald das Lager seinen Zweck erfüllt hat' – die weer zal worden afgebroken zodra het kamp zijn functie vervuld heeft.

De NS bouwt met een honderdtal gevangenen een aftakking van station Hooghalen naar kamp Westerbork. Veel sneller zal deze uitbreiding de reis niet maken: bij station Hooghalen moeten de veewagons met duizenden mensen vaak lange tijd wachten voor ze het hoofdspoor op mogen – goederenwagons met leveringen voor de Duitsers krijgen voorrang. Omwonenden en gemeenteambtenaren spreken van gehuil en gejammer dat tussen de planken van de wagons vandaan komt, afkomstig van baby's, zieken en gehandicapten tot aan barende vrouwen. De kosten voor de bouw van het spoor, het opzetten van een dienstregeling tot aan de Duitse grens en uiteindelijk ook nog voor ieder transport van joden naar de concentratiekampen in het oosten, worden door de NS in rekening gebracht bij de bezetter, die deze met van de joden geroofd geld voldoet.

In Auschwitz I, het basiskamp, wordt ondertussen geëxperimenteerd met het gifgas zyklon B. In een van de crematoria wordt een duizendtal gevangenen, voornamelijk krijgsgevangenen uit de Sovjet-Unie en ernstig zieken, als proefkonijnen gebruikt. Het gif wordt vanuit een blik, in de vorm van kleine knikkers, rechtstreeks in de ruimte gestrooid, die vervolgens hermetisch wordt afgesloten. Zodra deze knikkers aan de open lucht worden blootgesteld, lossen ze op en komt een dodelijk gas vrij: waterstofcyanide, of blauwzuur. Het duurt uren voordat alle gevangenen zijn overleden.

Meer experimenten volgen in de loop van 1941 en 1942, veelal met mensen uit de Poolse getto's en meer krijgsgevangenen uit de Sovjet-Unie, tot ze de juiste hoeveelheid gifgas hebben vastgesteld. Als in 1942 de treinen vanuit heel Europa beginnen te rijden is de stap naar een grootschalige, machinale aanpak nog maar een kleine. Daarvoor is het tweede, veel grotere terrein naast kamp Auschwitz geschikt bevonden: de aangestelde architect ontwerpt bij het dorpje

Birkenau een kleine stad, geschikt voor ongeveer honderdduizend personen, waar uiteindelijk de massavernietiging van de joden, de 'Eindoplossing van het Jodenvraagstuk', zal plaatsvinden. Uit alles blijkt de intentie van dit kamp. Er is geen voorziening voor stromend water, of een fatsoenlijke, schoon te houden vloer – waardoor de kans op ziekten enorm is. In plaats van één persoon per kooi, zoals op dat moment gebruikelijk is in Duitse gevangenkampen, wordt gerekend met vier mensen per kooi, waarmee de totale capaciteit voor het gehele kamp op 129 456 mensen uitkomt. In Auschwitz-Birkenau worden aan de zijkant van het kamp vier grote gaskamers en crematoria gebouwd, waarmee het de aantallen doden in twee andere vernietigingskampen, Treblinka en Belzec, al snel zal overtreffen.

10

Op de vlucht

De lindebomen aan het Lange Voorhout komen tot bloei en overal in de stad ontluiken krokussen in de berm. Het doet Janny voor het eerst niets; opluchting over het aanbreken van een nieuwe lente is voorbehouden aan de zorgelozen.

De eerste twee bezettingsjaren zijn een fuik geweest. Beetje bij beetje hebben de Duitsers de joden afgezonderd van de rest van de bevolking. Stapje voor stapje zijn de discriminatie, de onderdrukking en de roof van bezit en waardigheid opgevoerd. Sommigen zijn de fuik in gelopen door hun geloof in een goede afloop. Sommigen zijn erin gelokt door hun eigen leiders, zoals de Joodse Raad. De meesten zijn erin geschopt door knokploegen of door de politie. Een enkeling is de dans ontsprongen; door geluk, door koppigheid, meestal door een combinatie van die twee. De mensen die niet geregistreerd staan als jood, die op tijd valse papieren hebben gekregen, die op tijd zijn ondergedoken, die een netwerk van andere koppige geluksvogels om zich heen hebben verzameld waardoor ze zelfvoorzienend zijn en geen hulp nodig hebben van mensen die zich als collaborateurs of angsthazen zouden kunnen ontpoppen. En nu moeten ze zo veel mogelijk mensen uit de fuik zien te redden.

Van haar netwerk in Amsterdam heeft Janny gehoord dat de onderdrukking van hun joodse buren rond het ouderlijk huis aan de Nieuwe Achtergracht steeds openlijker en agressiever wordt. De Joodse Raad, onder leiding van Asscher en Cohen, heeft lijsten met werkloze joden aan de Duitsers geleverd, die deze mannen vervolgens heeft opgepakt en naar werkkampen gestuurd. De Raad heeft inmiddels ook een Haagse afdeling, op de hoek van het Noordeinde, en deelkantoren door de hele stad. Alsof de situatie niet al penibel genoeg is, trekt Frits Reuter weer bij Janny in. Zijn gastheer is gepakt en hij zoekt tijdelijk onderdak.

De gijzeling van haar zieke vader hangt onbesproken en zwaar tussen hen in, in de toch al krappe woning, en hoewel ze vader terug hebben realiseert Janny zich meer dan ooit dat ze met vuur speelt. De Duitsers hebben haar broer Jaap, haar man Bob en haar zwager Eberhard in het vizier, en haar eigen verzetsactiviteiten nemen alleen maar toe; de noodzaak en vraag om hulp stijgen met de dag, met het uur. Bij veel joodse families is de goedgelovigheid, of hoop op bescherming door Nederlandse notabelen, omgeslagen in paniek; de joden die eerder in goed vertrouwen, al dan niet op last van de Joodse Raad, een J in hun persoonsbewijs hebben laten registreren, begrijpen nu dat het hun 'evacuatie' kan betekenen.

Zo kan het dat wanhopige mensen bij Janny's huis aanbellen en over straat schreeuwen: 'Woont hier mevrouw Brandes? Kunt u alsjeblieft de J uit onze persoonsbewijzen halen?' Vader Brilleslijper krijgt het ervan op zijn zenuwen en als er weer eens een radeloze vrouw op klaarlichte dag op de deur staat te bonzen en haar naam roept, verbiedt hij Janny naar beneden te gaan. Moeder Brilleslijper probeert de kleine Liselotte rustig te krijgen – het meisje lijkt sinds haar geboorte in september niet te kunnen stoppen met huilen – en Jaap leidt Robbie af. Terwijl het gebonk op de voordeur hen allemaal nerveus maakt en Janny het liefst naar beneden zou rennen om de vrouw een klap in het gezicht te geven, neemt vader zijn dochter apart in het halletje.

'Je jaagt ons zo allemaal de dood in, Janny. Je moet hiermee ophouden!' Zijn fluisteren klinkt als een storm in een windturbine, bijna luider dan het geroep van de vrouw beneden. Janny staart naar haar vader en moet opeens denken aan die keer dat haar ouders in Carré naar *De koopman van Venetië* waren geweest. Ze kwamen uitgelaten terug en vader floot, neuriede, zong nog maandenlang alle liedjes na – of wat daarvoor moest doorgaan. Het lijkt allemaal zo lang geleden. Terwijl de vrouw beneden op straat nog steeds haar naam roept, realiseert Janny zich dat ze hier weg moeten. Nu.

Ook nu weer biedt haar zwager, Jan Hemelrijk, uitkomst: samen met zijn vader vindt hij een leegstaande woning voor de familie Brilleslijper in Bergen. Het huis heet Het Aafje en ligt verdekt in de bossen, buiten de dorpskern, in de richting van Bergen aan Zee. Nog mooier nieuws is dat Bob zich daar weer bij het gezin zal aansluiten. In de provincie Zuid-Holland staat hij bij de NSB officieel als communist te boek, maar de registratiesystemen zijn niet op elkaar aangesloten, dus nu ze naar Noord-Holland verhuizen, durven ze het risico wel te nemen dat de autoriteiten daar zijn naam niet kennen. Twee jaar illegaal werk heeft hun geleerd dat er geen structurele informatie-uitwisseling tussen de regio's is. Bovendien is Bob niet joods en heeft hij dus ook geen J in zijn persoonsbewijs; als hij in Bergen wordt aangehouden is de kans klein dat lokale NSB'ers hem verdacht vinden en meenemen.

Janny regelt dat ze papieren krijgt om officieel naar Bergen te mogen verhuizen met haar kinderen; de rest van de familie moet ze maar in de verhuiswagen verstoppen. Voor Frits Reuter heeft het verzet een nieuw adres gevonden.

Op de dag van de verhuizing staat Janny op straat klaar om te vertrekken. Haar spulletjes zijn in de verhuiswagen geladen, Liselotte en Robbie zitten al voorin en ze sluit de achterbak waarin haar ouders en Jaap zich verschuilen, als ze de overbuurvrouw op zich af ziet komen. Janny mag haar niet; ze ziet de vrouw altijd gluren over de halve gordijntjes van haar woonkamer en verdenkt haar van Duitse sympathieën.

'Gaat u verhuizen?' vraagt de vrouw, zonder haar te groeten.

‘Dat ziet u,’ zegt Janny.

‘Ik dacht al: met al die joden in huis. Dat kan nooit goed gaan.’

Janny’s wangen beginnen te gloeien. Ze schikt haar sjaal en kruipt achter het stuur ten teken dat het gesprek ten einde is.

‘Gaat u naar een groter huis?’

Janny hoort de vrouw wel, maar slaat het portier dicht, start de wagen en geeft een paar keer goed gas. De vrouw springt opzij, de stoep op, en Janny stuurt de weg op. Naast haar slaakt Robbie opgewonden kreten van plezier; ze aait hem afwezig over zijn bol terwijl ze in de spiegel het silhouet van de vrouw steeds kleiner ziet worden. Haar hartslag overstemt het gerammel van de verhuiswagen en wordt pas rustig als ze het huis in Bergen hebben bereikt. Voor het eerst in maanden kan ze Bob weer in de armen sluiten en hem voorstellen aan zijn dochter Liselotte.

~

Ook voor Lien wordt het te gevaarlijk in Den Haag; dankzij haar dans- en zangvoorstellingen is ze er een bekende persoonlijkheid en veel van haar leerlingen wonen in de stad en omgeving. Ze is een niet te missen verschijning, met bovendien een J in haar persoonsbewijs; Janny kan er nog altijd woedend om worden dat haar zus dat destijds heeft laten doen.

Nog steeds bellen de Duitsers op de raarste tijdstippen naar het huis om te vragen waar Eberhard is gebleven. Gelukkig verwijst iedereen consequent naar het adres op de brief die hij op het prikbord heeft achtergelaten. Toch is Lien er niet gerust op. Ze wil met Kathinka Den Haag verlaten, voordat iemand haar komt arresteren om uit te vinden waar Eberhard is gebleven, en ook voordat de geregistreerde Haagse joden zullen worden ‘geëvacueerd’.

Vriend Jolle Huckriede, de klarinettist in de kamer naast haar en degene aan wie Eberhard zijn kistje vol dierbare spullen in bruikleen heeft gegeven, komt met een idee. Zijn broer Jan heeft verkering met Violette Cornelius, een jonge fotografe die ook actief is in het verzet. Haar moeder woont aan de Prinsengracht in Amsterdam, en ze is bereid Lien onderdak te verlenen. Ze vindt het zelfs goed dat niet alleen moeder en dochter bij haar intrekken, maar ook Eberhard zich bij hen aansluit. Die heeft de wintermaanden doorgebracht bij Jan en Aleid, die liefdevol voor hem hebben gezorgd. Maar hij heeft zich al die tijd in zijn kamer moeten verschuilen en was eenzaam en gefrustreerd over zijn machteloosheid. Op de brieven van Lien na, die door Rhijn aan hem werden verstuurd, had hij geen enkel contact met de buitenwereld. Vreemd genoeg was het enige wat hem goed deed de verschrikkelijke vorst. Het werd die winter in Nederland uitzonderlijk koud, met temperaturen ver onder het vriespunt. Hoewel ze er niet tegenop konden stoken en iedereen in het land die maanden over de kou klaagde, had Eberhard er plezier in. Samen met Jan volgde hij via de radio de berichten over de Duitse troepen in de Sovjet-Unie, die zich te pletter liepen tegen een muur van winterse kou waarvoor Hitler zijn manschappen niet had toegerust. Iedere dag die Eberhard op zijn kamer bij Jan en Aleid doorbracht, was een dag dat hij niet bij de Wehrmacht zat.

Jan Hemelrijk merkte heus wel aan zijn vriend dat hij zich als illegale gast bij hen bezwaard voelde – hij bracht het gezin met zijn aanwezigheid in levensgevaar – en het lukte hem een eigen huisje in Bergen voor hem te regelen. Tegenwoordig woont Eberhard overdag in het leegstaande atelier van een bevriende beeldhouwer, en 's nachts mag hij in een zomerhuisje slapen aan de Breelaan, op loopafstand van het atelier. Op deze manier spreiden ze voor de voortvluchtige Eberhard de risico's en mocht er gevaar dreigen, dan kan hij zich via het bos uit de voeten maken.

Eberhard kan tot 1 mei in het zomerhuisje verblijven en zal dus binnenkort wat anders moeten zoeken. Alleen al om die reden is het plan om met Lien in Amsterdam onder te duiken een geweldige vondst. Mik van Gilse regelt alles voor hen: hij legt het contact met mevrouw Cornelius in Amsterdam, houdt Eberhard in Bergen op de hoogte van de datum dat hij zich bij zijn gezin in Amsterdam kan voegen en laat Lien in Den Haag weten wanneer ze met Kathinka kan verhuizen.

In mei is het dan eindelijk zover: in het huis van mevrouw Cornelius worden Lien, Eberhard en Kathinka herenigd. Ze voelen zich onmiddellijk thuis in het grachtenpand; het huishouden lijkt veel op het gemeenschapshuis waar ze al die jaren in Den Haag hebben gewoond, vol creatievelingen en politiek betrokken mensen. Er is altijd veel bezoek en Eberhard geniet van de gesprekken die hij in de bossen van Bergen zo heeft gemist. Hoewel het bruisende, Amsterdamse leven van voor de oorlog is gesmoord in oorlogsterreur, is onder het oppervlak een parallelle stad ontstaan. Een stad met routes en doorgangen die de Duitsers niet kennen, geheime cafeetjes in donkere kelders, kaartavonden in de nok van grachtenpanden, concerten die pas beginnen als de avondklok luidt en nachtlampen worden uitgeknipt.

In eerste instantie vinden Lien en Eberhard het heerlijk om weer deel uit te maken van deze gemeenschap, maar al snel ervaren ze dat dit leven niet meer voor hen is weggelegd. De gewone Amsterdammers, hoezeer de bezetting hun leven ook heeft beïnvloed, kunnen zich nog enige bewegingsvrijheid permitteren. Maar Lien heeft een J in haar persoonsbewijs en voert nog steeds illegale werkzaamheden uit voor Mik – ze reist regelmatig heen en weer naar Den Haag – en Eberhard is een gezochte Duitse deserteur. Hij heeft weliswaar een snor laten staan en heet tegenwoordig Jean-Jacques Bos, maar dat biedt geen garantie. Het is te druk in het huis, er komen mensen die ze niet kennen en van wie ze niet weten of ze goed volk of verraders zijn. Ook op straat zijn te veel risico's: het wemelt van de politieagenten, SS'ers, WA'ers en NSB'ers. Eberhard durft nauwelijks naar buiten en Lien is tweemaal op het nippertje aan de Duitsers ontsnapt.

De eerste keer was in Den Haag, waar ze op een afgesproken plek iemand van het verzet zou ontmoeten om levensmiddelenkaarten op te halen. Ze wilde nog even langs hun oude huisje aan de Bankastraat om wat laatste spullen op te halen, maar was zo slim om eerst bij een vriendin naar huis te bellen of de kust veilig was. 'Dag, mevrouw,' hoorde ze haar voormalig huisgenote Ankie op formele toon antwoorden zodra ze Liens stem hoorde, 'u vergist zich, hoor. Wij hebben niet vandaag, maar morgen een afspraak staan. Tot dan!' En ze hing op. Lien begreep onmiddellijk wat er aan de hand was. Er had een Duitser, of een NSB'er, naast Ankie gestaan, op zoek naar Eberhard en misschien ook wel naar Lien. Ze stond met de hoorn in haar trillende hand en voelde de fysieke nabijheid van de vijand. Terwijl ze bij haar vriendin op een stoel zat en zich probeerde te herpakken, verstreken de uren zonder dat ze durfde te vertrekken. Lien dacht terug aan wat ze tegen Ankie en haar vriend Jolle had gezegd voor ze met Kathinka vertrok: 'Gebruiken jullie de Bechsteinvleugel maar tijdens onze afwezigheid, en als wij de oorlog niet overleven, mogen jullie hem hebben.' Ze had het half lachend gezegd, maar zo irreëel scheen dat scenario nu niet.

Later belde haar vriendin nog eens naar het huis en kreeg Ankie weer aan de lijn, die bevestigde dat er inderdaad een huiszoeking had plaatsgevonden. Iedereen had volgehouden dat Eberhard heus de trein naar Duitsland had genomen en dat ze niet wisten waar Lien nu woonde, maar ze waren allemaal zeer ontdaan door de hele toestand. Met wankele benen neemt Lien die avond de trein terug naar Amsterdam, waar ze meerdere nachten wakker ligt van het incident.

Een tweede keer ontsnapt ze uit handen van de Duitsers wanneer ze rond middernacht op het Centraal Station in Amsterdam in een politiefuik loopt. Ook nu is ze op de terugweg uit Den Haag met valse papieren voor Mik, maar het is al laat – te laat. Ze moet op tijd terug op de Prinsengracht zijn, niet alleen omdat de avondklok om middernacht ingaat, maar ook omdat Kathinka al lang de borst had moeten krijgen. Ze staat al uren te wachten en de trein komt maar niet; de enige trein die uiteindelijk voorrijdt, vermeldt 'Alleen voor relaties van de Duitse Wehrmacht'. Lien ziet voor zich hoe Eberhard met het schreeuwende kind door de kamer ijsbeert, hoe andere mensen in het huis komen kijken wat er in hun kamer aan de hand is – dus ze stapt in.

De trein lijkt met stroop in de wielen te rijden en in het voorbijgaan ziet ze op een perronklok dat het middernacht is geweest – als ze al door de controle op het Centraal Station komt, wordt ze daarna vast op straat aangehouden. Lien sluit haar ogen en zoekt in alle registers van haar acteerervaring naar een manier om zich hieruit te redden.

Wanneer ze haar ogen weer opent, staart ze recht in het gezicht van een soldaat een paar banken verderop. Hij is groot en zwaar en oogt niet al te snugger. De jongen blijft haar aanstaren en terwijl zijn kameraden druk met elkaar in gesprek zijn, knipoogt ze naar hem. Wanneer ze op Amsterdam Centraal uitstapt, loopt hij achter haar aan.

'Mag ik een stukje met je meelopen?' vraagt de soldaat.

Lien lacht verlegen en knikt.

'Dat is goed, maar het is al voorbij de avondklok; ik weet niet hoe ik thuis moet komen.'

'Maak je geen zorgen,' antwoordt de soldaat en hij pakt haar elleboog.

Samen naderen ze de controlepost, waar tussen de Nederlandse ambtenaren twee ss'ers staan opgesteld, die het perron afspeuren. De soldaat loopt recht op hen af en ook Lien houdt haar kin omhoog. De ss'ers groeten de soldaat, hij groet terug en zegt: 'Deze dame gaat met mij mee.' En ze zijn erdoor. Lien durft niet te ademen of te slikken en houdt haar tas stijf tegen zich aangedrukt, de valse papieren branden bijna door het leer heen. De trams rijden niet meer en zonder iets te zeggen loopt ze de flauwe lichtcirkel van het stationsplein uit, de in olie gedrenkte stad in. De jongen kan haar bijna niet bijhouden en ze hoort hem vloeken wanneer hij over een stoeptegel struikelt. Lien ademt nu zo snel dat ze bang is dat de soldaat haar hoort hijgen. Het is doodstil op straat. De muziek, de lichtjes, de dronkaards en werkende meisjes, het uitgaanspubliek en de plukjes toeristen die voor opstoppingen zorgden – allemaal verdwenen. Amsterdam is verlaten.

Steeds sneller loopt Lien en ze negeert de vragen van de man in haar kielzog. Pas als ze bij de Westermarkt zijn, houdt ze haar pas in en kijkt hem verontschuldigend aan.

'Ik woon hier in de buurt. Mijn moeder maakt zich vast grote zorgen waar ik blijf. Dank je wel.'

En voordat de verblufte jongen iets kan zeggen maakt ze zich uit de voeten, de Rozengracht op, waar ze een portiek in duikt om te zien of hij haar is gevolgd. Wanneer er na een paar minuten nog steeds geen voetstappen te horen zijn, zet ze zich schrap en rent de Prinsengracht op, recht naar hun schuilplaats.

Zodra ze de deur openzwaait, wordt ze verwelkomd door een krijsende Kathinka en een radeloze Eberhard, die er al van uitging dat hij zijn lief nooit meer zou terugzien.

~

'Ben jij helemaal gek?' Mik peest heen en weer voor de lange ramen aan de grachtzijde, zijn wijsvinger als een pijl tegen zijn voorhoofd gedrukt. De zon verschijnt boven de daken van de parallelle rij grachtenpanden aan de overkant en kaatst via het water naar binnen; de schaduw van Miks silhouet zwemt baantjes over de houten vloer. Om de hoek hoort Lien de tram in de Leidsestraat optrekken. Ze durft Mik niet aan te kijken. Zo woedend heeft ze hem nog nooit gezien. Ze is langsgekomen om de papieren af te leveren en heeft hem verteld over de ramp waaraan ze gisteravond is ontsnapt. Nadat ze Kathinka midden in de nacht had gevoed sliep het meisje als een roos, maar Eberhard en zij lagen klaarwakker en zwijgend naast elkaar in bed tot het fluiten van de merels de zonsopgang aankondigde.

'"Rebekka Brilleslijper", met een vette J ernaast. Wat een waanzin!'

Mik staat inmiddels voor haar met zijn handen in zijn zij; ze voelt zijn ogen in haar kruin branden. Lien had Mik nooit verteld dat ze zich als joodse had laten registreren, dus toen hij vanmorgen, bijna terloops, naar aanleiding van het laatste incident vroeg wat voor een persoonsbewijs ze zelf eigenlijk had, ontplofte hij bijna. Net als Janny eerder al had gedaan.

'Luister. Je loopt nu linea recta naar huis en blijft daar tot we dit geregeld hebben, akkoord?'

Terwijl Lien de zware deur achter zich hoort dichtvallen en de stenen buitentrap af loopt naar de gracht, realiseert ze zich hoe haar leven en de levens van haar vrienden en familie op dit moment van een reeks wonderlijke vriendschappen afhangen.

Een paar dagen later ontvangt ze haar nieuwe persoonsbewijs. Lien staart er even naar, loopt dan naar de spiegel en steekt haar zware, donkere lokken omhoog in een knot als een Indische vrouw. De moeder van Kathinka heet voortaan Antje Sillevis, geboren in Soerabaja. Het moment is aangebroken de stad te verlaten.

11

De eerste trein

Jan Hemelrijk krijgt het voor elkaar dat ook Lien, Eberhard en Kathinka naar Bergen kunnen komen – in de buurt van Janny en de rest van de familie. Dagelijks komen treinen vol joodse gezinnen nu juist Amsterdam binnenrijden, uit alle hoeken van het land uit hun dorpen en huizen weggejaagd om bijeengepropt te worden in daartoe aangewezen wijken. Amsterdam verandert zo langzaam in een getto: een stad waar joden worden verzameld, geïsoleerd van de rest van de Nederlandse bevolking, klaar voor de volgende logistieke stap in de 'Eindoplossing van het Jodenvraagstuk'. De Gemeentelijke Woningdienst verhoogt de huurprijzen van ontzette woningen waarin joodse gezinnen worden gehuisvest, en vraagt daarbovenop per woning nog eens een borg van tien gulden – die in de meeste gevallen nooit is terugbetaald.

Op datzelfde moment krijgt in Amsterdam de Zentralstelle für Jüdische Auswanderung, het Centraal Bureau voor Joodse Emigratie, waar alle kaartenbakken met de namen van te deporteren personen worden beheerd, vanuit Den Haag een nieuw bevel, dat het bevolkingsregister vele overuren bezorgt. De eerdere opdracht aan Rijkscommissaris Seyss-Inquart luidde dat Nederland in het jaar 1942 15 000 joden moest leveren. Van dit aantal was niemand warm of koud geworden, omdat daaraan alleen al met de deportatie van buitenlandse joden kon worden voldaan; daarover verwachtte Seyss-Inquart geen ophef onder de Nederlandse bevolking. Maar aangezien de nazitop heeft vernomen dat Frankrijk zijn opgegeven 100 000 deportaties voor dat jaar met geen mogelijkheid gaat halen, wordt in allerijl besloten dat dit tekort elders moet worden gecompenseerd. Het jaarquotum voor Nederland wordt met één pennenstreek verhoogd van 15 000 naar 40 000 mensen. Op 15 juli 1942 zullen de eerste vierduizend joden zich moeten melden op Amsterdam Centraal.

De burgemeester van Amsterdam geeft de ambtenaren van het bevolkingsregister onmiddellijk de opdracht een lijst met namen van Nederlandse joden op te stellen. De eerdere grondige registratie van ruim 160 000 Nederlandse joden in combinatie met de beruchte stippenkaart vergemakkelijkt de gang van zaken. Op administratief en organisatorisch vlak zal de oplevering van 40 000 joden dus niemand uit zijn slaap houden, maar zowel de bezetter als de NSB vreest enig rumoer onder de bevolking, nu joodse buren, oud-collega's en vrienden opeens in groten getale hun biezen moeten pakken. De Zentralstelle acht het verstandig de Joodse Raad als bondgenoot in te schakelen, zodat een en ander soepel en zonder al te veel paniek verloopt.

Op vrijdagavond 26 juni, tijdens de sabbat, ontbiedt de baas van de Zentralstelle, Ferdinand aus der Fünten, een van de voorzitters van de Joodse Raad, David Cohen. Hij vertelt hem dat op zeer korte termijn de eerste joden zullen worden uitgezonden voor verplichte 'arbeidsinzet onder politietoezicht' in Duitsland. Cohen schrijft in zijn memoires dat hij van deze mededeling hevig schrikt, dat hij protesteert en dreigt op te stappen, maar dat Aus der Fünten hem verzekert dat de meeste joden gewoon in Nederland zullen mogen blijven en dat het werk in Duitsland onder fatsoenlijke omstandigheden zal plaatsvinden. Óf de Joodse Raad helpt met het opstellen van de lijsten – en beslist dus ook wie van deportatie zal worden vrijgesteld, zoals zijzelf, hun gezinnen en vrienden –, óf Aus der Fünten doet het zelf, zonder aanzien des persoons. De Joodse Raad kiest voor medewerking. Ze zullen achthonderd namen per dag moeten leveren.

Vanaf 5 juli 1942 vallen de eerste oproepen in de bus:

OPROEPING!
U moet zich voor eventueele deelname aan een, onder politie-toezichtstaande, werkverruiming in Duitschland voor persoonsonderzoek en geneeskundige keuring naar het doorgangskamp Westerbork, station Hooghalen, begeven. Daartoe moet u op [datum] om [tijdstip] op de verzamelplaats [station] aanwezig zijn.

Er ontstaat paniek. Mensen willen onderduiken of maken plannen om slimme bagage mee te nemen, zoals verborgen compartimenten en ingenaaide zakjes met geld en foto's. Men probeert te ontdekken wie in de vriendenkring of familie nog meer is opgeroepen, en waarom, of waarom niet. Cohen, Asscher en Aus der Fünten spreken elkaar tussendoor nog een keer, omdat de voorzitters van de Joodse Raad ter ore is gekomen dat op termijn wél alle joden zullen worden weggevoerd. Aus der Fünten stelt hen gerust: dat is uiteindelijk wel het doel, maar hij belooft hun dat de Joodse Raad en zijn personeel zich over deportatie geen zorgen hoeven maken, en zij hun achterban kunnen vertellen dat correspondentie met de werkkampen mogelijk zal worden gemaakt. De Raad neemt onmiddellijk meer mensen in dienst, zodat ook die allemaal worden vrijgesteld van deportatie: zij krijgen een *Sperre*, vrijstelling, van de Duitsers.

Ook Janny heeft via Mik deze berichten ontvangen. Terwijl moeder Brilleslijper de kleintjes in de gaten houdt, vertelt ze haar man, vader en broertje wat ze weet. Wanneer die horen dat alle geregistreerde joden in Amsterdam een oproep hebben ontvangen, met daarin het bevel zich te melden om naar werkkampen te worden gestuurd, wordt het stil. Wat betekent dit? Is het reden tot ongerustheid? Er zijn al zoveel onvoorstelbare dingen gebeurd dat hun inschattingsvermogen geen kaders meer heeft.

Joseph probeert het nuchter te benaderen: op zich is het niet vreemd dat de Duitsers werkkrachten nodig hebben, zeker nu de oorlog zich over een groter gebied uitspreidt en zelfs Amerika erbij betrokken is. En de oproep schijnt alleen voor joodse mannen tussen de zestien en veertig jaar te gelden. Fietje valt haar man bij: natuurlijk zijn er extra handen nodig om het oorlogsapparaat gaande te houden, in de fabrieken, en op het land. Het is vast niets om zich zorgen over te maken. Maar Janny kijkt gespannen, haar samengeknepen ogen rusten op haar broertje Jaap – tweeëntwintig jaar en een perfect doelwit als hij nu nog in Amsterdam was geweest – en ze slaat hun wensgedachten met één opmerking kapot: 'Iedereen die nu wordt opgeroepen belandt in een concentratiekamp en komt nooit meer terug.'

De oproep heeft bij de joodse gemeenschap in Amsterdam inderdaad alle alarmbellen doen afgaan en mensen willen massaal onderduiken. Wanneer de Duitsers merken dat deze volgende stap in de heimelijke 'eindoplossing' mis dreigt te gaan, plannen ze een razzia, precies één dag voordat alle opgeroepen joden zich moeten melden. Op dinsdag 14 juli worden binnen een paar uur tijd tussen de zeven- en achthonderd joodse mensen willekeurig opgepakt. In een lange optocht moeten ze naar Amsterdam-Zuid marcheren.

In de Euterpestraat en aan het Adama van Scheltemaplein houden in de voormalige meisjes-HBS de Sicherheitsdienst en de Zentralstelle kwartier. In het HBS-blok worden opgepakte verzetsmensen gemarteld, de verfijning van het deportatiesysteem wordt er uitgewerkt en joden wachten er hun deportatie af in onder andere de gymnastiekzaal. In het gebouw aan het Adama van Scheltemaplein huist ook de beruchte Hausraterfassungsstelle, of 'huisraadopname', onder leiding van Willem Henneicke. Deze groep van twintig, soms dertig ambtenaren – de Colonne Henneicke – heeft de taak nauwkeurige inboedellijsten aan te leggen van onteigende joodse woningen, niet aangegeven joodse goederen te achterhalen en alles te laten afvoeren naar depots van de Liro-roofbank. Deze door de bezetter onteigende joodse bank, Lippmann, Rosenthal &

Co, werd reeds aan het begin van de oorlog ingezet als zogenaamd betrouwbare organisatie waar alle joden hun eigendommen moeten inleveren. Een deel van de inboedel gaat vervolgens naar Duitse gezinnen, maar de opbrengst zal vooral worden gebruikt voor de bekostiging van de 'eindoplossing'.

Met de arrestatie van de ruim zevenhonderd joden – onder wie kinderen, vrouwen met baby's en oudjes – heeft de bezetter de gijzelaars die ze nodig heeft om de Joodse Raad weer aan het werk te zetten. Asscher en Cohen krijgen de keuze: of ze roepen hun achterban op zich gehoorzaam te melden voor de werkkampen, of deze groep wordt naar een concentratiekamp, waarschijnlijk Mauthausen, gestuurd. De Raad vaardigt onmiddellijk een extra editie van *Het Joodsche Weekblad* uit.

EXTRA EDITIE
Amsterdam, 14 juli 1942
De Sicherheitspolizei deelt ons het volgende mede:
Ongeveer 700 Joden zijn heden te Amsterdam gearresteerd.
Als deze week niet de 4000 daartoe aangewezen Joden naar de werkkampen in Duitschland vertrekken, zullen de 700 arrestanten naar een concentratiekamp in Duitschland worden overgebracht.

De voorzitters van den Joodsche Raad voor Amsterdam,
A. Asscher
Prof. Dr. D. Cohen

De volgende dag melden zich 962 joden op het Centraal Station en vertrekt de eerste trein van Westerbork naar Auschwitz-Birkenau. De trein vervoert 1137 mensen, onder wie een groep weeskinderen. Bijna alle passagiers worden na aankomst vermoord.

Tot en met 13 september 1944 zullen er nog 96 treinen uit Westerbork vertrekken, gevuld met 107 000 mensen. Hiervan keren er 5000 levend terug. In heel West-Europa rijden de treinen om de 'ongewenste elementen' uit de samenleving te verwijderen – met meer en minder succes. In België wordt 30 procent van de gemeenschap naar concentratiekampen gedeporteerd, in Frankrijk 25 procent. Nederland voert binnen zesentwintig maanden 76 procent van haar joodse gemeenschap af.

12

Bergen aan Zee

Een dag later, op 16 juli 1942, lopen Eberhard en Lien met een koffertje en Kathinka in de kinderwagen vanaf de Prinsengracht naar het Centraal Station, stappen in de trein en zien de stad langzaam in de verte verdwijnen. Terwijl de stadspoorten van Amsterdam zich sluiten, ontsnappen Lien en Eberhard net op tijd naar Bergen. Daar worden ze door Jan Hemelrijk opgewacht op het perron. Hij oogt ouder dan zijn vijfentwintig jaar, met een serieus gezicht en zijn blonde haren netjes achterovergekamd. Voor de laatste twee weken van juli en de maand augustus heeft hij voor het jonge gezin van Lien het huis van kennissen geregeld, die in de zomervakantie weg zijn. Vanaf 1 september staat het zomerhuisje weer leeg waarin Eberhard afgelopen winter een tijdje ondergedoken zat; daar mogen ze dan in. Tussen de Breelaan, waar Lien en Eberhard vanaf september verblijven, en de Buerweg, waar Janny met de rest van de familie bivakkeert, zit maar twee kilometer bosrijk gebied; het is de westelijke buitenrand van Bergen, richting Bergen aan Zee. Beschermd door de natuur kunnen ze naar elkaar toe wandelen wanneer ze willen.

Zo is de familie Brilleslijper in de zomer van 1942 weer herenigd, met alle partners en kinderen erbij – maar de omstandigheden zijn grimmig en van een opgewekte sfeer is geen sprake. De huisjes waarin ze verblijven zijn prima en de omgeving van Bergen is prachtig, maar de plekken die ze altijd thuis hebben genoemd en de mensen die er wonen, zijn binnen twee jaar tijd onherkenbaar veranderd. De gesprekken tussen de zusjes en de rest van de familie gaan nergens anders over.

Na de oproep gevolgd door de razzia, waarbij Lien en Eberhard met Kathinka door het oog van de naald zijn gekropen, ontstaat een wedloop op Sperres, voorlopige vrijstellingen die de Joodse Raad bij de bezetter lospeutert. De Raad heeft er 17 500 ontvangen en binnen de joodse gemeenschap in Amsterdam ontstaat een koortsachtige strijd er een te bemachtigen. Er zijn vechtpartijen, aan de deur van de Joodse Raad aan de Nieuwe Keizersgracht 58 klinken wanhopige smeekbedes, mensen proberen op het nippertje te trouwen met iemand die wel een Sperre heeft of bedelen om een baantje bij de Raad. Werknemers en hun familieleden krijgen als eersten een Sperre, naast een groep vooraanstaande joden die als belangwekkend wordt beschouwd voor de gemeenschap – in de ogen van de Joodse Raad, welteverstaan. Maar liefst 17 000 mensen worden 'in dienst' genomen bij de Raad. Het zal ze uiteindelijk een jaar respijt geven.

Ondertussen gaat Janny's verzetswerk gewoon door – ook vanuit Bergen. Ze reist veel om persoonsbewijzen te kunnen vervalsen en rond te brengen. Daarbij is ze vooral op zoek naar persoonsbewijzen met specifieke geboortedata, die aan joden met ongeveer dezelfde leeftijd worden doorgegeven. Ze werkt veel samen met haar vriendin Trees Lemaire, die net als zij voor de Persoonsbewijzencentrale, PBC, werkt – opgericht door onder anderen vriend Mik van Gilse. Janny levert haar gestolen pb's aan Trees, die ze weer doorspeelt naar de volgende persoon in het ondergrondse netwerk.

~

Op de avond voor Kathinka's eerste verjaardag zitten Lien en Eberhard samen zwijgend over *Het Joodsche Weekblad* gebogen. Eberhard is die dag op en neer naar Amsterdam geweest om wat lekkere dingen voor de verjaardag te zoeken, omdat in de winkels in de buurt niets zoets meer te krijgen is. Hij ging even bij mevrouw Cornelius langs, op de Prinsengracht, die hem vertelde dat er een dag eerder weer een razzia onder de joodse gemeenschap had plaatsgevonden. Van haar kreeg hij de laatste extra editie van *Het Joodsche Weekblad* mee, van 6 augustus 1942. Met het blad tussen zijn hemd en broek geklemd nam hij de trein terug naar Bergen.

Het Joodsche Weekblad
EXTRA EDITIE

Alle Joden, die niet onverwijld gevolg geven aan een tot hen gerichte oproep voor de arbeidsverruiming in Duitsland, worden gevangen genomen en naar het concentratiekamp Mauthausen gebracht. Deze of andere straf wordt niet toegepast op die Joden, die zich nog achteraf voor uiterlijk zaterdag 9 augustus 1942, te 5 ure aanmelden, of verklaren, dat zij bereid zijn, aan de werkverruiming deel te nemen.

Alle Joden, die geen Jodenster dragen, zullen naar het concentratiekamp Mauthausen gebracht worden.

Alle Joden die zonder toestemming der autoriteiten van woonplaats of woning veranderen – ook indien zij dit slechts tijdelijk doen – worden naar het concentratiekamp Mauthausen gebracht.

Het is even stil, allebei proberen ze de boodschap te doorgronden. Eigenlijk is dit positief, concludeert Lien peinzend terwijl ze naar het eerste punt van orde wijst: de Duitsers geven hiermee impliciet toe dat velen zich niet hebben gemeld en dat mensen onderduiken zodra de oproep op de mat valt. Eberhard trekt zijn wenkbrauwen op en wijst naar punt twee. Ook dat is bemoedigend te interpreteren: dat er met deportatie wordt gedreigd betekent dat de gele ster wordt gesaboteerd. Maar hoelang houdt die koppigheid stand? Iedereen in Nederland weet nu wel dat je in Mauthausen niet langer dan een halfjaar blijft; in Polen zijn inmiddels al vele, en veel grotere concentratiekampen gebouwd waaruit niemand terugkeert. Nee, ze zijn het erover eens dat het valse lichtpunten zijn; de Joodse Raad roept hier simpelweg op tot absolute gehoorzaamheid aan de fascisten. Eberhards vinger blijft rusten bij punt drie; dit gaat over Lien, over de hele familie Brilleslijper. Ze hebben zich aan de autoriteiten onttrokken, over hun verblijfplaats is niets bekend. Eberhard vouwt het blad dicht en Lien loopt naar de keuken. Er valt niets meer te bespreken; er is geen weg terug.

In september 1942, twee maanden na de oproep van de Joodse Raad en het vertrek van de eerste trein vanuit Westerbork, doet Jan Hemelrijk een beroep op Eberhard met de vraag of hij een kind naar de onderduik kan begeleiden. Dat heeft Eberhard al vaker gedaan; onder elkaar noemen ze hem wel met lichte ironie 'handelsreiziger in kinderen'. De laatste goedgelovigheid die bij de joodse bevolking heerste is door de meest recente ontwikkelingen tenietgedaan en mensen gaan tot het uiterste om hun kinderen uit handen van de nazi's te redden. Met of zonder hun ouders, broertjes en zusjes, bij vreemden of bij bekenden, met of zonder uitleg: door heel Nederland worden kinderen als paaseieren verstopt zonder dat hun iets wordt gevraagd. Soms is een kind oud genoeg om te begrijpen wat er gebeurt en soms is er tijd om afscheid te nemen, maar er zijn ook gezinnen waar vader en moeder plotseling op de trein zijn gezet en de kinderen thuis radeloos achterblijven.

Een kindermeisje in Groningen herinnert zich de instructies die ze van haar bazin, een joodse vrouw met zeven kinderen, kreeg: 'Als ze ons komen halen leg ik de baby achter in de kast, onder een stapel dekens. Houd ons huis goed in de gaten en zoek het kind als je denkt dat wij zijn weggevoerd!' Aldus geschiedt: ouders en zes kinderen worden gedeporteerd en het kindermeisje vindt achter in de kast de baby, verstopt onder lagen wol maar levend. Ze pakt hem goed in, bindt hem achter op haar fiets en trapt met wind tegen de lange weg richting het noorden, naar zee. Daar geeft ze het kind mee op een visserskotter, die het overzet naar Noorwegen, waar het door een onbekend Noors echtpaar liefdevol wordt opgenomen en opgevoed. Het enige wat zij van deze baby weten is de voor- en achternaam die het kindermeisje hem heeft meegegeven. Pas decennia later, vlak voor haar dood, leest het voormalige kindermeisje de naam die ze nooit is vergeten in een krant en neemt contact op met de man om hem over zijn eigen ouders te vertellen. Ook kan ze hem eindelijk de fotoboeken overhandigen waarin zijn hele vermoorde familie is vastgelegd, die ze destijds uit het huis had gehaald en al die tijd voor hem heeft bewaard.

De opdracht die Jan Hemelrijk voor Eberhard heeft is minder ingewikkeld, maar niet minder gevaarlijk. Het gaat om de zestienjarige joodse jongen Herbert Spijer, die bij zijn ouders in Amsterdam woont. Met de deportaties en de razzia's in de stad vreest het gezin voor het leven van hun zoon; ze willen dat hij onderduikt nu het nog kan.

Met een snor en een hoed als armzalige dekking reist Eberhard met de trein naar Amsterdam en neemt de angstige tiener mee terug naar hun huisje in Bergen, waar hij voorlopig bij hen zal onderduiken. Het is een wonder dat het goed gaat. De controles op het Centraal Station zijn sinds het begin van de oproepen sterk toegenomen en Eberhard ziet overal 'stillen', zoals de Sicherheitspolizei in burger wordt genoemd. Uitdrukkingsloos staren ze dwars door de menigte heen die via de smalle trappen van de perrons naar beneden komt, naar de centrale hal en verder door naar buiten. Eberhard heeft het idee dat de stillen altijd onder aan de trappen staan zodat ze de stroom passagiers goed in zich kunnen opnemen. Als hij kinderen begeleidt, zorgt hij er altijd voor dat ze pal achter hem lopen, verborgen achter zijn lange postuur, dat sinds de mislukte hongerkuur misschien niet meer zo indrukwekkend, maar wel toereikend is.

In november gaat Eberhard een tweede keer op pad voor de familie Spijer. De zeventienjarige dochter Elleke zit ergens in Amsterdam ondergedoken en moet worden verplaatst naar een adres in Velsen. Nadat Eberhard het meisje veilig naar Velsen heeft gebracht, blijkt op de terugweg naar Alkmaar dat trammetje Bello naar Bergen niet meer rijdt. Eberhard kent de weg niet, alleen ongeveer de richting, en loopt de duisternis in met de avondklok op de hielen. Om bij het zomerhuisje te komen moet hij op een gegeven moment een weg nemen die tussen een vijver en een soldatenkamp loopt; een andere route is er niet. Het is al ver na tien uur; niemand mag nog buiten zijn en een Duitse deserteur al helemaal niet. Als een spion sluipt hij door de bosjes en komt uiteindelijk veilig aan bij Lien, die huilend op hem zit te wachten. Ze had zich er al bijna bij neergelegd dat hij door de Gestapo was afgevoerd.

Het gaat nog een paar keer bijna mis, wanneer Eberhard op Amsterdam CS wordt aangehouden. Zodra de treindeuren opengaan loopt hij mee in de stroom naar buiten, het perron op, dan de trap af, gebogen hoofd, niets vreemds doen, jezelf niet verbergen maar ook geen aandacht trekken. '*Ausweis bitte!*' In de paar seconden die volgen lijkt alles tergend langzaam te gebeuren: het naar de zak reiken, het papier tonen, de haviksogen die van boven naar beneden gaan, hem weer aankijken en weer terug naar het papier gaan, proberen te slikken, zijn hartslag die tegen de binnenkant van zijn oren bonkt, steeds zwaarder en lomer, als een stoomlocomotief die vertraagd op een betonnen muur afstevent en hij ziet het gebeuren, kan de klap niet meer afwenden. '*In Ordnung!*' De plotselinge verlichting, het stroperige bloed dat langzaam weer gaat stromen, doorlopen, bijna opstijgen en opgaan in de massa, tot zijn hart weer terug op zijn plek zit. Tot op hoge leeftijd kan hij de trappen op Amsterdam CS niet afdalen zonder dat een hevige angst hem de adem beneemt, tot hij weer buiten op het stationsplein staat, waar hij enkele minuten in de luwte van de stad moet bijkomen voor hij zijn weg kan vervolgen.

13

Paddenstoelenbiefstuk

Iedere keer als Janny zware knallen vanuit zee hoort overwaaien, rent ze naar buiten en spitst ze haar oren in de hoop dat het zover is. Dat er hier aan land door de geallieerden een tweede front is geopend, waarover ze Stalin op de radio heeft horen spreken. Het is inmiddels duidelijk dat Hitlers troepen met een tegenoffensief vanuit de zee en de lucht niet te verslaan zijn – de geallieerden moeten op het Europese vasteland een front creëren om een kans te maken.

Operatie Barbarossa ging met grof geweld en, in eerste instantie, grote snelheid gepaard. Maar tegen het einde van 1941 heeft Hitler 750 000 manschappen verloren en is het moreel van de Duitse troepen lager dan de winterse temperaturen. Propagandaminister Goebbels houdt in december een patriottische speech op de Duitse radio, waarin hij de bevolking oproept warme spullen voor het front te sturen. 'De mensen thuis verdienen geen vredig uur zolang een enkele soldaat aan het front nog zonder toereikende uitrusting aan de barre kou is blootgesteld.' Hoewel de Duitsers zelf al twee jaar onder een kledingrantsoen lijden, levert de oproep ruim zesenzeventig miljoen warme kledingstukken op – maar een bliksemoorlog wordt het niet meer. Eerst houdt Moskou onverwacht stand tot januari 1942, en na een lang en redelijk succesvol nieuw offensief van de Duitsers in het voorjaar van 1942 volgt dan de befaamde Slag om Stalingrad, van augustus 1942 tot februari 1943. Deze bloedige veldslag symboliseert het hoogtepunt van het tweegevecht tussen Adolf

Hitler en Joseph Stalin, waarvoor zij miljoenen mensen offeren.

Maar Janny weet helemaal niet wat er gaande is aan het oostfront, en dat Hitlers plannen voor het creëren van Lebensraum de sprong van tekentafel naar terrein niet zo makkelijk maken. Ze weet alleen dat er maar geen geallieerden aan land komen en het dagelijks leven in Bergen steeds zwaarder wordt. Met Robbie gaat alles naar omstandigheden redelijk, maar Liselotte huilt nog steeds veel en Janny weet niet wat er met haar aan de hand is. Met Kathinka gaat het ook niet goed, ze is hangerig. Er is een dysenterie-epidemie en Janny en Lien maken zich ernstig zorgen om de kleintjes. Het gerucht gaat dat de uitbraak is ontstaan in het soldatenkamp verderop, en de darmziekte verspreidt zich over de omringende gezinnen waar hij vooral kinderen treft.

Kathinka wordt ziek. Het meisje loopt leeg tot al het babyvet weg is en haar ribben tegen haar huid duwen. Als er nog slechts bloed uit haar komt, is Lien de wanhoop nabij, maar Jan en Aleid Hemelrijk zorgen dat een bevriende arts naar haar komt kijken. De dokter schrijft het meisje medicijnen voor en een dieet van rijst met kaneel. Jan zorgt dat alles bij hen in huis komt en ruim een week zitten ze angstig bij haar aan bed om ervoor te zorgen dat het kind iets binnenkrijgt. Het gezin dat naast hen woont, katholiek en met elf kinderen, verliest er twee. Net wanneer Lien en Eberhard de moed bijna hebben opgegeven begint Kathinka te eten en aan te sterken, en wanneer ze zelfs een paar happen gewoon kindervoedsel neemt, verschijnt er voor het eerst weer een glimlach op de gezichten van haar ouders.

De winter van 1942 is een strenge. Levensmiddelen zijn bijna niet meer te krijgen en waar dat bij milde temperaturen met een natuur in bloei en dieren die voor zichzelf kunnen zorgen al netelig was, zorgt het nu voor grote problemen. De zussen vinden cantharellen in het bos en gelukkig eten de kinderen die, gebakken en gekruid, als zoete koek. Voor de zekerheid leggen ze mandenvol cantharellen in en bewaren ze in weckpotten. Janny heeft ergens gehoord dat ook een roodachtige houtzwam heel voedzaam is, en die laatste weken van het jaar leven ze voornamelijk van diverse paddenstoelen. Gelukkig kunnen ze er wel om lachen.

'Wat eten jullie vanavond?' vraagt Bob aan Eberhard wanneer hij even binnen komt waaien.

'Paddenstoelenbiefstuk. En jullie?'

'Paddenstoelenbiefstuk.'

In december zakt de temperatuur verder onder het vriespunt; een vrije val die in de komende weken bij een kouderecord van min 27,4 graden zal eindigen. De vorst kruipt in de muren en de huizen zijn niet meer warm te krijgen. Jaap Brilleslijper vraagt Jan Hemelrijk hem een zaag en bijl te brengen en vult zijn dagen met het vellen van bomen, het kappen van blokken en het sjouwen van hout naar zijn beide zussen, die de kachels de klok rond laten gloeien.

Janny en Eberhard reizen voor hun verzetswerk nog regelmatig op en neer naar Amsterdam en horen daar dat er weer razzia's hebben plaatsgevonden – de grootste tot dan toe. In oktober heeft de SD met hulp van de Nederlandse politie in Amsterdam en in de provincie al zo'n 15 000 joden opgepakt, en in november doen ze hetzelfde met enkele honderden joden op verschillende plekken in Gelderland. Alle arrestanten worden naar Westerbork vervoerd, waar door de komst van zoveel mensen paniek en chaos ontstaat. Niet alleen omdat de barakken overbevolkt raken, maar ook omdat met de aanwezigheid van de talloze vrouwen, kinderen en oudjes het laatste geloof in zogenaamde werkkampen verdampt.

Een gestroomlijnde deportatie kan alleen slagen met rust en orde, en de juiste kampcommandant speelt bij het creëren daarvan een cruciale rol. Twee eerdere kampcommandanten van Westerbork, Erich Deppner en Josef Dischner, waren sadistische, onvoorspelbare mannen die met hun gedrag alleen maar paniek veroorzaakten. De gevangenen redeneerden al snel: als dit al de behandeling in voormalig vluchtelingenkamp Westerbork is, wat staat ons dan in vredesnaam op onze onbekende bestemming te wachten? Een nieuwe kampdirecteur moet kalmte brengen, zodat de Nederlandse quota voor deportatie worden gehaald.

In oktober 1942 wordt ss-Obersturmführer Albert Konrad Gemmeker aangesteld, een man met de gelijkmatige trekken van een filmster en de uitstraling van een schooldirecteur. Hij komt van gijzelaarskamp Beekvliet in het Brabantse dorpje Sint-Michielsgestel, waar de Nederlandse intelligentsia als levend onderpand wordt vastgehouden: hun wordt geen haar gekrenkt zolang de bevolking gehoorzaamt.

Gemmeker herstelt met fluwelen hand de orde in Westerbork. Hij betrekt de prachtige commandantswoning bij de ingang van het kamp, een statige houten villa met een puntdak en een rechthoekige serre-uitbouw. Gemmeker bewoont het pand alsof hij een heuse burgemeester is en Westerbork zijn stad, en laat zich er bedienen door joods personeel. Hij organiseert de dagbesteding in het kamp zo normaal mogelijk, met arbeid, veel sport en voor de avonden cabaret en muziekuitvoeringen. Er is een wasserij, een naaiatelier en een grote tuin met gewassen om de bewoners zelfvoorzienend te maken.

Zo ordentelijk als Gemmeker leiding geeft aan het dagelijks leven, stelt hij ook de deportatielijsten op. In Berlijn worden de aantallen per week bepaald en doorgegeven aan Den Haag, van waaruit Gemmeker zijn bevelen ontvangt. Tijdens een wekelijkse vergadering worden de transportlijsten opgesteld, waarbij Gemmeker voor een groot deel leunt op de joodse medewerkers van de administratie.

In de eerste maanden vertrekken de treinen op maandag en vrijdag, vanaf 1943 is dat iedere dinsdag. Per barak wordt bekendgemaakt wie zijn spullen moet pakken, sommigen met en sommigen zonder hun familieleden – de vraag die niemand durft te stellen is wat erger is. Alles verloopt in een bedrukte maar georganiseerde sfeer, tot aan het samenpersen van de passagiers wanneer de wagons overvol zitten. Het aantal koppen wordt geteld en groot op de buitenkant gekalkt. Dan sluiten de deuren hermetisch en kan de trein vertrekken. Gemmeker leidt zo een gesmeerd afvoersysteem, waarmee hij eind 1942 tot genoegen van Berlijn de veertigduizendste jood op de trein van Nederland naar Polen uitzwaait. Hij viert het met een feestelijk diner.

Janny en Lien realiseren zich hoe bijzonder het is dat ze allemaal bijeen zijn terwijl de meeste families in het land uit elkaar zijn gerukt – als ze al niet zijn weggevoerd. Via het verzet hebben ze de beschikking over voldoende bonnen en Janny denkt er niet aan met haar activiteiten te stoppen. Ze is niet roekeloos of naïef, maar ziet geen andere optie; wanneer er gevochten moet worden, moet er maar gevochten worden.

Voor de kinderen proberen ze het leven zo normaal mogelijk te laten verlopen. Ze vieren zelfs met z'n allen Sinterklaas bij Janny en Bob in het huis aan de Buerweg, met Jan Hemelrijk verkleed als goedheiligman en Japie als Zwarte Piet. Even is alles net als vroeger, voor de oorlog, waarbij ze tegen elkaar opmerken dat 'vroeger' vreemd genoeg maar tweeënhalf jaar geleden is. Die avond is iedereen ontspannen en omarmen ze de rituelen van het sprookjesfeest, zogenaamd voor de kinderen. Liselotte en Kathinka zijn te klein om het te begrijpen, maar als Sinterklaas Robbie op schoot neemt en hem met lage stem toespreekt, kijkt hij met grote ogen toe zonder een vin te verroeren.

'Ben je soms je stem verloren, jongeman?' bast Sinterklaas.

'Nee, ome Jan,' stamelt het kind, waarop de hele familie, inclusief Sinterklaas en Zwarte Piet, in de lach schiet. Robbie begrijpt er niets van en staat op het punt in huilen uit te barsten.

'Die zouden ze bij de Geheime Dienst moeten hebben,' mompelt Jan Hemelrijk vanachter zijn nepbaard terwijl hij het kind aan Janny overdraagt.

Als ze laat in de avond afscheid nemen komt de regen met bakken uit de lucht. De hemel is zilvergrijs met een donker randje, maar in de verte gloort een sterrenhemel die een droge nacht voorspelt. Lien en Eberhard vertrekken met Kathinka onder Eberhards regenjas naar hun huisje aan de Breelaan, Jan en Aleid naar hun huis aan de Lindenlaan. Bij het uitzwaaien van Sinterklaas verliest Bob zijn kostbare zak tabak in de stromende regen. In uitgelaten stemming zoeken Janny en hij ernaar tot de slierten haar tegen hun wangen plakken en de huid van hun knieën zichtbaar wordt door de stof van hun natte broeken – tevergeefs.

Dagen later vindt Janny het pakje onder de struiken, met de tabak verregend en half vergaan, maar dat weerhoudt Bob er niet van hem op te roken. Deze dagen is zelfs ingebeeld genot welkom.

14

De gezusters Jansen

Het bericht dat ze weg moeten komt niet geheel onverwacht, maar raakt hen niettemin hard. Op 1 februari 1943 zal op last van de bezetter de gehele kuststrook van Den Helder tot Hoek van Holland door Duitse soldaten van deur tot deur ontruimd worden voor de bouw van de zogenaamde Atlantikwall. Hitler heeft opdracht gegeven een verdedigingslinie langs de kust van Noordwest-Europa te bouwen om een invasie van geallieerde machten te voorkomen – de invasie waar Janny zo op hoopt. Een linie, of eerder een keten van hindernissen en versterkingen, over een afstand van maar liefst vijfduizend kilometer, van Noord-Noorwegen tot aan Zuid-Frankrijk. Hiervoor zullen duizenden bunkers aan de Hollandse duinrand worden gebouwd, maar ook tankversperringen, zoals hoge betonnen muren en zandwallen en diepe grachten. Er moeten extra paden en wegen naar munitiedepots worden aangelegd, er komen luchtafweerstellingen en mijnenvelden. Alle dorpen tot tien kilometer landinwaarts moeten vóór 1 februari 1943 leeg zijn. Is deze aankondiging voor de reguliere bewoners van de kustgebieden al een drama, voor de onderduikers betekent het dat ze in de val zitten.

De dagen naar nieuwjaar verstrijken gestaag. Janny probeert haar zorgen niet te laten blijken aan haar ouders en de kinderen, maar de onrust broeit niet alleen binnenshuis. Om hen heen beginnen mensen te verkassen; 'normale' mensen die officieel mogen verhuizen, niet mensen zoals zij: joden die worden opgejaagd of Duitse deserteurs wie de doodstraf wacht. Terwijl de verhuiswagens en auto's tot op het dak toe volgeladen Bergen verlaten, marcheert dagelijks een nieuwe stroom soldaten het dorpje binnen. Ze bemannen de houten barakken van het kampement bij hen in de buurt en de herrie die ze produceren houdt Janny 's nachts uit haar slaap. Ze ligt in bed met open ogen, haar hand in die van Bob, en staart naar het plafond. Boven hun hoofd vliegen Engelse vliegtuigen over de donkere duinen om het kamp in Bergen onder vuur te nemen, waarop Duitse soldaten naar buiten komen rennen om terug te schieten.

Op een nacht schieten ze een Engels vliegtuig uit de lucht, dat brandend op de houten barakken landt en alles in lichterlaaie zet. Als door een wonder worden Robbie en Liselotte niet wakker, maar Janny, Bob, Jaap, Fietje en Joseph verzamelen zich in pyjama bij het raam in de woonkamer, die door de vlammenzee wordt verlicht alsof het een stralende zomerdag is. Verstijfd en met samengeknepen ogen tegen het felle licht staan ze achter het gordijn. Bob en Janny wisselen een blik: de soldaten bevinden zich dichter in de buurt van Lien en Eberhard, en Jan en Aleid. De volgende dag blijken ze gelukkig ongedeerd, maar het is duidelijk: iedere dag hier is er een te veel. Ze moeten andere huizen vinden.

De zussen komen samen voor spoedoverleg met Bob en Eberhard. Wie kennen ze? Wie vertrouwen ze? Jan en Aleid moeten zelf verhuizen, daar kunnen ze niet bij intrekken. Moeten ze zich opsplitsen en de kinderen aan vreemden meegeven? Dat laatste is ondenkbaar en de mogelijkheid wordt meteen verworpen. Maar wat dan? Ze zijn met een grote groep en willen, móéten, bij elkaar blijven om dit te overleven. In Bergen blijven is onmogelijk, terug naar Den Haag kan niet en Amsterdam is hermetisch afgesloten. Bovendien weten ze inmiddels met grote stelligheid: als je Amsterdam in komt, kom je er alleen nog uit om naar Westerbork te gaan.

Uiteindelijk besluiten ze dat Janny en Eberhard ieder afzonderlijk op pad zullen gaan, op de bonnefooi het land in, op zoek naar afgelegen plekken en leegstaande woningen. Het is een wankel plan, maar het is het enige dat ze hebben.

Van Jan Hemelrijk, die continu op zoek is naar onderduikplekken, weten ze dat hij in de stedelijke gebieden bijna geen gezinnen meer bereid vindt iemand op te nemen – te risicovol, te weinig ruimte, te veel nazi's en NSB'ers op de loer, en ook de Nederlandse politie neemt gretig tips aan over de locatie van ondergedoken joden. De aarzeling die de niet-joodse Nederlandse bevolking de eerste twee bezettingsjaren toonde om afstand te nemen van haar joodse medeburgers, is bij de meesten definitief omgeslagen naar acceptatie van hun lot.

Van vrienden in het verzet horen ze dat Amsterdam inmiddels is vergeven van de verraders zonder uniform. Gewone burgers die hun buren, oud-collega's, zelfs bloedeigen familie verraden. Roofbank Lippmann, Rosenthal & Co beleeft bloeiende tijden. Met het toenemende aantal deportaties van joden komen steeds meer huizen leeg te staan, en de Colonne Henneicke is er als de kippen bij om de huisraad te inventariseren. De Hausraterfassung-ploeg wordt steeds belangrijker. De mannen reizen het hele land door om inventarislijsten op te stellen in gedwongen verlaten huizen; soms zijn de lakens nog warm en staan de theekopjes nog op tafel, soms staan de bewoners er zelf nog bij wanneer de heren keurig hun administratieve taken uitvoeren. Dan moeten ze toezien hoe er een blauwdruk van hun dagelijks leven wordt gemaakt; nauwkeurig, zoals het een goede ambtenaar betaamt, en in viervoud. Eén afschrift van de inboedellijst gaat naar het hoofdkantoor, de Zentralstelle, één reist mee met de goederen, één blijft bij het colonnelid als bewijs van zijn verrichte werk en één afschrift wordt overhandigd aan het gezin zelf. Een kwitantie als laatste herinnering aan hun normale bestaan voordat ze de deur achter zich dichttrekken.

Afgelegen gebied dus, daar moeten ze zich op richten. Eberhard durft met zijn arische voorkomen, valse persoonsbewijs en inmiddels vlekkeloze Nederlands nog steeds te reizen, en Janny zal tijdens haar tripjes voor het verzet naar Amsterdam de nabijgelegen dorpen uitkammen. Ze besluiten dat de bosrijke omgeving van 't Gooi het meest kansrijk is en iedere ochtend neemt Eberhard de trein naar Hilversum om van daaruit verkenningstochten te maken.

Op een dag reist hij via Hilversum naar Hollandsche Rading, een piepklein dorpje omgeven door groen. Via het stationnetje loopt hij de hoofdstraat af en belt overal aan. Met zijn knappe, lange voorkomen, blonde haren, lichte ogen en welbespraaktheid staan mensen hem met lichte argwaan maar zonder al te veel problemen te woord. 'Verhuurt u misschien kamers?' is steeds weer zijn vraag, gevolgd door: 'Of weet u misschien een leegstaand zomerhuisje in de buurt?' Hij vangt bot, deur na deur, straat na straat, tot hij aan de andere kant van het dorp alleen nog maar bomen treft. Het is december, de temperatuur is tot onder het vriespunt gedaald en de wanhoopsactie die door zijn hoofd flitst – met de hele familie in tenten in de bossen gaan wonen – verwerpt hij terwijl hij zijn gevoelloze vingers probeert te verwarmen. Toch trekken de bossen hem – wellicht is er een jagershut, een leegstaand huisje? Hij denkt aan de familie in Bergen, vermant zich en duikt tussen de boomstammen. Er volgt een lange wandeling door het Baarnse bos zonder dat hij iets of iemand tegenkomt. Na een paar uur stevig doorwandelen is hij verkleumd en wil hij de moed opgeven, wanneer hij opeens een duidelijk zandpad ontwaart. Hij durft al niet meer te hopen dat het naar een huis voert, maar wie weet leidt het dan tenminste naar een station.

Het schemert al, en hoewel hij de teleurstelling op de gezichten thuis vreest, kan hij niet eeuwig wegblijven. Dan schittert er iets tussen de bomen door – een gebouw, witte muren, langgerekte vensters afgesloten door jaloezieën; en naarmate hij dichterbij komt openbaart zich een gigantische villa. Verderop staan enkele kleinere huizen en Eberhard voelt voor het eerst die middag zijn bloed weer stromen. Hij loopt naar een huisje waar licht brandt en belt aan. De deur zwaait open en een man kijkt hem geïrriteerd aan.

'Goedenavond, meneer. Ik zag dat grote gebouw daar in het bos', Eberhard knikt in de richting van de villa, 'en ik vroeg me af, omdat het er zo onbewoond uitziet, of er misschien kamers worden verhuurd of...'

'Uitgesloten!'

Nog voor hij is uitgesproken slaat de man de deur in zijn gezicht dicht.

Onverrichte zake keert Eberhard terug naar Bergen, waar de anderen achter het donkere raam op zijn terugkomst staan te wachten. Ze stellen geen vragen; Eberhards gezicht spreekt boekdelen. Jaap stookt het vuur op en terwijl Eberhard zich warmt vertelt hij over zijn belevenissen, tot aan de nare ontmoeting met de man die zijn laatste hoop verjoeg. Lien en Jaap kijken elkaar even meewarig aan en barsten dan in lachen uit.

'Zijn jullie gek geworden?' Eberhard staart zijn geliefde aan. 'Dat is toch niet om te lachen?'

'Weet je wat dat grote gebouw was?' zegt Lien. Ook hun onderduikjongen Herbert begint nu te grinniken. Eberhard trekt met moeite zijn schouders een stukje op.

'Paleis Soestdijk!'

Het zou nog jaren duren voordat ook Eberhard er de grap van kon inzien.

~

Tijdens kerst is de sfeer allesbehalve opgewekt; de feestdagen zijn een herinnering aan het naderende nieuwe jaar en de evacuatie, en er is nog geen enkel zicht op een oplossing. Ze komen allemaal samen bij Janny en Bob; zelfs hun goede vriend Frits Reuter en zijn vriendin Cor Snel nemen de risico's voor lief en komen logeren. Als een van de leiders van de Amsterdamse afdeling van de illegale CPN weet Frits hun veel nieuws te vertellen, maar het maakt de stemming er bepaald niet beter op.

Op 13 december heeft de NSB een groot feest in het Concertgebouw in Amsterdam gegeven, ter ere van haar elfjarige bestaan. In een tot de nok toe gevulde zaal bekleed met wapperende vlaggen, NSB-vaandels en hakenkruisen verklaarde Rijkscommissaris Seyss-Inquart dat Hitler de Nederlandse NSB-oprichter Anton Mussert had erkend als 'Leider van het Nederlandsche Volk'. Onder een haag van gestrekte rechterarmen aanvaardde Mussert zijn positie.

Ze luisteren gelaten en eten. Janny en Lien hebben oliebollen gebakken en een rijsttafel gemaakt. Laat op de avond zwaait het grote gezelschap Lien, Eberhard – met een slapende Kathinka over zijn schouder – en Herbert uit, die naar hun huisje aan de andere kant van het bos vertrekken. Ze zoenen elkaar een goede nacht en dan gaat iedereen naar bed, in de hoop dat die nacht het wonder zal brengen dat ze nodig hebben.

En het wonder geschiedt. Net als Janny en Eberhard hun lukrake uitstapjes in de winterse kou willen staken omdat ze voorbereidingen moeten treffen voor een gedwongen splitsing van de familie, komt Jan Hemelrijk met nieuws.

'Ik heb iets. Net onder Amsterdam, in de bossen van Naarden. Een vrijstaand huis dat alleen in de zomer door twee rijke dames wordt gebruikt. Het zou groot genoeg voor jullie allemaal moeten zijn, dit is het adres van de dames.'

Na een rusteloze nacht vertrekken Bob en Eberhard bij zonsopgang in hun beste pak naar Amsterdam, met stramme spieren en het briefje met het adres als een wichelroede voor zich uit. De gezusters Jansen wonen in de Minervalaan, een chique straat met statige herenhuizen, en met het lot van hun geliefden, hun kinderen en de hele familie Brilleslijper in handen, bellen ze aan. Terwijl ze hun best doen zo betrouwbaar en charmant mogelijk over te komen, doen ze hun hachelijke situatie uit de doeken – althans: de veilige versie ervan. Niemand is nog te vertrouwen deze dagen, zelfs ogenschijnlijk goede mensen niet. Dus zijn Bob en Eberhard twee doodnormale, niet-joodse, Hollandse jongemannen die met hun gezinnen in Bergen wonen en daar vanwege de Atlantikwall op zeer korte termijn weg moeten. Ze besluiten hun relaas met de prangende vraag of ze het zomerhuis in Naarden tot het einde van de oorlog mogen huren.

De dames zijn zichtbaar onder de indruk van deze keurige jonge heren, gaan akkoord en twee dagen later mogen ze terugkomen om het huurcontract te tekenen. Snel keren ze huiswaarts naar de familie, die bij Janny het vonnis afwacht. Het lijkt erop dat ze zijn gered, maar de gedachte aan een scheiding van de kinderen heeft hen wekenlang beklemd en niemand is in staat uitbundig op het goede nieuws te reageren.

Ze hebben een plek, maar geen officiële vergunning om naar 't Gooi te verhuizen. De enige persoon die nog zou kunnen proberen er een aan te vragen, is Bob. De rest van het gezelschap is joods of, in het geval van Eberhard, deserteur. Voor hij moest onderduiken werkte Bob bij het Rijksbureau voor Voedselvoorziening en Janny ziet daar hun enige mogelijkheid.

Onmiddellijk reist ze naar Alkmaar en vervolgens door naar Den Haag om de juiste mensen te spreken te krijgen. Met fluwelen charme maar een blik die geen weigering duldt, regelt ze dat Bob weer mag terugkomen bij de Voedselvoorziening, deze keer met standplaats 't Gooi. Zijn nieuwe werkplek bevindt zich in Weesp, een dorpje gelegen tussen Amsterdam en Naarden. Tijdens haar missie wordt geen enkele keer gewag gemaakt van Bobs status als gezochte verzetsmedewerker, dus Janny's vermoeden dat hij zo alleen in Zuid-Holland geregistreerd staat, lijkt te kloppen. Los daarvan zullen ze gewoon het risico moeten nemen; een andere optie is er niet.

Met de benodigde papieren in haar tas krampachtig tegen zich aan geklemd aanvaardt ze de terugreis naar het noorden. Het is vrijdagnamiddag en ze dompelt zich onder in het forenzenpubliek dat zich richting het weekend haast. Het zijn nog enkel mannen, een verdwaalde vrouw daargelaten. Wie niet hoeft te reizen, reist niet – zeker niet op dit late tijdstip. Wie geen zaken heeft met een ander, zoekt geen contact. Janny maakt zich klein en staart naar buiten. Met de vallende schemering vervagen de weilanden achter het raam en verschijnt langzaam de weerspiegeling van haar eigen gezicht. Haar sluike haren achter de oren gestoken, de uitstekende jukbeenderen als tentstokken waarover de huid strak gespannen staat, haar ogen donker. De verantwoordelijkheid voor al die mensen die afhankelijk van haar zijn voelt ze zelden drukken, maar nu overvalt die haar opeens. De machteloosheid van de afgelopen weken, het dreigende vooruitzicht van een scheiding van de kinderen, of, erger nog, met z'n allen opgepakt worden… en dan?

Haar schouders voelen zwaar en gespannen en als ze uitademt lijkt het of ze door de stoel en de vloer heen zakt, naar de grond onder het treinstel. Dan een hevige steek in haar onderbuik, achter de tas met daarin hun reddingslijn. Ze slaat voorover en spiedt om zich heen of iemand haar opmerkt. De bankjes naast en tegenover haar zijn leeg, de heren zitten verderop bij elkaar – godzijdank. Zachtjes ademt ze uit. Nog een steek, feller nu. Ze smoort een kreet en gaat over in geveinsd hoesten, vouwt haar bovenlijf over de tas heen. Terwijl ze hoest, sluit een klem zich rond haar buik en knijpt haar leeg, knijpt het leven uit haar tot ze geen adem meer krijgt. Een van de mannen in het zitje verderop kijkt even op en Janny probeert zichzelf nog kleiner te maken in de hoek tegen het raam.

Dan verspreidt zich een warme gloed tussen haar benen, aangenaam in de kilte van de coupé. De pijn is weg en ze voelt zich slap, haar voeten deinen losjes mee boven het vloerzeil op de maat van de wissels. De gloed verkilt en haar dijen voelen vies en plakkerig. Ze komt een beetje overeind, draait haar natte wollen rok twee kwartslagen naar voren en staart naar de donkere vlek die nu op haar schoot zit. Ze bedekt de vlek met haar leren tas en leunt met haar hoofd tegen het raam, waarin enkel nog een zwarte muur is te zien. Af en toe wat lichtpuntjes her en der in de verte. Haar adem beslaat het glas terwijl warme druppels via haar wangen op haar handen uiteenvallen.

Bij thuiskomst tovert ze met moeite een glimlach op haar gezicht, wappert met de papieren waarover Bob zich gretig ontfermt, en trekt zich terug in de slaapkamer om andere kleren aan te trekken. Iedereen is opgelucht dat ze de vergunning hebben. Over de miskraam vertelt ze niemand iets.

Op 30 januari 1943, twee dagen voordat de kuststrook rond Bergen zal worden geëvacueerd, keren de mannen terug naar Amsterdam en tekent Eberhard onder zijn valse naam J.-J. Bos een huurovereenkomst met mejuffrouw C.M. Jansen, voor de huur van villa 't Hooge Nest aan de Driftweg 2 te Naarden. De huurprijs is 112,50 gulden per maand voor het gemeubileerde huis, met de toezegging dat ze zorgvuldig met het meubilair zullen omgaan en het goede servies niet zullen gebruiken.

'Vergeten jullie niet jezelf even als de nieuwe bewoners aan te melden bij de burgemeester van Naarden, anders lopen jullie gevaar dat hij het huis vordert voor de Duitsers,' zegt een van de zussen terloops. Die danken hen voor de tip en wisselen een snelle blik uit – dat zou een regelrechte ramp zijn. Ze willen weg, nu, de familie ophalen en het dorp uit voor de evacuaties beginnen, maar de gezusters vinden het maar wat gezellig met de jongemannen en blijven staan in de hal van het stijlvolle huis aan de Minervalaan.

'Zeg eens,' zegt de andere zus terwijl ze haar hand op Eberhards onderarm legt, 'u klinkt helemaal niet alsof u uit Den Haag komt. Waar komt u oorspronkelijk vandaan?'

Die vraag is hem vaker gesteld.

'Weet u,' antwoordt Eberhard op samenzweerderige toon, 'ik heb als kind in Limburg gewoond en ik vrees dat je dat tot het einde van mijn leven zal blijven horen.'

Ze lachen alle vier en nemen hartelijk afscheid.

Dan de laatste horde. De burgemeester van Naarden. De NSB-burgemeester van Naarden, Marinus van Leeuwen. Terwijl Bob zich vast naar Bergen haast om met de laatste voorbereidingen van de verhuizing van de twee huishoudens te helpen, stapt Eberhard op de trein naar Naarden-Bussum. Van daaruit snelwandelt hij richting Naarden, betreedt de vesting via de brug en loopt in één rechte lijn naar het gemeentehuis aan de Marktstraat, tegenover de Grote Kerk.

Het gemeentehuis is een prachtig gebouw, bestaande uit een koppel huizen, zij aan zij, als twee broers. Het ene groter dan het andere, maar in identieke stijl, met gekartelde puntgevels en aan de achterzijde een open torentje met daarin een klok en een windwijzer. In het grootste, het linkerpand, bevindt zich een statige, boogvormige voordeur, die Eberhard met droge mond en stramme ledematen betreedt. Binnen wordt hij door een vriendelijke dame naar de kamer van de burgemeester geleid, die achter zijn massieve bureau zit te werken, geflankeerd door de portretten van Adolf Hitler en Anton Mussert. Als Eberhard binnenkomt, schuift hij zijn stoel naar achteren, komt overeind en groet hem met gestrekte arm.

'Heil Hitler!'

Eberhard denkt aan Lien en Kathinka, vermant zich en beantwoordt de nazigroet voor het eerst van zijn leven. Hij laat zijn papieren zien. Het officiële huurcontract, de door Janny geregelde werkvergunning voor Bob en een doktersattest van de dokter uit Bergen, waarin hij verklaart dat 'Kathinka Anita Bos, om te herstellen van een ernstige dysenterie, naar hoger gelegen gebied in de gemeente Naarden moet verhuizen'.

Van Leeuwen bladert het stapeltje onbewogen door terwijl Eberhard probeert zijn handen stil te houden. Zijn vingers bewegen steeds opnieuw over zijn palmen, alsof hij de seconden vooruit wil wrijven. Dan richt de burgemeester zich op.

'Persoonsbewijs?'

Eberhard legt zijn persoonsbewijs voor, Jean-Jacques Bos, en dat van Lientje, Antje Bos geboren Sillevis, en Kathinka Anita Bos.

Achter zijn rug beginnen de kerkklokken te luiden en Eberhard blaast in de nagalm ervan uit. Hij denkt terug aan de mislukte keuring na zijn hongerkuur, zijn vlucht naar Bergen, naar Jan en Aleid, toen naar Amsterdam en weer terug naar Bergen. Dit mág niet mislukken. Als dit fout gaat, is het voor hen allemaal voorbij.

'Akkoord.'

Van Leeuwen drukt de benodigde stempel op de gemeentelijke papieren, zet zijn handtekening eronder en tien minuten later staat Eberhard buiten. Hij kijkt omhoog naar de Grote Kerk van Naarden en knikt even. Naar wie of wat weet hij zelf niet.

II

't Hooge Nest

'Het huis heette 't Hooge Nest en was gelegen aan de Driftweg. Een heel groot huis met een groot terrein en een stuk bos, het liep bijna tot aan het water. Daar hebben we alle mogelijke avonturen met onze onderduikers beleefd die een mens mogelijkerwijze kan beleven.'

Janny Brandes-Brilleslijper

1

Een villa in het bos

Een veilige plek om de oorlog door te komen, dat is alles waarnaar ze hadden verlangd. Een oorlog waarvan niemand meer durfde te voorspellen hoelang die nog zou duren. En: niet gescheiden worden van de rest van de familie – vooral niet van de kinderen, waartoe zoveel van hun vrienden en bekenden zich gedwongen hadden gezien. Ieder onderkomen volstond, of het nu een hooischuur of een fabrieksloods was. Ze hadden alles verwacht, maar niet dit.

Wanneer ze bij het opgegeven adres in de buurt komen is het donker. Het dorpje Naarden hebben ze al zeker vijf, misschien wel tien minuten geleden achter zich gelaten; ze rijden al een tijdje door hei- en daarna bosgebied wanneer ze er volgens de omschrijving bijna moeten zijn. Ze zijn de hele reis al doodstil, op van de spanning en vermoeidheid, bang om onderweg te worden aangehouden. De verharde weg stopt en gaat over in een zandpad, het bos begint hen in te sluiten. Ze durven niet verder, bang dat de gammele verhuiswagen in de diepe karrensporen komt vast te zitten. Bob draait de contactsleutel om en als het laatste licht van de koplampen gedoofd is en het gebrom van de motor tussen de bomen verwaait, daalt er een ijle rust op hen neer. Wolkjes adem in de cabine. Bob komt als eerste in beweging.

'Kom. Het moet hier ergens zijn.'

Janny helpt eerst haar moeder uit de wagen en neemt dan

Liselotte in haar armen. Buiten slaat de regen tegen hun vermoeide wangen. De bomen kraken in de wind boven hun hoofd, terwijl het geluid van hun eigen voetstappen verdwijnt in hopen bladeren langs het pad. Dat volgen ze een eindje, tot het lijkt dood te lopen op een hoge, zwarte muur. Het bos. Janny kijkt even naar Bob, die kleine Robbie aan de hand heeft, te moe om te huilen. Hij haalt zijn schouders op en ze lopen verder. Jaap heeft zijn arm in die van Fietje gehaakt en houdt zijn moeder stevig vast. Ze rilt van de kou. De rest van het gezelschap is nog onderweg – Eberhard met vader, Lientje met Kathinka. Het is te gevaarlijk om samen te reizen.

Pas als ze aan de voet van het bos staan zien ze het pad dat haaks op dat van hen staat. Het komt van een stuk open hei aan hun rechterzijde en verdwijnt links van hen in het donker tussen de bomen. Bob knikt en ze duiken het bos in. Zodra Janny zich tussen de zwarte stammen bevindt, valt de spanning van haar schouders. Ze voelt zich er thuis. Rechts van het smalle pad doemt een enorme schaduw op. Om hen heen kreunen de takken en wiegen de bomen op het ritme van de wind, maar het huis staat daar robuust en onaangedaan alsof het niet in het minst onder de indruk is. De regen is gestopt en een flauwe maan duwt zichzelf door het wolkendek boven het open terrein dat ze hebben achtergelaten.

Ze staan stil op het pad en kijken naar het huis. Janny's ogen glijden langs de zware voorgevel omhoog, naar een wit bord tussen de ramen van de begane grond en die van de eerste verdieping, met daarop in zwarte letters: 'T HOOGE NEST.

Het huis is gebouwd als een struise kubus met een rieten kap midden in een uitgestrekt natuurgebied tussen de dorpen Huizen en Naarden. Uit alles blijkt dat de woning niets opheeft met de bewoonde wereld: het is gericht op de natuur en negeert alle wetten van de burgerlijke architectuur. De aanrijroute en het pad dat hen ernaartoe hebben geleid worden door 't Hooge Nest met de rug aangekeken; de ingang naar de centrale hal en de deur naar de keuken liggen aan de achterzijde. Als iemand naar binnen wil moet hij eerst via het pad naar het huis toe lopen en vervolgens via de zijkant naar achteren, of eigenlijk naar voren dus, om aan te bellen. Al die tijd heeft de bewoner vanuit de vele ramen rondom perfect zicht op de bezoeker. Die ramen bevinden zich gelijkmatig verspreid over de eerste twee verdiepingen – witte ruitjes omsloten door ossenbloedrode luiken.

Bij binnenkomst via de voordeur is er een royale hal die toegang biedt tot drie kamers: rechtdoor een woon- en eetkamer met uitzicht op de voorzijde – dat wil zeggen: de kant van het pad –, aan de linkerkant een keuken, en rechts een extra kamer en een toilet. Er is beneden zelfs een telefoon, en als ze een beetje lacherig de hoorn tegen hun oor drukken horen ze tot hun grote verbazing dat die nog is aangesloten ook. Op de eerste verdieping zijn vier slaapkamers en een badkamer en dan, hoog onder de rieten kap, is een zolderverdieping die de hele oppervlakte van het huis beslaat. Aan weerszijden in het dak bevinden zich manshoge, halfronde ramen zoals in de nok van een domtoren, met spectaculair uitzicht op de bossen en de hei rondom, en op een miniatuurversie van 't Hooge Nest die zich achter het huis bevindt: een grote schuur met rieten dak en identieke ruitjesramen. Drie schoorstenen rijzen als stutpalen op uit het pand en geven het een onverwoestbare aanblik. Het is de perfecte schuilplaats.

~

Die nacht slaapt Janny voor het eerst in maanden als een baby. Geen beschietingen boven hun hoofd, geen herrie uit het dorp, geen angst voor soldaten die al met de evacuaties zijn begonnen, geen zorgen over waar ze naartoe moeten, maar niets dan een stilte die haar lichaam verzwaart, waardoor ze pas wakker wordt wanneer de winterzon het huis alweer heeft gevonden. De plek naast haar is koud; Bob is al naar beneden en heeft de kinderen meegenomen, zodat zij niet wakker zou worden.

Gisteravond hadden ze in stilte en in het donker hun spulletjes uit de wagen gehaald en naar binnen gebracht. Nadat ze de kinderen te slapen hadden gelegd, hadden ze in de woonkamer in spanning gewacht op Lien en Kathinka, en vervolgens op Eberhard en vader. Toen iedereen veilig was aangekomen hadden ze allemaal een bed opgezocht, te moe om te praten, te voorzichtig om een lamp te ontsteken. Nu pas ziet ze het huis vanbinnen. Janny duwt zichzelf op haar ellenbogen omhoog en kijkt om zich heen.

De ruimte baadt in het licht, de grote ramen aan weerszijden van de zolderverdieping zijn slechts bedekt met dunne, katoenen gordijnen. Boven haar hoofd een metershoge nok ondersteund door een ingenieuze balkenconstructie. In de hoek een porseleinen wasbak, een spiegel en een kastje met handdoeken. Brede planken strekken zich uit over de gehele vloerlengte van de verdieping. Ze zwaait haar benen over de rand en loopt naar het raam. Voorzichtig schuift ze de stof een stukje opzij en gluurt naar buiten. Niemand. Ze trekt de gordijnen helemaal open en staat onbeschaamd voor het raam. Bomen, overal bomen, zo ver ze kan kijken. Geen huis, geen straat, geen mens. Haar mondhoeken krullen omhoog. Stemmen waaien via het trapgat de kamer binnen en ze haast zich naar beneden, naar de kinderen.

Iedereen is al druk bezig. Jaap is onmiddellijk de schuur in gedoken, waar hij genoeg werkmateriaal en gereedschap vindt om een eigen atelier te beginnen. Moeder maakt de vensterbanken schoon en heeft de keukendeur wijd opengezet; een ijskoude luchtstroom verdrijft de muffe geur van hout en vocht – het huis heeft sinds het einde van de zomer leeggestaan.

Janny geeft haar moeder een zoen, trekt haar jas aan, loopt naar buiten en blijft dan stilstaan. Voor haar ligt een gazon zo groot als een park, met hoge struiken, berkenhagen, groepjes statige bomen, kloeke rododendrons en cirkelvormige bloembedden. Verbaasd kijkt ze om zich heen. Her en der staan smeedijzeren en houten zitjes, sommige groen van het mos en half overwoekerd, andere schoon en niet al te lang geleden gebruikt. Hoog boven haar hoofd ziet ze aan verschillende bomen vogelhuisjes hangen en verderop staat een verlaten ren. De tuin die zich voor haar voeten uitstrekt, loopt golvend af. Ze ziet nu pas dat het huis op een heuvel ligt en snuift even vanwege haar traagheid van geest – 't Hooge Nest. Het huis wordt omsloten door grillige heidegrond en bossen. Halverwege het grasveld staat een theehuis, vierkant met een puntdak en grote ramen rondom. Daar staat Lien, met de drie kinderen goed ingepakt met mutsen en sjaals. Janny zwaait en wandelt naar ze toe. Robbie heeft haar al gezien, een lach van oor tot oor verschijnt op zijn gezicht. Janny drukt haar lippen tegen zijn voorhoofd, aait Liselotte en Kathinka over hun hoofden en gaat schouder aan schouder met haar oudere zus staan.

'Jeetje,' zegt Janny.

Met de rug naar het theehuis staren ze naar 't Hooge Nest, dat door de aarde uit de omgeving wordt opgetild.

'Goed, hè,' zegt Lien.

Janny knikt alleen maar. Hun situatie is te penibel om opgewekt te zijn, maar veel beter dan dit hadden ze het niet kunnen treffen. Lien wijst met haar kin naar een plek achter het huis.

'Het eerstvolgende huis is een paar honderd meter verderop.'

Janny tuurt de omgeving af maar kan geen daken ontwaren, of enig ander teken van menselijke aanwezigheid. Lien draait zich om en gebaart met haar hand naar het achterste gedeelte van de tuin.

'En als je daar rechtdoor blijft lopen kom je bij de zee.'

Janny trekt haar wenkbrauwen op en houdt haar hoofd een tikje scheef.

'De zee?'

'Of hoe heet dat, het IJsselmeer of zo. Water, in ieder geval.'

Ze gniffelen.

Janny denkt terug aan hoe ze de avond ervoor zijn komen aanrijden en probeert zich te oriënteren.

'Dus daar ligt Huizen', ze wijst naar het terrein links van het huis, dat een aanblik van woeste heidegrond biedt met plukjes bos, 'en daar ligt Naarden', ze gebaart naar rechts, waar ze enkel bomen ziet zover ze kan kijken. Op dat moment verschijnt het hoofd van Jaap uit de schuur, zijn bril op het puntje van zijn neus en in zijn ogen een verdwaasde blik. De zussen lachen.

'Hé!'

Meteen slaat Janny verschrikt een hand voor haar mond, maar Lien stelt haar gerust.

'Niemand hoort je hier.'

In Bergen had je de buren, voorbijgangers, de nabij gelegerde soldaten; er was altijd wel een reden om elkaar tot stilte te manen, de kinderen naar binnen te halen zodra er een begon te huilen.

Japie komt hun kant op rennen, een berg spullen tegen zijn borst gedrukt.

'Kijk wat ik allemaal heb gevonden!'

Met zijn handen naar hen uitgestrekt laat hij zijn schatten zien. Een klauwhamer, bakjes spijkers, een sigarendoos, touw, een plastic hoes, elektriciteitskabels met gespleten uiteinden, een telefoonhoorn met kruldraad zonder toestel. Janny lijkt het rommel, maar ze weet dat ze dat niet hardop moet zeggen. De ogen van haar broertje glinsteren.

'Die hele schuur staat vol met spullen, jullie moeten echt even komen kijken. Ik ga beginnen met een radio en daarna bouw ik iets voor de kleintjes, goed?' En weg is hij, zijn broek zakt tijdens het rennen een stukje van zijn magere kont.

Janny en Lien bespreken wat er de komende dagen moet gebeuren. Janny heeft wat klussen voor Mik en zal overdag veel weg zijn, Bob begint meteen aan zijn baan in Weesp, dus Lien en Eberhard zullen er snel op uit moeten om de buurt te verkennen en boodschappen te doen voor het grote gezelschap. Al pratend cirkelen ze rond de kinderen als herders rond hun kudde, en kijken toe hoe ze met rode wangen in het bos spelen. Het huis verdwijnt steeds verder uit het zicht terwijl ze het gazon verlaten en verder de bostuin in dwalen, tot ze alleen nog de ossenbloedrode luiken tussen de bomen zien glinsteren. Robbie duikt in een berg bladeren en gooit twee handen vol over het hoofd van Liselotte, die het uitschatert. Kathinka kiest de snellere route en duikt met haar hoofd rechtstreeks in een hoop, waar Lien haar snel weer uit trekt.

Die middag zijn de kleintjes rozig en moe van het buitenspelen en vallen ze voor het eerst in maanden alle drie zonder jengelen als een blok in slaap. Als Janny de kinderen in bed heeft gelegd gaat ze even bij vader kijken. Ze vindt hem in de woonkamer, waar hij de kachel opstookt om de ijzige kou te verdrijven die zijn vrouw eerder die dag tijdens de schoonmaak heeft binnengelaten. Het treft haar hoe schriel hij oogt, zo anders dan haar beeld van hem als de ronde, luidruchtige koopman in Amsterdam. De tien dagen durende gijzelneming door de Duitsers hebben hem van meer dan zijn vrijheid beroofd. Daarbovenop kwam de reis hiernaartoe, die zwaar was – eigenlijk te zwaar; zijn reserves zijn op. Ze neemt een blok hout van hem over en dwingt hem in een luie stoel plaats te nemen bij een van de grote zijramen, met een magisch uitzicht op het bos.

Voordat de hele familie naar 't Hooge Nest verhuisde, was Eberhard in z'n eentje al een paar keer naar Naarden gereisd met een deel van hun spullen. De eerste keer neemt hij ook Herbert mee, die hij overdraagt aan een contactpersoon. Hij zal elders onderduiken, dichter bij zijn ouders.

Iedere keer dat Eberhard met zijn vele bagage het Centraal Station in Amsterdam nadert, breekt het zweet hem uit, maar de stroom evacués vanuit de kustgebieden is inmiddels zo groot dat hij steeds in de massa kan verdwijnen. Een hele volksverhuizing vindt er plaats, met mannen en vrouwen die met kinderen, grootouders, dieren en huisraad verdwaasd over de perrons dribbelen, sommige met een doel voor ogen, andere nog zonder alternatief adres in het vooruitzicht. De trappen zijn overvol en de centrale hal puilt uit, met levende vertakkingen richting het stationsplein:

perfect voor Eberhard, die met zijn tassen en koffers geen moment opvalt. Overstappen naar station Naarden-Bussum en van daaruit is het ongeveer vijf kilometer lopen naar 't Hooge Nest – grotendeels door heidegebied.

De eerste keer dat hij de villa binnenkwam, had hij de piano al zien staan, maar er was te veel gaande om Lientje daarover te vertellen. Met lege handen weer terug naar station Naarden-Bussum, Amsterdam, Alkmaar en de stoomtram Bello naar Bergen. Bij zijn laatste rit als pakezel treft hij daar het zomerhuisje leeg en donker, het riekt er naar bleekmiddel en de gordijnen zijn gesloten. Het is alsof ze er nooit hebben gewoond. Lien is met Kathinka vertrokken, Eberhards nauwgezette instructies in haar hoofd geprent.

Hij sluit af, doet de sleutel in de brievenbus bij het hoofdhuis en loopt naar Janny's bungalow aan de andere kant van het hertenkamp, waar hij eenzelfde tafereel treft. Het huisje is brandschoon, de stoelen rond de eettafel zijn aangeschoven, er ligt geen kruimel op het tapijt, alsof er niet maandenlang kleine kinderen hebben rondgescharreld. In een donkere hoek van de woonkamer zit Joseph in een fauteuil te wachten.

'Kom,' zegt Eberhard, terwijl hij zijn schoonvader zijn arm biedt. Even lijkt het of Joseph geen aanstalten maakt op te staan. Sinds hij Amsterdam is ontvlucht en in Bergen is ondergedoken heeft hij het huisje niet verlaten. Eberhard pakt zijn bovenarm en helpt hem overeind, de drempel over naar hun volgende schuilplaats.

In de trein naar Amsterdam wordt Josephs onbehagen steeds zichtbaarder. Hij ademt zwaar en kijkt voortdurend om zich heen. Zonder veel te zien overigens: na zijn laatste, mislukte oogoperatie en ondanks zijn jampotglazen kan hij geen soldaat van een kolenboer onderscheiden. Eberhard wordt er nerveus van, maar hij kan zijn schoonvader niets geruststellends zeggen zonder hen daarmee te verraden.

Als de trein Amsterdam Centraal binnenrijdt, is de avond over de grachten gevallen. De mensenmassa's zijn opgelost en de perrons grotendeels verlaten. Eberhard denkt aan de stillen onder aan de trap en bidt dat vader zich goed houdt. Op het perron aarzelt Joseph even voor het bekende aankomstbord van zijn geliefde stad; Eberhard acht hem ertoe in staat zich los te rukken en zo naar huis te lopen, de gracht af richting de Weteringschans, daar de hoek om, de voordeur door, recht naar zijn eigen, luie stoel. Die weg kent hij blind. Hij verstevigt zijn greep rond de bovenarm maar het is niet nodig. Joseph draait zich om en volgt hem zwijgend naar de volgende trein.

Het laatste stuk is het zwaarste. Als ze station Naarden-Bussum uit lopen worden ze verwelkomd door een regenbui. Het regent niet hard maar gestaag, zo'n bui die je nauwelijks opmerkt tot je jas opeens zwaar tegen je lijf plakt. Ze zijn allebei doodmoe en Joseph zet kleine, onzekere stappen. Maar Eberhard heeft geen haast – het is de laatste tocht die ze maken. Al doen ze er de hele nacht over, als ze er maar komen.

In het begin lopen ze langs verlichte huiskamers, mensen zitten op de bank of lopen naar de keuken, wanen zich onbespied. Zorgeloze mensen. Als ze de bebouwde kom van Naarden achter zich laten, dunnen de huizen uit en volgen de lichten elkaar op met steeds langere tussenpozen. Het is doodstil op straat, alleen het zachte geroffel van regendruppels op het asfalt volgt hen en spoelt hun voetstappen weg. Josephs brillenglazen zijn beslagen en stroompjes water lopen via zijn voorhoofd over het glas naar zijn wangen, maar hij heeft zijn blik op de grond gericht en laat zich door Eberhard leiden.

Na ruim een halfuur in stilte arm in arm te hebben gewandeld horen ze achter zich een ritmisch gepiep dat steeds dichterbij komt. Ze staan stil en Eberhard voelt een huivering door het oude lichaam van zijn schoonvader gaan. Hij weet niet of het van kou of van angst is. Hij tuurt in het donker, vraagt zich af of hij Joseph mee de bosjes in moet trekken. Dan herkent hij het geluid van gelijkmatig bewegende trappers die langs het spatbord schaven en het zachte gesis van een fietsband over het waterige wegdek. Een gebogen silhouet passeert hen op twee meter zonder de mannen op te merken in het donker, en ze vervolgen opgelucht hun weg.

Eberhard weet niet hoelang ze erover hebben gedaan, maar als ze eindelijk bij 't Hooge Nest aankloppen, ziet hij aan de strakke gezichten hoe bezorgd ze zijn geweest. Ze zitten allemaal in de woonkamer te wachten met de gordijnen dicht. In de flikkering van het kaarslicht ziet hij de diepe lijnen rond Fietjes mond. Dankbaar neemt ze haar man van hem over en dept zachtjes diens gezicht met een handdoek. Eberhard zal Lien later opbiechten dat het een van de angstigste avonden van zijn leven was. Maar ze hebben het gered. Alle tien.

~

Zo gaat in begin februari 1943 het bijzondere huishouden van de familie Brilleslijper van start in 't Hooge Nest – als gastgezin, onderduikplek en centrum van verzet. De treinen rijden vanaf halverwege 1942 onafgebroken naar Westerbork en verder, en in heel Nederland zoeken joden die zich niet hebben gemeld plekken waar ze kunnen schuilen. In dit derde jaar van de bezetting zijn er geen grenzen meer aan de agressie en wordt de nazi-ideologie ook zonder Duitse dreiging in de praktijk gebracht. Zoals een jonge Groningse agent het verwoordt: 'Het is geen zondag als we niet eerst een paar joden halfdood hebben geslagen.' Toch zijn er ook veel niet-joodse Nederlanders die anderen helpen. Maar de verhouding is altijd scheef. Onderduikers realiseren zich dat ze eten van de voorraad van hun gastgezin en dat ze leven in ruimte die niet voor hen bedoeld is. Onderduikkinderen die aan een vreemd gezin worden toegevoegd voelen dat ze niet lastig moeten zijn; de gratie van de gastheer of -vrouw is de lijflijn die op ieder moment kan worden doorgeknipt.

Janny en Bob zijn met hun twee kinderen officieel naar Naarden verhuisd, maar de rest van het gezelschap is illegaal en wordt gezocht.

Joseph en Fietje omdat ze joods zijn en zich allang in Amsterdam hadden moeten melden. Jaap omdat hij joods is en vanwege zijn verzetswerk bij de fietsenstalling. Eberhard omdat hij een Duitse deserteur is en zich aan rassenschande schuldig heeft gemaakt door met een joodse vrouw een kind te krijgen. Lien omdat ze joods is en in verband met de verdwijning van Eberhard wordt gebracht. Janny's geluk is dat ze zich niet als joodse heeft laten registreren en met Bob is getrouwd toen het nog niet verboden was.

Hoewel de deportaties vanuit Nederland door de vlekkeloze administratie en gesmeerde logistiek soepel verlopen, wordt het de Duitsers duidelijk dat er grote aantallen joden ontbreken. Ongeveer 25 000 mensen zijn verdwenen; ze hebben zich niet gemeld en van hun woon- of verblijfplaats is niets bekend. Om deze mensen te vinden wordt in maart 1943, een maand nadat de familie Brilleslijper haar intrek in 't Hooge Nest heeft genomen, de Colonne Henneicke ingeschakeld: de mannen die vanuit het Adama van Scheltemaplein in Amsterdam het hele land door reizen om de huisraad van weggevoerde joden te inventariseren. Hun nieuwe opdracht ligt in het verlengde van hun eerdere werkzaamheden maar is een stuk lucratiever: jagen op ondergedoken joden, tegen een premie van zeven gulden vijftig per kop.

2

De Vrije Kunstenaar

Ondergronds doet al snel het verhaal de ronde over de geheime, veilige plek in het duingebied onder de rook van Amsterdam, gerund door twee joodse zussen. Direct nadat ze hun intrek in 't Hooge Nest hebben genomen, begint Janny meer mensen in nood naar Naarden te halen. Haar vriendin Trees Lemaire, met wie ze nog steeds werkt voor de illegale Persoonsbewijzencentrale, vraagt haar een kennis op te nemen: Jetty Druijf, met haar verloofde Simon van Kreveld, zoon van een bekende kinderarts. Via Haakon en Mieke Stotijn komt het meisje Pauline van den Berg-Walvisch bij hen wonen; met haar rode haar, staalblauwe ogen en Rotterdamse tongval is ze een opvallende verschijning. Haar schuilnaam is Aagje Honing en ze komt zogenaamd als dienstmeisje bij hen inwonen. Vanuit Den Haag komen vrienden van Bob en Janny naar Naarden: het oudere echtpaar Bram en Loes Teixeira de Mattos, met hun dochter Rita en schoonzoon Willi Jaeger.

In de loop van februari 1943 bestaat het huishouden al uit een vaste kern van zeventien mensen, aangevuld met een gestage stroom bezoekers die voor korte of langere tijd een onderduikadres zoeken: een paar dagen, weken of maanden. Joseph maant zijn dochter tot voorzichtigheid, maar Janny geeft geen haarbreed mee en Joseph wil haar niet werkelijk tegenhouden. De nood is te hoog. Het is steeds moeilijker ergens een plek te vinden; mensen zijn bang. Janny is ook bang, maar ze weigert nooit iemand toegang tot 't Hooge Nest, ook niet als ze op bepaalde momenten meer dan twintig of zelfs vijfentwintig onderduikers in huis hebben.

De meeste komen uit het artistieke netwerk van Lien en Eberhard en uit de verzetskringen rond Janny en Bob. Het huis bevindt zich op een centrale plek in het land en is daarmee perfect als tussenstop voor onderduikers op doorreis en voor verzetslieden. Jan en Aleid Hemelrijk brengen af en toe logés mee, en ook de Amsterdamse bovenburen van vader en moeder Brilleslijper komen een periode in 't Hooge Nest in de onderduik: Leo Fuks en zijn vrouw Loes.

Leo is specialist Jiddisch en hij begint Lien les te geven. Ze kennen elkaar nog van de Oost-Joodse cultuurvereniging Sch.-Anski, die zich voor de oorlog richtte op de ontwikkeling van Jiddische literatuur, kunst en toneel. Leo was er secretaris en Lien maakte er kennis met de Jiddische liederen waarin zij zich later zou specialiseren. Voor de oorlog trad ze onder haar artiestennaam Lin Jaldati als solozangeres op in heel Nederland, meestal begeleid door Eberhard. Haar naam voor de bühne ontleent ze zelfs aan een Hebreeuws liedtekst: '*Jalda Jaldati, Jaffa Jaffati*', 'Meisje, mijn meisje, Mooie, mijn mooie'. Maar sinds de bezetting is de mogelijkheid tot optreden steeds beperkter geworden en de laatste maanden in Bergen hebben ze überhaupt niet gemusiceerd. Eberhard had geen piano tot zijn beschikking en Lien was niet in de stemming om te zingen of dansen. Het was ook te gevaarlijk. Maar 't Hooge Nest fungeert als een burcht: vanbuiten ziet het huis er zwaar en stoer uit, maar binnen is er licht en ruimte en voelen de bewoners zich voor het eerst in lange tijd vrij om te leven en te bewegen. Er wordt voorzichtig aan weer luid gesproken en gelachen, Eberhard eigent zich de piano in de woonkamer toe en zit met gebogen rug uren achtereen op complexe partituren te zwoegen en Lien pakt haar repertoire weer op. Ook de andere bewoners wagen zich aan de muziek: op de eerste verdieping speelt Simon op het drumstel dat ze in de schuur hebben gevonden en Pauline, of Rooie Puck, zoals ze haar noemen, studeert viool in het theehuis in de tuin. Op het hoogtepunt van de oorlog moet 't Hooge Nest meer geluid hebben geproduceerd dan in alle zomerverblijven van de gezusters Jansen bij elkaar. Soms, als Janny na een lange dag op pad voor het verzet in de namiddag naar huis wandelt en ze 't Hooge Nest via het bos nadert, wordt ze al door flarden van de kakofonie verwelkomd voordat ze het huis kan zien – alsof het bos en de dieren haar toezingen, ritmisch begeleid door getrommel uit de aarde.

Aangezien ze meestal met ruim twintig personen in 't Hooge Nest verblijven, is het niet eenvoudig alle monden te voeden. De rol van Bob is hierin cruciaal: hij brengt het geld binnen. Iedere ochtend vroeg vertrekt hij naar het levensmiddelendistributiekantoor in Weesp, op de fiets. Dat is een luxe die nog maar een select gezelschap Nederlanders ten deel valt; alle fietsen van joden zijn een jaar eerder al ingevorderd, maar ook niet-joodse burgers moeten steeds vaker hun rijwiel afstaan aan Duitse soldaten. Alles met wielen heeft waarde: kinderwagens, kruiwagens, zelfgemaakte bakfietsen en eenwielers. Mensen proberen te voorkomen dat hun fiets wordt gevorderd door er rare creaties van te maken, zoals fietsen met houten banden, of met een autopedband als miniatuurvoorwiel – hiervoor halen de Duitsers hun neus op. Maar Bob ontvangt van de burgemeester van Naarden een speciale rijwielvergunning, waarin staat dat hij die 'als ambtenaar van de Landbouw Crisis Organisatie voor de uitoefening van zijn functie' nodig heeft. De fiets is goud waard en scheelt hun zeeën van tijd wanneer ze, zodra Bob 's middags is teruggekeerd in 't Hooge Nest, zware zakken rijst, tarwe of flessen melk voor het grote gezelschap in omliggende dorpen gaan halen.

Bobs baas is de plaatselijke kantoorhouder van de voedselcommissaris voor Noord-Holland, maar het is een NSB'er en dus geen type om in vertrouwen te nemen. Bob ontvreemdt dagelijks officiële bonboeken en geleidebiljetten met de benodigde stempels erop, waarmee ze levensmiddelen kunnen verkrijgen en vervoeren. De controles zijn streng, zonder papieren kom je deze dagen nergens meer. Janny en hij geven die documenten vervolgens door aan Mik van Gilse of Frits Reuter, die ze verder door het land verspreiden.

Bob ontvangt van het Rijksbureau Noord-Holland 150 gulden per maand aan salaris, veel te weinig om de huur en voedsel voor iedereen van te betalen. Sommige onderduikers brengen wat geld in, maar er is dringend meer nodig om zoveel mensen te kunnen onderhouden. Wanneer Mik een volgende keer 't Hooge Nest bezoekt, heeft hij een oplossing uit een vreemde hoek, waarmee 't Nest een rechtstreekse verbinding krijgt met Nederlands grootste bierbrouwer.

~

Mik ziet uit naar zijn tripjes naar Naarden. Het bos, het huis gevuld met vrienden die hij kan vertrouwen, als een commune van verzet in oorlogstijd. Maar ook de rust doet hem goed. Vooral de rust. Hij is pas zesentwintig jaar oud maar kent niet anders dan stress en gevaar. Als hij in de trein stapt op Amsterdam Centraal, heelhuids door de controles en onderuitzakt in een coupé die met de maand leger lijkt te worden, voelt hij de spanning van zijn smalle schouders glijden. Een vroegrijpe twintiger met te veel verantwoordelijkheden, dat is wat hij is – en daarin lijkt hij op Janny.

Al jong reisde Mik naar Spanje om als journalist de Spaanse Burgeroorlog te verslaan; zijn broer Janrik sloot zich aan bij de CPN. Hun motto is altijd geweest: 'Onderschat de tegenstander nooit en wees permanent op je hoede.' En hun verzet vindt gehoor, het lijkt erop dat zich steeds meer mensen bij hem aansluiten en ook zijn illegale kunstvereniging met een eigen blad, *De Vrije Kunstenaar*, loopt goed.

De Vrije Kunstenaar was hij begonnen met zijn vader, componist Jan van Gilse, en zijn vriend, beeldhouwer Gerrit van der Veen, met als doel het verzet tegen de Kultuurkamer te mobiliseren. Velen hebben zich bij hen aangesloten – toonaangevende schrijvers, schilders, musici, journalisten – en een paar vermogende lui die hun goed gezind zijn hebben geld gedoneerd om het initiatief te ondersteunen. Kunstenaars die zich niet inschrijven bij de Kultuurkamer hebben immers geen inkomen.

Maar zijn activiteiten beginnen te veel op te vallen; zowel via *De Vrije Kunstenaar* als via de PBC en verzetsgroep CS-6, waarin hij met vriend Gerrit Kastein sabotageacties bedenkt. De Sicherheitspolizei zit hun al een tijdje op de hielen, maar tot nu toe zijn ze hun steeds te slim af geweest. In 't Hooge Nest kan hij even op adem komen.

Vandaag heeft Mik het nieuwste exemplaar van *De Vrije Kunstenaar* voor de familie Brilleslijper meegenomen; het papier knispert bij iedere beweging onder zijn broekband. Ze hebben er een paar duizend van gedrukt, een geweldige oplage, die van hand tot hand gaat. Niemand mag een exemplaar voor zichzelf houden, zo veel mogelijk mensen moeten ermee in aanraking komen. 'DIT BLAD IS NIET ALLEEN VOOR U – DOORGEVEN' hebben ze erop geprint. *De Vrije Kunstenaar* is inmiddels uitgegroeid tot een volwaardige verzetskrant, ondersteund, gevuld en gelezen door invloedrijke kunstenaars en welgestelde sponsoren. De gedachte vervult Mik even met trots en optimisme, maar die wordt gesmoord als hij denkt aan het gevaarlijke plan dat hij met Gerrit van der Veen en een paar andere verzetsvrienden aan het beramen is.

Aan de Plantage Kerklaan 36, naast de ingang van dierentuin Artis, bevindt zich het Amsterdamse bevolkingsregister. Het is ook de plek waar de gegevens van zo'n 70 000 joden liggen opgeslagen; de administratieve motor achter de nazitreinen. Met de PBC proberen ze al zo veel mogelijk joden van valse persoonsbewijzen te voorzien, maar het is niet genoeg. Sinds in 1940 de identificatieplicht is ingevoerd, en in 1941 het persoonsbewijs, worden joden gegijzeld door de administratieve capaciteiten van Nederlandse ambtenaren. Gerrit heeft bedacht dat één actie al hun problemen zou oplossen: het opblazen van het bevolkingsregister. Zonder dat er slachtoffers vallen – dat staat voorop. Het is een complexe klus. Alle mogelijke tactieken schieten 's nachts door Miks hoofd, maar hij heeft de perfecte manier nog niet gevonden.

Bij station Naarden-Bussum stapt hij uit, laat de tramhalte links liggen en begint aan de lange wandeling naar 't Hooge Nest. Het is koud, maar hij gloeit van de inspanning en geniet van de uitgestrekte natuur. De lente kondigt zich aan in de zware knoppen die overal aan de bomen zijn verschenen.

Na een hartelijke begroeting van Lien, Jaap, Joseph en Fietje – Janny en Bob zijn op pad – laten Eberhard en hij de drukte van het huis achter zich en nemen een willekeurig bospad richting het water. Eberhard ziet dat Mik opgetogen is over iets, en zodra ze zich tussen de bescherming van de stammen begeven laat hij het gekeuvel varen en slaat zijn arm om hem heen.

'Gooi het eruit, wat wil je me vertellen?'

'Is het zo duidelijk?'

Mik lacht, kijkt even om zich heen, alsof de eekhoorns oren hebben, en laat zijn stem dalen.

'Luister. *De Vrije Kunstenaar* loopt goed. Eigenlijk is het een wijdvertakte illegale organisatie geworden, met een grote aanhang onder kunstenaars en mensen met geld die iets willen doen, maar niet weten hoe.'

Eberhard knikt.

'We hebben een geweldige nieuwe geldschieter. Je raadt nooit wie het is.'

Ze wandelen verder en Eberhard trekt zijn wenkbrauwen op, benieuwd naar de naam.

'De grote bierbrouwkoning, Heineken.'

Mik kijkt veelbetekenend opzij, om te zien hoe zijn boodschap bij Eberhard landt. Die blijft staan en draait zich naar hem toe.

'Serieus?'

'Ja,' zegt Mik. 'De directeur, Dirk Stikker, heeft ons een miljoen gulden toegezegd. Een miljoen!'

Ze snuiven allebei, onder de indruk van dit ongrijpbare getal, en lopen door, een heuveltje op, dat de laatste hindernis tussen het bos en het water vormt. Ze hijgen terwijl hun schoenen houvast zoeken in het rulle zand.

'Nou,' mompelt Mik voor zich uit, terwijl hij in het spoor van Eberhard met grote stappen naar boven loopt, 'hij verdient natuurlijk ook genoeg aan die bierzuipende Duitsers.'

Eenmaal boven staan ze naast elkaar stil en komen op adem. Onder aan de heuvel, na een strook zand en een haag riet, ligt het IJsselmeer. Het is koud maar windstil. Het water is roerloos en grijs, de hemel kraakhelder zonder dat er een wolk of zonnestraal te bekennen is.

Mik doorbreekt de stilte.

'Vanaf nu ontvangen jij en Lien, als illegale kunstenaars, een vaste maandelijkse toelage van *De Vrije Kunstenaar*, zodat jullie kunnen rondkomen.'

Eberhards magere gezicht breekt open. Eerder heeft hij Mik verteld hoe zwaar het hem valt dat iedereen iets inbrengt om het uit de kluiten gewassen huishouden in 't Nest draaiende te houden. Bob verdient geld voor zijn gezin, de meeste onderduikers dragen wat bij; alleen hijzelf, Lien, Jaap, Joseph en Fietje zijn afgesloten van iedere geldstroom. Dit bedrag is niet alleen voor Eberhard en Lien, maar voor de hele familie Brilleslijper bedoeld – dat hoeft Mik hem niet te vertellen.

'Dat is dus geregeld.'

Mik rent de heuvel af, zijn armen breed als de vleugels van een vogel. Eberhard gaat achter hem aan. Ze slaan het pad in naar rechts, dat hen langs het water leidt in de richting van Huizen.

Voor hij vertrekt geeft Mik hem het adres van een contactpersoon in Laren, waar Eberhard iedere maand het geld kan ophalen.

'Hij zal je ook gestolen levensmiddelenkaarten geven die je voor de familie kan gebruiken,' fluistert Mik hem toe als ze elkaar omhelzen, 'maar vertel het aan niemand, goed?'

3

Buren

Op een dag ontvangt Janny post van de gemeente. De burgemeester van Naarden wil haar spreken over onregelmatigheden in haar persoonsbewijs en Janny moet zich melden binnen de vestingmuren, in het prachtige gemeentehuis tegenover de Grote Kerk. Terwijl ze er via het heidegebied en door de kale maar beloftevol ontluikende bomen naartoe wandelt, realiseert ze zich weer hoe dichtbij het eigenlijk is. De man moest eens weten wat er zich in zijn eigen bossen afspeelt.

Zoals Eberhard haar heeft voorspeld staren in de spreekkamer Mussert, Hitler en de burgemeester haar eensgezind aan. Haar knieen voelen van was. Van Leeuwen verspilt geen tijd.

'Mevrouw Brandes, er is iets mis met uw persoonskaart.'

Bonzende slapen en dansende vlekken voor haar ogen, maar Janny houdt zich van de domme en kijkt de man onnozel aan.

'Er bestaan twee persoonskaarten van u. Dat lijkt me niet mogelijk, u wel?'

Janny schudt hevig van nee en vraagt zich af hoe dit heeft kunnen gebeuren. Het enige wat ze kan verzinnen is dat haar contact bij de burgerlijke stand in Amsterdam destijds haar originele persoonsbewijs niet heeft vernietigd. Dat zou kunnen verklaren waarom er nu twee zijn – het originele, en het exemplaar dat hij later heeft aangemaakt met andere, vervalste gegevens. Ze is erbij. Het is afgelopen. Ze probeert te slikken maar haar keel is te dik.

‘Mevrouw Brandes,’ zegt de burgemeester, ‘het is dat ik weet wie uw man is en ik hem als ambtenaar hoog heb zitten, anders had ik dit moeten doorgeven. Dat begrijpt u?’

Even denkt ze dat ze hem verkeerd heeft verstaan en ze kijkt de burgemeester vragend aan, maar dan herpakt ze zich. De vlekken voor haar ogen verdwijnen, het geklop zakt naar haar polsen.

‘Natuurlijk. Ik heb geen idee hoe dit kan, maar ik zorg dat het in orde komt.’

‘Doe dat.’

Een kort knikje en de burgemeester draait zich om ten teken dat het gesprek is afgelopen.

Eenmaal buiten leunt Janny aan de overkant met haar rug tegen een kerkmuur en probeert op adem te komen. Ze voelt zich licht in het hoofd en als ze niet uitkijkt, gaat ze giechelen. Ze slaat haar hand voor haar mond, zich bewust van de kier waardoor ze zojuist gekropen is, en denkt na. Hoe heeft dit nu kunnen gebeuren?

Ze denkt terug aan een dag in de winter van vorig jaar. Ze was met Liselotte in de kinderwagen en Robbie aan de hand van Den Haag naar Amsterdam geweest, om een pakketje voor de Partij op te halen. Ze wist niet wat erin zat, maar vond het opvallend zwaar. Ze had het pak in zeildoek gewikkeld en onder het matrasje van de kinderwagen verstopt. Die ging in depot in de trein, terwijl zijzelf met het reçu en de kinderen in een gewone coupé plaatsnam. Toen ze in Den Haag uitstapte en de wagen wilde ophalen, was ze het reçu kwijt. Ze kan het zich nog levendig voor de geest halen: ze stond op het koude perron in de stromende regen, één kind op de arm en het ander aan de hand, en zag hoe een spoorbeambte naar haar stond te staren terwijl ze paniekerig al haar zakken en die van de kinderen nazocht. Om beter te kunnen zoeken trok ze gehaast haar handschoen uit en daar vloog het bonnetje uit de voering. Ze kon zichzelf wel voor de kop slaan. In plaats daarvan toverde ze een glimlach op haar gezicht, overhandigde de beambte de bon en nam de kinderwagen met smokkelwaar in ontvangst. Ze legde haar dochter in de wagen en liep zo rustig mogelijk naar huis. Toen ze de Bijenkorf passeerde, zag ze in de spiegeling van het raam twee mannen in lange regenjassen achter haar lopen. Een tik op haar schouder.

'Persoonsbewijs, alstublieft.'

Terwijl de een haar papieren bestudeerde, bekeek de ander haar van top tot teen. Janny probeerde zichzelf voor te houden dat ze een doodgewone moeder was die graag met haar kinderen naar huis wilde, maar had het gevoel dat ze ter plekke doodging.

'Brilleslijper – bent u niet joods?'

'Nee, hoor. Mijn moeder heet Gerritse en is niet joods. Mijn vader heet Brilleslijper. Hij is half-joods en zit in Batavia.'

De stilte duurde lang en de regen hield aan. Het deerde haar niet meer, als ze de kinderen hier maar weg kreeg. Liselotte begon te huilen, maar Janny durfde haar niet uit de wagen te tillen; zij vormde de beschermlaag van haar clandestiene missie.

Een hoofdknik en ze mocht doorlopen. Frits Reuter vertelde haar later wat er in het zware pakket had gezeten: een gedemonteerde mitrailleur voor het verzet.

Na dit incident had haar contact haar persoonsbewijs aangepast. Het enige wat ze nu kan bedenken is dat hij destijds heeft verzuimd haar originele persoonsbewijs te vernietigen.

Terug in 't Hooge Nest loopt vader rood aan als ze haar verhaal vertelt. Hij zwaait zijn vinger dicht langs haar gezicht.

'Levensgevaarlijk is het, wat jij doet! Wat als die burgemeester nou eens op zondag besluit door het bos hierheen te wandelen om een kijkje te nemen? Of je papieren bij de Joodse Raad opvraagt?'

Hij peest op en neer door de woonkamer, opent zijn mond en sluit hem weer, hij kan de woorden niet vinden om de zorgen om zijn dochter te uiten. Janny realiseert zich dat ze daaraan nog niet eens gedacht heeft: als haar contact het originele persoonsbewijs niet heeft vernietigd, liggen haar papieren natuurlijk ook bij de cartotheek van de Joodse Raad. Ze denkt hardop en bij het horen van de woorden 'Joodse Raad' kijkt Joseph zijn dochter aan, zijn ogen tot spleetjes geknepen.

'Die schoften,' mompelt hij.

'Rustig maar,' zegt ze en ze legt een hand op zijn arm, 'ik los het op.'

De volgende dag neemt Janny de trein naar Amsterdam en zoekt Nathan Notowicz op, een stateloze gevluchte communist uit Duitsland, geboren in Polen, lid van een verzetsgroep die joden helpt onderduiken. Hij heeft een zachtmoedig hart maar vuisten van beton en een hekel aan collaborateurs. Janny kan veel zelf, maar ze weet dat ze als vrouw bij de Raad niet ver komt en deze missie mag niet mislukken.

Samen gaan ze op pad, naar het pand van de Joodse Raad aan de Nieuwe Keizersgracht, waar ze beleefd verzoeken of de joodse administrateur van dienst Janny's gegevens wil verwijderen. Hij weigert. Met een subtiel gebaar stuurt Nathan Janny naar buiten en ze wacht geduldig op de gracht tot hij naar buiten komt. Nog geen vijf minuten later trekt Nathan beheerst de deur achter zich dicht en steekt met een schalkse lach zijn duim naar haar op. Ze weet niet waarmee hij gedreigd heeft en een schoonheidsprijs zal zijn werkwijze niet verdienen, maar het gevolg is dat al haar papieren direct worden vernietigd.

~

Een tweede incident levert hen bijna uit aan het hoogste NSB-gezag van het land. Een door joden gerund landhuis vol onderduikers op juist déze plek in de bossen van Naarden heeft sowieso iets weg van een Trojaans paard: in 't Gooi wemelt het van de fascisten. Met name in de villawijken van Naarden en Bussum zijn ze oververtegenwoordigd: het dubbele aantal van het landelijke gemiddelde. In Bussum zitten veel NSB'ers in villawijk 't Spiegel, en ook de mooie panden van Naarden herbergen fanatieke fascisten. Een groot deel van het NSB-electoraat bevindt zich onder de middenstand – kantoorbeambten en vrij gevestigden – en de hoogste laag van de samenleving. Hoewel de NSB zich qua ideologie richt op arbeiders, is de partij in arbeiderskringen juist ondervertegenwoordigd.

Al voor de bezetting kan de NSB in de betere wijken van Amsterdam en in een gegoede omgeving als 't Gooi op veel steun rekenen: welgestelden die bang zijn erop achteruit te gaan en weinig behoefte hebben hun welvaart te delen. Daar komen gevoelens van antisemitisme en de afkeer van 'vreemde elementen' bij – hoewel de meeste joden gewoon Nederlandse staatsburgers zijn. Een feit is dat hoe meer joden een gemeente telt, hoe meer NSB-vakjes worden aangekruist. 't Gooi heeft, met haar ligging tussen Hilversum en Amsterdam waar veel joden wonen, een relatief grote joodse gemeenschap, die eind jaren dertig in korte tijd nog eens met enkele honderden leden groeide door de vluchtelingen uit Duitsland.

Wanneer in 1942 de VHP wordt opgericht, de Vrijwillige Hulppolitie van Nederlandse nationaalsocialisten, wordt deze veredelde fascistenbuurtwacht in een dozijn dorpen en steden in Noord-Holland actief. Het is geen toeval dat 't Gooi daarbij met VHP's in zowel Hilversum, Bussum als Naarden oververtegenwoordigd is.

Vader heeft het vaak genoeg gezegd. 'Met de mensen hier moet je uitkijken, let op mijn woorden. De rijken richten hun hoofd altijd naar de zon; ze hebben te veel te verliezen om zich te verzetten.'

't Hooge Nest wordt letterlijk omsingeld door NSB'ers. In het Goois Natuurreservaat, waar het huis is gelegen, bevindt zich bijvoorbeeld ook landgoed Oud Bussem van de steenrijke NSB'er Pieter van Leeuwen Boomkamp, slechts een korte heidewandeling van hen verwijderd. Nazimaarschalk Hermann Göring, ook wel 'de Dikke' genoemd, logeerde er in 1940 een tijdje toen hij in Nederland was. Daarnaast zijn op slechts vier kilometer afstand van 't Hooge Nest grote aantallen Duitse soldaten gelegerd: in de Weeshuiskazerne in

Naarden en in de Kolonel Palmkazerne in Bussum. Anton Mussert zelf hield er aan het begin van de oorlog een rede bij de Gele Loods, die naast de entree van Naarden-Vesting staat, waar je de stad onder de statige bogen van de Utrechtse Poort betreedt.

Maar de NSB-dreiging is zelfs nog groter dan dat. Het wilde natuurgebied onder de rook van Amsterdam is niet alleen de perfecte locatie voor een joodse verstopplek, maar was ook door de NSB geselecteerd voor het verbergen van haar hoogste leider.

Anton Mussert wist dat het eraan zat te komen: oorlog. Hij wist ook dat enige weerstand van Nederland van korte duur zou zijn. In de aanloop naar de bezetting in mei 1940 vreesde hij wel dat in die eerste, chaotische dagen na de inval van de Duitsers een strijd tussen Nederlanders en NSB'ers zou kunnen uitbreken. In een vergadering met zijn partijtop in Utrecht heeft hij dan ook aangekondigd dat het hem verstandig lijkt als hij ten minste vier dagen onderduikt – langer zal het Nederlandse verzet niet duren, is zijn inschatting. Iedereen is het erover eens dat de veiligheid van de partijleider van het grootste belang is; na de capitulatie zal het volk hem hard nodig hebben als architect van een nieuwe toekomst voor Nederland.

Wekenlang logeert Mussert bij diverse NSB-kameraden door het hele land, op zoek naar de beste onderduikplek rond een mogelijke Duitse bezetting. Ook geeft hij zijn adjudant, kameraad Kessler, opdracht te gaan zoeken, en het is deze man die uiteindelijk met de ideale locatie komt. Tonny Kessler komt uit een chique Haagse familie en was in zijn jonge jaren een bekende cricketspeler en voetballer bij HVV; hij heeft zelfs voor het Nederlands elftal gespeeld. Kessler is slim – hij is afgestudeerd als meester in de rechten en daarna gepromoveerd – en financieel onafhankelijk – zijn familie is schatrijk: de ideale rechterhand voor de grote leider. Kessler is zelf al meerdere malen gaan kijken bij de onderduikplek, heeft gesprekken gevoerd met de eigenaren van het beoogde huis, de overtuigde NSB-kameraad Gooijer en zijn vrouw, en hun de hamvraag gesteld: zijn jullie bereid tachtig kilo aan verboden documenten te verbergen? Hun antwoord is zo krachtig dat hij zijn hand ervoor in het vuur durft te steken dat deze mensen begrijpen dat op hun schouders de toekomst van de NSB rust. Ze weten alleen nog niet dat het om tachtig kilo Mussert gaat.

Als Anton Mussert op de mooie zomeravond van 9 mei 1940 na de partijvergadering in Utrecht het hoofdkwartier van de NSB verlaat, stapt hij in de gereedstaande Pontiac cabriolet. Zijn chauffeur start de auto en rijdt hem naar Bilthoven, waar hij logeert.

Die nacht, in de vroege uren van 10 mei, wordt hij net als veel Nederlanders wakker van donderend oorlogsrumoer boven zijn hoofd. Hij luistert naar de radio en wacht tot halfacht in de ochtend, wanneer de zakenlui uit Bilthoven bijna de weg op gaan, belt zijn chauffeur en rijdt rechtstreeks naar het huis van adjudant Kessler in Naarden, om van daaruit naar zijn onderduikplek te gaan: het afgelegen huis van kameraad Gooijer. Zelfs de vrouw van Mussert weet niet waar hij in vrijwillige ballingschap gaat.

Onderweg wordt de auto drie keer door soldaten bij controleposten aangehouden, maar ze mogen steeds doorrijden. De Pontiac stopt in Naarden, ze nemen afscheid van de chauffeur en van daaruit gaan Mussert en Kessler te voet.

Ze stappen een tijdje zwijgend door uitgestrekt heidelandschap. Achter hen ligt Naarden, ver voor hen het dorp Huizen, ze lopen op de voormalige verbindingsweg tussen de twee dorpen, de Naarderstraat. Sinds de trambaan en het autoverkeer naar de Nieuwe Bussummerweg zijn verlegd, een stuk verderop parallel aan deze straat, is hier geen levende ziel meer te vinden. De weg wordt slechter en smaller, in de borders ervan rijzen hoge bomen met een dik bladerdek naar de hemel. Aan de rechterzijde passeren ze het oude tolhuisje voor de Gooische Stoomtram, dat sinds 1930 niet meer in gebruik is. Een eindje verderop ligt hun bestemming aan de linkerkant.

De adjudant en zijn hoge bezoek stoppen bij een eenvoudige

boerenwoning, met één verdieping en een zolder, die eenzaam en verscholen in het groen aan de verlaten weg ligt. Het is vrijdag 10 mei 1940, de Duitse invasie is begonnen en Anton Mussert heeft zichzelf in veiligheid gebracht.

Vóór het huis is een kleine voortuin met een haag die het huis in bloeitijd aan het zicht onttrekt, en aan de achterzijde loopt een wilde tuin van wel honderd meter diep; tweehonderd meter verderop ligt de bosrand van het Goois Natuurreservaat. Om de hoek, in het bos, staat nog een landhuis, maar verder is het hier verlaten. Aan de ene zijde van het huis loopt een fietspad dat naar het bos en vervolgens het IJsselmeer leidt, aan de andere zijde is niets dan landbouwgrond. De tuin wordt bovendien aan de achterzijde begrensd door een hoge houtwal waaronder in de Eerste Wereldoorlog een loopgraaf is gegraven, inmiddels overwoekerd door struikgewas. Mussert is zeer in zijn nopjes met de locatie.

Gooijer en zijn vrouw hebben vol ijver hun kleine zolderkamer in gereedheid gebracht voor het hoge bezoek. Maar Mussert is er niet gerust op: op de radio hoort hij berichten dat in het hele land huiszoekingen bij NSB'ers plaatsvinden en er zijn al honderden arrestaties verricht. In plaats van zich op de zolderkamer te verschansen verstopt hij zich achter in de tuin in de loopgraaf, op aanwijzing van kameraadske Gooijer – een van oorsprong Duitse vrouw die haar taak als beschermengel van de leider met trots vervult. Terwijl Nederland op zijn kop staat en de politie die eerste dagen na de invasie fanatiek op NSB'ers jaagt, loopt Mussert een fikse verkoudheid op terwijl hij op zijn buik in de bosjes op de koude aarde afwacht of deze periode het einde van zijn carrière of zijn entree in de geschiedenisboeken markeert.

Er volgen maar liefst twee huiszoekingen door lokale agenten. Ze zoeken kameraad Gooijer en de broer van mevrouw Gooijer, die bij hen inwoont, beiden trouwe NSB'ers, en bij de tweede huiszoeking nemen ze Gooijer mee. Ze halen het hele huis en de aangrenzende schuur overhoop, maar kijken niet achter in de tuin, waar de grote leider van de NSB in een geul Gooise wormen telt. Als Gooijer die avond weer wordt vrijgelaten en thuis op zoek gaat naar Mussert, kan hij hem tot zijn schrik niet vinden. In het donker sluipt hij door zijn eigen tuin langs de houtwal en sist naar Mussert alsof hij een verloren kat lokt. Zachtjes begint hij het NSB-lied 'De zwarte soldaten' te fluiten, de woorden volgen in zijn hoofd.

De strijd is ontbrand,
Verdeeldheid moet weg
In ons schoon Nederland.
Nu zijn wij nog geknecht.
De nieuwe geest breekt baan.
Wij zijn dus paraat.
Laat 't eenheidsfront maar slaan,
Wij blijven op de straat.
Kom kameraad,
Toon een daad,
Voor ons volk en land waar het om gaat!
Want wij zijn de zwarte soldaten,
Met Anton Mussert zijn wij in 't gevecht.
(...)

Na een tijdje verschijnt het zanderige gezicht van Mussert boven de aarde en haalt kameraad Gooijer opgelucht adem. Terwijl Nederland aan de vooravond van vijf jaar dood en verderf staat, schuift Mussert binnen aan tafel aan en krijgt een maal van gebakken aardappelen met sla en een spiegelei voorgeschoteld.

De volgende dag is Mussert jarig, hij wordt zesenveertig jaar. Hij acht het veilig genoeg om in de zolderkamer te blijven, waar mevrouw Gooijer hem attent een bosje bloemen en een maaltijd brengt. De Nederlanders houden een dag langer stand dan hij had voorspeld, maar op dinsdagmiddag 14 mei hoort hij op de radio dan toch echt van de capitulatie. Hij trekt zijn beste pak aan, verlaat het huis van de familie Gooijer en hijst op het hoofdkwartier van de NSB in Utrecht de vlag. Het duistere rood-zwart, met in het midden de driehoek waarin de gouden leeuw huist, wappert triomfantelijk op de Maliebaan.

Het verhaal van Mussert die zich op het moment suprême verstopte, wordt in antifascistische kringen al snel opgepikt en bespot. Alle mogelijke onderduikplekken zingen rond, van huifkarren tot hooibergen, en in de jaren die volgen is het een geliefd onderwerp van politieke striptekenaars. Het boerenhuisje van kameraad Gooijer groeit uit tot een bedevaartsoord voor NSB'ers, die met honderden tegelijk komen kijken waar hun leider voor het volk behouden werd en trots hun naam bijzetten in het gastenboek van kameraadske Gooijer, op de kaft waarvan in sierlijke letters staat: TROUW AAN DEN LEIDER. Op zolder stalt ze de door hem gedragen kleding uit: een altaar op de plek waar de redding van de leider van het Nederlandsche Volk zich voltrok.

Ook wanneer de familie Brilleslijper in Naarden onderduikt, resideert Mussert bij hen in de buurt – maar dan niet als onderduiker. Hoewel zijn officiële standplaats Utrecht is, zal hij grote delen van de oorlog om de hoek van 't Hooge Nest wonen, in het huis van zijn minnares.

Mussert heeft een voorliefde voor vrouwen uit zijn eigen familie. Hij is getrouwd met zijn tante – een zus van zijn moeder –, Rie Mussert, die veel ouder is dan hij en op dat moment al achter in de zestig is. Voor hun huwelijk in 1917 moesten zij, als derdegraadsfamilieleden, de koningin om dispensatie vragen. Niet alleen zijn vermeende verstopplek maar ook zijn relatie wordt onderwerp van spot in het verzet. 'Wie het goede ras wil houwen, moet met zijn tante trouwen,' is een veelgehoorde grap.

Via de nicht van zijn vrouw, Helena Mijnlieff-Verburg, leert Anton aan het begin van de bezetting haar dochter Marietje kennen, en hij wordt stapelverliefd op het jonge meisje. In ruil voor een diamanten halsketting leent hij moeder Helena in november 1942 dan ook met liefde het aanschafbedrag voor een prachtige villa in Naarden, waar zij met haar dochter Rietje gaat wonen. Huize Eik en Linde, in de buurt van het bekende logement Jan Tabak, wordt Musserts warme liefdesnest in oorlogstijd. Hij verblijft er vaak, en wanneer in 1943 zijn eigen huis in Utrecht vanwege defensiemaatregelen wordt ontruimd, wordt Eik en Linde tot verdriet van zijn vrouw zijn vaste verblijfplaats.

Als Japie op een dag de vallen controleert die hij in de bossen rond 't Hooge Nest heeft geplaatst, keert hij niet terug met fazanten voor in de pan van zijn moeder, maar met het slappe lijf van een weldoorvoede kat. Fietje geeft hem verschrikt opdracht het arme beest maar snel achter in de tuin te begraven en hoopt dat er niemand naar de kat zal komen zoeken.

De dag na de kattenmoord keert Janny in de vooravond terug van een lange dag op pad voor het verzet. Vanaf het station neemt ze de Gooische Moordenaar – zoals de tram vanwege een lange reeks dodelijke ongevallen wordt genoemd – en stapt op de Nieuwe Bussummerweg uit. Van daaruit wandelt ze de bekende route over de Ericaweg, die uitkomt bij het pad voor 't Hooge Nest. Na een paar minuten lopen hoort ze opeens een vrouwenstem, ergens voor zich. Snel verlaat ze het pad en duikt tussen de dichte begroeiing aan de zijkant. Voorovergebogen loopt ze voorzichtig verder terwijl de stem steeds luider klinkt.

'Poes, poes, poes, poes!'

Op nog geen twintig meter afstand van Janny staat een vrouw met haar gezicht naar het bos gewend te roepen, terwijl ze een bakje heen en weer schudt.

'Poes, poes, poes, poes!'

Ze klinkt radeloos, alsof ze haar kind kwijt is, en ze kijkt vertwijfeld om zich heen.

Janny drukt haar rug in de prikplanten en houdt haar adem in. Ze vervloekt haar broertje. Ze hebben de kat van deze vrouw vermoord en nu is dat mens er natuurlijk naar op zoek. Snel trekt ze zich terug, dieper het bos in, en baant zich een weg door de struiken en doornhagen naar huis, waar ze het verhaal uit de doeken doet.

Jaap barst in lachen uit, maar vader kapt hem onmiddellijk af en verbiedt zijn zoon ooit nog de vallen te gebruiken. Jaap moet achter in de tuin bij het graf op wacht staan – de poes is inmiddels al een keer door een hond opgegraven – en iemand anders staat op de eerste verdieping op de uitkijk. Alle bewoners wordt opgedragen een paar dagen niet buiten te komen en geen muziek of lawaai te maken, tot ze zeker weten dat het gevaar is geweken.

Enige tijd later verneemt Janny via haar contactpersoon in Huizen dat de vrouw die haar poes kwijt was, bekendstaat als een van de fanatiekste NSB'ers uit de omgeving – een soort tante van Mussert. Pas als het erop lijkt dat het mens niet bij hen aan de deur naar haar kat komt vragen, kunnen ze er een beetje om lachen. Maar zelfs dan niet echt.

4

Maskers

Eberhard heeft meer tijd dan ooit om te musiceren. In het leven voor de oorlog moest er geld worden verdiend, maar nu, op een verstopplek die steeds meer begint te voelen als een vrijplaats in niemandsland, hebben vooral Lien en hijzelf de vrijheid om hele dagen te oefenen en te spelen. Hij heeft zich onder zijn valse naam ingeschreven bij de Amsterdamse Muziekbibliotheek en leent er zo veel mogelijk pianobewerkingen van opera's. Uren achter elkaar bestudeert hij die achter de piano, tot zijn knokkels ervan kraken en de andere onderduikers er gek van worden. Niet omdat ze zijn spel niet kunnen waarderen, maar omdat de meesten van hen bij aankomst in 't Nest lijden aan een overspannen zenuwgestel – vanwege hun vlucht, het wantrouwen jegens hun medemens van de afgelopen jaren en de angst voor ontdekking. Pas wanneer ze begrijpen dat hier op de meeste dagen alleen de herten, vossen en dassen hun getuigen zijn, kunnen ze zich overgeven aan de muziek.

Hoewel ook Eberhard en Lien in het begin van hun verblijf de burchtmuren van 't Hooge Nest als geluidswal koesteren, nemen hun ambities op een gegeven moment toch grotere vormen aan. Het bewind van de bezetter heeft het hele land tot een spartaans bestaan veroordeeld, maar vanuit 't Hooge Nest zal een ondergronds netwerk van artiesten ontstaan dat weer reuring brengt in 't Gooi en het bruisende vooroorlogse bestaan in Den Haag en Amsterdam een beetje in oude luister herstelt.

Als Eberhard op een ochtend met Kathinka in het bos aan het wandelen is, ontwaart hij in de verte een gedaante tussen de bomen; even smal en recht als een kale den, maar met een helwitte kruin. Hij duwt het meisje achter zich en houdt zich schuil achter een bosje, terwijl de persoon nadert.

'Karel?'

Eberhard stapt uit de beschutting en roept door het bos. Een vogel klapwiekt geschrokken weg.

'Karel Poons?'

De man staat stil, zijn huid lijkt wel doorzichtig en zijn haar is blond gebleekt. Pientere ogen priemen in hun richting.

'Ja?'

Eberhard loopt met grote passen op hem af, blij en verrast hem hier te treffen, deze sterdanser uit het ballet van Yvonne Georgi, die Lien en hij zo vaak hebben zien optreden in de Stadsschouwburg. Lien had al gezegd dat ze kon zweren dat ze Karel in Huizen had zien lopen toen ze boodschappen deed, maar Eberhard had daar geen acht op geslagen. Opgetogen over hun ontmoeting op deze onwerkelijke plek vertellen ze elkaar over hun omzwervingen.

De joodse balletdanser Karel Poons was in 1941 door de bezetter gedwongen zijn balletensemble te verlaten en naar een joodse buurt in Amsterdam te verhuizen. Hij vertrouwde het niet en besloot van de aardbodem te verdwijnen. Met een fles waterstofperoxide bleekte Karel zijn haar en in combinatie met zijn staalblauwe ogen leek hij zo uit de Friese klei getrokken. In zijn eigen beleving althans, want zodra Janny hem ziet, schiet ze in de lach en ze zegt later tegen Lien dat ze hem er nog steeds heel joods vindt uitzien. Op het moment dat Eberhard en Karel elkaar tegen het lijf lopen, heeft hij al een tijdje onderdak bij Cecile Hanedoes in haar moderne villa in Huizen, waar voldoende ruimte is om een danszaal in te richten. Karel traint dagelijks, onderhoudt zijn techniek en maakt choreografieën die hij opvoert voor zijn gastvrouw.

Eberhard neemt Karel mee naar Lien en de ontmoeting resulteert in een plan. Iets verderop, in het dorpje Laren, kunnen ze een echte dansstudio huren, met een spiegelwand en een barre aan de muur. Twee dagen per week komen Lien en Karel samen om in de studio te trainen en voorstellingen te maken voor na de oorlog. Ook Eberhard en Karel worden goede vrienden. Het eerste wat ze doen is betere valse papieren voor hem regelen – hij heeft een vervalst pb waarvan Eberhard in de lach schiet als hij het onder ogen krijgt – en levensmiddelenkaarten om de oorlog door te komen.

Via Karel breidt hun artistieke netwerk zich verder uit. Tijdens een van hun danssessies in de studio vertelt Lien hem over voorstellingen waaraan ze vóór de bezetting werkte. Het zijn Jiddische dansspelen, begeleid door Eberhard op piano, waarmee ze haar repertoire wil uitbreiden. Ze denkt erover maskers te gebruiken en vraagt zich af hoe ze kan voorkomen dat het een lachwekkend en amateuristisch geheel wordt, met papier-maché maskers die eruitzien alsof ze recht uit een knutselklas komen. Karel heeft een idee: zijn gastvrouw Cecile heeft hem eens voorgesteld aan een kunstenares in Blaricum – ze is wat wonderlijk, maar zeer begaafd. Schilderen, beeldhouwen, poppen en marionetten maken, ze doet het allemaal, en tijdens hun ontmoeting vertelde ze hem dat ze ook met maskers wilde gaan experimenteren. Haar naam is Grietje Kots en, het allerbelangrijkste, ze is te vertrouwen.

Lien bezoekt de vrouw in haar bosatelier in Blaricum, waar ze werkt, woont, leeft en liever niet verder komt dan de grenzen van haar tuin, die ze met een minutieuze toewijding verzorgt. Meestal vindt Lien haar daar, sprekend over het leven met haar onzichtbare vrienden uit het bos, een vogel in de ene en een oude boterham in de andere hand. Het prachtige koloniehuisje met rieten kap, dat Grietje hardnekkig 'hut' blijft noemen, heeft geen keuken of andere bourgeois gemakken, maar Grietje leeft er tevreden met haar bomen, dieren en kunst. Als Lien haar vertelt over de Jiddische dansspelen die ze in haar hoofd heeft en hoe ze daarbij maskers voor zich ziet, wordt

Grietje onmiddellijk enthousiast. Terwijl ze Lien in zich opneemt, van haar sierlijke balletvoeten tot haar markante, met zwarte lokken omlijste gezicht, krijgen de ideeën al vorm in haar hoofd. Ze nodigt Lien uit een volgende keer met Eberhard terug te komen en voor haar te spelen, zodat ze aan het werk kan.

Zo treden Eberhard en Lien in het ontluikende voorjaar van 1943 voor het eerst weer samen op, in de 'hut' van Grietje in Blaricum. Grietje begint meteen te schetsen en te tekenen: met fijne, zwarte halen maakt ze van Lien een Pierrot-achtig portret op stevig papier. Grote ogen met een treurige opslag, een kaarsrechte neus geflankeerd door hoge jukbeenderen en het zwarte haar strak achterover. Op hetzelfde vel, naast het gezicht van Lien, tekent ze het masker dat ze voor haar in gedachten heeft. Steeds andere, afhankelijk van het onderwerp van het lied. Ze tekent een Golemmasker, voor het lied over de joodse legende van de rabbijn die uit een vormeloze homp klei een mensfiguur tot leven wekt. Het masker is naargeestig en lomp, met ogen die vlak naast elkaar staan en diep in de schedel verzonken zijn, een vooruitstekende onderkaak en dikke, omlaaggetrokken lippen, maar tegelijkertijd fijnzinnig gevormd, even abstract als realistisch. Ook tekent ze Lien en profil, met een scherpe neus en een gepijnigde blik, met schuin op de voorgrond een beeldschoon dodenmasker. Het heeft de kenmerkende vorm van een doodshoofd, maar dan niet met lege oogkassen, maar met bolle, gesloten oogleden alsof de dood zich ieder moment kan bedenken.

Lien is dolblij met de maskers. Eerst maakt Grietje de ontwerpen van kranten en bakpapier, simpel en licht met een perzikzachte textuur en een berkenhouten steeltje eraan waarmee Lien de maskers voor haar gezicht kan houden, en later ook van gips. Samen met Eberhard werkt Lien aan hun repertoire van joodse liederen en al snel beginnen ze ondergrondse concerten te organiseren. Grietje kent genoeg kunstenaars en liefhebbers in 't Gooi en ook via hun eigen verzetskringen beschikken ze over een netwerk van geïnteresseerden.

Zo kan het gebeuren dat in 1943, op het moment dat de nazi's hun maskers hebben afgezet en treinen vol joden onafgebroken vanaf Westerbork oostwaarts, naar de vernietigingskampen rijden, in 't Hooge Nest de Jiddische cultuur en andere kunst tot bloei komen. Er wordt gedanst, gemusiceerd, gezongen en voorgedragen. Simon drumt, Puck speelt viool en Jaap maakt speciaal voor Kathinka een kleine piano. Het dodenmasker van Grietje gebruikt Lien voor de Jiddische voordracht *Tojter un dos mejdel*, het grove masker in de voorstelling over de Golem, en ook bij Grietje thuis, in de koloniehut in Blaricum, geven Eberhard en Lien een hele reeks huiskamerconcerten. De opbrengst van die avonden gaat telkens naar *De Vrije Kunstenaar*; van Mik horen ze dat dit soort illegale huisconcerten op meerdere plaatsen in het land plaatsvinden, waarvan de opbrengst aan het blad wordt gedoneerd om het verzet uit te breiden en de oplage te verhogen.

Lien en Eberhard zijn voorzichtig, laten het publiek niet allemaal tegelijkertijd in 't Hooge Nest aankomen of vertrekken en hebben altijd mensen op de uitkijk staan. Terwijl ze binnen vrijuit musiceren en de toehoorders even kunnen ontspannen, vormt een kordon verkenners een haag rond het huis, alert op ieder geluid of plotselinge lichtflits in het donker. Na afloop verdwijnen de gasten weer geruisloos in de nacht – zonder dat een NSB'er, een Duitse soldaat of een overijverige buurtgenoot ze opmerkt.

5

Handlangers

De dagen beginnen te lengen en de kou trekt uit de grond. Rond het huis ontluiken het bos en de hei en Janny geniet van de wisseling van seizoenen, die zich nooit eerder zo letterlijk onder haar neus heeft voltrokken. Ze heeft 't Hooge Nest alleen in de kale wintermaanden gezien, het huis te groot om warm te krijgen, de permanente geur van haardvuur en vocht genesteld in hun kleren. Maar nu ondergaat de omgeving een metamorfose en met verwondering ziet Janny hoe 't Hooge Nest meeverandert. Het water van het IJsselmeer begint te ontdooien en het monotone donkergrijs maakt plaats voor staalblauw. De takken die rond het huis als klauwen naar de hemel graaiden, ontspannen zich en strekken zich naar elkaar uit met ontspruitende knoppen. Het riet van het dak begint op te lichten, werpt de donkere schaduw aan de boszijde van zich af en verandert langzaam van mosgroen naar okergeel, en de luiken, die in de donkere maanden mat en zwaar oogden, lijken met een nieuwe glanslaag te zijn geschilderd, het ossenbloedrood dramatisch in de opkomende zon.

Vlak voordat de eerste stralen de grote zolderramen hebben bereikt en de bovenste verdieping verlichten, is Janny meestal al wakker van het fluitconcert dat rond het huis in alle vroegte losbarst. Van alle kanten zingen vogels haar toe; uitbundig getjilp en gekwetter van mannetjes op de versiertoer maken haar vrolijk en ze blijft 's ochtends vaak even stil in bed liggen om ernaar te luisteren, de geruststellende zware ademhaling van Bob en de kinderen naast zich.

Aan het ontbijt bespreken ze de vreemde geluiden die ze die nacht nu weer hebben gehoord. Ze zijn zo paranoïde dat ze de Duitsers ervan verdenken hen 's nachts te omsingelen en via dierlijke geluiden met elkaar te communiceren. Gelukkig is er altijd wel iemand die weet dat het gegil dat hen uit de slaap hield van een vos was, het lage koerende geluid van een paarlustige mannetjesuil en het snerpende antwoord van een vrouwtje dat er nog niet van gediend is.

De familie Brilleslijper heeft een soort routine gevonden in het clandestiene huishouden, met huisregels, slaapplaatsen, afwasbeurten en kookschema's. Jaap heeft een radio in elkaar geknutseld, waar ze zich 's avonds met z'n allen omheen verzamelen om te luisteren naar nieuws uit Londen. Hoelang duurt het nog? Wanneer komen de geallieerden om Hitler op de knieën te dwingen? Jaap mag, met vader Joseph, altijd vooraan zitten als de radio aan gaat. Iedereen is dol op de verlegen jongen, zijn uitvindingen en zijn snelle vingers. Voor Kathinka en Liselotte heeft hij een schitterend poppenhuis gebouwd, met verdiepingen en kamers, bedden en gordijntjes en zelfs heuse verlichting van fietslampjes, en als er iets kapot is weten ze hem in de schuur te vinden, over de werktafel gebogen met zijn bril op het puntje van zijn neus. Vanwege de dreigende berichten die Janny van haar bezoekjes aan Amsterdam meebrengt – over de fanatieke zoektocht naar onderduikers en de aanhoudende bereidheid van burgers om joden aan te geven – begint Jaap overal in huis verstopplekken te bouwen. Onder en boven de inbouwkasten die zich in de meeste kamers bevinden, maakt hij schuilplaatsen net groot genoeg voor één of twee personen. Op een aantal plekken in huis zijn er holtes onder de vloeren, waarin hij een bergruimte maakt, of, zoals op de zolderverdieping, afgeschermde verstopplekken tussen de kamerwanden en het dak. In elke kamer bouwt hij zo een kruipruimte of een kast, met een toegangsluik dat hij verbergt onder een kleed of achter een meubelstuk.

Vervolgens legt hij een ingenieus alarmsysteem aan. In alle kamers monteert hij lampjes, die met een elektriciteitsdraad zijn verbonden aan een kleine noodknop die zich binnen op ooghoogte naast de voordeur bevindt. Als iemand op die knop drukt, gaan in alle kamers lichtjes branden, waardoor de bewoners weten dat er gevaar dreigt en ze zich naar de afgesproken schuilplaatsen moeten haasten. Jaap heeft ze geïnstrueerd hoe ze zich moeten verstoppen, van met welke voet ze eerst de krappe ruimte binnen moeten gaan tot hoe ze het luik moeten sluiten. Ze hebben diverse keren gerepeteerd, als een brandoefening; binnen dertig seconden kan ieder spoor van hun bestaan worden uitgewist.

Voor het rechterraam op de eerste verdieping, vlak boven het naambord van het huis, zetten ze een grote Chinese vaas. Zolang deze vaas voor het raam staat is de kust veilig. Is de vaas weg, dan is dat het teken van onraad voor koeriers van het verzet en bewoners van 't Hooge Nest die het huis naderen.

De constante dreiging heeft op iedereen een ander effect en soms leiden de onderhuidse spanningen tot conflicten. De jonge meiden Jetty en Puck delen de dienstbodekamer op de eerste verdieping, en het komt niet zelden voor dat een van de jongens in de onderduik zijn oog op een van hen laat vallen, al is Jetty verloofd met Simon. Op een morgen komt de melkboer van de voordeur – ze hebben er twee, die niet van elkaars bestaan af weten, zodat ze onopgemerkt veel kunnen afnemen: de melkboer van de voordeur en de melkboer van de achterdeur. Precies op het moment dat de man zijn flessen bij de voordeur wil neerzetten, aan de achterkant van het huis, breekt kabaal uit op het terras. Twee jongens die allebei verliefd zijn op hetzelfde meisje zijn aan het vechten en een derde probeert ze uit elkaar te halen; alle drie zijn het onderduikers van 't Nest. De melkboer kijkt met open mond naar het schouwspel en de derde jongen probeert de situatie te redden terwijl hij de kemphanen wijdbeens op afstand houdt.

‘Let maar niet op ze, hoor. Ze doen hun ochtendgymnastiek.’ En hij geeft er één een duw na.

De geschrokken melkboer zien ze niet meer terug.

Als ze het voorval die avond tijdens het diner bespreken, moeten de meesten er hard om lachen. Maar Janny vertrekt geen spier en spreekt de jongens ernstig toe. ’t Hooge Nest creëert misschien de schijn van vrijheid; als ze worden ontdekt zijn de gevolgen niet te overzien.

~

Als die lente de voorjaarsschoonmaak in ’t Gooi aanvangt, zijn bijna alle dorpen in de omliggende regio *judenrein* verklaard. Joodse burgers zijn gedwongen naar Amsterdam verhuisd en van daar naar Westerbork gestuurd, en de joodse bewoners van landelijke instellingen, zoals de S.A. Rudelsheimstichting voor zwakzinnige kinderen, sanatorium Zonnestraal in Hilversum of kindertehuis De Bergstichting voor uit huis geplaatste kinderen in Laren, zijn gedeporteerd. Terwijl het net zich rond ’t Hooge Nest begint te sluiten, ontdekken ze vlak in de buurt uit onverwachte hoek een medestander.

Naarmate de maanden verstrijken en het aantal gasten toeneemt, moeten Janny en Lien zich in bochten wringen om alle monden te voeden zonder op te vallen. Bijna iedere dag vertrekken ze los van elkaar op de fiets naar hun adresjes in de omliggende dorpen en steden: Laren, Blaricum, Huizen, Naarden, Bussum. Sommige winkels of boerderijen liggen op maar één kilometer afstand, andere op meer dan tien kilometer. Als pakezels fietsen ze hun rondjes en kopen in iedere winkel boodschappen voor ongeveer één familie, anders wordt het te verdacht. Ze kunnen de paden door het Gooise landschap rond het huis inmiddels dromen. Voorovergebogen over hun stuur trappen ze door weer en wind over de hei, met gestrekte tenen om bij de trappers te kunnen. Bij een groothandel in Blaricum kopen ze yoghurt, in twee of drie afzonderlijke winkels groenten en aardappelen, vlees is nauwelijks meer te krijgen en de melk wordt aan huis gebracht. Zeep en wasmiddel kopen ze bij drogisterij Bochove in Huizen, op een paar minuten fietsen van 't Nest. Lien fietst er op een dag naartoe om toiletbenodigdheden te kopen en staat in een verder lege winkel alles op haar lijstje bijeen te zoeken.

'Jullie hebben onderduikers, hè?'

Het is een zachte stem, maar Lien veert op alsof iemand naast haar oor op een gong heeft geslagen. Haar handen bevriezen in de lucht, net op weg naar een schap, en ze probeert te slikken. Dan draait ze zich voorzichtig om en staart in het vriendelijke gezicht van Bert Bochove. Zijn hoofd heeft de vorm van een omgekeerd ei; een breed, hoog voorhoofd dat ovaal afloopt in een smalle kin. Hij lacht naar haar, zonder een spoortje ironie.

'U koopt altijd zoveel toiletpapier.'

Hij wijst naar het mandje en Lien voelt haar wangen gloeien. Ze is in staat de spullen ter plekke te laten vallen en naar buiten te rennen. De man ziet de angst in haar ogen en wordt serieus. Hij legt zijn hand op haar arm, kijkt even om zich heen en buigt zich naar haar toe. 'Maakt u zich geen zorgen. Wij hebben ze hierboven ook.'

Vanaf die dag zijn ze vrienden en kameraden in het verzet, op een moment dat de nood het hoogst wordt.

Bert Bochove zat vlak voor de bezetting nog ver weg van Huizen. In Finland beheerde hij een molen, maar in 1939 verzoekt zijn familie hem terug te keren om met zijn broers het familiebedrijf in hun geboortedorp Woubrugge te leiden. Dat doet hij – voor even. Al snel besluit hij dat hij een eigen zaak wil, zelfstandig en vrij wil zijn. Zijn verloofde Annie werkt als apotheker in Amsterdam, en een jaar na de inval van de nazi's, in mei 1941, trouwen ze en betrekken huize De Zonnehoek in Huizen. Beneden openen ze een drogisterij, boven hebben ze een ruime woning.

Drogisterij Bochove wordt al snel een begrip in 't Gooi. In deze tijd van schaarste zijn luxeproducten, zoals zeep en wasmiddel, op rantsoen. Ieder gezin heeft recht op ongeveer een half pondje zeep per maand. Veel te weinig voor een voormalig vissersdorp als Huizen, dat door de komst van de Afsluitdijk in 1932 misschien van de Zuiderzee en haar bottersvloot is beroofd, maar niet van haar nuchtere hardewerkersmentaliteit. Het eelt op de Huizense vrouwenhanden verraadt een grote voorliefde voor boenen. Bert Bochove heeft het al snel door: 'In een dorp als Huizen houden de vrouwen hun keukens niet zomaar schoon; ze schrobben en waxen hun aanrechtbladen, maken alles glanzend en vlekkeloos en houden vervolgens iedereen uit de buurt zodat het ook schoon blíjft.'

Wanneer Bert zich in 1941 in Huizen vestigt, begint hij een handel die hem meteen geliefd maakt in de gesloten Huizense gemeenschap. Zijn jeugdvriend uit Woubrugge, Jaap van Rijn, heeft een verffabriek waarvan de voorraad door de Duitsers wordt geconfisqueerd. Maar vlak voor hun komst heeft hij enkele vaten met duizenden liters lijnzaadolie weten te begraven in de tuin, en daarmee heeft hij een plan voor Bert en Annies winkel. Jaap maakt hooggeconcentreerde stukken keiharde zeep van twintig pond en levert ze aan Bert. Bert maakt daar op zijn beurt zo'n honderdtwintig pond zachte zeep van, die hij in kleine stukken breekt voor de verkoop. Het woord over zeepkoning Bochove verspreidt zich snel en vanuit het hele Gooi komen ze bij hem kopen. Het tekent het karakter van het echtpaar Bochove dat ze nooit een cent meer dan de vooroorlogse zeepprijs vragen – ongebruikelijk in die tijd en de reden waarom de Huizense arbeidersklasse hen in het hart sluit.

De handel gaat goed, tot Bert zich op een dag bij het huis van vriend Jaap meldt voor een nieuwe lading en daar alleen diens vrouw treft. De boekhouder van de verffabriek heeft hem verraden en de achtergehouden voorraad bij de Duitsers gemeld. Die ochtend is Jaap gebeld om zich bij de politie te melden voor een verhoor. Hij heeft zijn jas aangetrokken, is op zijn fiets gestapt en heeft zijn vrouw gezegd dat ze zich geen zorgen moet maken; de dag dat hij zich bang laat maken door de Duitsers moet nog aanbreken.

Bert schrikt van het nieuws, maar kijkt er niet van op. Jaap is altijd een trotse man geweest, die vanaf de eerste dag van de bezetting niet heeft geschroomd iedere passerende NSB'er luidkeels en met geheven vinger te waarschuwen voor de consequenties van diens verderfelijke gedrag. Maar Jaaps vrouw is bang en in paniek. Een echtpaar zit bij hen in huis ondergedoken; ze zijn actief in het verzet en worden gezocht. Ze vreest dat de Duitsers na het verhoor van haar man naar hun huis zullen komen, en ze vraagt Bert of hij het stel wil meenemen.

Bert gaat meteen akkoord en neemt de man en vrouw mee naar Huizen. Het zijn de eerste onderduikers die in de bovenwoning van Bert en Annie in De Zonnehoek worden verstopt – er zullen er vele volgen.

Jaap van Rijn is nooit meer thuisgekomen.

Bert en Annie Bochove worden trouwe handlangers van de Brilleslijpers in 't Hooge Nest. Janny helpt hen aan informatie uit het verzet, veelal uit Amsterdam, en Bert geeft hun informatie uit het dorp. Ze wisselen zelfs onderduikers uit, zoals het echtpaar Pam en Hennie Juliard, als zij in 1944 hoogzwanger is. Dat de Bochoves in deze voormalige vissersgemeenschap zijn opgenomen is niet alleen uitzonderlijk, maar vooral waardevol. Want waar Naarden en Bussum mijnenvelden van Duitsers en welgestelde NSB-gezindten zijn, met een groot aantal notabelen dat zich uit angst of ambitie voor de nazikar heeft laten spannen, zo beziet de bevolking van Huizen de komst van de fascisten met wantrouwen – zoals het eigenlijk de komst van iedereen met wantrouwen beziet. Deze wonderlijke stijlbreuk in 't Gooi verbaast Bert niet. Hij zoekt de verklaring voor het feit dat er in Huizen veel mensen zijn die joden helpen in de koppige inborst van de bewoners van dit voormalige vissersdorp – middenstanders die gewend zijn de eigen broek op te houden.

In Amsterdam is de jacht op joden inmiddels voluit gaande. Straten worden in alle vroegte afgezet, waarop een overmacht aan agenten de huizen uitkamt op zoek naar onderduikers. De razzia's breiden zich van Amsterdam al snel uit naar kleinere steden en dorpen, ook naar 't Gooi. De informatie die ze van Bert Bochove krijgen wordt opeens van levensbelang.

De eerste tijd van hun verblijf was het 's nachts in 't Hooge Nest zo stil dat Janny er weleens van wakker schrok. Een fractie van een seconde dacht ze dan dat ze er niet meer was: van de aardbodem verdwenen, weggezakt in een bodemloze put waar niemand haar meer hoorde, ook Bob en de kleintjes niet. Voorzichtig tastte ze dan met haar hand naast zich, naar Bobs warmte, en wachtte. Na een paar minuten was er altijd wel de uil die riep vanuit de achtertuin, of het snerpende gegil van een van de vossen, die soms vanuit het bos nieuwsgierig tot aan de voordeur kwamen, zoals Eberhard en Lien eens hadden gezien toen ze 's nachts thuiskwamen van een huisconcert bij Grietje. Dan dacht ze terug aan Amsterdam, haar slaapkamer vroeger met Lientje naast zich in bed, de drukte van de stad die hen 's avonds als een neuriënde moeder in slaap wiegde, terwijl hun eigen moeder beneden in de avondwinkel stond te werken. De grachten, de markt, Carré, de tram die optrok. Zou ze er ooit nog rondlopen? En vader, moeder, Japie? Zouden ze ooit nog welkom zijn in hun stad? Was er überhaupt plaats voor hen op deze wereld? Vreemd hoe dat werkte: als je iets maar vaak genoeg hoorde – zelfs zoiets absurds als dat je gehele bestaan ongewenst was – dan nestelde het zich vanzelf ergens in je hoofd. Als ze zo alleen wakker lag, met al die warme, slapende lichamen om zich heen in dat grote huis en de geur van brandend hout die zich langzaam vermengde met frisse lucht, vroeg ze zich weleens af of ze het niet allemaal verzonnen had: de oorlog, de onderdrukking en het geweld. Maar zodra de razzia's in 't Gooi beginnen, is daar geen twijfel meer over mogelijk – ook 's nachts niet.

Door de Bochoves worden ze op de hoogte gesteld. Bert heeft goede contacten bij de Huizense politie, en als er een razzia gepland is, wordt de lokale politie daarover een dag van tevoren geïnformeerd omdat ze eraan moet deelnemen. Zodra Bert ervan weet, belt hij naar 't Hooge Nest en zegt alleen maar: 'Houd de was vannacht maar binnen!' Dan weten ze voldoende en zorgen ze dat iedereen paraat is, alle verdachte zaken in huis opgeborgen zijn en de schuilplaatsen klaar om erin te duiken alsof ze nooit hebben bestaan.

Meestal begint het tegen vier uur in de ochtend. Hoe hard ze ook proberen wakker te blijven zodat ze gereed zijn als het aanvangt, toch schrikken ze altijd weer op van het naderende konvooi, slaapdronken en in de war. Behalve de kinderen, die slapen gewoon door. In de rest van het huis liggen in propvolle kamers mensen doodstil in bed of op hun matras en houden de adem in, terwijl ze in opperste concentratie de piepende banden van de politiewagens volgen. Soms kondigt een sirene ze al van verre aan. Ze knijpen hun ogen dicht, ballen hun vuisten en spitsen hun oren. Welke kant gaan ze op? Komen ze dichterbij of buigen ze af? Moeten ze alarm slaan zodat iedereen zich naar de schuilplaatsen haast, of wachten ze nog enkele seconden af? Maar de colonne komt de heuvel niet op. 't Hooge Nest ligt te afgelegen.

Soms, als een konvooi in de buurt is gestopt en ze in spanning afwachten, horen ze na een tijdje geweerschoten en geblaf de stilte verscheuren. Staccato en schel, de echo's galmen over de hei. Pas als de motoren weer starten en het lawaai langzaam wegebt, ademt het hele huis als één mens uit en maken ze zich klaar om op te staan. De zon kondigt voor hen weer een gewonnen dag aan.

Dit patroon herhaalt zich iedere paar weken en achteraf horen ze van Bert, die het weer van de politie heeft, of er onderduikers zijn gevonden of niet. In het dorp Huizen lijkt een onzichtbaar web van mensen te zijn die op het juiste moment de andere kant op kijken. Als Lien een avond komt zingen op de verjaardag van Annie Bochove, en Bert de volgende ochtend de buurman op straat tegenkomt, bromt die dat ze toch echt wat stiller moeten zijn met die onderduikers. Het is zenuwslopend, maar iedere keer wanneer Janny of Lien zich weer zonder kleerscheuren bij de winkel in De Zonnehoek meldt, lachen ze erom met Bert en Annie. 'We hebben in ieder geval weer veel rollen wc-papier nodig!' En met gevulde fietstassen en de laatste nieuwtjes vertrekken ze weer richting 't Hooge Nest.

~

Als Mik weer in de trein op weg naar Naarden zit en de stad in het raam langzaam kleiner ziet worden, voelt hij zich minder opgetogen dan de laatste keer dat hij 't Hooge Nest bezocht. In korte tijd is er veel veranderd. Kanten zijn gekozen, voorheen vloeibare keuzes zijn – door een actieve of juist een afwachtende houding – gestold en onomkeerbaar. Ook binnen het verzet is de grimmige realiteit ingedaald. De primitieve ad-hocaanpak van het begin heeft plaatsgemaakt voor een organisatiestructuur en ambitieuze plannen. Niet alleen de bezetter wordt steeds gewelddadiger, ook binnen het verzet wordt de roep om tegengeweld luider. Tot nu toe concentreerde het werk zich veelal op vervalsingen, onderduikadressen, illegale pers en sabotageacties, maar het aantal liquidaties van Duitsers en collaborateurs neemt toe – en het aantal represailles ook.

Steeds vaker verliezen ze mensen binnen hun gelederen, en de keuzes waar Mik voor staat drukken zwaar op zijn gemoed. Hoe ver wil hij gaan? Met zijn kompaan Gerrit van der Veen heeft hij nog steeds veel discussie over een eventuele aanslag op het bevolkingsregister – een actie die zeker grote gevolgen zou hebben. Ook de andere verzetsgroep waarmee hij veel contact onderhoudt, CS-6, richt zich sinds het begin van de deportaties steeds meer op aanslagen, met de door vriend Gerrit Kastein opgestelde dodenlijst tot gevolg. Miks nieuws zal de zussen zwaar vallen.

Vanaf station Naarden-Bussum wandelt hij door de okergele velden naar 't Hooge Nest, zonder iemand tegen te komen. Er is geen lawaai, geen verkeer, geen onraad dat zich niet van verre laat aankondigen, maar het lukt hem niet zich van zijn donkere gedachten te ontdoen. Linksaf voor het laatste stuk, de bossen in. Hij kijkt niet eens meer om zich heen, zijn blik is gericht op de verweerde neuzen van zijn laarzen, waarmee hij grote stappen zet zonder de kronkels van het pad te volgen. Hij trapt achteloos, of misschien wel bewust, op paddenstoelen en grashalmen, trekt een spoor met zijn aanwezigheid, tot hij zijn pas inhoudt en opkijkt. Tussen de bomen door schitteren de luiken van 't Hooge Nest.

Janny is persoonsbewijzen aan het sorteren en Eberhard speelt in de voorkamer piano als Mik achterom via de keukendeur binnenkomt, hen sober groet en mee naar buiten vraagt. Ze lopen de tuin in en hij zegt het zonder omwegen: 'Gerrit Kastein is op het Binnenhof uit het raam gesprongen. Met zijn kop op de stenen. Dood.'

~

De zomer breekt aan. Het is de eerste voor de nieuwe bewoners van 't Hooge Nest en het schouwspel is zo adembenemend dat ze iedere dag ergens anders op het terrein gaan zitten kijken alsof het een vuurwerkshow betreft. Het gras wordt groen en dik en voelt als een fluwelen tapijt onder hun voetzolen; bijna dagelijks pakken ze de lunch in een grote mand en strijken ergens neer op het uitgestrekte gazon. De rododendrons, de vijg aan de voorkant van het huis, de bramen aan de zijkant, de peren en appelbomen in de boomgaard achterin, de rozenstruiken die tegen de schuur op kruipen, de beukenhaag die de tuin tegen wilde dieren beschermt – weinig succesvol overigens –, het onkruid dat in één nacht tot schouderhoogte lijkt te zijn opgeschoten, de druif met haar uitlopende ranken, de bomen rondom die als paraplu's uitklappen, de dieppaarse hei in de verte en het water van het IJsselmeer dat glinstert alsof duizend spiegelstukjes aan elkaar zijn gelijmd. Het is een voortdurend veranderende voorstelling, gratis en voor hen alleen.

's Ochtends zitten Joseph en Fietje aan de zijkant van het huis op een bankje, met een kop thee, dicht tegen elkaar aan. Ze spreken niet zoveel meer en proberen zichzelf vooral nuttig te maken in het enorme huishouden. Het lijkt een beetje op het werk voor de winkel: de voorraad inventariseren, de bonnen, de inkoop, het verbruik, de bezetting van de keuken- en afwasdienst. Sinds de temperatuur voorzichtig boven de achttien graden is gekropen, gaan ze hier met z'n tweeën in de ochtend heel even zitten om de eerste zonnestralen op te vangen en naar het fluitconcert van vogels rondom het huis te luisteren. De stenen muur veilig in hun rug, de rieten kap vaderlijk boven hun hoofd, het schelpenpad voorlangs het knisperende alarm voor als er iemand mocht naderen.

De berichten vanuit de rest van het land zijn niet gunstig. De 'evacuatie' van joden verloopt voorspoedig: de provincies Friesland, Groningen, Drenthe, Overijssel, Gelderland, Limburg, Zeeland en Noord-Brabant zijn ook judenrein verklaard. Daar staat tegenover dat de strijd aan het oostfront langer en taaier is dan Hitler had verwacht. De Duitse reserves zijn ernstig aangetast en vanaf de zomer van 1943 duwt het Rode Leger de Duitsers steeds verder terug.

Het effect voor Nederland is helaas ook voelbaar: het tekort aan werkhanden in Duitsland moet worden aangevuld om oorlogsmaterieel en andere voorraden voor de strijd te produceren. Vanaf mei 1943 moeten alle mannen tussen de achttien en vijfendertig jaar zich melden voor verplichte tewerkstelling in Duitsland, de *Arbeitseinsatz*. Wie zich niet meldt is strafbaar, en later volgen grootschalige razzia's om meer jonge mannen naar het Derde Rijk te sturen. Behalve joden duiken er nu ook mannen onder die zich niet willen melden voor de arbeidsinzet, en daarmee zijn de angst en de chaos in Nederland compleet.

In Amsterdam is het straatbeeld onherkenbaar, vergeleken met enkele jaren ervoor. In tegenstelling tot Rotterdam staat de historische binnenstad nog overeind en het water in de grachten stroomt nog altijd onaangedaan van het Centraal Station naar Koninklijk Theater Carré, maar de mensen die de stad inkleurden zijn grotendeels verdwenen. De kooplieden, de arbeiders en de kantoorbedienden; de acteurs en de muzikanten, de intellectuelen en de nachtbrakers; de bibliothecaris, de lallende stamgast en de stille dierenverzorger van Artis – met tienduizenden tegelijk zijn ze uit de stad gehaald, op de trein gezet en naar Westerbork gevoerd, op een wijze bijna zo simpel als dat het klinkt. De kaartenbakken met geregistreerde joden in de Zentralstelle für Jüdische Auswanderung hebben een grote wisseltruc ondergaan. De bak Amsterdam is in de loop van 1943 bijna leeg.

In mei en juni worden de laatste paar grote razzia's gehouden. Op 26 mei worden de joden uit het centrum bijeengebracht bij het Muiderpoortstation. Kinderen met hun lievelingsspeelgoed tegen zich aan geklemd, vrouwen met mooie hoeden op, mannen in hun beste pak en oma's met het haar vers uit de krulspelden. Na uren wachten komt een trein die hen naar Westerbork afvoert. *Storm*, het weekblad van de SS, bericht er uitgebreid over in haar editie van 4 juni:

> *Wij hebben afscheid moeten nemen, afscheid van gasten, die sinds eeuwen ons brood z.g. met ons deelden en de beste stukken voor zichzelf wisten te veroveren. Wij hebben ze uitgeleide gedaan en hebben hun een laatste vaarwel toegeroepen, daar op een terrein aan de Polderweg in Amsterdam-Oost. Zij droegen insignes, zespuntige sterren, die daar echter het bewijs waren, dat zij behoorden tot de leden van het reisgezelschap naar Polen. (…) Hoeveel bloed er door het joodsche reeds verontreinigd werd, hoeveel bastaarden er hier op de straten rondloopen, dat alles kon men eerst zoo recht begrijpen bij het zien van deze scènes. Doode getallen werden hier levend. De practijk bevestigde de wetenschap. Maar*

erger nog. Wij waren ook reeds op weg een net blond jodentype met bijna arisch gezicht te kweeken. Daar wandelden zij rond, deze joden en jodinnen. Een bekende lichte vrouw was erbij, platina, zoodat geen mensch haar het joodsche bloed zou aanzien. Tientallen liepen daar, die zoo zonder meer de bruid van een goeden arischen jongen hadden kunnen worden, zonder dat de man er ook maar een oogenblik aan zou hebben gedacht een jodin tot vrouw te kiezen. Daar was een gevaar en dat gevaar was zeer groot. Het is goed, dat hier ingegrepen werd. Zoo zijn de joden dan verdwenen. Wij hebben gezien hoe zij in de treinen verdwenen. Het afscheid is ons niet zwaar gevallen.

Op zondag 20 juni 1943 volgt de grote razzia in Amsterdam-Zuid en Amsterdam-Oost. De laatste bovengrondse joden worden die dag naar Westerbork gedeporteerd, zo'n vijfenhalfduizend in totaal. In september volgen ook de leden van de Joodse Raad, waarmee officieel een einde aan haar bestaan komt. Op 29 september sluit de crèche tegenover de Hollandsche Schouwburg, op 1 oktober wordt de Colonne Henneicke met zijn Jodenjagers ontbonden en op 19 november 1943, wanneer het allerlaatste transport van opgespoorde ondergedoken joden uit Amsterdam heeft plaatsgevonden, blijft de Umschlagplatz Plantage Middenlaan in de Hollandsche Schouwburg leeg en verlaten achter. Amsterdam is judenrein, nog geen drieënhalf jaar nadat Heeresgruppe B onder bevel van generaal Fedor von Bock Nederland binnenviel.

6

Ongewenste ontmoetingen

Paniek in 't Nest. De gezusters Jansen kondigen aan dat ze gezellig op bezoek willen komen. Het is hoogzomer en de dames zijn gewend de benauwde stad te verruilen voor hun landhuis in de natuur. Ze snakken naar een uitje en, hoewel dat onvermeld blijft, willen ze natuurlijk controleren of er wel fatsoenlijk met het huis en de tuin wordt omgesprongen.

Na het alarmerende telefoontje hebben ze enkele dagen om alles in orde te maken. Moeder en Lien zetten iedereen aan het werk om schoon te maken, de mannen gaan aan de slag om matrassen weg te sleuren, en bedden, kasten, stoelen en tafels weer zo neer te zetten dat het lijkt alsof er maar twee gezinnen met hun kinderen wonen, namelijk de officiële huurders: Janny en Bob met Liselotte en Robbie, en Lien en Eberhard met kleine Kathinka.

Op de dag van het verwachte bezoek worden alle illegale huisbewoners als paaseieren in het bos verstopt, en spreken ze tekens af zodat iedereen weet wanneer hij weer tevoorschijn kan komen. Het is gelukkig een warme dag.

De Gooische Moordenaar zet de dames Jansen stipt op tijd af bij de halte aan de Ericaweg en als ze arriveren bij het huis is de begroeting allerhartelijkst. De zon schijnt fel en 't Hooge Nest staat stralend op de heuvel, omringd door een bloemenzee. Lien en Janny nemen de zusters mee naar binnen, naar de woonkamer, waar het toneelspel zich voortzet. Ze beamen hoe heerlijk wonen het hier is, hoe magistraal de seizoenswisselingen, de huurtermijnen zijn hopelijk allemaal netjes op tijd ontvangen en wilt u misschien iets drinken? Dat willen ze wel en dan volgt het geplande huzarenstukje van Rooie Puck. Lien laat een belletje rinkelen en daar komt de dienstmeid, in een gesteven, wit schort en met een kapje op haar hoofd, in haar handen een zilveren dienblad met een theepot, kopjes en een schaaltje koekjes. Puck, die haar opvallende haren in twee zijwaartse vlechten heeft gebonden, maakt een gedienstige knik door de knieën, en Janny en Lien moeten op hun onderlip bijten om niet te lachen.

'Goedendag, mevrouw,' begroet ze het bezoek tweemaal, 'neemt u misschien suiker of melk in uw thee?'

Terwijl Puck netjes thee inschenkt, kijken de gezusters Jansen zichtbaar onder de indruk en nieuwsgierig toe.

'Kom je hier uit de buurt, meisje?'

'Ja, mevrouw.'

'Hoe heet je dan?'

'Aagje Honing, mevrouw.'

Een van de zussen zet haar kopje neer op een bijzettafel en klapt verrukt in haar handen.

'Maar dat is nou leuk. Wij kennen de familie Honing uit Huizen! Ben je familie van Tante Betsie Honing?'

Puck vertrekt geen spier.

'Nee sorry, mevrouw. Er zijn hier twee families Honing.'

Snel stuurt Lien het gesprek een andere kant op, terwijl Janny Puck de kamer uit bonjourt.

'Tja,' zegt Lien zachtjes terwijl ze naar haar slaap wijst, 'het kind is een beetje achtergebleven, maar werkelijk heel lief en ijverig.'

Na de thee willen de dames Jansen even rondkijken in het huis. Zichtbaar tevreden lopen ze door de blinkend schone keuken, de frisse centrale hal en door naar boven, waar de kamers ogen alsof er nooit kleine kinderen hebben gespeeld, laat staan tientallen mensen slapen. Eenmaal beneden kijken ze nog even naar de antieke kast waarin het dure servies staat. Janny en Lien houden hun adem in: een van de onderduikers heeft afgelopen winter tijdens het afruimen een hele stapel servies te hard door het dienstluik naar de keuken geduwd; met een enorme klap viel het aan de andere kant op de houten vloer, waar het in duizend stukken uiteenkletterde. Het voelde of de luchtdruk in het huis in één keer wegviel, zo schrokken ze. Het lawaai leek dwars door de muren heen te breken en tussen de bomen te resoneren. Toen er, na wat een eeuwigheid leek, Duitsers noch NSB'ers aan de deur verschenen, hadden ze allemaal zenuwachtig staan lachen en vervolgens op hun knieën de scherven opgeruimd. Vanaf dat moment maakten Janny en Lien er een sport van overal waar ze kwamen iets van servies te bedelen of te jatten. Iedere keer als ze weer triomfantelijk een bord uit hun handtas visten en bij de bonte verzameling in de kast zetten, werd dat met gejuich onthaald.

Maar nu staan de dames Jansen met vernauwde ogen in de kast te turen. De overgebleven borden en kopjes van het oorspronkelijke servies hebben ze vooraan gezet, maar het merendeel is gesneuveld en vervangen door een ratjetoe van bij elkaar gesprokkeld porselein dat erachter verscholen staat. Als ze de oorlog levend doorkomen, zullen ze alles en meer vergoeden – voor nu moet deze mooie uitstalling voldoen. De zusters Jansen draaien zich om en glimlachen breeduit naar Janny en Lien, die met samengeknepen billen teruglachen.

Na een paar vermoeiende uren, waarin ze buiten met elkaar in de zon op een bankje zitten en de schaduwlijn per grasspriet zien opschuiven, staan de dames eindelijk op, strijken de vouwen uit hun rok en nemen hartelijk afscheid. Vanaf de heuvel voor 't Hooge Nest zwaaien Janny en Lien hen uit, lachen hun zenuwen van zich af en snellen dan de bossen in om hun onderduikers uit hun schuilplaatsen te bevrijden.

~

Het huis met de ossenbloedrode luiken, verscholen achter de bomen
Foto: Jan Willem Kaldenbach

Het witte bord tussen de ramen van de begane grond en die van de eerste verdieping met daarop in zwarte letters: 'T HOOGE NEST.
Foto: Jan Willem Kaldenbach

De begraafplaats uit de epiloo
'Mensch, durf te leven (bis)'.
Op zoek naar het graf van Dirk Witte, 2018
Foto: Roxane van Iperen

De zomer lijkt eindeloos lang te duren. Lien en Eberhard richten zich op de huisconcerten, het bedenken van nieuwe voorstellingen en het schrijven van stukken voor *De Vrije Kunstenaar*; Janny en Bob op hun ondergrondse werk. Daarbij komen de dagelijkse boodschappen voor het huishouden; een dagtaak op zich. De constante dreiging wordt het nieuwe normaal. Ze luisteren minder gretig naar de radio en praten slechts spaarzaam over de zogenaamde vorderingen van de geallieerden. Iedereen probeert in zichzelf een pauzestand te vinden die het mogelijk maakt te overleven in deze onzekerheid. Een jaar geleden hadden de meesten van hen heilig geloofd dat de oorlog nu ten einde zou zijn. Dat ze nu weer zouden zijn teruggekeerd naar hun eigen huizen, winkels en banen. Dat ze, als ze maar niemand waren verloren, de draad gewoon weer op zouden kunnen pakken. Maar zoveel familieleden en vrienden zijn weggevoerd zonder dat er iets over hun lot bekend is. Om dit vol te houden moeten ze stoppen met hopen en hun blik op de horizon richten; niet meer in dagen denken, maar in maanden.

Nooit eerder heeft Janny verlangd naar de winter, naar het donker, de kou en de korte dagen, maar nu verlangt ze ernaar alsof het een hol is waarin ze zou kunnen verdwijnen. De zomer kan haar niet snel genoeg afgelopen zijn; de zon lijkt de mensen uit hun huizen te drijven en er is meer volk op straat, in de dorpen, in de trein. De kleuren en de warmte om hen heen maken de bewoners verraderlijk onbezorgd, onvoorzichtig zelfs, terwijl de vijand niet minder genadeloos is. Onder elkaar blijven ze erop hameren: vertrouw niemand.

Op een dag wandelt Eberhard met Kathinka in de richting van Huizen. Als de hoogblonde vader en dochter Bos kunnen ze zich samen redelijk vrij bewegen. Ze lopen hand in hand over de Naarderstraat als Eberhard een troep Duitse soldaten de hoek om ziet komen, recht op hen af. Hun knieën rijzen gelijkmatig en als de laarzen het oppervlak raken lijkt de weg te beven. Eberhard verstijft en knijpt in zijn dochters hand. Ze kunnen geen kant op. De eerstvolgende zijstraat bevindt zich voorbij de soldaten en als ze zich omdraaien, loopt de groep hun in de rug. Er zit niets anders op dan doorlopen. Eberhard ademt zachtjes uit, laat zijn schouders een handbreedte zakken en probeert Kathinka niets te laten merken. Het meisje huppelt vrolijk naast hem verder.

De eenheid is nog maar enkele tientallen meters van hen verwijderd en wordt voorgegaan door een officier. Als hun ogen elkaar kruisen, staat Eberhard stil alsof zijn voeten ter plekke wortelschieten en hij rukt Kathinka's arm naar achteren. De officier is zijn oude vriend Kurt Kahle. De man wendt zijn blik af en voert zijn Duitse manschappen voorbij de vader en dochter, alsof ze niet bestaan, maar Eberhard realiseert zich dat dit het einde is, voor hem en iedereen in 't Hooge Nest. Er is geen twijfel over mogelijk dat Kurt hem heeft herkend en hij telt de seconden voor de man bevel geeft hem en Kathinka te arresteren. Het meisje praat tegen hem, trekt aan zijn arm, maar hij duwt een hand tegen haar mond en staart de soldaten na. Die marcheren nog steeds en Eberhard blijft kijken tot de trilling onder zijn voeten is weggeëbd en de mannen zwarte stippen zijn die opgaan in de paarse hei.

Als zijn knieën weer willen bewegen, rent hij met Kathinka terug naar huis om iedereen te waarschuwen.

Kurt Kahle hoorde bij hun artistieke vriendengroep van de Keizersgracht 522. Een fotograaf uit Berlijn die, zoals vele andere Duitsers, begin jaren dertig het opkomende nationaalsocialisme in zijn land ontvluchtte en naar Nederland kwam. Hij was onderdeel van de groep mensen die bij Mik aan de Keizersgracht in en uit liep. Eberhard en Kurt vonden elkaar in hun verontwaardiging over de ontwikkelingen in hun vaderland – althans: destijds.

Eberhard denkt terug aan zijn eigen oproep van de Wehrmacht om zich bij het Duitse leger te voegen. De gesprekken met Lien, de angst, de twijfel, de mislukte hongerkuur van Rhijn en daarna de belangrijkste vraag van zijn leven: deserteren of niet. Fahnenflucht.

Kurt heeft dezelfde oproep ontvangen en voor dezelfde keuze gestaan. Kan Eberhard het hem kwalijk nemen dat hij de andere weg is ingeslagen?

Kurt gaf geen blijk van herkenning maar ze kunnen het risico niet nemen. Eberhard bespreekt het thuis met de anderen en ze zijn het met hem eens: er is een kans dat Kurt is overgelopen en dan lopen ze gevaar dat hij terugkeert en in de omgeving van de Naarderstraat gaat zoeken. De enige die hierover uitsluitsel kan geven is Mik.

Lien fietst zo snel ze kan naar Laren, waar een van hun contacten woont die binnenkort naar Amsterdam gaat, en legt hem de situatie voor. Hij belooft alles met Mik te bespreken en hen zo snel mogelijk de uitkomst te laten weten.

Die avond houden ze in 't Hooge Nest spoedberaad. Ze moeten er rekening mee houden dat ze allemaal weg moeten, binnen één of twee dagen. Waarheen? Een of twee mensen kunnen ze nog wel kwijt bij Bochove in Huizen, of bij andere contacten, maar niet de hele groep onderduikers.

Na een doorwaakte nacht komt het verlossende antwoord van Mik: Kurt Kahle hoort bij hen. Hij was eerst bij de Wehrmachtkommandantur op het Centraal Station in Amsterdam gestationneerd, waar hij eigenlijk Duitsers op reis van informatie moest voorzien maar waar hij maandenlang vooral het verzet had geholpen met het verspreiden van ondergrondse antifascistische pamfletten. Begin 1943 moest hij alsnog in dienst en werd hij ingedeeld bij Sicherungsregiment 26 in kamp Crailo in Laren, waar vandaan hij nu ook munitie en wapens doorsluist naar het verzet. Miks boodschap is dan ook dat ze zich absoluut geen zorgen hoeven te maken.

~

Op 2 oktober staart Lien naar de voorpagina van de krant die voor haar op tafel ligt, de letters worden langzaam onleesbaar. Ze knippert een paar keer maar de teksten lopen in elkaar over tot alleen de grootste koppen op het papier nog leesbaar zijn. DE SITUATIE AAN HET OOSTFRONT is er een aan de linkerzijde. Haar blik verschuift voorzichtig naar rechts. BEKENDMAKING staat wat verder naar het midden, iets over een beschikking over de inleveringsplicht van radiotoestellen. Maar het is de kolom daarnaast, rechtsonder, die aanvankelijk haar aandacht had getrokken. Ze haalt luid haar neus op en dwingt zichzelf het nog een keer te lezen: 'STRAF VOOR DEN MOORD OP GENERAAL SEYFFARDT, MINISTER POSTHUMA E.A. Naar de Höhere SS- und Polizeiführer Nordwest mededeelt, heeft het Polizeistandgericht Amsterdam den 30sten September 1943 de volgende Nederlanders ter dood veroordeeld', en dan volgt een opsomming van negentien namen, waarvan ze er een groot aantal herkent. Medicijnenstudent Leo Frijda uit Amsterdam. Biologiestudent Hans Katan uit Amsterdam. Driemaal de naam Boissevain. Anton Koreman, een gitarist en ook al een oude vriend van hen uit de stad. Maar daartussenin, op nummer twaalf: 'Den journalist Maarten van Gilse uit Amsterdam, geb. 12 juni 1916 te München. (...) De doodvonnissen zijn na onderzoek van de gratiekwestie in de vroege ochtenduren van den 1sten October 1943 voltrokken.'

Als iedereen die avond thuiskomt, neemt Lien de familie apart, buiten bij het theehuis, en vertelt hun wat er is gebeurd. Zwijgend staan ze in het hoge gras. Vader staart naar zijn schoenen, moeder heeft een hand voor haar samengeknepen lippen geslagen. Bob reikt even met zijn hand naar Janny, bedenkt zich en laat zijn arm dan slap langs zijn lichaam vallen. Langzaam verdwijnt de zon achter de bomen en trekt er een schaduw over het okergele dak van 't Hooge Nest. Fietje huivert en Joseph pakt haar hand. 'Kom,' zegt hij en hij loopt in de richting van het huis, de rest van de familie in zijn kielzog.

Later hoort Janny van haar contacten wat er is gebeurd. Mik zat met zijn vriendin ondergedoken op een zolderatelier van een bevriende beeldhouwer aan de Prinsengracht, vlak bij de Westertoren. Van daaruit coördineerde hij zijn werkzaamheden voor *De Vrije Kunstenaar*, voor verzetsgroep CS-6 en voor de PBC; dag en nacht werkten ze. Toen het huis werd omsingeld door de politie, hadden ze haastig de deur gebarricadeerd en de kachel opgestookt om zo veel mogelijk papieren te verbranden: valse documenten, contacten en adressen van het verzet, zijn notitieboekje – alles. Ondertussen werd er al op de deur gebonsd en Mik sprong via het raam naar buiten, het dak op, terwijl de agenten de kamer binnenstormden en zijn vriendin arresteerden. Mik werd beschoten en geraakt, was lichtgewond en werd gepakt. Gevangenis, vele uren verhoor, maar naar verluidt liet hij niets los, wekenlang niet. Toen de doodstraf: een kogel recht door zijn hart, op 1 oktober, in de duinen bij Bloemendaal.

In het novembernummer van *De Vrije Kunstenaar* wordt hij uitgebreid herdacht, en Eberhard leest de tekst 's avonds voor als ze allemaal rond de eettafel verzameld zijn:

> *MAARTEN VAN GILSE OVERLEDEN*
> *Jong was Mik, jong van jaren, jong in zijn idealen, in zijn geloof aan de menschen, in zijn verwachtingen, in zijn oprechtheid en in zijn drift tot daden. [...] Cosmopoliet door geboorte en opvoeding, rusteloos van natuur, trok hij vele landen door, met zijn pen zijn brood verdienend, overal vrienden makend en het mooie leven volop genietend. [...] Wat Miks werkzaamheden in oorlogstijd geweest zijn, daarover moeten wij nog zwijgen; wel kunnen wij zeggen, dat hij als een man heeft gestreden, dat zijn nooit versagende moed, zijn onverwoestbaar optimisme, velen tot steun waren, dat zijn doorzettingsvermogen tot stand bracht wat door anderen in verwarring en moedeloosheid werd opgegeven.*
>
> *Van Miks generatie waren er velen, die zijn opvattingen deelden, velen met dezelfde idealen, en tot 10 mei 1940 uit volle*

borst zich op hun breeden blik en diep inzicht beroemden. Zeer, zeer weinigen waren er echter, die toen het uur der beproeving kwam, evenals hij, de consequenties – ook de uitersten – aanvaardden, die stand hielden toen de storm opstak, die als hij dag in dag uit hun leven waagden, voor geen gevaar of beproeving terugdeinsden om hun hoogste goed door vuur en dood te dragen naar een betere toekomst.

7

De valk

Een zaterdag in november. Jetty heeft haar verjaardag gevierd en iedereen is de hele dag in een opperbeste stemming geweest. Lien heeft enkele liederen gezongen, Eberhard heeft voor het grote gezelschap pianogespeeld en met de schaarse middelen die ze tot hun beschikking hadden – wat deeg, geweckte appels uit de boomgaard en een snufje kaneel – hadden ze iets wat voor een taart doorging gefabriceerd.

Tegen halfelf 's avonds liggen de kinderen en een aantal van de volwassenen in bed, de kachel brandt, sommigen lezen een boek en een klein gezelschap van onderduikers zit nog in de woonkamer rond de eettafel na te praten, wanneer ze opeens ritmisch gestamp horen. Het is zacht en ver weg, alsof een boormachine diep in de aarde omhoogklopt en de grond onder het huis doet beven. Ze manen elkaar tot stilte, de gezichten verstrakken. Ze houden de adem in en luisteren. Het geluid komt van buiten, het zwelt aan, ze herkennen het en bijna vertraagd komen ze in beweging. In eerste instantie is er paniek, maar het vaak gerepeteerde noodplan neemt al snel de regie over.

De marcherende laarzen naderen nu snel, stoppen even op het schelpenpad, zetten een paar knisperende stappen en buigen dan af in de richting van het huis. Iemand drukt op de noodknop naast de voordeur en als een wolk stuiven ze uiteen, naar de aangewezen verstopplek. Fietje, Joseph en Japie zullen de kinderen uit bed halen en ze bij hen verstoppen. Lien, Janny, Bob en Eberhard strijken hun kleren glad, rechten hun rug en maken zich op voor de confrontatie.

'Bram zit nog op de wc!' Loes Teixeira de Mattos klampt Janny aan. Die sist haar toe dat ze toch naar boven moet gaan, maar er is geen tijd meer. Met een felle hoofdbeweging stuurt Janny haar naar een verstopplek beneden, onder het ingebouwde houten bankje naast de schouw.

De trekpook van de bel naast de voordeur beweegt heen en weer en het geluid van de bel snijdt door de doodse stilte.

'Aufmachen!'

Janny en Bob zijn nog haastig bezig spullen op te ruimen die verdacht zouden kunnen zijn. Te veel glazen op tafel, een karaf water, te veel peuken in de asbak, een illegaal blad dat opengeslagen ligt. Lien loopt de grote hal door naar de voordeur, gaat op haar tenen staan, opent het vierkanten luikje bovenin en zegt tegen de mannen buiten: 'Gaat u alstublieft naar de keukendeur, dan doe ik daar open.'

Weer een paar seconden gewonnen.

Met veel gerammel en onhandig gesjor opent ze de sloten van de keukendeur. Als ze over haar schouder kijkt, ziet ze Janny haar duim opsteken. Lien zwaait de deur open en voor haar staat een Duitse soldaat in uniform. Zijn leren riem glinstert in het donker, een wolk adem snelt zijn woorden vooruit.

'Excuses voor het storen, mevrouw. Maar kunt u ons misschien vertellen waar het pad is dat naar zee leidt?'

Achter de man staan nog meer soldaten. Ze knikken vriendelijk. Lien dwingt zichzelf te glimlachen.

'Jazeker,' antwoordt ze.

'We zijn met de hele groep verdwaald. Misschien hebt u een glaasje water voor ons.'

Lien zoekt naar woorden, stapt dan opzij en doet de deur helemaal open.

'Natuurlijk. Kom binnen.'

Zo staan ze daar dicht op elkaar in de keuken: meer dan een dozijn Duitse soldaten en hun voorman, plus Janny, Lien en Eberhard. Ze schudden de aanvoerder de hand en stellen zich voor. Piet Bos. Antje Bos. Janny Brandes. Bob is nog in de woonkamer bezig.

Behalve een glaasje water bieden ze de jongens verse yoghurt aan, die over is van het ontbijt.

'Doet u vooral niet te veel moeite,' zegt de aanvoerder eerst, maar vervolgens eten ze alles gretig op. De mannen zien er koud en vermoeid uit.

'We zijn op oefening vanavond en we moeten naar het water,' zegt hun leider tussen twee happen door.

'Dan zijn jullie er al bijna.' Lien probeert zo vriendelijk mogelijk te klinken en wijst in het verlengde van de keukendeur naar de achtertuin richting het zwarte bos en het water daarachter.

'Je vervolgt gewoon de weg, door het bos en over de hei rechtdoor, op het smalle pad blijven lopen, dat komt recht op het water uit.'

'Kunnen jullie niet even met ons meegaan en ons de weg wijzen in het donker?' Als hij dat zegt, kijkt de soldaat Eberhard aan. Die antwoordt in vlekkeloos Nederlands.

'Nee, helaas, dat gaat echt niet. We zijn al voorbij de avondklok.' Verontschuldigend heft hij zijn handen op naar de soldaat, die meteen in zijn tas begint te graaien. Janny en Lien kijken elkaar verschrikt aan.

'Dan geef ik jullie toch een vergunning,' zegt hij monter terwijl hij een vel papier op het aanrecht legt.

'De heer en mevrouw Bos zijn gerechtigd tijdens de spertijd hun huis te verlaten', hij praat mee terwijl hij schrijft, het gekras van de pen op het papier gaat op in de tikkende lepels van de soldaten.

'Handtekening, stempel, klaar.'

Met een grote glimlach overhandigt hij het papier aan Eberhard, die het opvouwt en in zijn zak stopt. Ze halen hun jassen en daar gaan ze, het pad af, het bos in.

Als ze na een halfuurtje terugkeren, hebben Janny en Bob iedereen alweer uit de schuilplaatsen gehaald en gekalmeerd. De bewoners hebben doodsangsten uitgestaan, niet wetend wat er zich beneden afspeelde terwijl ze zoveel zware stemmen in het huis hoorden. Lien en Eberhard moeten alles over hun wandeling vertellen.

'Daar liepen we dan,' vertelt Lien, nog een beetje beduusd, 'een Duitse deserteur en een Hollandse jodin aan het hoofd van een Duitse militaire eenheid van twintig soldaten, 's nachts over de donkere hei richting het IJsselmeer, dat vroeger de Zuiderzee was.'

Op dat moment gaat de deur van het toilet open en verschijnt het hoofd van Bram – de oude man heeft last van aambeien.

'Wat is er aan de hand?' stamelt hij, en ze barsten allemaal in lachen uit. De vergunning hebben ze met een valse datum nog vaak gebruikt.

~

Als hun tweede voorjaar in het huis aanbreekt, realiseert Janny zich hoelang ze hier al wonen met z'n allen – langer dan waar ook sinds de oorlog begon. Ze voelt zich thuis in 't Hooge Nest, ondanks de uitzonderlijke omstandigheden. Natuurlijk is er de constante dreiging, de angst voor ontdekking waardoor ze ingehouden leven, met een permanente klem op hun borst. Maar anderzijds is er de vrijheid van het bos, de hei, het water; zijn er dagen, soms weken dat er niemand in de omgeving van het huis te zien is; is er geen hard geluid behalve de muziek die op elk willekeurig moment van de dag uit een hoek van het huis opstijgt; is er Jaap die steeds weer bedekt door stof zijn hoofd uit de schuur steekt met een nieuw bouwwerk in zijn handen – zelfverzonnen of op bestelling van een van de andere bewoners. Ze hebben eten, water en tabak; veel meer hebben ze niet nodig.

Als ze naar de kleintjes kijkt, gaat er soms een steek door haar maag. Liselotte, Kathinka, Robbie. De meisjes zijn tweeënhalf en Rob is al een hele jongen: hij is vierenhalf maar in zijn gedachten bijna vijf. Ze voelen de spanning, ze moeten opgroeien in een wereld waarin geen plaats voor ze is. Maar als ze denkt aan al die andere kinderen die ze tegenkomt – in de onderduik bij haar niet-joodse verzetsvrienden, of een dagje bij hen in huis als ze op doortocht zijn –, wier ouders zijn weggevoerd of vermoord, die van hun broertjes en zusjes zijn gescheiden en bij wildvreemden worden ondergebracht, troost ze zich met de gedachte dat hun drie kinderen tenminste bij elkaar zijn, bij hun ouders, hun grootouders en ome Jaap. Door de aanwezigheid van zoveel volwassenen zijn ze behoorlijk bijdehand geworden. Een tijdje geleden had Lien haar dochter meegenomen om boodschappen te doen en stond ze in de rij bij de kruidenier toen Kathinka een liedje begon te zingen. De andere klanten hadden vertederd naar het kindje staan kijken terwijl ze heen en weer wipte en toonvast haar deuntje zong: 'Hop, Marjanneke, stroop in 't kanneke, laat de poppetjes dansen. Gisteren was er de prins in 't land en nu die kale moffen.' Lien sloeg van schrik haar hand voor haar mond. De vrouwen in de winkel keken elkaar onthutst aan en barstten toen in lachen uit. Janny vond het ook grappig toen Lien het verhaal vertelde, maar toch verzocht Lien Eberhard hun kind niet meer dit soort liedjes te leren.

Het zijn boskinderen geworden. Ze klimmen in bomen, springen over stronken, rennen met hun armen wijd door het heidegras en bouwen hutten achter in de tuin. Op hete dagen lopen ze naar het IJsselmeer aan de andere kant van het bos; handdoeken mee, fruit en water. Ze mogen maar tot kuitdiep, maar aan het einde van de dag voelt het voor de kinderen alsof ze een zee hebben bedwongen. Rozig liggen ze 's avonds in bed en vallen onder frisse lakens als een blok in slaap. Als Janny dan de volgende ochtend beneden komt, waar haar moeder alweer volop in de weer is met het ontbijt, dat in ploegen wordt gegeten, en al die mensen ziet aan wie ze onderdak bieden – jong en oud, helemaal alleen of met hun hele gezin, de verschillende karakters, stemmen en accenten – dan voelt het even net alsof ze daar, midden in het bos, gewoon terug is in Amsterdam. Ze eet wat, praat even met vader en moeder, trekt meestal Robbie en soms Liselotte een jasje aan en begint aan haar klus voor die dag. De ene keer neemt ze de tram, de andere keer wandelt ze naar het station. Van daaruit neemt ze de trein naar Utrecht, Den Haag of Amsterdam, volgens de nauwgezette instructies van haar ondergrondse contact. Ze haalt een pakketje op of levert persoonsbewijzen af, verspreidt illegale pamfletten of brengt iemand vervoersbiljetten die Bob van zijn werk heeft ontvreemd. Het is altijd weer afwachten of haar contact ter plaatse zal zijn, of dat die is verraden, opgepakt en weggevoerd. Als ze niemand of iemand anders op de afgesproken plek ziet, gaat ze door haar knieën alsof ze het jasje van haar kind herschikt, speurt om zich heen om de situatie in te schatten en maakt dan dat ze wegkomt, terug naar het station en naar huis. Tijdens het lopen voelt het altijd of iemand haar op de hielen zit, maar het is zaak rustig te blijven. Niet toegeven aan de constante drang het op een lopen te zetten, haar kind mee te sleuren en te rennen, te rennen, tot... Ja, tot wat eigenlijk? Er is toch geen ontkomen aan. Als ze gepakt wordt is het afgelopen en tot die tijd kan ze maar beter haar kop erbij houden en normaal doen.

Iedere dag opnieuw komt ze weer thuis, op 't Nest. Net als de torenvalk die achter in de tuin woont, waar het open grasveld door het donkere bos wordt opgeslokt, en die haar iedere avond na zonsondergang met zijn schelle kreten laat weten dat hij er ook weer is. Janny houdt hem in de gaten, als een geestverwant. Overdag gaat hij op jacht, neemt bedachtzaam de omgeving in zich op, maakt snelheid met zijn korte, spitse vleugels en lange staart en hangt dan biddend in de lucht tot hij in actie kan komen. Soms heeft ze geluk en ziet Janny hem zo zweven; ze vindt het een van de mooiste dingen die ze ooit heeft gezien. Kalm en in afwachting van het perfecte moment, dat hij instinctief bepaalt. Zijn staart en vleugels wijdgespreid en in één rechte lijn met zijn rug en nek, alsof de tijd en de hemel stilstaan. Zijn rug schitterend roodbruin, een grijze kop en een grijze staart met een dreigend zwarte eindstreep. En dan, plotseling, de duikvlucht naar de aarde alsof hij zich te pletter stort, om enkele seconden later nonchalant weer in de lucht te verschijnen met een veldmuis of een kuiken.

Op een nacht ligt Janny naar de balken onder het dak te staren. De drukte in het huis grijpt haar soms naar de keel, maar nu is het stil. Te stil. Ze knijpt haar ogen dicht, probeert het zachte gesnurk van Bob naast haar weg te filteren en luistert. Opeens realiseert ze zich dat ze de torenvalk al een tijdje niet heeft gehoord of gezien. Gisteren? Eergisteren? Ze is zo druk geweest, ze weet het niet. Maar vanavond heeft ze zijn kreten zeker niet gehoord. Ze wordt onrustig, alsof het een slecht voorteken is.

Ze slaapt in, met één oor alert op geluiden van buiten, en sluipt tegen zonsopgang op haar blote voeten naar buiten. Iedereen in huis ligt nog in een diepe slaap, er hangt een zoete lucht tussen de muren. In de ochtendschemering doorkruist ze de tuin, de dauw op het gras is fris aan haar voetzolen. Halverwege passeert ze het theehuis, waarin ze het poppenhuis van de kinderen en hun miniservies ziet liggen, en via de boomgaard loopt ze verder naar achteren, waar de donkere bosrand loert. Ze verdwijnt tussen de bomen. Dikke strengen klimop slingeren zich rond oude basten, her en der liggen hopen droge herfstbladeren, geel en knisperend van de hete zomermaanden. Takken krassen tegen haar huid, een doorn trekt aan de stof van haar nachtpon, maar ze loopt voorzichtig door, met haar hoofd in haar nek en haar ogen op de dichte boomkruinen boven zich gericht.

Na een paar meter staat ze stil en houdt haar adem in. Hoog boven haar zit hij op de rand van een groot oud kraaiennest, zijn klauwen rond de takken geklemd en zijn kraalogen strak op haar gericht alsof hij haar ieder moment kan aanvliegen. Achter hem in het nest ligt een vrouwtje te broeden, haar brede rug is prachtig gespikkeld.

Voorzichtig loopt Janny achterwaarts het bos uit, draait zich om, beent het gras over naar het huis en kruipt terug in bed bij Bob, een lachje om haar lippen. Iedereen is waar hij moet zijn.

8

Herfstlied

Iedere keer als Janny in Amsterdam is, is de stad weer een beetje leger geworden. Als ze vanaf het Centraal Station de tram neemt en de stad aan zich voorbij ziet trekken, lijkt alles op het eerste gezicht onveranderd. De statige herenhuizen aan de gracht, de bruggen en de luifels met daarop de namen van de haar zo vertrouwde winkels – het is er allemaal maar de mensen zijn verdwenen. Het is alsof ze door een spookstad rijdt en overal schimmige herinneringen ziet. Dat gezin met drie dochters die bij haar op school zaten: weg. De kaasboer en de slager: weg. Die rijke zakenman en zijn gezin uit het huis met de zware, bordeauxrode gordijnen: weg. De vele marktlui die ze kende via vader: weg. In sommige gevallen is hun plaats ingenomen door wildvreemden, achter dezelfde gordijnen. Dan ziet ze een moeder soep opscheppen voor een kind dat op een stoel zit die hun niet toebehoort en proeft Janny het maagzuur in haar mond. Dáár woonde vroeger een oud-klasgenoot, en dáár een meisje dat bij Lien in de revue zat. En 'vroeger' is een jaar geleden.

Als ze voor het verzet iets moet ophalen in de oude Jodenhoek, loopt ze langs de Amstel en het Waterlooplein en ziet uitgestorven straten alsof ze door een bouwtekening van de stad wandelt, de kinderkopjes tot in de verte schoon en onbelopen. Niets herinnert nog aan het bruisende, drukke leven dat deze buurt zo mooi maakte en waar ze met Jaap, Lien en haar ouders volop van genoot. In deze versie van de buurt ogen de huizen verlaten, de gordijnen zijn dicht en de enige mensen die ze ziet zijn politieagenten. Alle leven is uit de Jodenhoek gezogen; een erfenis van honderden jaren vernietigd.

Als Janny op een dag in het voorjaar van 1944 opnieuw een zielloos Amsterdam achter zich laat en bij 't Hooge Nest terugkeert, wordt ze al op het pad langszij verwelkomd door het geklets van een paar vrouwen dat via de open keukendeur naar buiten dwarrelt. Ze ontspant op slag. Verderop in de tuin zitten de kinderen bij het theehuis met hun poppenkasteel te spelen en uit de diepte van het huis komen pianoklanken. Op het terras knikkeren jongens in een holletje dat ze tussen de stenen hebben gevonden. Wanneer ze nadert, zwaait moeder naar haar door het keukenraam. Janny veegt haar voeten en als ze de keuken binnenstapt, realiseert ze zich dat hun buurt niet dood is. Ze hebben klein Amsterdam naar 't Hooge Nest gebracht.

's Nachts vliegen de Engelse vliegtuigen over, steeds vaker en met steeds meer. De volgende dag luisteren ze naar de radio en zeggen tegen moeder: zie je nu wel. Het gaat steeds beter bij het oostfront, het Rode Leger wint terrein en de geallieerden landen vast snel. Het duurt niet lang meer.

Op Josephs kamer hangt een grote landkaart waarop hij na ieder nieuwsbericht met spelden de vorderingen aan het oostfront markeert. Als er aan tafel iets wordt gezegd over de oorlogsbewegingen wat niet klopt, corrigeert hij diegene en laat plaatsnamen vallen waarvan ze voor de oorlog nog nooit hadden gehoord: Koersk, Vjazma, Brjansk. De Slag om Koersk vorige zomer heeft Joseph nauwgezet gevolgd en iedere overwinning op de fascistische troepen die hij meldde, hoe klein of onbetekenend ook, werd door de bewoners gevierd als een stap op weg naar de bevrijding. Natuurlijk worden op de kaart ook de geallieerde manschappen op Sicilië gemarkeerd, en de overgave in mei 1943 van de Duitse en Italiaanse troepen in Tunesië. Maar het zijn – letterlijk – speldenprikken vergeleken met de bloederige veldslagen in het oosten. Er is sindsdien al zoveel tijd verstreken – en er is nog steeds geen sprake van een tweede front.

Iedere week proberen de Brilleslijpers iets te verzinnen om zichzelf en hun onderduikers moed te geven, zoals een muziekavond of een speurtocht in de tuin. Alles om maar niet weg te zakken in angst, verveling of het ergste scenario: paniek. Met de opera's die Eberhard onder zijn valse naam bij de Amsterdamse Muziekbibliotheek heeft geleend, maken ze nog steeds voorstellingen die in 't Hooge Nest worden gegeven. Eberhard studeert de partituren in, Lien zingt en indien nodig neemt Eberhard nog de bas of tenorpartij voor zijn rekening. Zo voeren ze hun favoriete stukken van Mozart op, de opera's *Le nozze di Figaro* en *Die Zauberflöte*. Maar vooral als ze *Fidelio* spelen – de enige opera van Beethoven, over Leonore, die vermomd als gevangenbewaarder genaamd Fidelio haar echtgenoot Florestan redt uit een politieke gevangenis – is de sfeer in 't Hooge Nest geladen. De bewoners zitten in de woonkamer bij elkaar, op stoelen bij de eettafel, in een van de luie fauteuils of in kleermakerszit op de grond, buiten is het donker en op de piano branden een paar kaarsen. Lien zingt over de strijd voor rechtvaardigheid en de angsten van Florestan in de gevangenis. De ontlading volgt bij het koor van politieke gevangenen, dat een ode aan de vrijheid zingt. 'O wat een plezier, in de open lucht, om weer vrijuit te kunnen ademen! (...) Hoop fluistert zachtjes in mijn oren! We zullen vrij zijn, we zullen vrede vinden.'

Op de eerste mei bereiden ze een speciaal menu voor elkaar. Rooie Puck heeft menukaarten gemaakt met sierlijke bloemen erop en ze hebben maar liefst zeven gangen voorbereid. Het eten is niet veel spannender dan normaal, met vooral aardappelen, wat groenten, vis en een piepklein stukje vlees voor iedereen, maar hun creativiteit vindt andere uitwegen. Zo is er een *salade de prolétariat*, *viande rouge*, *pouding à la Révolution*, en als toetje een *tarte des plongeurs*, een onderduiktaart. Met de grote eettafel vol gejat servies, glazen, kaarsen, menukaarten en in bloemvorm gevouwen wc-papier als servetten, ziet het er in de prachtige voorkamer onder de houten balken uit als een echt restaurant. Na het diner speelt Eberhard piano, de rest zingt of neuriet mee en voor even vergeten ze de chaos die zich buiten de stenen muren van het huis bevindt.

Ze liegen niet tegen zichzelf als ze zeggen dat het heus bijna voorbij is; de ontwikkelingen aan het oostfront zijn positief. Mussolini heeft zich overgegeven en de geallieerden zijn opgerukt tot in Zuid-Italië. Stalin dringt al vanaf 1941 aan op het openen van een tweede front om de druk op het oosten te verlichten, en het kan nu echt niet lang meer duren, dat weten ze zeker. De berichten uit de concentratiekampen zijn inmiddels in heel Europa verspreid en als zij zelfs in de onderduik al zo lang weten wat er gebeurt, dan kan de wereld hen toch niet lang meer aan hun lot overlaten? Janny en Lien hoorden al in 1942 voor het eerst over het bestaan van Auschwitz; dat talloze joden door vergassing werden omgebracht – er waren radioberichten over auto-uitlaatgassen, later over gaskamers. Tienduizenden joden die uit Amsterdam naar Westerbork waren gevoerd, trein voor trein. Vanuit Westerbork vertrokken vervolgens iedere week goederentreinen met wel vijftienhonderd gevangenen naar Auschwitz. Via Radio London hoorden ze ook over kampen in Majdanek, Treblinka en andere Poolse oorden. Afgelopen herfst hadden ze met elkaar eens uitgerekend dat er in een jaar tijd zo toch al zeventigduizend Nederlandse joden moesten zijn gedeporteerd. Het ging hun voorstellingsvermogen te boven, al die achtergelaten huizen, lege scholen en winkels. Al die mensen in de treinen; een reis die, zo hadden ze berekend, zeker een of twee dagen moest duren. In goederenwagons! Ze verzekerden elkaar dat de meesten van de weggevoerden vast in wapenfabrieken waren beland. Zoveel mensen in zo'n korte tijd vermoorden? Dat was onmogelijk, en aan die gedachte klampen ze zich vast.

Ook al praten ze er niet over, alle bewoners in 't Nest weten dat iedere dag dat ze niet worden gered, de dreiging groeit. Van Bert Bochove ontvangen ze berichten over onderduikadressen in de buurt die zijn verraden. Kennelijk is 't Gooi niet zo judenrein als eerst gesteld werd; in Naarden, Bussum, Laren, Blaricum, Huizen en Hilversum worden nog steeds huizen ontmanteld en joden weggevoerd naar Westerbork, de niet-joden naar Vught of Amersfoort.

Zo voelt 't Hooge Nest in het voorjaar van 1944 als een snelkookpan, met te veel mensen onder te hoge druk, die op allerlei manieren uitgangen zoeken om maar wat spanning te laten wegvloeien. Jaap heeft zijn eigen manier gevonden: hij heeft het plan opgevat een tunnel onder het huis aan te leggen die uitkomt in de tuin. In de extra kamer op de begane grond, die aan de achterzijde van het huis ligt, waar de tuin overloopt in het bos, zaagt hij een luik in de zware houten vloer, dat naadloos sluit en weer kan worden afgedekt met het tapijt. Het is de kamer waarin Lien, Eberhard en Kathinka leven; ze slapen en ontbijten er iedere dag met z'n drieën als gezin, om niet altijd in het grote gezelschap te hoeven verkeren.

Zodra de kinderen weg zijn, gaat Jaap aan de slag, iedere dag weer. Om sneller te kunnen werken vraagt hij twee jongens die bij hen ondergedoken zitten hem te helpen. Dag in dag uit graven de jongens het zand onder het huis vandaan en voeren het in emmers af naar de hei, één voor één. Daar moeten ze het ook weer verspreiden, om geen aandacht te trekken. Het is een zware, inspannende klus die maar traag vordert, maar Janny weet dat Jaap pas zal stoppen als hij haar met zijn handen in zijn zij de afgemaakte klus kan presenteren.

~

'Janny, het kan zo niet langer.'

Ze wandelt met Frits Reuter door de duinen, een bries trekt over de heidestruiken en veroorzaakt een paarse golfslag tot aan de horizon. Ze lopen een stukje bergopwaarts terwijl de hitte en het rulle zand aan hun benen trekken. Boven aan de heuvel houden ze stil en ze voelt dat hij haar aanstaart. Hij verwacht een antwoord. Vermoeid wuift ze een pluk haar uit haar gezicht.

'Ik weet het.'

Ze dalen af, zetten zich schrap tegen het zand, en Janny weet dat Frits nu een plan van haar wil horen. Maar ze heeft geen plan. Zoveel mensen in huis, al die gezichten, ieder met zijn eigen verhaal, de verwachtingsvolle ogen die haar aankijken als ze thuiskomt: het is bijna voorbij nu, toch?

Wie van hen kan ze nou vragen te vertrekken? Ze schieten allemaal aan haar geestesoog voorbij: kleine Rooie Puck in haar dienstmeidenpakje met haar grappen. Jetty met haar schalkse blik, die alle jongens het hoofd op hol brengt. Die lieve oude Bram en Loes, altijd samen – ze ziet de verbaasde kop van Bram na het bezoek van de soldaten in de keuken nog voor zich. Ze denkt aan haar gevallen vrienden, aan Gerrit, aan Mik, en al die anderen van wie ze het lot niet kent. Frits had hun direct bij aankomst het nieuws verteld dat ook Janrik van Gilse er niet meer is. Op 28 maart, een halfjaar nadat zijn jongere broer Mik is gefusilleerd, is ook hij door de Sicherheitspolizei doodgeschoten. Er is zoveel gebeurd in zo korte tijd. Soms denkt Janny dat ze elkaar allemaal gewoon weer zullen terugzien na de oorlog, dat ze koffie zullen drinken op de gracht en praten over de toekomst. Het liefst zou ze iedereen blijven opnemen, alle joden die nog niet meegenomen zijn, alle verzetsmensen die nog niet geëxecuteerd zijn, om samen verder te leven op deze plek in het bos.

Ze lopen richting het IJsselmeer en Frits wordt ongeduldig.

'Hoe ga je het aanpakken?'

Janny zucht.

'Ik ben ermee bezig, Frits. Twee mensen hebben we al elders weten onder te brengen. Voor een aantal anderen ben ik aan het rondvragen. Bij Bert en Annie in Huizen, bij Grietje in Blaricum, bij mijn contact in Laren. Amsterdam is geen optie meer, maar er zijn leegstaande huisjes verderop in het bos. En misschien dat die mevrouw van Karel Poons nog een plek weet voor één persoon, misschien twee.'

Ze kijkt opzij, Frits lijkt niet onder de indruk.

'Het komt goed,' zegt Janny. 'Ik weet dat het moet, ik doe mijn best.'

Vanachter de laatste heuvel die hen van het water scheidt klinkt geschater. Lien, Eberhard en Bob zijn met de kinderen al naar het meer, terwijl zij even richting het bos afsloegen om bij te praten. Cor Snel, de vriendin van Frits, is ook bij de anderen. Als ze boven op de heuvel staan zien ze haar, de zon weerkaatst tegen haar blonde haren en ze zwaait uitbundig naar ze. 'Kom!' vormt ze overdreven met haar mond, als een happende vis. Janny lacht en rent de heuvel af.

~

Wanneer ze er al bijna niet meer op durven hopen is het opeens zover: 6 juni 1944. D-day. Het tweede front waarnaar ze zo lang hebben uitgekeken. Radio London seint de eerste twee regels door van het gedicht 'Herfstlied' van Paul Verlaine, de cryptische boodschap waarmee zou worden aangekondigd dat de invasie binnen vierentwintig uur begint:

Les sanglots longs
Des violons
De l'automne
Blessent mon cœur
D'une langueur
Monotone.

En het gebeurt: de Engelsen en Amerikanen landen op de kust van Normandië. In vreselijk slecht weer, met golven die op de steile klippen kapotslaan, laten de stalen landingsboten hun boegklep zakken en braken duizenden soldaten uit in de branding, in de rug gedekt door knallende slagschepen. De voorste linies is verteld dat er met bommen kraters in het strand zullen worden geslagen waarin ze dekking kunnen zoeken, maar duizenden raketten missen door het slechte zicht hun doel en belanden in het water. De jonge mannen moeten onbeschermd een stuk strand van vijfhonderd meter overbruggen. Ze zijn zeeziek van de reis, kletsnat van de landing en met trekkende kisten in het rulle zand en zware bepakking op hun rug zijn ze een halve kilometer lang levende schietschijven voor de Duitse tanks. Vanuit Duits perspectief is het water zwart van de geallieerde marineschepen, maar vanuit de hemel bezien is het strand al snel rood van het bloed. Pas als uren later de zee oprukt en de golven het strand beetje bij beetje veroveren en de dode en zwaargewonde soldaten met zich meenemen, kleurt het zand weer geel.

Er worden zware verliezen geleden, maar de geallieerden dwingen de Duitsers terug en marcheren richting Parijs. Overal in Europa denken onderduikers hetzelfde: het is nu slechts een kwestie van tijd voordat de bevrijding een feit is.

Als het nieuws van de invasie via de radio 't Hooge Nest bereikt, is het alsof een strakgetrokken riem rond hun buik losschiet. Voor het eerst in maanden kunnen de bewoners weer vrij ademen. Ze omhelzen elkaar juichend, staan als verlamd op de plaats of barsten in huilen uit. Lien grijpt haar zus bij de arm en doet een vreugdedansje, maar na een paar passen maakt Janny zich los. Ze loopt naar de chique wijnkast in een hoek van de voorkamer; grijpt een mes van de eettafel, zet het tussen het hout en krikt het ding open. De kast staat vol flessen dure rode wijn met vergeelde etiketten en sierlijke letters; ze pakt er vier, zet ze op tafel en vraagt Jaap in de keuken glazen te halen. Joseph en Fietje wisselen vluchtig een blik, maar halen dan hun schouders op en beginnen met schenken. Ze toosten luidruchtig – 'Mazzeltof!' – snuiven het bouquet op tot ze duizelig worden, nemen kleine slokjes en laten de wijn in hun mond rondgaan. De drank stijgt direct naar hun hoofd en kleurt hun wangen terwijl ze aan de radio gekluisterd blijven zitten.

Terwijl iedereen drinkt en ingespannen luistert, loopt Janny naar het kastje en legt er een briefje in voor de zusters Jansen: na de oorlog zullen ze de drank weer netjes bijvullen. Later zal het haar spijten dat ze toen niet alles hebben opgedronken.

9

De Chinese vaas

Bob en Janny zijn vroeg opgestaan; het huis verkeert nog in diepe rust, uit enkele kamers stijgt slechts wat gedempt gerommel op. In stilte drinken ze in de keuken een kop koffie en eten een korst brood. De zware muren houden de koelte van de nacht nog vast, maar wanneer Janny de keukendeur naar de tuin opent, voelt ze de zachte lucht tegen haar huid. Het wordt weer een warme dag. Ze geven elkaar een zoen; Bob vertrekt naar kantoor en zij heeft een speciale opdracht in Amsterdam.

Robbie gaat met haar mee en huppelt vrolijk aan haar hand, een kind biedt tijdens controles nog altijd een zekere bescherming. Ze nemen de trein van Naarden-Bussum naar Amsterdam en gaan dan eerst naar het bevolkingsregister, waar voor haar een aantal persoonsbewijzen klaarliggen. Haar contacten daar vragen nieuwe, echte pb's aan op naam van mensen die zijn overleden – deze doden worden dus ook niet geregistreerd. Dat komt allemaal wel na de oorlog. Pb's zijn zo moeilijk te vervalsen dat dit de veiligste manier is. Met de pb's in haar beha verstopt vervolgt ze de reis naar het Roelof Hartplein, waar ze een afspraak heeft met haar vriendin Trees Lemaire, die ook nog steeds voor de PBC werkt. Zij zal de documenten van haar overnemen en verder ondergronds verspreiden.

Janny staat met Robbie aan de hand op het plein dat de driesprong Van Baerlestraat, J.M. Coenenstraat en Roelof Hartstraat vastknoopt, en wacht. Ze heeft goed zicht op de straten maar ziet in de verste verte geen vrouw aan komen lopen. Robbie wordt ongeduldig en begint te zeuren en aan haar rok te trekken, en Janny wordt nerveus. Trees is nooit te laat. Niemand van hen is ooit te laat, dat kunnen ze zich niet veroorloven. De seconden kruipen voort maar er gebeurt niets. Er is verder niemand op het plein, ze voelt zich onbeschut. De zon klimt gestaag naar het hoogste punt boven de stad en haar hoofd begint te bonzen onder haar verhitte kruin. De pb's branden op haar borst. Ze tuurt naar de overkant, naar het imposante gebouw dat zich om de hoek heen vouwt, met de vele ramen die allemaal op haar uitkijken, en ze loopt een paar keer heen en weer. Ze denkt terug aan die keer na de huiszoeking in Den Haag, toen iemand de sleutels van de drukkerij wilde en ze zich op het Noordeinde moest melden voor het standbeeld van Willem van Oranje en er achter iedere pilaar moffen klaarstonden.

Robbie begint nu echt te huilen, zijn kreten waaieren uit over het plein, de driesprong in. Janny zou het liefst haar hand over zijn mond drukken, maar in plaats daarvan probeert ze hem te sussen. 'We gaan zo weer met de trein, leuk.' Over zijn hoofd heen turend verkent ze de omgeving. Er zijn zeker tien minuten verstreken, het voelt helemaal fout. Ze rukt aan Robbies hand en zet het op een lopen, weg van het Roelof Hartplein, richting het Concertgebouw.

Ze loopt tot Robbie niet meer tegensputtert en zijn benen maar zo goed mogelijk probeert neer te zetten naast zijn moeder zonder te vallen, haar pijnlijke handklem als houvast. Janny voelt de adem van de Sicherheitspolizei al in haar nek, een hand die zich naar haar schouder uitstrekt om haar aan te tikken. Ze verwacht uit alle zijstraten auto's met loeiende sirenes die haar zullen insluiten en loopt hard door zonder om te kijken, haar borst rijst in gelijk tempo met de pas van haar voeten.

Een gereedstaande tram, ze stappen in, naar het Centraal Station. De stationshal door met Robbie, die met zijn voeten sleept en niets meer zegt. Overal zijn stillen, dat weet ze, normaal doen, rustig, zo meteen wordt ze nog door een mof met een oprisping van moreel besef aangehouden wegens kindermishandeling. Ze stopt even, zakt door de knieën en vouwt haar handen rond Robbies gezicht. 'Alles goed, ja?' Ze geeft hem een kus, komt overeind, blikt om zich heen en wandelt dan zo beheerst mogelijk naar het perron, waar de trein naar Naarden al staat te wachten.

De weilanden trekken aan hen voorbij, Robbie laat een imaginair autootje door de lucht vliegen terwijl zijn voeten hoog boven het vloerzeil bungelen. Haar hartslag dendert nog steeds, de plakkende persoonsbewijzen op haar borst bewegen mee. Ze luistert naar de trage treincadans en probeert op de maat mee te ademen. Zou Trees gepakt zijn? En als ze haar verhoren, zou ze dan doorslaan? Alles vertellen, ook over 't Hooge Nest? Nee, dat gelooft Janny niet. Trees zou nog eerder haar tong afbijten. Maar toch, er waren ook anderen die... Een obstakel in haar buik blokkeert haar ademhaling, een gebalde vuist net onder haar middenrif. Station Weesp, eruit, ze moet ook nog boodschappen doen.

Robbie huppelt aan haar hand, hij lijkt alles alweer vergeten. Naar de boer voor een grote zak tarwe. Met de koffiemolen malen ze het tot meel voor brood. Het is nog vroeg op de dag, maar als ze met twee zware tassen terugloopt naar station Weesp voelt Janny haar voetzolen branden. Nog een paar minuten in de trein naar Naarden, de wagons zijn bijna uitgestorven en terwijl de trein vaart maakt is haar ademhaling weer rustig. Niemand is hen gevolgd en alternatieve scenario's winnen het van het eerdere doemdenken. Trees heeft zich gewoon verslapen. Of ze heeft de tijd verkeerd doorgekregen. Of de locatie. Het is Janny ook weleens overkomen. De pb's verspreidt ze wel weer op een andere manier. Ze leunt met haar achterhoofd tegen de bank en zucht.

Op station Naarden-Bussum maakt de tram net aanstalten te vertrekken, Robbie rent vooruit en Janny volgt moeizaam met de ballast. Ze halen de tram – een klein geluk. Soms wandelen ze naar huis, over de hei, maar niet vandaag, met al die boodschappen.

Op de Ericaweg eruit, nog tien minuten lopen over het onverharde pad dat steeds verder door de natuur wordt versmald en uitkomt bij 't Hooge Nest, net voorbij de bosrand. De tassen trekken nu zo hard aan haar armen dat ze bijna over de grond slepen. Ze stopt om de paar passen. De zon staat hoog aan de hemel, de hei zuigt het laatste water diep uit de grond maar de uiteinden van de struiken knisperen al als verschroeid stro. Bijna thuis. Janny voelt de spanning van die ochtend van zich afglijden, laat de boodschappen weer op de grond zakken en veegt het zweet van haar voorhoofd. Robbie rent een stukje vooruit, stopt, draait zich om en wacht op zijn moeder.

'Ga jij maar vast,' roept Janny, 'en vraag of iemand me even komt helpen dragen. Ik wacht hier.'

En weg is hij. Ze lacht als ze hem ziet rennen alsof ze niet al een hele ochtend achter de rug hebben. Het jongetje stuift het laatste stuk van het pad af en verdwijnt het bos in, uit haar zicht.

Janny zakt neer op de zak tarwe en wacht in de hitte. Het duurt lang. Te lang. Nog vijf minuten. Ze parkeert de tassen achter een paar jonge eikenbomen met een muurtje van struiken tussen hun slanke basten, vist de persoonsbewijzen uit haar beha en verstopt ze onder de boodschappen. Ze ziet dat haar handen hevig trillen.

Met snelle stappen volgt ze het pad en dan begint ze te rennen, droge zandkluiten vertragen haar pas en ze verzwikt haar enkel maar ze haast zich verder. Alle vermoeidheid is verdwenen. Daar is de bosrand. Geen teken van Robbie. Het schelpenpad knispert onder haar voeten, het huis verschijnt tussen de bomen en haar blik schiet onmiddellijk omhoog, naar de luiken aan weerszijden van het rechterraam op de eerste verdieping, vlak boven het naambord van het huis. De grote Chinese vaas is weg. Haar knieën zakken onder haar vandaan en haar hand zoekt naar houvast dat er niet is. Een gedachte flitst door haar hoofd: als ze zich nú omdraait en wegrent, het bos in, maakt ze een kans.

Liselotte. Robbie.

In trance opent ze het hek en gaat het pad af naar de achterkant van het huis, waar de voordeur is. De grond onder haar voeten golft alsof ze over dik schuimrubber loopt, ze moet reuzenpassen nemen om vooruit te komen. Ze merkt nu pas hoe stil het is. Alle deuren en ramen zijn dicht. Geen mensen in de tuin, geen muziek, geen gezaag uit de schuur. Zelfs het oorverdovende getjilp van de vogels is verstomd. Het huis staat onaangedaan op de heuvel, maar het voelt alsof alle leven eruit is gestroomd.

Ze staat voor de dieprode voordeur met het vierkante kijkraam, met de kleine, witte tralies ervoor. Nog één keer kijkt ze achterom, speurt de stralend blauwe hemel af. De torenvalk is er niet. Dan belt ze aan.

~

De deur vliegt open, een man met opgeschoren haar en priemende ogen staat breed in de opening. Het is Eddy Moesbergen, een van de meest succesvolle Jodenjagers van de Colonne Henneicke. Die is in oktober 1943 opgedoekt toen Amsterdam judenrein werd verklaard, en Moesbergen is nu in dienst bij de Amsterdamse politie die voor de SD werkt. Daar heeft hij op eigen initiatief en tegen het dubbele tarief van vijftien gulden per jood de jacht voortgezet. Een van zijn informanten is een pensionhoudster uit Amsterdam die hij in het verleden heeft gearresteerd omdat zij zelf joden onderdak bood; sinds haar vrijlating dreigt Moesbergen haar met een enkeltje concentratiekamp als ze hem geen informatie geeft. Een dag eerder, op 9 juli, heeft ze hem ten einde raad een verfrommeld briefje gegeven met daarop 'Bos, Huize 't Hooge Nest, Driftweg 2, Naarden'. Een anonieme joodse verzetswerker had het haar al in september 1943 op een terras in Amsterdam toegespeeld, als mogelijk toevluchtsoord voor mensen in nood, maar ze had er nooit gebruik van gemaakt. Moesbergen had het briefje in ontvangst genomen en was deze ochtend met twee collega-SD'ers, Harm Krikke en Willem Punt, naar het politiebureau van Huizen afgereisd, had daar twee agenten in burger meegevraagd en was een kijkje gaan nemen op het adres. Tot zijn verbijstering ontdekte hij in het afgelegen landhuis een hele groep ondergedoken joden, en nu belt er zelfs een bij hem aan.

Janny staart Moesbergen aan en ziet in een flits achter hem in de hal Robbie staan, zijn gezicht vertrokken van angst. Voor ze naar haar zoon kan roepen grijpt de man haar arm, trekt haar hardhandig naar binnen en schreeuwt in haar gezicht: 'Wie ben jij!'

Janny is zo verbouwereerd dat ze antwoordt: 'Mag ik eerst even weten wie ú dan bent?'

De man haalt uit en slaat haar een paar keer met zijn vlakke hand vol in het gezicht. Robbie begint te gillen: 'Mama, mama!' Janny wankelt, de muren draaien maar ze blijft overeind. Moesbergen sleurt haar mee naar de woonkamer, Robbie grijpt onderweg haar been. De deur gaat open en daar zitten ze op de houten vloer. Wanneer ze Janny met Robbie zien, happen ze naar adem. Ook zij! Ze hadden gehoopt dat de verdwenen vaas zijn werk zou doen. Ze zijn er allemaal. Lien en Eberhard met Kathinka. Jaap. Rooie Puck met in haar schoot Liselotte – *godzijdank*. Jetty. Simon. Loes en Bram, met een striem dwars over zijn nek. Nee, ze zijn er niet allemaal. Janny telt razendsnel. Er ontbreken er vier: vader, moeder, Rita, Willi.

Als ze het verwrongen gezicht van haar jongere zus ziet, aan één kant rood van de klappen, slaat Lien met een luide snik haar hand voor haar mond. Eberhard drukt haar tegen zich aan. Bram Teixeira de Mattos kijkt indringend naar Janny en schudt zachtjes zijn hoofd. 'Het is niet jouw schuld,' lipleest ze, voordat een andere man hem tegen de grond slaat.

'Niet praten!'

Ook Janny wordt op de grond gesmeten en Robbie vlijt zich snel tegen haar aan. Ze gaat in kleermakerszit zitten en knikt geruststellend naar Liselotte en Puck, die haar met trillende onderlip en grote ogen aanstaart, haar armen stijf om het kleine meisje heen geslagen. Overal in huis klinken zware voetstappen, op de trappen en in de kamers, terwijl SD'ers en lokale politieagenten in burger met geweld alles overhoophalen. De lampen boven de eettafel trillen. Zwijgend kijken ze ernaar en slaan dan snel de ogen neer. Bij hen is een SD'er op wacht gezet, de Amsterdamse rechercheur Punt, en na de gemene klap tegen het hoofd van Bram willen ze hem niet uitdagen. Door het luik naar de keuken horen ze hoe Moesbergen met een andere collega hun voorraad opvreet. Ze roepen naar de agenten boven, gooien iemand iets te eten toe, smakken luidruchtig, lachen en zetten hun zoektocht in het huis voort. Er worden obscene en dreigende teksten geschreeuwd om eventuele overige onderduikers uit hun schuilplaatsen te verjagen. Janny sluit haar ogen en denkt aan vader en moeder, die onder hun luik liggen zonder te weten wat er gebeurt en wie er al gepakt zijn. Ze strijkt met haar vingertoppen langs haar wang, die langzaam opzwelt.

Terwijl ze op de grond zit en rustig probeert te blijven, luistert ze naar het rumoer van de mannen en herhaalt hun namen als een mantra in haar hoofd:

Moesbergen
Krikke
Punt
Hiemstra
Boellaard

~

Hadden ze op enig moment gedacht dat ze onaantastbaar waren? Dat de heuvel waarop 't Hooge Nest lag zich binnen een eigen dampkring bevond, waardoor de razzia's er steeds weer omheentrokken en de autoriteiten eroverheen keken? Nee, ze leefden niet in een fantasiewereld. Hun waakzaamheid was op geen enkel moment verslapt en ze waren zich bewust van de risico's van hun daden; enkele dagen eerder hadden ze nog een oefening gehouden, met de noodknop en de luiken. Iedereen had hen gewaarschuwd dat het gekkenwerk was: joden die een onderduikhuis voor joden runnen. Bert en Annie Bochove uit het dorp. Mik, iedere keer dat ze hem zagen. Frits en Cor, Jan en Aleid, Karel Poons, Leo Fuks en talloze anderen. Maar voor Janny en Lien stond steeds buiten kijf: niet alleen zouden zij en hun gezinnen het overleven, ze zouden ook zo veel mogelijk anderen helpen. Ze hadden gedaan wat ze moesten doen, wat ze kónden doen.

Toen het aantal onderduikers te groot werd en de toestroom van verzetslieden bij 't Hooge Nest de spuigaten uitliep, hadden ze wel degelijk maatregelen getroffen. Er waren mensen naar andere locaties verhuisd, ze hadden geen logés meer die ze niet kenden en er was een heel veiligheidsprotocol voor de ondergrondse contacten die naar het huis kwamen. Ze hadden een geheim alarm, verstopplekken voor iedere bewoner, een ondergrondse gang, een netwerk van informanten bij de autoriteiten. De vaas voor het raam was een prima signaal om mensen van veraf te waarschuwen voor onraad. Maar tegen verraad konden ze zich niet wapenen.

Lien en Eberhard hadden met Kathinka aan het ontbijt gezeten in hun kamer, beneden aan de boszijde, toen ze buiten opeens kabaal hoorden. Het was even voor negen uur, Bob en Janny waren al vertrokken en de rest van het huis was nog aan het ontwaken; de meesten bleven altijd nog even op hun kamer om wat rust te hebben voordat ze het rumoer van de dag in gingen. Verstijfd keken ze elkaar aan, en vanuit hun ooghoeken zagen ze het beeld dat hen zo vaak in nachtmerries had opgejaagd: er liepen vreemde mannen over het terrein.

Eberhard kwam onmiddellijk in actie. Hij rolde het tapijt op, opende het luik en tilde de kist met verboden waar in het ondergrondse hol: illegale kranten, Jiddische liedteksten, pamfletten van het verzet, boeken over de joodse cultuur die Lien met Leo Fuks bestudeerde, en nog veel meer. Kathinka keek verbaasd toe en Lien fluisterde gehaast: 'Niemand hierover vertellen, liefje!' Luik dicht, tapijt erover, tafel en stoelen erop. Gebons op de voordeur.

'Doe open!'

Eberhard kneep Lien in haar hand en opende de deur van hun kamer naar de hal. Hij liep naar de voordeur, drukte op de noodknop en bad dat iedereen boven wakker was en zou reageren, zoals ze zo vaak hadden geoefend. Terwijl het gebons en geschreeuw aanhielden opende hij met veel gehannes en enkele seconden vertraging de voordeur. Zodra het laatste slot eraf was kwam er een man naar binnen gestormd, zijn gezicht rood en woest als dat van een stier.

'Sicherheitsdienst!'

In zijn voetspoor volgde een tweede man, en achter hen zag Eberhard er nog drie in de tuin staan, ze speurden geconcentreerd om zich heen. Juist het feit dat ze allemaal normale kleding droegen joeg hem angst aan; op de een of andere manier vond hij mannen in uniformen minder dreigend, alsof hun taak iets opgelegds was dat ze ook weer konden afleggen. De mannen spraken Nederlands.

'Waar zitten ze!' schreeuwde de aanvoerder van het stel in Eberhards gezicht, een fonteintje aan speeksel begeleidde zijn woorden. Eberhard keek verbaasd. Lien probeerde zich klein te maken, drukte haar rug in de muur van de hal terwijl ze Kathinka met haar gezicht tegen zich aanduwde.

'Wie?' vroeg Eberhard.

'Naar de voorkamer jullie!'

De man liep terug naar de voordeur, boog zich door de deuropening naar buiten en gebaarde naar de mannen op wacht. In de hal kregen ze hun orders.

'Punt: bewaak die drie. Hiemstra: kom met mij mee.'

En weg was hij, de trap op. Hiemstra, een fragiel ogende man met koude ogen en een bleke vissenhuid, rende hem met grote passen achterna. De SD'er die al binnen was, doorzocht de benedenverdieping.

Ze zaten met z'n drieën in de voorkamer, Eberhard, Lien en Kathinka, met SD'er Punt als bewaker bij hen, en wachtten in spanning af wat de mannen boven aantroffen. Als eersten werden Puck en Liselotte de kamer binnengebracht, het kleine meisje had koorts en kroop als een poesje weg op Pucks schoot. De mannen joegen door.

'Ik zou toch zweren dat ik hier een jongen bij het raam heb zien staan net, toen we buiten waren,' hoorden ze door het houten plafond boven hen iemand zeggen.

Lien hield haar adem in – dat moest Willi zijn geweest. Toen hij de alarmlichten zag aanflitsen, had hij vast even naar buiten gespiekt, nieuwsgierig naar wat er aan de hand was. Ze hadden elkaar nog zo op het hart gedrukt dat nooit te doen. Alarm betekende: verstoppen, nú!

Moesbergen kwam af en toe beneden om tegen hen te schreeuwen, en haalde hen een voor een uit de kamer om ze met bedreigingen aan het praten te krijgen – maar ze hielden hun mond, en vooralsnog ontdekten de mannen verder niemand in het huis. Lien was blij dat in ieder geval Bob, Janny en Robbie niet thuis waren, en opeens schoot haar het afgesproken teken te binnen. De vaas op de vensterbank op de eerste verdieping moest weg! Ze wist niet wat Janny te doen had vandaag, dat vertelden ze elkaar bewust niet, of hoe laat ze terug zou komen. Misschien was ze al onderweg naar huis. Toen Punt even de kamer verliet, fluisterde ze in Kathinka's oor: 'Ren naar boven, naar de grote voorkamer. Ik volg je. Nu!'

Ze gaf het kind een zet en Kathinka rende de hal in, de trap op, de kamer aan de voorzijde binnen, met haar moeder op de hielen. De SD'ers begonnen te schreeuwen, naar haar en naar elkaar, terwijl Lien een duikvlucht naar haar dochter veinsde en met een grote zwaai van haar arm de vaas van de vensterbank af maaide. Het oorverdovende gekletter van de scherven die op de vloer uiteenspatten werd overstemd door het gebrul van Moesbergen tegen zijn mannen. Kathinka had geen idee wat er allemaal gebeurde en barstte in huilen uit, terwijl Lien haar snel in de armen sloot.

Agent Hiemstra duwde hen voor zich uit de trap af en droeg ze weer over aan Punt, die bedremmeld keek. Over het hoofd van een snikkende Kathinka heen schonk Lien Eberhard even een triomfantelijke blik. De vaas was weg.

'Jullie krijgen een laatste kans: waar is de rest?'

Lien staarde naar het gezicht van Moesbergen, in zijn nek zwol een verticale ader op, op zijn voorhoofd een horizontale. Hij boog zich naar Lien toe.

'Ik weet dat hier meer mensen ondergedoken zitten. Waar zijn ze!'

Lien schrok en trok wit weg. Hadden ze hen in de gaten gehouden? Wisten ze al die tijd dat ze hier zaten? Dan waren ze verloren. Een van hun contacten in het verzet moest gepakt zijn en zijn doorgeslagen. Of misschien was het wel een van hun voormalige onderduikers geweest. Het was bekend dat bijna niemand de martelingen kon verdragen; je kon het ze niet kwalijk nemen. Maar wie was het in godsnaam?

'Ik heb geen idee waarover u het hebt,' antwoordde ze rustig.

Bij Eberhard en Puck ving hij ook bot, maar toen Moesbergen Kathinka uit de kamer haalde, sloeg de paniek toe. Na vijf minuten kwam het meisje terug de kamer in en zei trots: 'Hij bood me chocola, maar ik heb nee gezegd. Ik heb niks gezegd, mama, alleen maar dat hij een hele slechte meneer is.' Lien drukte haar tegen zich aan.

Nadat er nog een uur was verstreken hoorden ze gestommel op de trap. De deur zwaaide open en Bram en Loes Teixeira de Mattos werden naar binnen gegooid, hun ogen dof en hun schouders gebogen. Moesbergen staarde even naar het groepje dat zich voor hem op de grond had verzameld, beval Bram weer op te staan en mee te komen. Moeizaam kwam de oude man overeind en volgde hem de gang in. Door de gesloten deur heen konden ze alles horen.

'Dus jij bent een jood?' Moesbergen schreeuwde alsof hij een menigte moest overstemmen.

'Nee, meneer,' hoorden ze Bram antwoorden, zijn toch al zachte stem gedempt door de dikke muren. Loes begon te huilen, voorovergebogen en met haar gezicht in haar handen.

'We hebben hier een jood die niet weet dat hij een jood is!'

Gelach. Daarna hoorden ze gestommel in de hal, rare geluiden, schuivende meubels of een schermutseling, en ze staarden allemaal met van spanning vertrokken gezichten naar de deur.

'Ben je nu nog steeds geen jood? Moet ik soms een jood van je maken?'

Met ieder woord van Moesbergen kromp de groep in de voorkamer ineen. Opeens vloog de deur open en Bram strompelde naar binnen. Hij had zijn handen rond zijn keel geklemd, zijn ogen waren bloeddoorlopen en hij ademde zwaar. Met moeite nam hij weer plaats op de grond naast Loes, die zich over haar man wilde buigen, maar hij deinsde terug en staarde naar de vloer terwijl hij met open mond naar adem hapte. Hierna zei niemand meer iets.

Nog een uur later: Jaap, Jetty en Simon.

'Kijk!' schmierde Moesbergen met een glimlach terwijl hij ze voor zich uit de kamer in duwde. 'De volgende hebben we al te pakken. Jullie verdwijnen allemaal in de gevangenis.' Ze hadden de lambrisering van de houten vloer gesloopt en hun verstopplekken ontdekt.

Tegen een uur of twee 's middags volgde de mokerslag: Janny en kleine Rob. De gebroken vaas had hun noodlot niet afgewend.

~

Als ze een tijdje in de voorkamer op de grond hebben gezeten en het erop lijkt dat ze de rest van de onderduikers niet kunnen vinden, kan Janny weer rustig nadenken. De paniek van eerder die dag is verdwenen, ze is ijzig kalm. Er zijn een paar dingen die nu moeten gebeuren. Bob moet worden gewaarschuwd op zijn werk. De onderduikers die nog niet zijn ontdekt moeten op hun verstopplek blijven. En de kinderen moeten hier weg. Ze kijkt Lien strak aan en weet dat zij hetzelfde denkt. Het moment dat ze al die tijd voor zich uit hebben kunnen schuiven is nu toch aangebroken: ze moeten afscheid van de kinderen nemen.

‘Meneer,’ begint Janny rustig tegen Punt, ‘mijn dochtertje heeft hoge koorts.’ Ze wijst naar Liselotte, die tegen Puck aan hangt, twee hoogrode konen naast lodderige ogen, als een clowntje. Hij haalt zijn schouders op en kijkt haar vragend aan.

‘Ze moet naar een arts. De gevangenis overleeft ze niet.’

Punt wendt zijn blik af en staart naar buiten, de boodschap is niet aan hem besteed. Janny kijkt Lien aan en knikt.

‘Niet schrikken,’ fluistert Lien Kathinka in haar oor, en begint dan als een speenvarken te gillen. Kathinka springt weg van haar moeder, die achterover op de vloer met haar armen wild om zich heen maait, haar hoofd schiet van links naar rechts terwijl ze blijft schreeuwen. Iedereen in de kamer schrikt ervan, inclusief Punt, die kijkt alsof hij een geest ziet. Hij zet zich schrap alsof hij wil uithalen maar niet weet naar wie.

‘Niet de kinderen! Niet de kinderen!’

Lien gilt en krijst. Ze veinst de aanval, maar de wanhoop is echt. Ze spuugt en kwijlt en rolt over de vloer, Punt moet opzijspringen en roept dat ze moet stoppen, maar Lien zet nog een tandje bij.

‘Neem mij! Maar niet de kinderen, alsjeblieft niet de kinderen.’

Bij Janny springen nu ook de tranen in de ogen. De rest kijkt onthutst toe, snapt dat het een truc is maar voelt ook wat hier op het spel staat.

‘Hou op, mens! Waarheen moeten die kinderen dan? Stop daarmee!’ Punt kijkt naar de deur, bang dat Moesbergen binnenkomt en weer moet constateren dat hij de situatie niet aankan.

‘Ze kunnen naar de huisarts,’ zegt Janny kalm vanuit de hoek van de kamer.

Punt draait zich om. ‘Wat?’

‘Er is een huisarts hier heel dichtbij; hij wil de kinderen vast opnemen. Alstublieft. Ik kan hem nu bellen.’

Lien kermt als een gewond dier en blijft prevelen, *niet de kinderen*. Punt vreest ieder moment een nieuwe uitbarsting. Hij knikt kort naar Janny, maar dan komt Moesbergen binnen. Hij geeft Punt het bevel de hele groep, op het oude echtpaar Teixeira de Mattos na, naar het politiebureau van Huizen over te brengen. Niemand weet waarom Bram en Loes niet meegaan – misschien omdat ze zo slecht ter been zijn, misschien omdat ze denken meer informatie uit deze kwetsbare mensen te kunnen krijgen. De twee lokale agenten die de SD'ers de hele dag hebben geholpen, Hiemstra en Boellaard, zullen Punt escorteren.

'Ga. Nu.'

Ze worden voor de drie mannen uit naar buiten gejaagd en voor 't Hooge Nest opgelijnd. Het wordt steeds duidelijker dat de ontdekking een complete verrassing voor de mannen is; er is niets geregeld – geen vervoer, geen ondersteuning, geen plan.

Te voet gaat het gezelschap richting Huizen, maar onderweg blijven Lien en Janny op de SD'er inpraten: de kinderen zijn halfjoden – breng ze naar de huisarts en neem ons mee. Als blijkt dat we niet de waarheid spreken, kun je ze alsnog ophalen. De dokter woont hier om de hoek, kijk, we zijn er al bijna: daar woont hij. Toe, alstublieft. Punt zwicht. Hij stuurt de ene agent door naar het bureau met de rest van de arrestanten en vraagt de andere agent met hem mee naar de huisarts te gaan. Ze slaan af richting de Nieuwe Bussummerweg, naar het huis van dokter Van den Berg, en bellen aan.

De dokter doet open en schrikt als hij de twee vrouwen ziet die met krijtwit gezicht voor zijn deur staan. Het zijn mevrouw Brandes en mevrouw Bos, met hun drie kleine kinderen tegen zich aangedrukt; hij heeft ze weleens geholpen, weet dat beide vrouwen joods zijn en in 't Hooge Nest onderduikers verbergen. Achter hen staan twee mannen. Punt stelt zich voor als van de Sicherheitsdienst, zijn collega is van de politie Huizen. Of ze mogen binnenkomen. Voor de arts kan antwoorden staan de heren al in zijn huis.

Vanaf dat moment gaat alles snel. De dokter en zijn vrouw zijn bereid de kinderen tijdelijk op te nemen. Punt gebiedt ze de kinderen te allen tijde beschikbaar te houden voor de SD: voorlopig onderzoek wijst uit dat de moeders met ariërs zijn getrouwd, dus de kinderen lijken geen vol-joden te zijn. Mocht dat toch het geval zijn, dan zullen ze alsnog worden opgehaald en op transport gezet.

Robbie is bijna vijf en snapt ineens wat er staat te gebeuren. Hij kijkt van de vreemde mannen naar zijn moeder, drukt zijn vingers stevig in haar vlees en wil het op een huilen zetten. Janny zakt op haar knieën en vouwt haar handen rond zijn gezicht. Ze drukt haar neus tegen de zijne, kijkt hem recht in de ogen en fluistert: 'Wees niet bang. Ik kom terug, ik beloof het. Pappie komt jullie halen, en zeg dan tegen pappie dat ik bij jullie terugkom. Oké?'

Zijn lijfje trilt en zijn ogen zijn groot, maar Robbie knikt zachtjes en laat zijn moeder een laatste kus op zijn snotlippen drukken. Janny geeft hem een zetje en de politieagent neemt hem over. Dan pakt ze Liselotte in haar armen, die nog steeds gloeit van de koorts. Lien doet hetzelfde met Kathinka. De meisjes zijn allebei bijna drie en huilen zachtjes; ze snappen het niet, maar voelen aan alles dat er iets vreselijks staat te gebeuren.

'Wees lief, blijf rustig, alles komt goed,' fluistert Lien in het haar van Kathinka. Janny drukt Liselotte een laatste keer tegen zich aan en dan neemt de huisarts de drie kinderen mee de woonkamer in.

Het is doodstil als de voordeur achter ze dicht is gegaan. Janny en Lien lopen het pad af richting de straat en kijken nog één keer om. De drie kleintjes verschijnen voor het raam, ze zwaaien niet. Dan een duw in hun rug en ze zijn weg.

10

De kogel

De SD had inderdaad niet zo'n grote vangst verwacht; er zijn bijna geen joden meer in het land te vinden. Eén jood, misschien twee, dachten ze, maar de kinderen niet meegerekend zijn het er maar liefst acht: Janny, Lien, Jaap, Bram, Loes, Jetty, Simon, Puck. En dan nog die Duitse deserteur, de landverrader. Zelfs Moesbergen heeft niet vaak zo'n waardevolle ontdekking gedaan.

Op Bram en Loes na worden ze allemaal ingesloten op het politiebureau van Huizen. Punt keert onmiddellijk terug naar 't Hooge Nest om zijn achtergebleven collega's, Moesbergen en Krikke, te helpen met zoeken. Ze weten zeker dat er nog meer mensen verstopt zijn in de bosvilla, met al die vakkundig gebouwde schuilplaatsen. Ze slopen vloeren en muren, trekken tapijt los, schreeuwen obsceniteiten om eventuele onderduikers uit hun schuilplekken te jagen en slaan met hamers tegen de muren. Maar het blijft muisstil, de stenen van 't Hooge Nest praten niet. Ze dreigen met hun geweren het hele huis te doorzeven, doen net alsof ze het opgeven, trekken de voordeur achter zich dicht en sluipen dan weer terug naar binnen, maar: niets. Het maakt ze woedend. Er móéten er meer zijn, ze hebben de matrassen op de kamers en de tandenborstels bij de wasbakken geteld.

Ondertussen moet de groep van negen op een of andere manier naar het hoofdkwartier van de Sicherheitsdienst aan de Euterpestraat in Amsterdam worden vervoerd voor verhoor, maar hoe? Omdat er niets is voorbereid, zijn er geen politiebusjes beschikbaar in Naarden of Huizen. De SD'ers bellen rond of er ergens in de buurt busjes te huur zijn – tevergeefs. Ze bespreken of ze de groep met de trein naar Amsterdam kunnen brengen – te gevaarlijk. Uiteindelijk moeten ze wachten tot er iemand van de SD met een busje uit Amsterdam komt.

Janny heeft intussen op een briefje het telefoonnummer van Bobs kantoor gekrabbeld en wacht tot ze het de juiste persoon kan toespelen. Uit ervaring weet ze dat er goed volk bij de politie van Huizen zit; agenten die op cruciale momenten een oogje dichtknijpen, of zelfs informatie doorspelen aan lokale onderduikers en het verzet. Ze stopt het in de hand van een van de agenten die er al de hele dag bij is. 'Alsjeblieft opbellen: níét naar huis komen!' Ze zegt het amper hoorbaar, tussen haar tanden door. De agent maakt een vuist om het papier en zegt niets. Op hoop van zegen.

Pas laat in de middag arriveert de bus die de SD uit Amsterdam heeft laten komen en vertrekken ze van het politiebureau. Onderweg pikken ze Bram en Loes bij 't Hooge Nest op, het echtpaar ziet er grauw en breekbaar uit. Ze weten niet wat er in de tussentijd met ze is gebeurd, maar de laatste vier onderduikers – Joseph, Fietje, Willi en Rita – zijn blijkbaar verraden noch ontdekt.

Op de weg naar Amsterdam zijn ze allemaal stil; ze zijn bang dat ieder woord dat ze uitspreken misschien een van de anderen verraadt. Lien en Janny kunnen elkaar bijna niet aankijken, verslagen door het afscheid van de kinderen en misselijk van de zorgen over vader en moeder, onder hun luik.

Zodra ze Amsterdam binnenrijden veren ze op. Voor iedereen, behalve Janny en Eberhard, is het de eerste keer in lange tijd dat ze hier zijn. Via de Weesperzijde komen ze de stad binnen, ze rijden richting Zuid, waar het hoofdkwartier zich bevindt. De sfeer in de stad is lamgeslagen. Geen vertier op straat, veel soldaten, politieagenten. Zelfs aan het einde van deze stralende zomerdag, een moment waarop de binnenstad normaal zou ontploffen van lawaai en bedrijvigheid, lijkt er een wolk boven de mensen en de huizen te hangen. De brug over en verder over de Amstellaan, ze kruisen de Rijnstraat, passeren het markante gebouw aan de Apollolaan dat ze altijd De Toren van de Arbeid noemden. Een stalen skelet met een harnas van glas, de trotse wolkenkrabber van de Rijksverzekeringsbank. Nog maar een paar jaar geleden hadden de zussen met open mond staan kijken naar de glazenwassersgondel die aan de buitenkant hing: de allereerste van Nederland. Doodeng hadden ze het gevonden, maar de glazenwasser had vrolijk naar beneden gezwaaid. Op het dak van het gebouw prijken nu zoeklichten en luchtafweergeschut van de Wehrmacht. In 't Hooge Nest was de bezetting vooral voelbaar, hier is de bezetting overal zichtbaar.

Dan: de Euterpestraat, het oude schoolgebouw.

'Eruit!'

Van de bus via de centrale hal naar een donkere kelder. Smalle, houten stapelbedden tegen de muur. De deur slaat dicht terwijl ze tegen elkaar aangedrukt staan, als in een rij voor het postkantoor. Vochtige duisternis, een enkel peertje aan het plafond. Ze gaan op de tast zitten op de koude vloer, voelen de aanwezigheid van andere mensen in de ruimte. Niemand spreekt.

Diezelfde avond nog worden ze met een politiebusje naar het modernere gebouw aan de Marnixstraat gebracht. Na een rusteloze, angstige nacht worden ze de volgende ochtend weer terug naar de kelder aan de Euterpestraat gebracht. De verhoorbunker. Met elkaar hebben ze vluchtmogelijkheden besproken, maar de ss-bewakers wijken niet van hun zijde. Een voor een worden ze uit de kelder gehaald. ss-Sturmbannführer Willi Lages, het Duitse hoofd van de SD in de regio Noord-Holland, is een bedreven martelaar en is betrokken geweest bij meerdere executies. Beloftes, chantage, obsceniteiten: alles wordt uit de kast getrokken maar ze houden allemaal hun mond. Er wordt gedreigd de kinderen op te halen om ze aan het praten te krijgen; Janny en Lien weten niet of ze dan nog kunnen zwijgen. Vooral Lien is doodsbenauwd dat ze erachter komen dat zij en Eberhard helemaal niet getrouwd zijn en Kathinka dus officieel een vol-joods kind is: reden voor deportatie.

Als ze 's avonds terugkomen in de Marnixstraat, blijken Bram en Loes Teixeira de Mattos te zijn weggevoerd, naar kamp Westerbork. Janny en Lien lopen terneergeslagen door de gangen richting het cellencomplex en willen dan hun ogen niet geloven: aan het einde van de hal staan Fietje en Joseph. Oud, broos. Een hand op een arm, blikken die elkaar kruisen, net lang genoeg om elkaars verslagenheid op te vangen. Vader heeft zijn arm beschermend om moeder heen geslagen, hoewel ook hij weet dat dat niet voldoende zal zijn.

'We hebben het zo lang mogelijk volgehouden,' fluistert vader verontschuldigend. Hij slaat zijn ogen neer. 'Ze hebben de anderen ook ontdekt. En de documenten van Eberhard.'

Doorlopen, naar de cel. Lien wankelt, ze zoekt Janny's ogen: nu is het afgelopen. Eberhard had zijn Duitse papieren, waaronder zijn originele persoonsbewijs, in een loden kistje achter in de tuin begraven zodra ze in 't Hooge Nest kwamen wonen. Na D-day hadden ze, optimistisch als ze waren, het doosje opgegraven, om te zien of de documenten nog in goede staat verkeerden. Maar ze waren nat en kromgetrokken. In een van de slaapkamers zat een open haard die ze niet gebruikten; daarin had hij de papieren uitgestald om te laten drogen. Hij had het voornemen ze op een later tijdstip beter te verpakken en weer in de tuin te begraven. Nu kennen ze zijn ware identiteit. Jean-Jacques Bos had nog een kans. Eberhard Rebling zal hangen.

Op het SD-hoofdkwartier zijn ze intussen verguld met de vangst: zestien onderduikers, onder wie twee kinderen die voorlopig met rust worden gelaten; *Mischlinge* hoeven niet op transport. Bij het derde kind ligt dat anders. Omdat ze de papieren van de Duitser hebben gevonden, weten ze nu ook dat hij niet met de jodin getrouwd is; hun kind is vol-joods. Moesbergen is blij met dat nieuws en heeft dokter Van den Berg bevolen het kind zo spoedig mogelijk en hoogstpersoonlijk op het bureau van de SD aan het Adama van Scheltemaplein af te leveren.

Van de groep volwassenen wordt iedereen, op Janny, Lien en Eberhard na, op de derde dag naar het Huis van Bewaring aan de Weteringschans gebracht. Het is hetzelfde Huis van Bewaring waarop hun vriend Gerrit van der Veen, Miks kompaan bij *De Vrije Kunstenaar*, enkele maanden eerder een aanslag heeft gepleegd in de hoop andere verzetsvrienden te bevrijden. De aanslag op het Amsterdamse bevolkingsregister een jaar daarvoor, in maart 1943, was maar deels gelukt, maar het weerhield hem er niet van het nog eens in het hol van de leeuw te proberen. In mei 1944 bestormde hij de Weteringschans, werd in zijn rug geschoten maar ontkwam. Enkele weken later werd hij alsnog opgepakt en in juni in de duinen bij Overveen geëxecuteerd. De Brilleslijpers en hun groep onderduikers zijn niet op de hoogte van dit laatste nieuws. Maar op het moment dat zij op de Weteringschans verblijven, zijn dus al twee van de drie oprichters van *De Vrije Kunstenaar* dood: Mik van Gilse en Gerrit van der Veen. De derde partner, de vader van Mik, componist Jan van Gilse, bezwijkt enkele maanden later aan een slechte gezondheid, waarmee het licht van *De Vrije Kunstenaar* als boegbeeld van het kunstenaarsverzet voorgoed is gedoofd.

De nacht van 12 juli brengen Lien en Eberhard met z'n tweeën in één cel door. Het is hun laatste nacht samen. Zwijgend houden ze elkaar vast, bereiden zich voor op het afscheid, denken aan Kathinka maar spreken haar naam niet uit.

'Als we het overleven, dan zien we elkaar bij Mieke en Haakon aan de Johannes Verhulststraat, goed?'

Eberhard kijkt Lien vragend aan en ze knikt. Het zijn de enige woorden die nog tellen, hoewel ze een scenario beschrijven dat hoogst onwaarschijnlijk is. Lien huilt, Eberhard wiegt haar in zijn armen. Van Janny heeft ze een pil Luminal gekregen, een kalmeringsmiddel dat een paard kan omleggen. Ze breekt het tablet in tweeën en geeft een helft aan Eberhard, zodat hij kan slapen. Hij moet fit zijn om de verhoren de volgende dag aan te kunnen. Ze slapen als verdoofd en worden de volgende ochtend, donderdag 13 juli, uit elkaar gehaald.

Korte tijd later wordt iedereen, behalve Eberhard en Janny, op de trein naar kamp Westerbork gezet: Joseph, Fietje, Lien en Jaap. De meiden Puck en Jetty. Simon. Bram en Loes. Hun dochter Rita en schoonzoon Willi. Die hebben ze niet meer nodig.

~

Vanaf nu concentreert de SD zich op de Duitse deserteur en de joodse verzetsvrouw. Samen hebben ze zich schuldig gemaakt aan zo ongeveer alle verboden uit het arische boekje en de vraag is slechts wie als eerste moet sneuvelen. De Nederlandse politieagenten van bureau Marnixstraat zijn daarentegen goed voor ze, lijken hun lot zelfs te betreuren, en Janny waagt het erop: kunnen ze zich misschien vrijkopen? De agenten zeggen dat ze heus willen helpen, maar dat het simpelweg niet gaat: de SS is overal, vertrouwt niemand en houdt ook hen scherp in de gaten.

Het patroon blijft hetzelfde: ze slapen op bureau Marnixstraat en worden verhoord in het SD-hoofdkwartier aan de Euterpestraat. Daar worden ze om beurten naar boven gehaald voor verhoor door Sturmbannführer Willi Lages. Hij is op dreef, deze lange man met zijn eierschedel, naar binnen getrokken lippen en spitse neus, waarvan het lijkt alsof iemand er continu in knijpt. Janny kan niet lang naar zijn gezicht kijken, zo scherp zijn zijn trekken. Ze wordt geslagen om Eberhard aan het praten te krijgen. Eberhard wordt geslagen om Janny aan het praten te krijgen. Ze zwijgen, en Lages lacht ze uit.

'Je lot ligt toch al vast,' zegt hij honend tegen Eberhard. 'Je krijgt de doodstraf wegens *Fahnenflucht, Landesverrat, Sabotage und Rassenschande*!'

Dat laatste woord spuugt hij vol walging in zijn gezicht. Een kind bij een joodse vrouw, dieper kon zijn arische landgenoot niet zinken.

'Morgen kom je voor het militaire gerechtshof en is het afgelopen met je.'

Een laatste keer verblijven Janny en Eberhard samen op bureau Marnixstraat, ze weten dat hem de dag erna executie te wachten staat. Janny woelt en maalt de hele nacht, denkt koortsachtig na wat ze nog kan doen om de kogel voor Eberhard af te wenden, maar haar hoofd is volledig blanco. Als ze eindelijk in slaap valt, droomt ze dat ze achterover en met graaiende vingers in een diepe put valt, waarvan de bodem nog niet in zicht is als de bewakers haar in het vroege ochtenduur van 14 juli uit de cel komen halen.

Als ze haar achter Eberhard aan naar de gereedstaande politiebus brengen, klapt haar hoofd bijna uit elkaar van de migraine. De ochtendzon klimt aan een wolkeloze hemel en brandt nu al te schel op haar netvlies. Een politiebusje met aan de achterkant opengeklapte deuren, aan de linker- en rechterzijde houten bankjes. Ze worden voor de agenten uit naar binnen geloodst, een oudere arrestant zit al te wachten. Hij staart naar de neuzen van zijn schoenen. De twee agenten in burger nemen bij hen plaats en sluiten de deuren, de vensters ervan zijn geopend voor wat frisse lucht. Eberhard, Janny en een agent op een rijtje op één bank; op het bankje tegenover hen de andere gedetineerde met de tweede agent. Wanneer de bus begint te rijden wenden ze alle vijf hun gezicht naar de achterramen en staren naar de straten van Amsterdam die ze achter zich laten. Vreemd, ze rijden naar het noorden. De Euterpestraat is in Zuid. Dan de Haarlemmerstraat. Janny en Eberhard kijken elkaar even aan. De Spaarndammerstraat.

'Waar gaan we naartoe?' vraagt Janny. Ze hoort haar stem ergens in de blikken ruimte, alsof die van een ander is.

'Eerst even naar Noord, nog iemand ophalen,' antwoordt een van de agenten.

Ze rijden verder in stilte. Zwarte vlekken dansen voor Janny's ogen, de hoofdpijn bonkt tegen haar slapen maar ze wil haar oogleden niet sluiten. Ze wil haar stad zien want ze weet niet wanneer ze hier weer terugkomt. Of ze hier ooit terugkomt.

De auto stopt. Bureau Spaarndammerdijk. De agent naast Janny stapt uit – 'Ben zo terug' – en gooit de deur achter zich dicht. Janny knippert, één keer, tien keer, om de vlekken te verjagen. Eberhard draait zich naar haar toe, zoekt haar blik, kijkt naar de deurhendel naast haar. Zou ze...? Dan buigt Janny zich naar voren, dicht naar het gezicht van de agent op het bankje tegenover haar. Een wapen ligt in zijn schoot. Met fluwelen stem begint ze tegen hem te kletsen. Eberhard snapt wat ze doet, hij moet handelen, nú. Maar hij verstijft. Opeens stort Janny zich voorover in de armen van de bewaker. 'Eruit!' gilt ze. Eberhard werpt zich achter haar rug langs door het raam van het busje naar buiten. Een graaiende hand naar zijn enkel, getrek aan de slip van zijn regenjas, de stof scheurt, Eberhard werpt zijn gewicht naar voren en rent over het trottoir, weg van het busje, met zijn fladderende jas achter zich aan. De agent heeft Janny ruw van zich afgeduwd en staat op straat, schiet in de lucht – 'Halt!' – maar Eberhard is al te ver. Overal rumoer, mensen verzamelen zich om hen heen, Janny stapt uit en ziet hoe Eberhard in de stad oplost. Het geklop in haar hoofd is verdwenen, ze is opeens zo licht als een ballon die over de hei waait. Dan wordt alles zwart en zakt ze ineen op de straatstenen.

~

Bewusteloos wordt Janny het bureau binnengedragen. Afwisselend komt ze bij en zakt weer weg, maar steeds dat tintelende gevoel van triomf: Eberhard is ontkomen.

In eerste instantie wordt ze door Nederlandse agenten in bescherming genomen, maar dan komen de Duitsers haar halen. Ze wordt ingeladen, terug naar de Euterpestraat. Iedereen is woedend.

Op haar, op elkaar, op die Duitse deserteur. En dan is daar ss-Sturmbannführer Willi Lages.

Ze beginnen al met haar als ze nog in de lift naar de kelder staan; ze ranselen haar af, slaan en schoppen haar overal. Als ze op de grond ligt, gaat Willi Lages met zijn volle gewicht op haar benen staan, anderen slaan haar door de open tralies van de lift met alles wat voorhanden is. Lages gaat maar door, hij heeft een zweep, er zijn vuisten en knuppels. Ze gooien haar in een kast, of een kelder, het is een inktzwart hok, Janny ziet niets meer, nog geen kier licht, het donker grijpt haar naar de strot. Buiten bewustzijn, weer even wakker – een minuut is verstreken, of een uur. De pijn, het donker. Voetstappen boven haar hoofd, scherpe steken in haar hele lichaam. Ze tast met haar vingers langs de muren, schreeuwt om hulp en valt weer in een diepe slaap. Nu en dan komt ze bij, hoort ver weg mensen lopen en schreeuwt van de pijn tot ze geen stem meer heeft; er komt niemand.

In de nacht is alles stil.

Een dag later gaat de deur open. Willi Lages staat wijdbeens in de deuropening.

'We krijgen jou wel, je komt voor het peloton.'

Licht schijnt langs zijn silhouet op haar benen – één bloederige massa. Janny voelt zachtjes aan de huid: overal wonden, haar lichaam is van top tot teen beurs. Dan slaat ze haar oogleden op naar Lages en kijkt hem strak aan. Een minieme sprankeling in haar ogen, een gevoel van triomf dat de pijn verdrijft. Ze weet zeker dat ze nu doodgeschoten zal worden, maar tot haar verbazing boeien ze haar en brengen haar naar de gevangenis aan de Amstelveenseweg.

Strompelend en uitgeput wordt Janny een cel binnengebracht, de boeien gaan af en de deur sluit zich achter haar. Een cel voor twee personen, door zes mensen bevolkt. Ze wordt warm ontvangen, stemmen vragen wat er met haar is gebeurd. Rondom wordt op tralies en verwarmingsbuizen geklopt om het bericht over de nieuweling door te geven. De andere gevangenen helpen haar met het voorzichtig schoonmaken en verplegen van haar wonden, en binnen een paar uur komt er via een andere cel een bundeltje schone was, speciaal voor Janny. Een schoon sloop, wat een luxe. Er zit een briefje in. Ze vouwt het open, laat haar ogen over de letters gaan: 'Eberhard is veilig en de kinderen ook. Bob.' Een kreet ontsnapt uit haar keel, ze schiet vol, slaat haar hand voor haar mond, haar schouders schokken. Ze wil niet huilen, maar het is van blijdschap.

~

Ze zitten met zes, soms acht mensen in hun tweepersoonscel in Huis van Bewaring II aan de Amstelveenseweg. De eerste dagen is Janny bang dat ieder moment het gezicht van Willi Lages weer voor de celdeur verschijnt en ze haar zullen meenemen voor het peloton. Maar er gebeurt niets. Kennelijk heeft niemand van hen gepraat; ze vermoeden veel over haar verzetsactiviteiten, maar weten niets. Maar het verraad vreet aan haar. Wie wisten er allemaal van 't Hooge Nest? In gedachten gaat ze alle namen af, urenlang: haar medebewoners, mensen van het verzet, onderduikers, contactpersonen, winkeliers bij wie ze de afgelopen jaren inkochten, voorbijgangers op de hei, politieagenten, NSB'ers, toevallige ontmoetingen, oude vrienden die zijn weggevoerd.

's Nachts knettert haar hoofd alsof duizenden insecten met hun krioelende poten langs de binnenzijde van haar schedel lopen, ze hoort ze tikken tegen het bot. Ze maakt zichzelf gek, dreunt binnensmonds de namen op tot ze half ijlend in slaap valt.

Moesbergen
Krikke
Punt
Hiemstra
Boellaard

De dagen worden weken terwijl ook een andere onzekerheid aan haar knaagt: hoe zou het met Lien zijn, en Jaap, en vader en moeder, alle andere bewoners? Hoe is het afgelopen met Kathinka? Op het briefje van Bob staat 'de kinderen'; bedoelt hij daarmee alle drie de kinderen? Of hebben de Duitsers Kathinka opgehaald? Haar medegevangenen lijden onder dezelfde vragen over hun geliefden en dat komt de sfeer in de krappe cel niet ten goede. Er wordt gekift over de kleinste dingen, sommigen verliezen hun zelfbeheersing terwijl anderen zichzelf steeds kleiner maken. In de cel zit ook Tante Bet uit de Jordaan, die hoogst verontwaardigd is dat ze is opgepakt – ze heeft alleen maar twee joodse grootvaders – en die verbolgenheid dag in dag uit ventileert. Maar iedere morgen als ze een kopje water krijgen om zich mee te wassen, roept Tante Bet: 'Meiden: trutten wassen!', en dan moeten ze toch allemaal weer lachen.

Ondertussen wordt een paar kilometer verderop, in het centrum van Amsterdam, een andere groep joden gevonden die, net als de bewoners van 't Hooge Nest, het einde van de oorlog al aan de horizon zag glinsteren.

Op 4 augustus 1944 vindt de SD in een herenhuis aan de Prinsengracht 263 achter een draaikast een grote schuilruimte, met daarin acht onderduikers. Het pand is het Nederlandse hoofdkantoor van het Duitse bedrijf Opekta, dat pectine levert – een grondstof voor onder meer jam. De joodse directeur, Otto Frank, is op 6 juli 1942 met zijn vrouw Edith en hun twee tienerdochters, Anne en Margot, ondergedoken in het achterhuis van het bedrijfspand: een kleine ruimte die over twee verdiepingen is verspreid. Korte tijd later voegen een collega met zijn vrouw en kind, en een andere vluchteling zich bij hen. Ze houden het er ruim twee jaar vol, maar op die zomerse vrijdagochtend meldt zich een groepje Nederlandse SD'ers bij het huis aan de Prinsengracht voor een huiszoeking die hun ontdekking zal betekenen.

11

Westerbork

Westerbork. *Judendurchgangslager.* Het kamp oogt als een permanent verblijfsoord, met een ziekenhuis dat onderdak biedt aan bijna achttienhonderd bedden en honderdtwintig artsen, een tandheelkundige kliniek, een crèche en een school, een administratiekantoor en een kampwinkel, waarin met speciaal kampgeld betaald kan worden; het is niet de bedoeling dat iemand hier naar huis terugkeert.

Wrang genoeg is het kamp in 1939 juist ontstaan als Centraal Vluchtelingenkamp Westerbork voor uit andere landen gevluchte joden op zoek naar een veilige haven. Maar na de overname door de SS, in het voorjaar van 1942, wordt het het voorportaal van de vele concentratiekampen over de grens. Nederlandse aannemers bouwen in het bestaande kamp nog een aantal enorme barakken bij, van 84 meter lang en 10 meter breed, totdat er midden in de oorlog zo'n vierentwintig houten tochtloodsen staan, als kippenschuren tot de laatste zanderige hoek gevuld met mensen.

Om de deportaties zonder oproer te laten verlopen, staat het dagelijkse kampleven zo veel mogelijk in het teken van normaliteit: de reeds bestaande Joodse Ordedienst van het kamp is door de Duitsers in stand gehouden. Deze 'Joodse SS', zoals ze wel wordt genoemd, bestaat uit veelal jonge mannen, gekleed in een groen uniform met een band om de bovenarm: OD. Een discutabele erebaan, levensverlengend maar gekmakend. De Joodse Ordedienst wordt de eerste paar jaar bijgestaan door Nederlandse marechaussees, maar die zijn vlak voor de aankomst van de bewoners van 't Hooge Nest vervangen door agenten van het Amsterdamse politiekorps.

De belangrijkste taak van de joodse kampstaf ligt bij de afdeling Administratie: daar worden de transportlijsten opgesteld. Kampcommandant en ss-Obersturmführer Albert Gemmeker geeft wekelijks het aantal te deporteren mensen door en op basis daarvan maakt de joodse administratie de gevreesde namenlijsten. Gemmeker zelf hoeft geen man, vrouw of kind aan te wijzen of weg te voeren; hij laat het de joden zelf doen.

Toen de treinen halverwege 1942 vanuit Westerbork oostwaarts begonnen te rijden, waren er twee transporten per week: op maandag en op vrijdag. Tegen het einde van dat eerste jaar stond de teller op 39 762 weggevoerde mensen, van wie de meeste in Auschwitz belandden. Vanaf begin 1943 vertrok iedere dinsdag een transport. Week in, week uit, tot en met dinsdag 15 februari 1944. Het beoogde resultaat werd zichtbaar: de joodse gemeenschap begon op te drogen en de transporten vanuit Westerbork werden onregelmatiger. Vanaf dat moment vertrok er zo om de tien dagen een trein, op woensdag, op vrijdag, zelfs op zondag, met steeds afnemende aantallen. Niet meer ruim duizend, of zelfs tweeduizend mensen, zoals in de voorgaande maanden, maar 809, 732, 599, 453. In 1943 werden zo 50 919 mensen uit Nederland weggevoerd.

Tussen juni 1942 en september 1944 werd uiteindelijk een totaal van 107 000 mensen – joden, Roma en Sinti, verzetsmensen, homoseksuelen, mannen, vrouwen, kinderen – door de Nederlandse Spoorwegen met drieënnegentig transporten uit de Nederlandse samenleving rechtstreeks naar de Duitse grens vervoerd, met grote efficiëntie en logistieke voortvarendheid.

Iedere keer als het ritmische geklop vervlogen was en de trein aan de horizon richting het oosten verdwenen, hing er een spookachtige sfeer over het vierkante terrein op de Drentse hei. Een giftige mengelmoes van opluchting en radeloosheid. Vanaf het moment dat de trein was vertrokken, bouwde de spanning in het kamp zich geleidelijk aan weer op, tot die de laatste paar dagen voorafgaand aan de bekendmaking van de namenlijsten weer zo hoog was opgelopen dat mensen er letterlijk onwel van werden. Als per barak bekend werd gemaakt wie zijn spullen moest pakken en je naam stond erbij, voelde dat bijna als een bevrijding. De onzekerheid die eraan voorafging was misschien nog wel wreder dan het oordeel zelf.

~

Het verraad van 't Hooge Nest, de afgelopen weken in Westerbork, de zorgen over Eberhard en hun dochtertje – ze weet nog steeds niet wat er met Kathinka is gebeurd – en over het lot van haar jongere zus, die is achtergebleven in een Amsterdamse gevangenis: het heeft een zware wissel op Lien getrokken. Het kost Fietje Brilleslijper iedere avond al haar energie haar oudste dochter uit de put te praten, na een lange werkdag aan vieze tafels waar zij batterijen en accu's moeten demonteren. Omdat ze in de strafbarak zitten mogen ze niet buiten het kamp werken.

In de strafbarakken zitten de mensen met overtredingen op hun naam, of die nou binnen of buiten het kamp zijn begaan. Het zijn de ontdekte onderduikers, degenen die hebben geprobeerd te ontsnappen, mensen die het op welke wijze dan ook hebben gewaagd de regels van de Duitsers te overtreden.

Hoewel het kampleven zo veel mogelijk is ingericht op het creëren van een zekere normaliteit, zodat de bewoners niet doorhebben dat dit de wachtkamer van de vernietigingskampen is en dus ook geen stennis zullen schoppen, zijn de omstandigheden erbarmelijk. In 't Hooge Nest hadden ze ook onder hoogspanning geleefd, continu bang voor ontdekking of verraad, maar die omgeving had hun wel rust, ruimte en frisse lucht geboden, in een huis dat van alle gemakken was voorzien. Zelfs toen ze er met meer dan twintig personen ondergedoken zaten was er altijd wel ergens een plekje om zich terug te trekken: in een van de kamers, in het theehuis, in de schuur, de tuin, het bos. In Westerbork leeft men boven op elkaar in overvolle keten, die in de zomer lijken op te zwellen als kadavers. Iedere centimeter wordt door mensen bezet, gevangen in een lucht van zweet en lichaamsgassen. Ze zitten letterlijk boven op elkaar: ijzeren stapelbedden tot driehoog, waardoor ze altijd in de adem en het vizier van een ander zitten, naar welke kant ze zich ook keren. Onder de plafonds hangen lange lijnen met drogend wasgoed. In Westerbork is geen plek waar ze zich kunnen terugtrekken, iedere vorm van zelfbeschikking is hun afgenomen. Zelfs als ze hun hoofd onder de dekens stoppen om de schijn van privacy te ervaren, herinnert het gekriebel van de vlooien en luizen hen er wel aan dat die tijd voorbij is. De enige vraag die hen op de been houdt is: voor hoelang nog?

Vanachter de omheining die de strafbarakken van de gewone barakken scheidt, kan Lien de rest van het kamp zien. Soms ziet ze Jetty en Simon of een van de andere oud-huisgenoten aan de andere kant; zij hoeven niet, zoals zij en de rest van de familie Brilleslijper, een overall te dragen met een witte band met de letter S groot op de bovenarm, waaraan je de strafgevangenen kan herkennen – ze staan boven aan de lijst voor deportatie. Aan de andere kant zijn er zelfs speciale familiebarakken, kleinere bouwsels waarin mensen in familieverband kunnen samenleven, niet mannen en vrouwen van elkaar gescheiden, zoals bij hen, aan de strafzijde. Mensen mogen er spullen kopen in de kampwinkel en daarnaast gaat het gerucht dat je vanuit de normale barakken een grotere kans hebt naar Bergen-Belsen of Theresienstadt te worden gestuurd in plaats van naar Auschwitz – kampen waarvan men denkt dat de vooruitzichten er beter zijn. Het verhaal circuleert dat je vanuit Bergen-Belsen, een kamp dat op het voorhoofd van Duitsland ligt, misschien door het Rode Kruis nog verder omhoog, richting Zweden doorgesluisd kan worden, waar joden voor Duitse krijgsgevangenen worden geruild.

Het heeft sommige vermogende families een klein fortuin gekost om op dergelijke uitwisselingslijsten terecht te komen – met onbekend resultaat.

Alle gevangenen willen graag werken; niet alleen omdat alles beter is dan in dit niemandsland doelloos de minuten te zien verdampen tot de volgende trein aankomt of vertrekt, maar ook omdat iedereen weet dat de minst bruikbaren als eerste gaan. Lien heeft geluk dat moeder en zij via Sam Polak, de oudere broer van Ben en Hans Polak, hun goede vrienden uit Den Haag, een baantje bij de batterijsloperij hebben gekregen. Het is smerig en zwaar werk. Met beitel en hamer splitsen ze eerst de batterijen, vervolgens wrikken ze het teer en het koolstaafje eruit, die ze in aparte mandjes gooien, en als laatste moeten ze nog het metalen hoedje met een schroevendraaier verwijderen; dat mikken ze in een derde mand. Na een tijdje zijn hun vingers zo zwart dat je niet meer kan zien waar de batterij stopt en hun hand begint. Maar dat is het ergste niet. De giftige stoffen die de hele dag vrijkomen nestelen zich in hun longen en veroorzaken een ononderbroken geblaf in de werkplaats. Droge hoestaanvallen die ribkneuzingen veroorzaken en zelfs in de nacht via de tochtkieren tussen de houten latten over de Drentse hei uitwaaieren. Maar in de werkplaats mogen ze tenminste met elkaar praten en iedere dag dat ze niet in de trein naar het oosten zitten is er een – verwoeste longen of niet.

Lien vult haar dagen met werken, malen en wachten. Iedereen in het kamp kijkt angstig uit naar nieuwe transporten uit Amsterdam. Soms staat iemand midden in zijn pas opeens stil op het terrein en kijkt met ingehouden adem naar de droge aarde onder zijn voeten; was dat een trilling van het spoor? Komt er een trein aan? Ze gunnen het de laatste onontdekte onderduikers in de rest van het land het einde van de oorlog te halen, de Duitsers te slim af te zijn. Helaas lijkt het wel alsof, naarmate de bezettingsjaren vorderen, mensen ook steeds beter worden in het vinden van verstopte joden. Zelfs in het zicht van de bevrijding voelen Nederlandse Jodenjagers de drang op eigen houtje te blijven speuren, en Nederlandse burgers de behoefte om buren, vrienden en onbekenden aan te geven. Hoewel die vernedering nooit went, is er ook optimisme in het kamp. Lien hoort van bewoners die er al langer zitten dat er in april nog maar één transport vanuit Westerbork richting het oosten is vertrokken. Pas in mei weer een. Begin juni één en het volgende pas eind juli. Zachtjes begint het door het kamp te zingen: we gaan het redden.

In de familie Brilleslijper gaat ieder op zijn eigen manier om met de omstandigheden en de verhalen die hen bereiken. Japie heeft een meisje ontmoet en nadat hij eerst een paar dagen steelse blikken met haar heeft uitgewisseld durft hij het aan met haar over de kampstraat te wandelen. Achter zijn stoffige brillenglazen gloort voor het eerst in tijden weer een schittering in zijn ogen. Fietje houdt, zoals altijd, de moed erin en probeert haar oudste dochter iedere avond in de vrouwenbarak op te beuren. Ze hebben al zoveel samen doorstaan, de kinderen zijn veilig: ze mogen nu de hoop niet verliezen. Het kan echt niet lang meer duren. Maar Lien gaat er niet in mee, en ze is niet de enige. Joseph slijt zijn dagen in de hitte van de barak; hij heeft te slechte ogen om met de andere mannen in het kabelreparatiebedrijf te mogen werken. Hij bromt en moppert in zichzelf en tiert tegen de joodse opzichter, hoe vuil en corrupt ze zijn dat ze dit werk doen en voor zichzelf privileges bij de kampleiding bedingen. Dat zijn eigen volk hem hier bewaakt, heeft zijn laatste beetje vertrouwen in de mensheid weggenomen.

Wanneer Lien op een namiddag over het kampterrein loopt op weg naar het strafgedeelte, moe en vies van het werk aan de batterijen en met samengeknepen ogen tegen de felle zon, ziet ze opeens haar vader in de verte in de mannenbarak zitten. Een donkere schaduw met gebogen schouders en een mager nekje. Ze denkt terug aan de tijd dat haar ouders nog naar de opera gingen, in Carré of in het Paleis voor Volksvlijt op het Frederiksplein, of in Flora aan de Amstelstraat. Dan kwamen ze 's avonds thuis en leek vader tien centimeter gegroeid, met zijn kin omhoog en zijn borst naar voren. Toen hij *De koopman van Venetië* van Shakespeare had gezien, was hij zo onder de indruk dat hij Shylocks monoloog uit zijn hoofd leerde en te pas en te onpas in hun kleine bovenhuis declameerde:

> *En waarom? Omdat ik een jood ben! Heeft een jood geen ogen, geen handen, geen ledematen, geen zintuigen, hartstochten, genegenheden? Wordt een jood niet gevoed door hetzelfde voedsel, gewond door dezelfde wapenen, gekweld door dezelfde kwalen, genezen door dezelfde geneesmiddelen, verkild en verwarmd door dezelfde winter en zomer als de christen? Als je ons steekt, bloeden wij dan niet, als je ons kietelt, lachen wij dan niet, als je ons vergiftigt, sterven wij dan niet? En als je ons onrecht aandoet, zullen wij dan geen wraak nemen!*

Terwijl ze staart naar de schim die van haar vader over is, realiseert Lien zich dat de grootste vernedering niet is dat hem zijn menselijkheid is ontnomen, maar de wetenschap dat hij het leed dat zijn familie wordt aangedaan waarschijnlijk nooit zal kunnen vergelden.

~

Op een dag komt Sam Polak bij Lien en verzoekt haar met hem mee te lopen naar de poort van de familiebarakken; iemand wil haar spreken. Lien schrikt. Ze hebben al die weken nog niets van Janny gehoord – maar geen nieuws is goed nieuws en iedere dag dat er geen trein uit Amsterdam aankomt is er een. Ze hoopt dat haar zus niet naar Westerbork komt, maar in Amsterdam blijft tot de bevrijding. Met tegenzin volgt ze Sam dan ook naar het hek.

Tot haar verbazing ziet ze aan de andere kant Lily naderen, met kleine Anita aan de hand. Liens gespannen gezicht breekt open terwijl haar handen in een reflex naar haar vriendin reiken. Maar het hek staat tussen hen in en Lien laat haar armen weer naast haar lichaam vallen. Op twee meter afstand staan de vrouwen tegenover elkaar, blij elkaar te zien maar bedrukt onder deze omstandigheden.

De laatste keer dat ze elkaar zagen was in het Huis van Bewaring Weteringschans. De Amsterdamse stadsgevangenis was een vergaarbak van gepakte onderduikers en kopstukken van het verzet. De ochtend dat ze afscheid van Eberhard had genomen, op 13 juli, werd hij weer naar de Euterpestraat afgevoerd voor verhoor en werd Lien in een cel gegooid met vijf andere vrouwen en een klein meisje. Het maakte haar allemaal niets meer uit; ze was haar kind kwijt en haar man zou die dag voor het vuurpeloton staan. Zodra de celdeur met een stalen galm achter haar dichtsloeg en Lien haar plekje tussen de andere vrouwen zocht, was er één vrouw die zich over haar ontfermde en haar moed begon in te praten – terwijl ze zich zelf toch ook zorgen moest maken over haar dochtertje, een jaar of acht pas, dat gewoon bij hen opgesloten zat. Die moeder en dochter waren Lily en Anita, en in de dagen in de cel klampten de vrouwen zich aan elkaar vast.

Carolina, 'Lily', Biet-Gassan, was de vrouw van Samuel Gassan uit de befaamde diamantslijpersfamilie. Twee jaar eerder, in 1942, was Lily van Samuel gescheiden, en hij was vervolgens net op tijd aan de bezetter ontsnapt en naar Zwitserland gevlucht. Lily had met de kleine Anita al die tijd ondergedoken gezeten, eerst in een krap zijkamertje samen met een ander gezin, in het huis van een familie met vijf kinderen. Daar moesten ze zich dag en nacht doodstil houden opdat die kinderen maar niets van de illegale logeerpartij merkten. Na een tijdje verhuisden moeder en dochter naar een pension, waar ze alsnog werden verraden.

De vrouwen gaven elkaar moed op een moment dat ze niet meer uit eigen reserve konden putten. Lien vrolijkte Anita op door haar de sprookjes te vertellen die ze ook altijd aan Kathinka voorlas, 's avonds voor het slapengaan. Ze zong liedjes met het meisje, heel zacht, zodat de bewakers het niet hoorden. Lily deed op haar beurt iets voor Lien wat haar misschien wel het leven zou redden. Lien vertelde over Eberhard, de vader van hun dochtertje Kathinka, met wie ze tot haar grote verdriet niet had mogen trouwen vanwege de Neurenbergerwetten. Om te voorkomen dat joden onder hun deportatie uitkwamen werd op 25 maart 1942 ook in Nederland een verbod op alle gemengde huwelijken ingevoerd: joden mochten niet meer met niet-joden trouwen. Hierdoor waren Lien en Kathinka vogelvrij, in tegenstelling tot bijvoorbeeld Janny, die vóór de nieuwe maatregelen met Bob was getrouwd en daardoor moeder was van twee *mischlinge* kinderen.

Lien had haar zin over het onmogelijke huwelijk met Eberhard nog niet afgemaakt of Lily greep haar hand en boog zich naar Lien toe.

'Je moet zo snel mogelijk een valse huwelijksakte hebben, dan maak je misschien nog kans. Ik weet iemand!'

Lien staarde haar verbaasd aan.

'Jij gaat dit verhaal op papier zetten en dan moeten we die brief naar buiten zien te smokkelen, naar iemand die voor jou naar mr. Nino Kotting gaat. Ik ken hem: hij is een geweldige advocaat in Amsterdam. Nino heeft al talloze joden op deze manier geholpen.'

Lily had wat geld en de juiste contacten onder de gevangenisbewaarders; ze wist precies wie van hen geen nazi was en regelde dat Lien een vel papier en een potlood kreeg. Lien ging aan de slag. Ze adresseerde haar brief aan haar dierbare vrienden, de familie Stotijn in Amsterdam, en probeerde haar boodschap slim en kort te verwoorden.

Mijn liefsten!

Dit is mijn laatste kans jullie te schrijven. Probeer mijn Engelse huwelijksakte op te halen en ga ermee naar mr. Kotting.

Probeer me eruit te krijgen, zorg goed voor het kind en stuur me een pakje met kleren, eten, enz. Ik heb niets, help me. J zit op de Avw. Probeer ook mijn S weg te krijgen.

Groet voor allemaal en veel zoenen, Lien

(De 'J' stond voor Janny, 'Avw' voor de gevangenis aan de Amstelveenseweg, 'S' voor strafgevangene.)

Op een vroege ochtend werden de vrouwen om vier uur uit hun cel gehaald en naar een gereedstaande tram geleid. Toen Lien langs de trambestuurder liep, schoof ze zo onopvallend mogelijk de ongefrankeerde brief in zijn tas. Vanaf het Centraal Station ging de reis verder over het spoor, richting het oosten, steeds verder van de bewoonde wereld. Op de desolate vlakte van Westerbork hield de trein halt, werden Lily en haar dochter Anita naar de familiebarakken geleid – waarschijnlijk vanwege haar vermogende positie – en moest Lien naar de andere kant van het hek, naar het strafgedeelte. Ze wist niet of haar laatste hulpkreet zijn weg had gevonden of voor altijd tussen de papieren van een wildvreemde trambestuurder verloren was gegaan.

Maar nu staat Lily dan aan de andere kant van het hek tegenover haar en hoopt Lien op goed nieuws van de advocaat.

Ze komt met een heel andere boodschap. Lily heeft Liens oude vriendin en pianiste Ida Rosenheimer gesproken – degene die haar muzikaal begeleidde toen dat voor Eberhard te gevaarlijk werd, en een van de eersten in haar omgeving die haar hadden gewaarschuwd voor het einddoel van de nazi's: de gaskamers. Lien had haar helaas nooit geloofd. Lily komt haar vertellen dat Ida samen met wat andere vrienden hier in Westerbork geld heeft ingezameld om Lien uit de strafbarak te krijgen, haar naar hun kant van het hek te halen en op een lijst van bevoorrechten te laten zetten die naar Theresienstadt zullen worden gedeporteerd.

Lien hoort het aan, ontroerd dat haar vrienden zelfs onder deze omstandigheden nog aan een ander kunnen denken, en schudt vervolgens zachtjes haar hoofd.

'Sorry, maar ik blijf hier. Ik ga niet weg bij mijn broertje en mijn ouders. Bovendien weet ik niet of Janny nog komt – als dat zo is eindigt ook zij zeker in de strafbarakken.'

Lily doet haar mond open en weer dicht en laat vervolgens het hoofd zakken. In de verte komt iemand van de ordedienst aanlopen; ze moeten opbreken.

'Ik begrijp het wel,' fluistert ze uiteindelijk, nauwelijks hoorbaar.

Lien knikt dankbaar, draait zich om en loopt terug naar haar moeder.

12

De laatste trein

Begin augustus 1944 gaan de celdeuren open. Het is vroeg in de ochtend als Janny voor het eerst in weken weer buiten staat. De kou van de nacht is nog niet helemaal weggetrokken maar de frisse lucht in haar longen is heerlijk. Amsterdam is in diepe rust en de zon is bezig de straatstenen te verwarmen. Janny kijkt om zich heen; verderop begint het Vondelpark – ze kent deze buurt goed. Onder bewaking wordt ze met een groep naar een gereedstaande tram gebracht, die hen naar het Centraal Station brengt. Ze staart door het raam naar buiten en ziet Amsterdam-Zuid aan zich voorbijtrekken, het centrum, de grachten, de prachtige stad. Er wordt geen woord gewisseld, iedereen is bang voor wat gaat komen, alleen het piepende staal en het gekraak van de wissels verstoren de stilte. Ze prent de beelden in haar geheugen, zuigt de details op – de trapgevels tegen de blauwe lucht, de kinderkopjes op de stoep, een dobberende meerkoet op het water.

Het stationsplein, uitstappen, naar binnen via de zijingang, door naar het perron. Een koude schaduw valt over Janny heen wanneer ze in het donkere gebouw verdwijnen. Op hetzelfde moment wordt een andere groep mensen naar binnen geloodst, die ook naar het perron loopt. In stilte schuifelen ze allemaal dezelfde kant op; eenrichtingsverkeer op het Centraal Station – een vervreemdend gevoel. Oude en jonge mensen, mannen en vrouwen, ouders met kinderen. Janny ziet een gezin in sportieve kleding; de twee tienerdochters met rugzakken om alsof ze op vakantie gaan, hun ouders met bedrukte gezichten. Ingesloten door muren, bewakers, lotgenoten. De fuik. Ze denkt terug aan haar pogingen van de afgelopen jaren mensen voor de poorten van die fuik weg te sleuren. Als ze de laatste treden naar het perron beklimt en haar hoofd langzaam uit het trapgat rijst, ziet ze de gereedstaande personentrein staan, de treindeuren al opengeklapt.

~

De trein uit. Hete lucht slaat Janny in het gezicht. Het kamp is groot, veel groter dan ze had verwacht. Een dorp op een afgelegen Drentse heidevlakte. Overal mensen. Mannen, vrouwen, kinderen; als je door je wimperharen kijkt lijkt het bijna een normale plek, een dorpsplein in een western. De details verraden de realiteit. Alles is hoekig, van hout en afgebakend. Het terrein is vierkant, begrensd door diepe sloten en hoge hekken die eindigen in prikkeldraad. Wachttorens als badmeesterhuisjes op lange poten. Lange schuren in rechte rijen. Houten hangars zo groot dat ze daadwerkelijk vliegtuigen zouden kunnen herbergen, zij aan zij met kleinere uitvoeringen. De aarde is gortdroog en stofwolken jagen over het terrein, wringen zich tussen het latwerk van de barakken door en geven de huid van de bewoners een doffe aanblik.

Uniformen staan hen op te wachten. Petten diep over voorhoofden getrokken, gloeiende sigaretpunten in plaats van ogen. Janny hoort tot haar verbazing nergens Duits, enkel Nederlands. Sommige bewakers lijken joden te zijn, geen NSB'ers of politieagenten. Ze wordt weggevoerd van het centrale deel van het kamp, naar een afgesloten gedeelte aan de achterzijde van het spoor. Een gevangenis binnen een gevangenis. De strafbarakken.

Eindelijk voegt Janny zich bij haar familie. Het weerzien is emotioneel maar verstild. Van de zeventien bewoners die de harde kern van

’t Hooge Nest vormden, zijn er nu maar liefst twaalf in Westerbork. Vader, moeder, Lientje, Jaap: de Brilleslijpers zijn er allemaal. Ook Rooie Puck is bij hen. De overige zes zijn aan de andere kant van het hek in de familiebarakken terechtgekomen: Jetty en Simon, en de voltallige familie Teixeira da Mattos: Bram, Louise, hun dochter Rita en haar man Willi. Als ze de gezichten van haar familie terugziet, gespannen maar ongedeerd, voelt Janny haar schouders zakken.

De open wonden op haar benen zijn al een beetje aan het helen en de kneuzingen op de rest van haar lichaam zijn van helblauw naar dieppaars naar gelig bruin verkleurd. Maar haar enkel is kapotgetrapt en ze kan er nauwelijks op lopen. Voor de rest van de familie is duidelijk zichtbaar wat Lages en zijn mannen haar hebben aangedaan omdat ze Eberhard heeft helpen ontsnappen.

Janny vertelt hun over het geweldige nieuws dat ze in de cel ontving, dat Bob en de kinderen veilig zijn – ze houden het erop dat hij daarmee alle drie de kinderen bedoelt. Blijkbaar heeft de Huizense politieagent Bob op kantoor gewaarschuwd. Het zijn sprankjes hoop: niet alleen het besef dat een paar van hen uit handen van de Duitsers zijn gebleven, maar ook de wetenschap dat er nog mensen zijn die voor zichzelf durven te denken en handelen.

Lien wil maar niet van Janny aannemen dat Eberhard veilig is. Het scenario is te rooskleurig om waar te kunnen zijn en naïef optimisme is een luxe die ze zich al lang niet meer kunnen permitteren. Lien gelooft dat hij is opgepakt tijdens zijn vlucht, of geen onderduikadres heeft kunnen vinden, of inmiddels alweer is verraden – ze weet zeker dat het niet goed is afgelopen en Janny kan haar niet van het tegendeel overtuigen.

Met de aankomst van het nieuwe transport stromen de barakken aan beide zijden van de hekken weer vol. Het is goed te zien wie nieuw is. Grote ogen in strakke gezichten, mensen die in schone kleren met zorgvuldig gepakte tassen en koffers een plek op een lege brits zoeken, blikken die nerveus heen en weer schieten terwijl ze de barakken, het kampterrein en de ordediensten in zich opnemen. Sommige nieuwkomers hebben maanden, soms zelfs jaren ondergedoken gezeten en zijn makkelijk te herkennen aan hun bloedeloze gezichten, de huid rubberachtig en geel. Voor hen was de treinreis naar Drenthe de eerste keer in lange tijd dat ze uit de benauwdheid van hun verstopplek kwamen, dat ze hun benen konden strekken en vanaf de bankjes in de personenwagons het Nederlandse landschap weer aan zich voorbij konden zien trekken. De realiteit kwam pas weer binnen toen de trein langzaam vaart begon te minderen, de dertigmetervoegen onder de wielen zich steeds lomer lieten horen en passagiers aan beide zijden verontrust door de ramen tuurden. Zover ze konden kijken strekte zich rond het spoor een niemandsland uit, tot een wachttoren de eerste hoek van het kamp aankondigde en de trein Westerbork binnenreed.

Ook het gezin dat pas enkele dagen daarvoor door de SD achter een kast in een statig pand aan de Prinsengracht 263 is ontdekt, belandt in de strafbarakken: het gezin Frank met hun twee dochters, Anne en Margot. De meisjes worden samen met hun moeder, Edith Frank, in de batterijsloperij aan het werk gezet. Ook Janny wordt in deze barak ingedeeld. Zo kruisen de wegen van de twee joodse onderduikgezinnen elkaar en kleuren hun gezichten eensgezind zwart van het rondvliegende teerstof. Omdat het zulk simpel en geestdodend werk is, is er wel ruimte om met elkaar te kletsen. Tijdens het werken uit Edith tegen Lien haar zorgen over het lot van haar dochters. Twee jaar en een maand hebben ze zich met acht personen schuilgehouden in vijf verborgen kamers in het achterhuis van een groot pand. Op de begane grond bevond zich een magazijn met onwetende medewerkers, dus overdag kon iedere beweging, ieder kuchje of verschoven voorwerp hun einde inluiden. Een gekmakend gegeven voor hen allemaal, maar zeker voor haar jonge meiden van vijftien en achttien. Ze hadden het bijna gered en de inval had hen volkomen verrast – net als die in 't Hooge Nest.

~

Dan gebeuren er twee dingen die de hele familie, en vooral Lien, weer hoop geven. Eerst wordt op haar naam een brief bezorgd waarin ze tot haar verbazing een kopie van een officiële Engelse huwelijksakte vindt.

> *Eberhard Rebling en Rebekka Brilleslijper, 26 en 25 jaar oud, zijn op 28 maart 1938 in Londen met elkaar in het huwelijk getreden.*

Handtekening, zegel, alles erop en eraan. Ze draait het vel papier om en om, alsof ze het niet vertrouwt, maar het staat er echt. Niet alleen de politieagent uit Huizen, maar ook de onbekende Amsterdamse tramconducteur heeft met gevaar voor eigen leven een wildvreemde geholpen: hij heeft de brief bij Mieke en Haakon afgeleverd. Het document trilt in haar vieze vingers, haar zwarte nagels steken af bij het steriele wit. Ze zal deze man nooit kunnen bedanken, ze weet zijn naam niet eens. En hoe kan ze ooit Lily bedanken, die haar de naam van de advocaat heeft gegeven die deze administratieve kunstgreep voor elkaar kreeg?

Ter ondersteuning van de 'Eindoplossing van het Jodenvraagstuk' had de bezetter een bureau in het leven geroepen dat besliste over twijfelgevallen. Vond iemand dat hij ten onrechte als 'jood' was geregistreerd, dan kon hij bij de *Abteilung Innere Verwaltung* bezwaar indienen. Het hoofd van het bureau is de Duitse jurist Hans Calmeyer, die duizenden verzoeken moet behandelen waarin mensen om herziening van hun registratie vragen – vaak een kwestie van leven of dood. Advocaat Nino Kotting en zijn medewerker leveren voor hun cliënten alle mogelijke valse papieren aan vanuit de overtuiging dat het recht niet gevolgd hoeft te worden als het onrecht oplevert, en Calmeyer bekijkt de documenten vervolgens door zijn wimperharen. In een vreemde dans tussen deze twee juristen, een Nederlandse en een Duitse, worden zo duizenden mensen 'ontjoodst'.

Lien is dolblij dat ze dankzij Kotting nu als gemengd gehuwd staat geregistreerd en daarmee dezelfde status als haar zusje Janny heeft – ze hoopt dat het de kans verkleint dat ze van elkaar worden gescheiden. Snel brengt ze de papieren naar het administratiekantoor van het kamp, waar ze bij haar dossier worden gevoegd.

Er wordt voor Lien nóg een pakket aan de kamppoorten afgeleverd. Zodra ze in Westerbork was aangekomen, had ze Mieke een brief geschreven met het dringende verzoek hun dekens, handdoeken, toiletspullen en een paar Jiddische liederen toe te sturen. Ze kan zich niet voorstellen dat haar vriendin zo snel heeft gereageerd en scheurt gehaast het papier van de doos. Naast haar op de brits zit Fietje, die nieuwsgierig toekijkt wat er uit het karton tevoorschijn komt. Inderdaad: dekens, wat andere spulletjes die ze Mieke had gevraagd en dan, onderin: beschreven vellen met tekst en muzieknoten. Opgewonden pakt Lien de stapel uit de doos en houdt ze nieuwsgierig voor zich, haar handen doodstil alsof ze goud weegt. Ze leest de hanenpoten; haar mond verstrakt en haar ogen worden groter terwijl ze de Jiddische tekst mompelt: '*Rajsele, wer der erschter wet lachn.*'

Liens hoofd schiet opzij, naar Fietje.

'Dit is Eberhard!' Haar vinger drukt een deuk in het papier. 'Eberhard heeft dit geschreven! Het is zijn handschrift, hij is veilig.'

Lien bladert door de papieren op zoek naar nog een aanwijzing van Eberhard. Er zit één Jiddisch lied tussen de paperassen dat ze samen in 't Hooge Nest hebben gerepeteerd – ze heeft helaas nooit de kans gekregen het ergens te zingen. Ze leest hardop:

Wos bistu Katinke barojges,
Wos gejstu arobgelost di nos?

Un efscher wilstu wissn majn jiches
Un fun wanen un fun wos.

Het zijn de eerste regels van een oud spotlied. Snel leest ze verder:

Si is baj di fun 't hof,
Di mame ganwet fisch in mark...

Deze zinnen kent ze niet, die horen niet bij het lied. Ze kijkt even naar Fietje, maar die haalt haar schouders op. Lien knijpt haar ogen samen: wat wil Eberhard haar vertellen? *Si is baj di fun 't hof.* Ze is bij de mensen van de rechtbank. De rechtbank? De la Court! Hun vrienden Albert en Cilia de la Court, uit Wassenaar, met hun vijf kinderen. Kathinka is nu het zesde kind in huis. Lien drukt het papier tegen zich aan, sluit haar ogen en ademt lang uit.

Sinds ze afscheid van Kathinka heeft genomen heeft ze zichzelf gedwongen zo min mogelijk aan haar te denken, bang dat ze dan 's ochtends niet meer van haar brits zou komen. Als ze al een flard van de gedachte toeliet dat haar meisje misschien door de nazi's bij de huisarts in Huizen was opgehaald en meegenomen, werden haar ledematen week. Dan schudde ze snel met haar hoofd, boorde haar nagels in het vlees van haar handpalmen tot ze bijna begonnen te bloeden en concentreerde ze zich op het aanhoudende gehuil en gehoest om zich heen tot Kathinka uit haar systeem was verdreven. Maar met de wetenschap dat zowel Eberhard als haar dochter veilig is, keert een kracht terug waardoor ze er weer in kan geloven: we gaan het redden.

~

Het is een feit dat de geallieerden vooruitgang boeken. Sinds D-day zijn de troepen vanaf Normandië verder getrokken richting het oosten en het noorden, en bevrijden in augustus 1944 diverse grote

Franse steden. Het Rode Leger boekt winst in Roemenië, herovert Wit-Rusland en het oosten van Polen. Op 25 augustus volgt een belangrijke overwinning, wanneer Charles de Gaulle Parijs binnentrekt en de Franse hoofdstad bevrijd verklaart.

Sobibor, een klein kamp dat in de rechterflank van Polen ligt en dat volledig op vernietiging is gericht, is door de Duitsers zelfs gesloten na een grote opstand van de gevangenen in oktober 1943. Maar niet voordat daar in machinaal tempo binnen anderhalf jaar minstens 170 000 mensen zijn uitgeroeid – onder wie het merendeel van de 34 313 Nederlanders die naar het kamp zijn gedeporteerd. Een exact aantal slachtoffers zal er nooit zijn, omdat bijna geen mens Sobibor levend heeft verlaten.

Iedere dag opnieuw lopen de zusjes Brilleslijper, net als de zusjes Frank, van de strafbarak naar de werkplaats en tellen het aantal batterijen dat ze kloven in de hoop dat het de laatste tien, twintig, honderd voor de bevrijding zullen zijn.

Ondertussen wordt er veel gepraat. Iemand vertelt over de zegetocht die vanuit Parijs richting België is ingezet en dat de Britse troepen al bijna in Arnhem moeten zijn. Een ander weet zeker dat alle transporten zijn stilgelegd en weer een ander denkt te hebben gehoord dat áls er nog een trein vertrekt, die niet naar Auschwitz maar naar Wolfenbüttel zal gaan, ook een werkkamp. Sam Polak heeft gezegd dat zelfs kampcommandant Gemmeker nerveus begint te worden omdat de geallieerden Limburg zouden hebben bereikt.

De enige die zich weigert te laten meevoeren door alle optimistische bravoure is Joseph Brilleslijper. Het gaat niet goed met hun vader, mentaal noch fysiek. Hij is afgevallen, zijn slechte zicht speelt hem parten en het verblijf in de bloedhete barakken met alle andere strafgevangenen valt hem zwaar. Als hij 's avonds zijn dochters weer luchtkastelen hoort bouwen over de spoedige bevrijding, is hij het zat.

'Stop toch met die onzin, jullie maken je illusies. Denken jullie nu echt dat ze ons zomaar zullen laten gaan als de geallieerden in de buurt komen? Dat ze geen wraak zullen nemen voordat ze hier aan de poort staan?'

Hij snuift en schudt zijn hoofd, gefrustreerd over de naïviteit van zijn dochters, of over zijn eigen machteloosheid iets aan hun situatie te veranderen.

Joseph staat niet alleen in zijn nervositeit; de spanning over een op handen zijnde bevrijding houdt het hele kamp in zijn greep. 's Nachts, als de gevangenen driehoog op hun britsen zijn gestapeld en het stof neerdaalt in de barakken onder de Drentse sterrenhemel, liggen de meesten klaarwakker op hun stromatras. Wakker van de hitte die broeit tussen de houten latten, van de stank van het verzamelde mensenzweet of van de jengelende kinderen. Van de zorgen om weggevoerde familieleden en om wat hunzelf te wachten staat. Van het gepieker over hoe het zover heeft kunnen komen of wat ze hebben gedaan om dit lot te verdienen. Wakker omdat ze steeds opnieuw op hun vingers natellen hoeveel dagen er al zijn verstreken sinds de meest recente treinen op 31 juli uit Westerbork vertrokken, alsof ze met iedere extra dag een beetje verder afdrijven van het eindoordeel, tot een andere horizon in zicht komt. Een van die treinen ging naar Theresienstadt en nam hun oud-huisgenoten uit 't Hooge Nest Jetty Druijf en Simon van Kreveld mee, een tweede, met bestemming Bergen-Belsen, had Lily Biet-Gassan en haar dochtertje Anita aan boord.

Het is zaterdag 2 september wanneer het vonnis valt. 1019 namen worden opgeroepen voor transport. Op Willi en Rita na zitten ze er allemaal bij.

Brilleslijper, Joseph
Brilleslijper-Gerritse, Fijtje
Rebling-Brilleslijper, Rebekka
Brandes-Brilleslijper, Marianne

Brilleslijper, Jacob
v.d. Berg-Walvisch, Pauline
Teixeira de Mattos, Abraham
Teixeira de Mattos-Gompes, Louise
Frank, Otto
Frank-Hollander, Edith
Frank, Margot Betti
Frank, Annelies Marie

De laatste trein naar Auschwitz zal Westerbork de volgende ochtend verlaten.

13

Ontvoerd

’t Hooge Nest blijft verweesd achter. Binnen is niets meer hetzelfde; meubels zijn verschoven, matrassen omgekeerd en gordijnen van hun roedes getrokken. Op het aanrecht zijn een bord vol kruimels en een mes met boterresten stille getuigen van de laatste maaltijd van een politieagent.

Huisarts Van den Berg is niet bedacht op de komst van drie jonge kinderen in zijn huishouden, en vraagt de SD of hij twee van hen mag overbrengen naar een collega in het dorp, dokter Schaaberg. Hij belooft zelf het meisje Kathinka te houden en haar niet uit het oog te verliezen. Ook vraagt hij toestemming wat van hun kinderspullen uit het huis te verzamelen. De SD gaat akkoord en Van den Berg brengt Robbie en Liselotte naar het andere adres. Terwijl hun vrouwen op de kinderen letten, gaan Van den Berg en Schaaberg naar ’t Hooge Nest om kleding en kinderledikantjes op te halen. Terwijl ze met de spullen terug naar huis sjouwen, bespreken ze wat te doen met de kinderen.

‘Die SD’ers hebben me laten zweren dat ik die kinderen bij me houd tot ze zeker weten dat het geen vol-joden zijn,’ zegt Van den Berg peinzend. ‘Zorg ervoor dat die twee kinderen niet weglopen, want dan komt de SD mij halen!’

Schaaberg knikt zwijgend; hij begrijpt wat er op het spel staat. Voor het huis van Van den Berg stoppen ze even en rusten uit. Binnen zit de kleine Kathinka, doodmoe van alle gebeurtenissen van die dag, in haar eentje te wachten tot die vreemde meneer terugkomt. Dan tilt Schaaberg de spullen weer op, steekt zijn hand in de lucht ten teken van afscheid en vervolgt zijn weg naar zijn eigen huis, vierhonderd meter verderop, waar Robbie en Liselotte stilletjes op de bank in de woonkamer zitten.

Zodra Jan Hemelrijk hoort dat 't Hooge Nest is verraden en de kinderen voorlopig elders zijn ondergebracht, weet hij dat iedere minuut telt. Robbie en Liselotte zijn veilig omdat beide kinderen half-joden zijn, maar het is slechts een kwestie van tijd tot de SD erachter komt dat Lien en Eberhard niet getrouwd zijn en Kathinka vol-joods is. Dat betekent dat het meisje gedeporteerd wordt. Hemelrijk neemt onmiddellijk contact op met dokter Van den Berg met het verzoek Kathinka zo snel mogelijk aan hem over te dragen. Van den Berg weigert. Hij heeft de SD zijn woord gegeven en weet welk lot hem te wachten staat als hij een jood helpt onderduiken – ook al is het een kind van amper drie jaar oud.

Jan Hemelrijk doet een beroep op twee vrienden van de familie Brilleslijper die in de buurt zitten. De eerste is Karel Poons, de geblondeerde balletdanser met wie Lientje gedurende hun onderduikperiode wekelijks trainde; in die periode heeft hij ook een hechte vriendschap met Eberhard en de rest van de familie opgebouwd. De tweede is Karels buurvrouw, de jonge Marion van Binsbergen.

De oorlog heeft Marion en Karel bij toeval samengebracht. Karel zit ondergedoken in het tuinhuis van de villa van Cecile Hanedoes in Huizen, en Marion, een net afgestudeerde twintiger uit Amsterdam, is in 1943 in het huis ernaast komen wonen. Als dochter van een vrijdenkende rechter en een Engelse moeder met een autoriteitsprobleem is ze vanaf jonge leeftijd gestimuleerd voor zichzelf te denken. Toen de bezetting begon, was Marion studente Sociaal Werk in Amsterdam, maar een aantal ontmoetingen met de fascisten maakte zo'n indruk op haar dat ze zich al snel aansloot bij het verzet.

Een van die bepalende gebeurtenissen vond plaats op een mooie voorjaarsdag in 1942, toen ze zag hoe de nazi's een joods weeshuis leegruimden terwijl zij toevallig langsfietste. Terwijl de razzia in volle gang was hield ze stil op straat. De kinderen van het tehuis waren allemaal aan het huilen en Marion zag hoe ze een voor een in een vrachtauto werden gegooid – letterlijk. Van baby's tot peuters tot kinderen van een jaar of acht: ze werden als zakken aardappelen in de open laadklep gezwierd, aan een arm, een been, een paardenstaart. Twee onbekende vrouwen kwamen aanlopen, zagen het tafereel en stortten zich zonder aarzeling op de Duitsers. Ze werden overmeesterd en bij de kinderen in de vrachtauto gesmeten. Marion stond erbij en keek ernaar en nam op dat moment het besluit dat ze verzet moest plegen – al zou het haar de kop kosten.

Ze laat joodse baby's als haar eigen kinderen registreren en zoekt vervolgens in heel Nederland onderduikadressen voor hen. Ze neemt een tweejarig jongetje maandenlang in huis alsof het haar eigen zoon is. Ze helpt een ondergedoken hoogzwangere joodse vrouw, van wie het gastgezin geen baby in huis wil: direct na de bevalling neemt ze het kind mee van Amsterdam naar Rotterdam, waar ze een gezin met vier kinderen heeft gevonden dat de baby wel wil adopteren. Maar haar moedigste redding volgt op het verzoek een veilige plek te vinden voor een man genaamd Freddie Polak en zijn drie jonge kinderen van vier jaar, twee jaar en twee weken oud.

Het is augustus 1943 als dit jongste kind, Erica Polak, wordt geboren. De moeder zit in het verzet en direct na de bevalling wordt ze gearresteerd en gevangengezet. Marion vindt een onderduikplek voor het gezin net buiten Amsterdam, in het dorpje Huizen, toevallig naast het huis waar Karel Poons zit ondergedoken. Marion trekt al gauw bij Freddie en de kinderen in om voor ze te zorgen, terwijl Freddie doorwerkt aan zijn thesis. Marion is als een moeder voor de kleintjes en laat omwonenden in de waan dat het haar eigen, christelijke kinderen zijn. Toch is de angst voor ontdekking groot. Onder enkele vloerdelen onder een kleed creëert ze een kruipruimte waarin Freddie en de kinderen zich moeten verstoppen als er weer eens een razzia dreigt. Om op deze penibele momenten baby Erica stil te houden geven ze haar soms een slaappil.

Op een avond gaat het toch mis. Vier SS'ers vallen het huis binnen onder begeleiding van een lokale politieagent, een bekende NSB'er. De mannen doorzoeken het huis, vinden niets en vertrekken weer, maar de agent blijft in de buurt staan wachten terwijl de schemering invalt. Marion kent deze tactiek en maant Fred in de schuilplek te blijven zitten. Maar de kleintjes worden zo onrustig dat ze ze op een gegeven moment toch naar boven moet halen – deze keer heeft niemand een slaappil gekregen. De agent loopt om het huis heen, laat zichzelf binnen en komt oog in oog met de drie joodse kinderen te staan. Marion heeft één seconde om te beslissen. Ze grijpt een revolver die in de boekenkast naast zich is verstopt en schiet de man dood.

Een netwerk van stille helpers treedt in werking. Marion is in paniek, vreest voor het lot van haar onderduikers als de moord ontdekt wordt en roept de hulp in van vriend en buurman Karel Poons. Samen bedenken ze wat te doen. Marion wil het lichaam in de achtertuin begraven, maar Karel heeft een beter idee. Hij negeert de avondklok, snelt door het donker naar de Huizense bakker, die hij vertrouwt, en vraagt hem of hij het lichaam met zijn busje wil ophalen. De bakker stemt in en levert het vervolgens af bij de lokale begrafenisondernemer. Marion smeekt hem of hij haar wil helpen het lichaam van de man weg te werken, om het leven van de drie kinderen te redden. Dat doet hij. De doodgeschoten agent gaat mee in de kist met een zojuist overledene en wordt de volgende dag door de nietsvermoedende nabestaanden ter aarde besteld.

Dagen, weken, maanden verstrijken terwijl Marion in angst afwacht of er iemand bij haar op de stoep verschijnt, op zoek naar de Nederlandse agent die van de aardbodem is verdwenen. Familieleden, collega's of de vier SS'ers die bij hem waren die dag: iemand moet hem toch missen? Er komt niemand. Blijkbaar was Marion niet de enige die opgelucht was dat ze deze man niet langer hoefde te vrezen.

Het is dit gelegenheidsduo waarop Jan Hemelrijk een beroep doet om het leven van de kleine Kathinka te redden voordat het te laat is. Hij vertelt hun dat hij dokter Van den Berg heeft gevraagd het kind aan hem over te dragen, hetgeen hij weigerde, en hoe hij vervolgens zelf heeft geprobeerd Kathinka uit het huis weg te halen. Zodra Jan Hemelrijk binnen was, begon mevrouw Van den Berg als een loeiende sirene te schreeuwen, waarop de dokter de politie belde en Jan zich razendsnel uit de voeten moest maken. Inmiddels staat er een agent voor het huis op wacht.

Marion en Karel stemmen direct in, hoewel Marion vindt dat zij het alleen moet doen: als Karel gepakt wordt, is zijn lot, als jood, bezegeld, terwijl zij misschien nog een kans maakt er met een gevangenisstraf af te komen. Karel wil er niets over horen. Kathinka is de dochter van zijn dierbare vrienden Lien en Eberhard, die nota bene zijn valse papieren voor hem hebben geregeld, en hij wil per se helpen voorkomen dat het meisje wordt gedeporteerd. Jan Hemelrijk geeft ze instructies; de volgende ochtend moet het gebeuren.

Op 14 juli 1944 om halfnegen 's ochtends vertrekken Marion en Karel samen in de richting van het centrum van Huizen. Terwijl Karel bij de voordeur de politieagent en de huisarts aan de praat houdt, glipt Marion via de achterdeur het huis binnen op zoek naar Kathinka. Ze treft de artsenvrouw en haar kinderen boven in de badkamer, bezig met hun ochtendrituelen. Kathinka is daar ook, aangekleed en wel. Als de vrouw de indringster ziet, begint ze weer te gillen, maar Marion mept haar zonder pardon achterover de badkuip in, grijpt het meisje onder de oksels en rent de trap af, de achterdeur door naar haar fiets, zet het kind in een mand op de bagagedrager, neemt een vliegende aanloop en trapt vervolgens als een razende op de pedalen. Echo's van jammerklanken en tumult in het huis schieten door de open ramen over straat, maar het kind achterop geeft geen kik, alsof ze begrijpt wat er op het spel staat. Marion racet drie kilometer in één rechte lijn over de hei naar Blaricum, waar ze het meisje op het afgesproken adres van twee verzetsmensen aflevert. Karel heeft zich intussen in alle consternatie bij het huis van de dokter uit de voeten kunnen maken, Marion fietst rustig terug naar haar eigen adres en Kathinka duikt veilig onder in Blaricum. Een halfuur later staat de Gestapo bij dokter Van den Berg op de stoep om het kind op te halen voor deportatie.

De Duitsers hebben in 't Hooge Nest Eberhards papieren gevonden. Willy Lages begrijpt dat het stel niet getrouwd is en beveelt zijn mannen Kathinka bij de huisarts op te halen. Voordat hij het kind deporteert, wil hij haar eerst gebruiken om haar vader aan de praat te krijgen. Wanneer de SD'ers te horen krijgen dat het kind zojuist door een vreemde vrouw op een fiets is meegenomen, worden ze woedend. Dokter Van den Berg krijgt de toorn van de mannen over zich heen, maar gaat uiteindelijk vrijuit.

Overal in Huizen worden plakkaten opgehangen met een foto van Kathinka erop en daaronder in vette letters:

GEZOCHT!
KATHINKA ANITA BOS
GEB. 8.8.1941

Er komt geen enkele tip binnen; het kind is verdwenen.

Robbie en Liselotte blijven enkele weken bij dokter Schaaberg in Huizen, en worden dan naar hun niet-joodse grootouders Brandes in Den Haag gebracht. Bob is de dag van de inval door de Huizense politieagent gewaarschuwd en gaat na zijn werk niet naar 't Hooge Nest, maar rechtstreeks naar Trees Lemaire in Amsterdam. Eberhard is na zijn door Janny georkestreerde ontsnapping uit het politiebusje ondergedoken bij Eva Besnyö, op de Leidsekade, ook in Amsterdam. De mannen ontmoeten elkaar in het geheim bij Eva thuis, waar Bob Eberhard vertelt dat hij van Jan Hemelrijk heeft vernomen dat Kathinka in veiligheid is gebracht. Eberhard doet Bob op zijn beurt uit de doeken hoe Janny hem het leven gered heeft.

Niet lang na de reddingsactie sluipen Karel Poons en zijn gastvrouw Cecile Hanedoes midden in de nacht door de bossen en de hei naar 't Hooge Nest om te kijken of er nog meer belastende documenten zijn achtergebleven en om persoonlijke eigendommen veilig te stellen. Terwijl Karel buiten voor het huis giechelend van de zenuwen op wacht staat, klimt Cecile via een regenpijp omhoog, gooit een ruit in en doorzoekt het huis. Alles wat ze tegenkomt waarvan ze vermoedt dat het de weggevoerde bewoners nog kan belasten, probeert ze mee te nemen. Zo ook de onder de vloer verstopte kist met bladmuziek en liederen van Eberhard, die de Duitsers niet hebben gevonden. Via Bob komen ze bij Eberhard terecht, die een deel ervan met een verstopte boodschap opstuurt naar zijn Lientje in Westerbork in de hoop dat ze zo de moed erin houdt.

Bob, Robbie, Liselotte, Eberhard en Kathinka: ze zijn aangeslagen en door het hele land verspreid, maar op wonderlijke wijze verkeren ze in veiligheid na de inval op 't Hooge Nest. Bob en Eberhard bidden dat hun vrouwen, de rest van de familie Brilleslijper en hun voormalige huisgenoten in kamp Westerbork blijven tot de naderende bevrijding een feit is.

III

Overleven

'We waren zo mistroostig, we waren moe, we waren koud, we hadden dagen niet te eten gehad, we rammelden – we wisten eigenlijk niet meer of we honger hadden of niet, want het gaat over, ik weet niet of je 't... Gelukkig zal je het nooit ervaren, o god, laat je 't nooit ervaren.'

Janny Brandes-Brilleslijper

1

Reis naar het oosten

Meer dan duizend mensen zijn opgeroepen en na een kort moment van ongeloof ontstaat er totale paniek in het kamp. De vraag is: waarheen gaat dit transport? De chaos is niet te overzien. Sommigen rennen rond om de juiste mensen te spreken te krijgen, op zoek naar vrijwaringen of meer informatie. Anderen zoeken hun familie bijeen en vragen zich af wat de beste aanpak is. Moeten ze bij elkaar blijven? Proberen te ontsnappen vannacht? Wegkomen uit Westerbork is uitgesloten. Misschien kunnen ze beter wachten tot ze op de trein zitten, en dan ergens onderweg eraf springen. Wat te doen met alle kinderen, kunnen ze die ergens verstoppen? Maar als de trein naar een werkkamp gaat – het gunstigste scenario – houden ze de kinderen dan niet liever bij zich om samen te wachten op de bevrijding? Weer anderen overwegen symptomen van ziekten te fingeren of klampen de artsen in het kampziekenhuis aan voor hulp. In Westerbork zitten joodse dokters die veel willen doen om mensen het leven te redden, maar voor de familie Brilleslijper is die route geen optie. Omdat ze in het strafgedeelte zitten hebben ze veel minder vrijheid om zich over het terrein te bewegen en is contact met artsen alleen via allerlei omwegen mogelijk.

Voor Fietje Brilleslijper staat vanaf het moment dat al hun namen worden opgedreund één ding vast: ze moeten bij elkaar zien te blijven. Of ze nu naar Bergen-Belsen, Theresienstadt, Wolfenbüttel of Auschwitz gaan: als ze maar niet gescheiden worden. Ze zitten met z'n vijven dicht bij elkaar, houden elkaar vast en bespreken wat ze in welk geval moeten doen. Auschwitz lijkt ze het minst waarschijnlijk; het Rode Leger is in Polen, ze hebben vernomen dat de stad Lublin al is bevrijd en Auschwitz ligt daar maar vierhonderd kilometer vandaan, in het onderste gedeelte van het land. Maar Janny blijft nuchter.

'We moeten nergens van uitgaan. Ook niet dat de andere kampen beter zijn. Ik hoor iedereen roepen dat ze naar Theresienstadt willen, alsof dat een lot uit de loterij is, maar wie zegt dat? Hoeveel mensen hebben jullie uit Theresienstadt zien terugkomen?'

Vader gaat op zijn brits liggen, verlamd door machteloosheid. De anderen lopen zenuwachtig rond de barakken, doelloos en tegelijkertijd op zoek naar een oplossing die hun het leven kan redden. Japie zoekt het gezelschap op van het meisje dat hij hier in Westerbork heeft leren kennen. Otto Frank snelt een paar keer voorbij, hij loopt van hot naar her om informatie in te winnen. Hij gelooft inderdaad dat ze naar Theresienstadt zullen gaan, en dat het dan wel goed komt.

De tijd is hun vijand. Met iedere minuut die verstrijkt sluipt de trein die hen komt ophalen dichterbij over het spoor, dwarsligger na dwarsligger.

Na een lange dag waarin sommige gevangenen radeloos hebben rondgerend en anderen in stilte hun spulletjes bijeen hebben geraapt, komt iedereen tegen schemerduister bijeen in en rond de barakken. De ergste hitte van augustus is afgevlakt en de grond koelt 's avonds sneller af. Families zitten bij elkaar, kinderen op schoot, armen om elkaar heen geslagen. Fietje zit op haar brits en roept het gezin bijeen voor een laatste gesprek alvorens ze zich klaarmaken voor de nacht die zal eindigen in het begin van de reis. Ze leunt naar hen toe om boven het rumoer uit te komen, maar als ze spreekt verstomt alles om hen heen.

'Leef het kleine beetje leven dat we nog hebben, zo goed als het gaat.'

Fietje kijkt haar drie kinderen indringend aan, zet ieder woord kracht bij zonder dat haar gezicht aan zachtheid verliest. De plooien tussen haar neus en wangen zijn dieper geworden.

'En vergeet niet dat ook dit weer voorbij zal gaan.' Haar hand knijpt in die van Joseph. Dan richt ze zich tot haar meiden.

'Janny, Lientje: zorg dat jullie bij elkaar blijven! Maak je over vader en mij maar geen zorgen, wij redden ons samen wel.'

Ze kijkt naar Joseph, haar wenkbrauwen gaan omhoog en hij knikt bevestigend. Dan kijkt hij afwisselend van de ene naar de andere dochter, in zijn blik zien ze een plotselinge vastberadenheid die een glimp van de man laat zien die ze al een tijdje missen.

Fietje vervolgt: 'Jaap redt zich wel. Hij is jong en sterk en heeft genoeg uithoudingsvermogen voor ons allemaal.'

Bij dat laatste probeert ze een lachje op haar lippen te toveren voor haar jongste kind, dat met zijn armen voor zijn borst gekruist tegen een brits aan staat geleund. Maar Japies gezicht blijft strak, niet in staat zijn moeder zelfs maar voor de vorm tegemoet te komen. Natuurlijk redt hij zich wel, maar hij maakt zich vreselijk zorgen om zijn zussen en ouders.

Dan, als er geen woorden meer zijn, staan ze op en houden elkaar vast. Ze gaan ervan uit dat het morgen een enorme chaos zal zijn als meer dan duizend mensen tegelijk op de trein worden gezet, en er geen moment is om iets tegen elkaar te zeggen – laat staan afscheid te nemen.

~

3 september 1944

Zondagochtend. Het is nog een beetje donker buiten maar als de Ordediensten schreeuwend de barakken binnenstormen schrikt niemand wakker. Men is klaar voor de reis, met vijf broeken over elkaar aan, dubbele truien, een poederdoos verstopt in een beha, een lippenstift in een schoen. Foto's of briefjes van geliefden in een zak genaaid. Mensen laten zich uit de hogere bedden zakken, zieken en ouderen bewegen zich moeizaam voort, kleintjes wrijven vermoeid in hun ogen. Vaders en moeders pakken kinderpolsen, hun vingertoppen zijn al wit weggetrokken voor ze de barak uit zijn. Men grijpt persoonlijke spullen bijeen en haast zich naar buiten, voortgedreven door woest gebarende OD'ers.

'Doorlopen!'

'Opschieten!'

'Niet te veel meenemen!'

Vanuit de strafbarakken gaat het naar het spoor. Van de andere kant van het kamp zien ze honderden mensen naderen. Zelfs kampcommandant Albert Gemmeker is op dit vroege uur aanwezig, zijn gepoetste laarzen het enige blinkende in de omgeving. Met zijn SS'ers en enkele grote honden staat hij aan de zijkant toe te kijken, ontspannen maar met de blik van een havik, grappend maar bloedserieus over de taak die hem wacht. Janny en Lien blijven krampachtig dicht bij elkaar en bij hun familie, proberen tussen de hoofden de kennissen te vinden die hebben aangekondigd dat ze gaan proberen onderweg uit een wagon te springen, in de hoop dat ze er zelf achteraan kunnen. Maar dan worden er namen opgeroepen en loopt alles in de war. Mensen gaan tegen de stroom in, familieleden roepen naar elkaar. Een laatste aanraking, dan splitsen de wegen zich: Janny en Lien de ene kant op, Joseph en Fietje de andere kant. Jaap verdwijnt in de mensenmassa, zijn permanent verbaasde uitdrukking met wenkbrauwen als brugbogen is het laatste wat ze zien.

Daar is de trein. Geen personenwagons met bankjes en gangpaden en ramen, zoals de trein die Janny van Amsterdam CS naar Westerbork bracht, maar zware houten veewagens als minibarakken op wielen, tot de nok toe afgesloten – er zijn geen zichtbare luchtgaten. Van de wagens komt een penetrante geur. Zurig, het prikt in de neus. De rij treinstellen lijkt eindeloos. Mensen drommen bijeen voor het spoor, er wordt geduwd, gestruikeld, maar Gemmeker en zijn mannen kijken tevreden toe hoe iedereen langzaam maar zeker wordt verdeeld en in de wagens verdwijnt. De zussen verliezen hun ouders uit het oog, ze zien alleen nog dat ze met het oude echtpaar Teixeira de Mattos richting een wagon worden gedreven. Ze hopen maar dat Jaap bij hen is.

Tientallen mensen per wagon, zestig, zeventig, tachtig, bagage erbij gepropt, tot het hok vol is en mensen met tenen en neuzen over de rand steken. De voorste rij kijkt voor zich uit, een meter boven de grond die zo meteen onder hun voeten zal wegglijden. Dan schuift de deur dicht, vlak voor hun gezichten, en zijn kampterrein en zonlicht verdwenen. Een ijzeren staaf draait 180 graden ter vergrendeling, het aantal ingezetenen wordt in krijt op de buitenkant gekalkt. Volgende wagon.

Mensen reiken elkaar de hand, klimmen erin, Lien en Janny houden elkaar vast aan een stuk stof, zijn bang dat ze op het laatste moment gescheiden zullen worden. Maar ze zitten bij elkaar, waarschijnlijk omdat zij allebei als politieke *Häftlinge*, gevangenen, zijn gekwalificeerd. Ze zitten erin, samengeperst tussen de vreemde mensenlichamen, iedereen probeert te schikken en te schuiven, kinderen verdwijnen tussen de benen van hun moeders, oudjes proberen tevergeefs ergens houvast te vinden, volwassen mannen worden als kauwgom tegen elkaar aan geplakt en alles wordt bijeengehouden door vier dichte, houten wanden die geen centimeter meebuigen. Enkele dunne, schuin aflopende lamellen bovenin laten een zuchtje lucht binnen, maar de benauwdheid is al voelbaar terwijl de deur nog openstaat. Een lege ton erbij en een emmer water.

'Handen! Voeten!' schreeuwt een bewaker en de voorste rij probeert nog een millimeter naar achteren te schuiven. Dan sluit de deur.

Het is aardedonker in de wagon, het voelt alsof ze levend begraven zijn. Overal om hen heen geadem, gehuil, kinderen die in paniek raken omdat ze geen hand voor ogen zien, iemand staat op een voet, in de hoek klinkt een chronisch hoestje dat nu al op de zenuwen werkt. Lien is bang, haar borstkas gaat hard op en neer en wanneer ze probeert anders te gaan staan merkt ze dat zelfs haar voeten tussen andermans voeten zitten in geklemd. Een hoge toon verlaat haar mond en ze begint hardop te hijgen, maar Janny knijpt in haar hand, zo gemeen in het velletje tussen duim en wijsvinger dat het pijn doet.

'Gewoon op je plaats blijven staan, niet bewegen. Rustig blijven,' sust ze haar zus tot haar aandacht is afgeleid en Lien haar hand wegtrekt.

Geschreeuw buiten, zware voetstappen langs de wagons, een paar Duitsers maken grappen. Het geluid ebt weg en het wordt langzaamaan steeds stiller, ook binnen. Ze staan daar maar, het lijkt een eeuwigheid te duren. Dan gaat er opeens een schok door de wagon, als uit één mond klinkt er een kreet wanneer ze als dominostenen bijna omvallen, maar de muren houden hen overeind en de trein komt in beweging. De drijfstangen beginnen langzaam aan hun malende bewegingen, zelfs de kinderen zijn nu stil. Een hobbel, en nog een, steeds sneller totdat de wielen in een gelijkmatige cadans over de voegen rijden. Terwijl boven kamp Westerbork de zon de hemel in klimt, verdwijnt de trein met 1019 mensen op elkaar gepakt langzaam aan de horizon.

Hoewel ze zichzelf steeds kleiner proberen te maken lijkt de inhoud van de wagon zich te vermenigvuldigen. Een paar mensen proberen te zitten, op hun tas, op de grond, maar de meerderheid moet staan. Iedere centimeter die bij vertrek nog leeg was is opgebruikt en het beetje zuurstof dat door de kieren naar binnen komt lijkt door steeds meer monden te worden opgezogen. En ze zijn pas net onderweg – één uur, twee uur? Een paar ouderen huilen zachtjes zonder dat iemand hen weet te troosten, moeders spreken hun kinderen toe. 'Stop met huilen', 'Wiebel niet zo', 'Je kunt nu niet plassen'. Iemand geeft over. De stank is misselijkmakend, maar went.

Dan mindert de trein vaart. Janny en Lien knijpen elkaar, proberen elkaars blik te vangen maar het is te donker. Hortend en stotend komt de trein tot stilstand. Iedereen in de wagon is doodstil en houdt de adem in. Nu al? Is dat een goed teken? Buiten klinkt lawaai, er wordt in het Duits geschreeuwd, dezelfde zware voetstappen stampen heen en weer alsof ze Westerbork nooit hebben verlaten. Gemorrel aan de deur, piepend ijzer en dan: fel zonlicht. Ze knijpen hun ogen dicht en openen hun mond. Frisse lucht stroomt met bakken tegelijk de wagon binnen en ze zuigen die naar binnen, slokken de zuurstof op alsof het water is. Het is fris voor de tijd van het jaar, vijftien graden ongeveer, en het voelt alsof hun slap geworden spieren en botten weer langzaam harden in hun lichamen.

De verlossing is van korte duur: van opzij komen bewakers aanlopen, ze duwen mensen voor zich uit, bekende gezichten uit het kamp. Voor hun open wagon houden ze stil en er wordt geschreeuwd dat ze erin moeten klimmen. Verwarring: dat kan niet, dat past niet, gemor achterin, maar het moet. Ze schuifelen naar achter, centimeters zijn het, een halve handbreedte, de mensen trekken zich aan uitgestoken armen omhoog en zodra ze binnen staan, met hun gezichten pal tegen de gezichten van de voorste rij, wordt de deur achter hun rug dichtgeschoven. Wat is er gebeurd? De nieuwelingen doen hun verhaal.

In een van de achterste wagons is een ontsnappingspoging geweest. Voor sommigen was die geslaagd: via een gat in de voorzijde van de wagon is een aantal gevangenen uit de rijdende trein gesprongen. Iemand had een kleine broodzaag meegesmokkeld en om beurten hadden ze met het botte ding heen en weer gekrast tot er een inkeping ontstond in de houten wand die uitkwam op het koppelstuk tussen de twee wagons. Vervolgens nog zo'n zaagsnede, net zo lang tot er een luik was waar met moeite een mens doorheen paste. De eerste stak zijn voeten naar buiten, vond houvast op de stalen buffers tussen de twee wagons, terwijl de dwarsliggers van het spoor met duizelingwekkende snelheid onder hem door flitsten. Hij aarzelde niet, dook als een zwemmer in het gat en verdween onder de rijdende trein. De volgende bleef, eenmaal buiten, met trillende benen op de buffers staan, tot iemand siste dat hij moest springen; er stonden er meer te wachten. Hij sprong. Niemand wist of hij door de wielen was gegrepen of niet. Toen een vrouw. Ze stak haar voeten uit het gat en schoof op haar billen naar buiten, tot ze op de koude, gladde buffers zat. De wind sneed langs de treinstellen, het landschap schoot voorbij en zij zat daar maar met grote ogen. Toen niemand het meer verwachtte, liet ze zich zo onderuit vallen, op haar rug onder de rijdende trein. Zo waren er in totaal wel zes of zeven mensen uit die veewagon ontsnapt – dood of levend, dat konden ze hun niet vertellen – voordat de Duitsers iets doorkregen en de trein lieten stoppen. Ze waren naar buiten gemept, de wagon met het gat erin werd afgekoppeld en de overgebleven passagiers werden over de andere wagons verdeeld.

Terwijl de wielen weer in beweging komen, vertelt een van de nieuwkomers dat de ontsnapping en de tussenstop in de buurt van Zwolle moeten zijn geweest – dat hoorde hij van iemand die de omgeving kent. De discussies over hun bestemming laaien weer op. Ze moesten toch naar het oosten? Waarom zijn ze dan richting Zwolle gereden? Janny hoort het aan en zegt niets. Ze weet dat de treinen vanuit Westerbork eerst moeten aansluiten op de spoorlijn Assen-Zwolle, waar de reis naar Polen begint. Toch gelooft ze niet dat ze helemaal naar Auschwitz gaan, of zelfs maar naar Wolfenbüttel; het Rode Leger moet toch al bijna bij Berlijn zijn? Nee, heel ver zullen ze niet reizen.

In de uren die volgen staan en hangen ze allemaal tegen elkaar aan in de overvolle wagon die over het spoor voortsnelt. In het begin probeert iedereen rekening te houden met de mensen die het dichtste tegen hen aangedrukt zijn. Als een buurman even wil zitten, kom je zelf overeind en als een kind tussen de benen door naar zijn grote zus een paar lichamen verderop wil, doet iedereen zijn best het te laten passeren. Als iemand bijna flauwvalt van de ademnood, laat je hem even onder de stalen lamellen naar lucht happen en als je per ongeluk een ander schopt of aanstoot, zeg je 'sorry'. Maar beschaving is niet veel meer dan de juiste omstandigheden en het duurt dan ook niet lang voordat beleefdheden plaatsmaken voor zelfbehoud. Janny en Lien laten elkaar geen seconde los en vormen zo een buffer tegen de toenemende agressie in de benauwde ruimte. Naarmate de dag vordert kunnen sommige mensen van vermoeidheid niet meer op hun benen staan en zakken neer, waardoor iemand anders in de knel komt en begint te schreeuwen. Degenen die een plekje op de grond of, beter nog, op een beetje stro hebben gevonden, zitten klem, worden geschopt of krijgen een knie in hun gezicht. Is het ene kind stil, begint het volgende alweer te huilen en zo wordt de stemming stilaan grimmiger. Terwijl ze eerst nog met z'n allen in hetzelfde schuitje zaten, voelen de meesten zich al snel zo beroerd dat ze nog maar één doel voor ogen hebben: levend uit dit hok komen, goedschiks of kwaadschiks.

Er is een houten ton met de grootte van een emmer waarin ze hun behoeften kunnen doen, maar behalve de kinderen is er niemand die dat die eerste uren doet. Als de avond invalt en de trein geen aanstalten maakt vaart te minderen, bezwijken ook de volwassenen een voor een voor de druk van hun blaas. Ingeklemd tussen vreemden nemen ze plaats op de emmer en laten hun laatste restje waardigheid varen. De ton stroomt bijna over en de lucht die tussen de hoofden hangt is inmiddels zo zwaar en penetrant dat ze hem op hun tong kunnen proeven.

Wanneer de nacht invalt raken ze het beetje oriëntatie dat ze nog hadden kwijt, kopje-onder in een zwarte olievlek. Er zit niets anders op dan zich eraan over te geven, en langzaam wordt het wat stiller in de wagon. Janny en Lien hebben een manier gevonden om een beetje weg te dommelen. Ze staan rechtop, rug tegen rug, en proberen elkaar zo in balans te houden. Het gevoel van hun lichamen dicht tegen elkaar aangedrukt, net als vroeger in bed, thuis in Amsterdam, is het enige wat hen, letterlijk en figuurlijk, nog overeind houdt.

4 september 1944
Een schok, de wielen glijden een stukje door, nog een schok, de trein komt tot stilstand. De lichamen verschuiven alleen nog door het horten en stoten van de wagon, niet meer uit zichzelf. Geen rumoer of gehuil meer, iedereen is doodop van de afgelopen vierentwintig uur. De grendel gaat omhoog, de deur schuift open. Ochtendzon. Niemand reageert, ze blijven zitten, liggen of staan en staren voor zich uit, de oogleden halfgesloten.

'Eruit!'

Geen reactie.

'Dalli, dalli! Schnell!'

Ze komen in beweging, een stuk of twintig gevangenen mogen naar een platform lopen om de tonnen met urine te legen en de emmers met water te vullen. Terug, de wagon in, deur dicht, grendel ervoor. Alles is weer donker en het ruikt hetzelfde als gisteren, alsof er niets is gebeurd. De trein trekt op, en voor ze het weten klinkt weer de gelijkmatige slag van de spoorvoeg onder hun voeten.

Janny heeft ontdekt dat er, behalve de schuine luchtkieren boven in de wagon, ook twee roosters met dik gaas ervoor in de wand zitten, waardoor wat lucht binnenkomt. Voetje voor voetje proberen Lien en zij in de buurt van die roosters te komen, ze manoeuvreren zichzelf die kant op met hun gezicht naar het plafond gekeerd, alsof ze vast een voorschot op de frisse lucht kunnen nemen. Er zit beweging in de opgepropte lichamen: bij de roosters is namelijk wel zuurstof, maar je staat er ook op de tocht. Lien maakt een centimeter ruimte voor Janny, Janny maakt een centimeter ruimte voor Lien, en zo schuiven ze op.

Een derde gaatje bevindt zich bij de deurgrendel. Je kan erdoor naar buiten kijken; met een beetje geluk kom je aan de beurt. Wanneer Janny eindelijk haar wang tegen het hout mag drukken en de wereld ziet, ademt ze lang uit en prent ieder beeld, iedere kleur en ieder geluid van buiten in haar geheugen. Er is geen wolkje aan de hemel en het helblauw tekent zich af tegen de okergele korenvelden. Iemand probeert haar weg te duwen, maar ze geeft niet mee. Voor haar ene oog is alles zo zonnig en kleurrijk en vreedzaam dat ze enkele seconden vergeet dat de rest van haar lichaam zich in uitzichtloze omstandigheden bevindt. Dan wordt ze opzij gebeukt en is haar moment voorbij.

De zusjes proberen de uren te tellen, maar hun hersenen willen niet meer. Ze zitten midden in de wagon tussen de mensen ingeklemd en ieder besef van tijd en ruimte is weggevloeid, tegelijk met het gevoel uit hun ledematen. Ze hadden nog een stukje oud brood, maar ze zijn zo uitgeput en de stank is inmiddels zo ziekmakend dat ze geen kruimel door hun keel krijgen. Mensen om hen heen ijlen, kinderen jammeren zachtjes, de wissels kreunen en het ijzer krijst, tot geluid en omgeving samenvallen in een nieuwe, eindeloze nacht.

5 september 1944

Ze liggen over en onder elkaar als gestapelde zandzakken, een been eindigt in een hand in een hoofd in een voet. Een borstkas gaat traag omhoog en omlaag, en blijft dan liggen. Bij iedere spoorwissel schudden ze als één wezen heen en weer, haren strijken als waaiers over de vieze vloer. De ton wordt niet meer gebruikt. Het kijkgat bij de deur ook niet. De zussen slaan af en toe de ogen naar elkaar op. Zo ver is Wolfenbüttel niet, het zal toch niet…

In de derde nacht stopt de trein. De deuren worden ontgrendeld, schijnwerpers stralen van hoog uit de zwarte hemel in de wagons. Blaffende honden, bevelen in het Duits, gegil in de verte. Handen graaien in hun wagon, zoeken naar levenloze lichamen. Een blikkerige stem schalt door de buitenlucht alsof ze in een stadion zijn en overstemt al het andere.

'Alle raus, schneller, schneller!'

'Aussteigen, alle Koffer hinlegen!'

De zussen kunnen amper overeind komen, ze zijn verblind, hun benen en oogleden voelen zwaar, zo zwaar. Ze struikelen over een lichaam in de wagon, verliezen hun evenwicht wanneer ze op het perron staan, maar worden door iemand overeind geduwd; een man in een streepjespak fluistert tegen ze: *'Ihr seid gesund. Lauft. Steigt nicht in die Wagen!'* Ze begrijpen het niet, grijpen elkaar vast en lopen door, gevangen in dikke lichtbundels waarin minuscule stofdeeltjes als sneeuw op hen neerdwarrelen. Lien kijkt om, de nieuwe deken die Mieke hun heeft toegestuurd ligt nog in de wagon. Maar terwijl ze langs de andere treinstellen lopen, zien ze hoe tassen uit handen worden gerukt en op grote hopen op het perron worden gegooid. *'Alles Gepäck liegen lassen, nichts mitnehmen!'* wordt er geschreeuwd. Naast de bergen met spullen ontstaan stapels lichamen, die soepel door bewakers uit wagons worden gezwierd als bij een spelletje Jonas in de walvis. Herdershonden staan op hun achterpoten, de riemen waarmee ze in bedwang worden gehouden zitten strak gewikkeld rond handen die uit uniformen steken, met daaronder hoge, leren laarzen. Ontblote tanden komen angstaanjagend dichtbij. Snel, doorlopen, verder het platform af.

Er worden rijen gevormd. Mannen aan de ene kant, vrouwen en kinderen aan de andere. Een ss'er staat op een verhoging, zijn grote donkere figuur steekt af tegen het felle licht. Zijn mond gaat open en dicht, aderen bollen op in zijn nek. Wat zegt hij? Wat moeten ze doen? Janny en Lien laten elkaars hand geen seconde los.

'Alte und Kinder auf den Lastwagen!'

Ouderen en kinderen moeten naar de vrachtwagens. Mensen van vijftig jaar en ouder, bijna niet meer in staat om op hun benen te blijven staan na de loodzware reis, worden uit de rij geplukt en naar de wagens geduwd, net als de kinderen, die daas voor zich uit kijken. Moeders rennen hun kroost achterna. De zussen zoeken in de mensenmassa naar een bekend gezicht. Lien steekt een hand omhoog als ze Jaap in de verte denkt te ontwaren, zijn gewelfde wenkbrauwen boven de zee aan donkere kruinen, maar ze weet het niet zeker en de jongen is al weg. Janny denkt een glimp van vader en moeder bij een vrachtwagen te zien, maar dan worden ze alweer verder gedreven.

'Dalli, dalli! Schneller!'

Ze staan samen in de rij en knijpen in elkaars hand, proberen de stank van de wagon kwijt te raken, en dan ruiken ze het. Ze ruiken de geur die ze nooit meer zullen vergeten en ze weten het.

In de nacht van 5 op 6 september 1944, aan het einde van Dolle Dinsdag, de dag waarop in Nederland massaal vlaggen en vaandels van zolder worden gehaald omdat men verwacht nu ieder moment de bevrijders te kunnen onthalen, komt de familie Brilleslijper aan in Auschwitz.

~

De SS'er schreeuwt over de hoofden heen. Hun rij raakt steeds meer uitgedund, maar er krioelen nog steeds honderden mensen over het perron.

'Ruhe!'

Ze kijken omhoog, spitsen de oren, maar er is zoveel lawaai en chaos.

'Ik roep vijftig namen op! *Extra Schutzhaftbefehl!*'

Bijzonder bevel tot opsluiting. Ineens wordt het helemaal stil. De man buigt het hoofd en leest de namen op van zijn papier.

'Brandes, Marianne… Rebling, Rebekka.'

Ze zitten bij elkaar; het resultaat van de vervalste huwelijksakte. De opgeroepen mannen worden direct weggeleid, de vrouwen moeten zich verzamelen bij een *Scharführer* met een klembord, die hun namen nog eens controleert. Ze zijn maar met een klein groepje. Ze wachten en met iedere ademhaling ruiken ze de brandlucht. Boven de schijnwerpers die het perron uitlichten is de hemel nog steeds aardedonker. Dan moeten ook zij lopen.

Wachttorens. Betonnen palen rijzen hoog boven hen uit en maken bovenin een knikje alsof ze hen groeten. De rijen prikkeldraad die er tussen gespannen zijn staan onder hoogspanning. Janny en Lien kijken elkaar aan en denken hetzelfde. Dit is geen werkkamp. Kippenvel, misschien van vermoeidheid. Ze wisten niet dat je zo moe kon zijn zonder dood te gaan. Lien krijgt haar voeten bijna niet meer van de grond getild, alsof ze over gesmolten asfalt loopt. Haar knieën botsen tegen elkaar en ze zakt door haar enkels, de tranen lopen over haar wangen. Ze wil niet meer. Snel grijpt Janny haar bij de bovenarm, duwt haar gewicht onder haar zus en houdt haar in de pas. Lien veegt het snot onder haar neus weg en laat zich meevoeren.

De oude vrouw die voor hen loopt dreigt ook te bezwijken en ze nemen haar tussen hen in, een arm aan iedere kant. Ze lijkt van porselein, zo licht en breekbaar is ze. De vrouw moet ver in de zeventig zijn, misschien wel ouder. 'Dank je wel,' fluistert ze. Ze proberen haar bij bewustzijn te houden, vragen naar haar naam. 'Luise Kautsky.' Het is amper hoorbaar, maar Lien en Janny herkennen hem. 'Van Karl Kautsky?' Een knikje en een licht omkrullende mondhoek bij de herinnering. Haar man was een bekende Tsjechisch-Oostenrijkse politicus en theoreticus van de sociaaldemocratie, van wie de zussen weten dat hij vlak voor de oorlog in ballingschap in Amsterdam is overleden. Bob en Eberhard hadden het vaak over zijn werk. Het vreemde moment van menselijk contact en de herinnering aan hun vroegere levens helpen hen alle drie door de laatste meters. Bij een laag gebouw worden ze naar binnen gejaagd en verliezen ze Luise uit het oog.

Een lange stenen hal, koud en grauw. Waar ze ook kijken zijn ss'ers in uniform en gevangenen in streepjespakken. Lange tafels, alsof ze zich moeten inschrijven voor een zwemwedstrijd.

'Ausziehen, alle Kleider hinlegen!'

De stem van de ss'er klinkt blikkerig, de boodschap weerkaatst in de ruimte. Geen van de vrouwen in het groepje maakt aanstalten zich uit te kleden, ze kijken elkaar vragend aan. Er is geen afzonderlijke ruimte, geen gordijn, overal staan mensen.

'Dalli, dalli, schneller!' schreeuwt de man nog eens.

'Ihr werdet desinfiziert!' roept een gevangene in streepjespak, die verderop staat. Verschrikt kijken Janny en Lien elkaar aan, maar de andere vrouwen beginnen zich al van hun kleren te ontdoen en lijdzaam volgen ze hun voorbeeld. Ze hebben de fut niet zich te verzetten en bovendien staan er talloze bewakers te wachten op een excuus om uit te halen. Ze trekken de kleding uit die ze zo zorgvuldig hadden uitgezocht in Westerbork in de hoop goed voorbereid te zijn. Westerbork. Die naam lijkt opeens een echo uit een ver verleden, als de straat waar je als kind ooit woonde. Schoenen uit, sokken, hemd. Een aarzeling.

Beha.

Onderbroek.

Ze staan met blote voeten op de koude vloer, hun handen voorlangs gekruist en hun blik op de grond gericht zodat ze zichzelf niet door de ogen van vreemden hoeven te zien.

'Doorlopen!'

Langs de tafels, sneller, ss'ers jagen hen met hun zwepen en honden op. Zoveel geschreeuw, maar iedere keer schrikken ze toch weer, trekken hun hoofd tussen hun schouders en heffen hun handen verdedigend in de lucht alsof dat bescherming biedt. Janny is al verder en Lien maakt vaart, zorgt dat ze weer bij haar zus in de buurt komt. Gevangenen in kampkleding zitten klaar met scheerapparaten, hun blik op de verte gericht. Ze worden verspreid. Waar je uitkomt, word je geschoren – het maakt niet uit of het door een man of een vrouw is. Armen omhoog. Hun oksels. Benen uit elkaar. Hun schaamhaar. Omdraaien. Hun haar wordt beetgepakt en in één beweging kort geknipt.

Doorlopen, nog naakter dan net. Meer tafels. Iemand grijpt hun arm en zet er een naald in. Ze voelen geen pijn. Via het puntje van de krassende naald verschijnt langzaam een serie van vijf cijfers op hun huid, op de bovenkant van hun linker onderarm. Terwijl de man met zijn naald haar huid doorboort en er druppels inkt in injecteert, kijkt Janny opzij naar Lien, die met uitgestoken arm voor zich uit staart, haar haren steken in pieken alle kanten op en haar onderkaak is licht verzakt.

88420.

Janny hoeft het nummer maar één keer te zien; het is voorgoed in haar geheugen gekerfd.

Een doucheruimte. Het miezerige straaltje is afwisselend bloedheet of ijskoud. Ze huiveren, de tocht giert langs de muren. Tussen de andere vrouwenlichamen door proberen ze wat druppels in hun gevouwen handen op te vangen, boenen met vochtige vingers hun huid, maar het vuil is overal. Armen en benen trillen zo hevig dat hun bewegingen op stuiptrekkingen lijken. Sommige vrouwen lijken wel dronken, ze wankelen door de ruimte en worden bijgestuurd door bewakers die hen met hun zweep voortjagen en op afstand houden.

'Schneller!'

Luise Kautsky, de oude dame, valt op de grond en blijft op de stenen liggen. Een andere vrouw weet haar weer op de been te krijgen. Overal groepjes vrouwen die zich met handen tot kommetjes gevouwen tevergeefs bij de douchekoppen verdringen. Stoom verzamelt zich rond hun hoofden en onttrekt voor het eerst de bewakers aan het zicht. Janny en Lien kijken elkaar aan, grijpen elkaar vast, weer even samen, net als vroeger.

'We moeten hier doorheen,' zegt Janny.

Geen geluid, liplezen. Een besluit. Ze knikken allebei.

2

Ken jij de Mosselman?

Een nazomeravond in Amsterdam, eten bij vader en moeder. Janny heeft de trein uit Den Haag genomen en loopt het laatste stukje op weg naar haar ouderlijk huis door de straten waarvan ze iedere stoeptegel, iedere oneffenheid in het wegdek kent. Ze zwaait naar bekenden. Winkels worden afgesloten en vrienden van vroeger zijn op weg naar de kroeg, het water van de Amstel kabbelt tussen de wallen. De bedrijvigheid op het Waterlooplein loopt op zijn einde en stromen mensen begeven zich richting Carré. Uit het openstaande raam van een souterrain klinkt een valse scheepstoeter, een jongen staat achter een lessenaar op zijn blaasinstrument te oefenen. Fietsers ploegen over de steile Magere Brug, sommige stappen af en wandelen verder omhoog, lachen om hun eigen onvermogen. Janny slaat af naar het verborgen hoekje van de Nieuwe Achtergracht en gaat naar binnen op nummer 14/II. Lientje is er al, vader oreert tegen haar over haar onzinnige danscarrière, ze rolt met haar ogen als ze haar zusje ziet binnenkomen. Ze geven elkaar een zoen. Als Japies verstrooide gezicht om de hoek van de deur verschijnt groeten ze hem in koor. Moeder is in de keuken, stomende pannen, een bevel. Janny helpt haar. Fietje vraagt Joseph een raam open te zetten. Een zwoele bries waait binnen en de geluiden van de Amsterdamse binnenstad vormen een zoemend achtergrondkoor.

Aan tafel. Zoveel verhalen, plannen en dromen te bespreken. De handel, familie, geldzorgen. Jaap denkt aan een vervolgopleiding, hij is bijna klaar met de middelbare handelsavondschool. Lien schuift wat aardappelen op het bord van zich af. 'Ik ben te dik,' pruilt ze. 'Je bent niet dik, wij zijn klein,' pareert moeder zonder van haar bord op te kijken. Janny moppert wat over werk, ze weet niet wat ze wil. Ze is sinds een paar maanden kinderjuffrouw bij een deftige familie, een jonkheer De Brauw in Den Haag en zijn kroost, maar ze vindt het niks. Het werk bij de Internationale Rode Hulp: dát is pas nuttig. Hoe kan ze nou op kinderen passen terwijl in de omringende landen de fascisten naar de macht grijpen? De wereld staat in brand! Hoe kan vader nou zaken doen met de Duitsers, terwijl die vreselijke man daar aan de macht is? Ze is nog steeds kwaad dat Joseph een grote partij groenten en fruit aan een staalfabriek in Duitsland heeft geleverd; ze hebben er knallende ruzies over gehad. Mede daardoor, en omdat hij haar werk bij de Rode Hulp te gevaarlijk vond, is ze uit huis gegaan en naar Den Haag verhuisd. Ingetrokken bij Lientje. Vader schudt zijn hoofd, vindt dat zijn dochter weer eens schromelijk overdrijft, maar wil de sfeer niet verpesten; deze discussie hebben ze al te vaak gevoerd. Hij wil niet weten wat Janny allemaal uitvreet in haar 'strijd tegen het kwaad', zoals ze het altijd noemt, en bovendien gelooft hij niet dat het zo'n vaart zal lopen allemaal. Hij heeft een zaak te runnen en dat is al moeilijk genoeg dezer dagen.

'En ik word een ster!' Midden in het gesprek werpt Lien beide handen in de lucht en zingt het uit, de letters van het laatste woord uitgerekt tot een slinger. Ze barsten allemaal in lachen uit en de spanning aan tafel is weer doorbroken. Buiten klingelt de koperen bel van de ijscokar op het ritme van 'Zeg, ken jij de Mosselman?'; onmiddellijk kijken ze naar hun moeder, drie paar wenkbrauwen gaan vragend omhoog. Het geluid zwelt aan, hij nadert vanaf de gracht. Fietje kijkt even streng, maar dan breekt haar gezicht open. Ze knikt en als kleine kinderen schieten ze uit hun stoelen.

Overeind, naar buiten, snel. Ze struikelen bijna over elkaar in hun haast, achter elkaar, naast elkaar, ze halen iemand in, willen niet aan de rand belanden maar in het midden van de menigte die zich begint te vormen. Het is gaan regenen. Geen glinsterende lentedruppels die niet doorzetten, maar een hoosbui alsof er een kiepwagen over hen wordt uitgestort. Grijze wolken sluiten zich boven hun hoofd, kleuren de hemel al gauw net zo donker als de grond. Janny neemt haar plaats in de rij in, kijkt snel of Lien er is; die staat achter haar. Gelukkig. Ze kijkt weer voor zich uit en sluit aan. Het water loopt al in straaltjes over haar gezicht, druppels vallen van haar wimpers. Binnen enkele minuten zijn haar kleren doorweekt – en ze waren nog vochtig van de vorige bui. Ze huivert onder de dunne lompen die al dagen niet meer droog worden. Haar klompen zakken weg in de modder en beginnen vol te lopen. Ze waren er zo blij mee geweest en ze hadden het ook goed gehouden de eerste maand, maar tegen deze omstandigheden is niets bestand. Ze probeert ze een voor een omhoog te trekken uit de drab waarin ze inmiddels tot haar enkels is weggezakt, heel voorzichtig zodat niemand het ziet. Iedere beweging kan er een te veel zijn. De Kapo's schreeuwen, er komen nog steeds vrouwen aanrennen, te laat, ze worden geslagen, vallen voorover in de modder. Je moet niet bij de laatsten zijn, je moet niet in de buitenste rijen terechtkomen, je moet niet opvallen, je moet nergens uitsteken. Lien en zij hebben geluk dat ze zo klein zijn.

Uren verstrijken en het tellen gaat door. Eén foutje, opnieuw, van voren af aan, honderden koppen die op een gigantisch schaakbord staan opgesteld. Soms stort er iemand in en ontstaat er een gat in het patroon. Janny staart naar de rug van de vrouw voor haar en probeert zich niet te verzetten, tegen het aanhoudende geschreeuw van de Kapo's en *Aufseherinnen,* tegen de regen, de honger of de tintelende pijn in haar krimpende lichaam. Afgepeld zijn ze, laag voor laag als een ui, tot er niets over was dan de kern van hun bestaan. Eerst hadden ze hun hun werk afgenomen, hun scholen, hun huizen en hun stad. Hun buren en hun vrienden. Toen hun gezinnen en hun vrijheid. Uiteindelijk hun kleren, hun haren, hun eigen spiegelbeeld. Maar niet de kern, daarop moeten ze zich concentreren, die krijgen ze niet. Ze zien wat er anders gebeurt, in de levende doden die over het terrein zwalken. De *Muselmänner*. Zij hebben zichzelf opgegeven en overgegeven nog voordat de nazi's ze over de richel hebben geduwd. De comateuze aanblik van de muzelmannen is misschien wel een grotere triomf voor de fascisten dan de rokende schoorstenen op het kampterrein. Ze liggen, hangen, strompelen over het terrein, mannen en vrouwen. Uitgeput en uitgemergeld, de zenuwen afgestompt en de spraak verloren, met kaken als ijzeren klemmen en ogen als knikkers die niets meer registreren. De muzelmannen zijn degenen die tijdens de selectie als eersten met een handgebaar naar één kant worden gestuurd, nog vóór de zieken, de zwangeren, de kinderen en de oudjes: de gang naar de gaskamers, die ze in hun hoofd al hebben genomen. Ze gillen niet en ze huilen niet, zijn zich niet langer bewust van hun omgeving, of misschien juist al te bewust van de uitzichtloosheid ervan. Precies daarom worden ze door de rest van de gevangenen gemeden.

De regen beukt op Janny's hoofd, de door- en doornatte kleren zijn versmolten met haar huid. Ze huivert in haar hemdjurk. Geen onderbroek, de wind waait recht door haar heen. Haar voeten zijn zo gevoelloos door de kou dat het lijkt of de houten klompen recht uit haar onderbenen groeien. Maar steeds als ze de kern dreigen te verliezen vinden ze bij elkaar het laatste beetje houvast dat de meesten hier ontberen. Door de ander onthouden ze wie ze zijn, omdat de ander ze eraan herinnert wie ze ooit waren: twee zusjes uit Amsterdam.

3

Het viooltje van Lien

Janny en Lien hebben al snel door dat het kamp draait op een piramide van vernederingen, waarbij iedereen tegen elkaar opgezet wordt. Hoewel het terrein van Auschwitz-Birkenau op het eerste gezicht oogt als een in modder verzonken chaos, is het feitelijk een perfect georkestreerde moordmachine die op de SS-tekentafels tot in de details werd ontworpen – inclusief gaskamers en crematoria – en op de moerasgronden rond het Poolse dorpje Brzezinka werd verwezenlijkt. Bij de bouw alleen al stierven de gevangenen bij bosjes. De keuze voor moerasgrond zorgde er bij de aanleg van de fundering voor dat de aarde de dwangarbeiders opvrat. Met mandaat van Hitler organiseerde *Reichsführer SS* Heinrich Himmler er vervolgens zijn modelvernietigingskamp.

Himmlers aanpak was niet bepaald experimenteel; hij had al ruime ervaring. In 1933 opende hij in Dachau, bij München, het eerste naziconcentratiekamp voor politieke gevangenen. Deze keurige man met zijn ambtelijke eihoofd, smalle lippen en montuurloze brilletje had een loyaliteit aan Hitler die groter was dan de liefde voor zijn moeder en een fascinatie voor het creëren van een zuiver nordisch ras, waarbij hij zichzelf als de ultieme rassenschoonmaker zag. Het was dan ook niet verwonderlijk dat zijn focus bij vrouwen lag. De joodse vrouw moest zo snel mogelijk worden uitgeroeid omdat zij de volgende generatie joden voortbracht die hun vaders zouden willen wreken, en de arische vrouw moest zich zo snel mogelijk reproduceren. In dit plan, met Auschwitz-Birkenau als een van de eindstations, zijn Janny en Lien terechtgekomen.

Vanaf de ss-kampcommandant bovenaan loopt een rits aan rangen tot in de barakken zelf. Uitverkoren gevangenen kunnen hier een laatste beetje macht uitoefenen. Daarbij geldt dat je je eigen positie bestendigt door zo hard mogelijk naar beneden te trappen – en die positie is van levensbelang. Een hogere status betekent een stukje extra brood als de anderen verhongeren, of een vrijkaart wanneer de rest naar de gaskamers wordt gestuurd. Door op deze manier gevangenen voor toezicht te gebruiken wordt geld bespaard, en door slachtoffers tegen elkaar op te zetten proberen ze de gemeenschap, of wat daarvan over is, van binnenuit kapot te maken.

Zo is er een *Stubenälteste*, het hoofd van de barak, die moet luisteren naar de *Blockälteste*, het hoofd van het blok, die weer moet buigen voor de Kapo's, die verantwoording afleggen aan de Aufseherinnen, vrouwelijke ss-bewakers die met hun gewelddadige aanpak de toon zetten, ieder met haar eigen stijl. De een slaat stoïcijns haar zweep kapot op gevangenen, terwijl de ander op de schedel van een meisje inbeukt tot haar hersenen aan haar voeten liggen. Men vertrapt elkaar niet alleen langs verticale lijnen, maar ook onderling wordt continu verdeeldheid gezaaid. Zo worden de Polen tegen de Russen opgezet, de Russen tegen de Hongaren en de Hongaren weer tegen de West-Europeanen. Het valt de zussen al snel op dat de Kapo's veelal Poolse vrouwen zijn met een specifieke hekel aan Franse en Nederlandse meiden.

Janny en Lien zitten samen met andere politieke gevangenen in een apart blok met vrouwen van allerlei nationaliteiten; ze komen uit Griekenland, Frankrijk, Italië, Rusland en Denemarken. Iedereen heeft honger, is uitgeput en mist haar kinderen of familie. Voortdurend zijn ze koortsachtig op zoek naar informatie over hun gezinsleden, maar ze hebben Jaap, vader en moeder nog niet kunnen vinden. Ook van Rooie Puck en het oude echtpaar Loes en Bram Teixeira de Mattos ontbreekt nog ieder spoor, maar dat zegt niets:

kamp Birkenau alleen al is meer dan driehonderdvijftig voetbalvelden groot, met tienduizenden gevangenen in honderden barakken. En dan is er nog het basiskamp, Auschwitz I, en verderop kamp Auschwitz III. Daar ligt het industriecomplex van onder meer het Duitse chemieconcern IG Farben, waar met hulp van slaven van het Derde Rijk synthetisch rubber wordt geproduceerd. Als ze 's nachts weer eens niet kunnen slapen, ingeklemd tussen de andere onrustige vrouwenlichamen op hun houten planken, proberen ze zich vader, moeder en Jaap daar aan de lopende band voor te stellen. Moe en vies, maar met een kloppend hart. Of misschien zijn ze wel in een van de veertig kleinere kampen in de omgeving beland, en werken ze op het land. Alle optimistische scenario's passeren de revue in de nachtelijke uren die zich moeizaam voortslepen, maar zodra ze in de donkere ochtend op appel staan is het eerste wat ze zien weer de schoorsteenpijp die triomfantelijk boven het kampterrein uitsteekt.

Toen ze de eerste ochtend na hun aankomst eindelijk door een vrouw in streepjespak naar een quarantainebarak werden geleid, waren ze langs zo'n laag gebouw met een dikke schoorsteen erop gelopen.

'Wat is dat voor een fabriek?' had iemand uit hun groepje gevraagd.

De vrouw keek niet om, vertrok geen spier.

'Fabriek?' zei ze, en ze knikte met haar kin naar de schoorsteen. 'Dat daar is jullie transport. Dat gaat nu de open haard in.'

Ze willen geloven dat de rest van de familie goed terecht is gekomen, maar met iedere dag dat ze niet bevrijd zijn, stoken de ovens weer een nieuwe lading op. Non-stop. Daaraan worden ze permanent herinnerd door de stank die als een deken het kampterrein afdekt, en door hun stem, die iedere dag wanneer ze hun eerste woorden uitspreken weer een beetje heser klinkt.

De dagen worden gevuld met zinloze arbeid of eindeloos op appel staan. Zes uur aan één stuk, soms twaalf uur of de hele klok rond, tot de waterige Poolse zon weer komt kijken. De eerste maand reageren de haartjes op hun arm dan nog, strekken zich als scheuten uit naar de warmtebron die kortstondig voor verlichting zorgt, terwijl ze daar met duizend, soms wel tweeduizend man in blokken van vijfentwintig staan te creperen. Maar wanneer september overgaat in oktober hangt er een grafsluier aan de hemel waaruit stortbuien losbarsten, en verweekt de keiharde ondergrond al gauw tot een dikke laag stinkende modder. Hun kleren drogen niet meer en de barakken veranderen in vochtige stallen waarin schimmels en ongedierte zich razendsnel vermenigvuldigen.

~

In hun barak staan britsen van driehoog, maar eigenlijk zijn het niet meer dan houten stellingkasten waarin mensen worden opgestapeld. Iedere laag is voor twee personen bestemd, maar vanwege de overbevolking in het kamp liggen ze er met vijf of zes vrouwen op, overdwars. Per brits zijn er dus al zo'n achttien huiverende lichamen op elkaar gepakt. Als ze geluk hebben ligt er wat stro, maar meestal is er alleen het vervaarlijk krakende hout, een stukje deken en hun eigen hand als kussen.

Het gewoel 's nachts is onverdraaglijk. De knokige billen van een vreemde tegen je buik, het constante gehoest, de adem uit een mond vol zweren en tongblaren in je gezicht, welke kant je ook op draait, en het gejammer van iemand die de gedachte aan haar verdwenen kinderen niet meer weg kan duwen. Met je neus in de schilferige kruin van je buurvrouw, een knie in je rug, andermans etterende wond schampt langs je huid. Iemand zit aan de hand te peuteren waarin je je waardevolle spulletjes krampachtig vasthoudt. Een vrouw boven je is ziek en laat alles lopen, een ander ijlt en een derde wordt agressief. Maar alle ongemakken verbleken bij de jeuk. De onder je huid kruipende, via de bloedbaan naar je hersenen sluipende, gekmakende jeuk, die je geen moment rust geeft. Janny denkt weleens dat meer mensen hier hun verstand verliezen door de jeuk, dan door alle andere ellende bij elkaar. De luizen, vlooien, bedwantsen en andere beestjes zitten overal: op hun kleren, op hun hoofd, op hun wimpers, tussen hun tenen, onder hun oksels en in hun kruis. Tientallen, honderden minuscule beten over hun hele lichaam, iedere minuut, iedere seconde, 's ochtends, 's middags, 's avonds en 's nachts. Als ze op appel staan, als ze in het schijthuis zitten en als ze op hun brits liggen. De beestjes zijn zo klein en ze zijn met zoveel, het is alsof je levend wordt aangevreten door een onzichtbaar leger – mensen worden er mesjogge van. Hele repen huid worden afgereten, met nagels en tanden of met behulp van een uitstekende spijker. Anderen krabben hun schedel open, zodat ze met zweren op hun hoofd lopen, die zich langzaam een weg naar binnen werken. Er is niets tegen de jeuk te doen en de grootste uitdaging is je eraan over te geven, zonder je aan alles over te geven.

Janny blijft het tegen haar zus zeggen: ze moeten dit overleven. Als ze maar samen blijven, hun verstand bewaren en voor elkaar zorgen. Niet aan de kinderen denken. Schoon blijven. Eten wat je kan. De huid niet openkrabben. En vóór alles: niet geselecteerd worden door Mengele en zijn team van SS-artsen.

De *Selektion* hangt continu boven hun hoofd en is het moment dat ze allemaal het meeste vrezen. De grootste selectie had natuurlijk al plaatsgevonden op de *Rampe,* het perron, direct na aankomst. Zwakken, zieken, zuigelingen, kinderen onder de vijftien: ze konden vanuit de trein in één rechte lijn doorlopen naar de gaskamers. Maar daarmee was het niet voorbij. Op onvoorspelbare momenten, eens per maand, eens per week, soms twee zalige maanden niet, komt SS-dokter Josef Mengele langs en beschikt. Hij selecteert wie nog kan werken of interessant is voor zijn medische experimenten, en wie totaal nutteloos is. Met een handgebaar alsof hij een vlieg wegwuift, kan hij mensen naar de gaskamers sturen. Als je in een van de andere twee armzalige categorieën terechtkomt, is er tenminste nog hoop.

Er wordt vaak geselecteerd direct na het *Zählappell*, het telappel.

Op een dag is het weer zover: na het ellenlange wachten worden ze niet over het terrein verspreid om te gaan werken, maar ontstaat er plots rumoer. Bewakers, honden, zenuwachtige Kapo's, het geschreeuw nog luider dan gebruikelijk.

'Großer Appell! Antreten zur Selektion!'

'Schnell!'

De menigte stuift uiteen, ieder naar zijn eigen blok, uitkleden. De paniek in de barak is groot. Naakte vrouwen rennen door elkaar, klampen elkaar aan, zoeken familie, kinderen, kampvriendinnen. Er is eigenlijk geen tijd voor, maar iedereen inspecteert angstvallig haar eigen en andermans lichaam, vraagt een buurvrouw of vriendin om bevestiging.

'Zie je hier vlekken?'

'Deze pukkeltjes, is dat krentenbaard?'

'Ben ik nog meer afgevallen?'

'Houd je arm tegen je zij geklemd, er zit daar een wond die ze niet mogen zien.'

Iemand smeert een hompje zorgvuldig bewaarde margarine op haar wangen om wat glans op de doffe huid te toveren. Een vrouw slaat zichzelf hard in het gezicht om haar grauwe gelaat tot leven te wekken; een ander bijt haar lippen kapot en smeert het bloed uit. Een brokje lippenstift is goud waard, zeker drie dagrantsoenen brood: een beetje kleur kan je redden van de Malach ha Mòwes, zoals ze dokter Mengele in het Jiddisch noemen. De engel des doods.

Janny is al uitgekleed en kijkt naar Lien, ziet hoe dun ze is geworden. Haar beeldschone zus, waar in hun jeugd alle jongens al achteraan liepen, met haar jaloersmakende figuur en donkere, volle haardos, oogt broos en verslagen, het stekelhaar als prikkeldraad rond haar schedel. Vertwijfeld staat ze om zich heen te kijken naar de chaos in de barak. Lien maakt zich de hele tijd zo druk om alles; dat vreet energie. Janny heeft een dikkere huid, is beheerster, soms stoïcijns zoals moeder, en heeft daarom meer weerstand.

Een diepblauwe olievlek zwermt uit over Liens rechteroog als aandenken aan haar opvliegendheid. Eergisteren had een meisje in hun barak 's nachts haar klompen onder haar hoofd vandaan gejat en toen Lien ze de volgende ochtend kwam opeisen raakten ze slaags. Schreeuwend stonden ze samen aan één klomp te trekken, en voordat Lien de tweede klomp kon weggrissen sloeg het kind haar er vol mee in het gezicht. Lien zag sterretjes maar had wel haar klompen terug.

'Lientje!' Janny grijpt haar zus bij de bovenarmen. 'Opletten nu. We moeten hierdoorheen. Vader, moeder en Japie staan ergens op ons te wachten, we kunnen niet geselecteerd worden, hoor je me?'

Lien knikt gelaten, maar kan in zichzelf geen reserve vinden om zich op te peppen voor de krachtmeting met Mengele. Ze hebben al uren op appel gestaan en ze is zo moe en uitgehongerd dat ze het liefst even op een brits gaat liggen. Eventjes maar. Als Janny haar door elkaar schudt, knikt haar hoofd willoos mee, als een gebroken tulp aan een stengel.

'Ik heb gedroomd over Eberhard.'

Lien fluistert amper hoorbaar, haar blik neergeslagen. Om hen heen beginnen vrouwen al naar buiten te rennen en Janny kijkt ongeduldig naar haar zus. Die slaat plots haar ogen op.

'Als ze erachter komen dat Kathinka joods is, zie ik mijn kindje nooit meer terug, Janny. En jij kan wel zeggen dat Eberhard is ontkomen, maar...'

Een snik ontsnapt aan haar mond en haar schouders zakken nog verder naar beneden. Janny duwt ze ruw weer omhoog en brengt haar gezicht zo dicht bij dat van Lien dat ze elkaars neus bijna raken, haar donkere ogen lichten op als ze praat.

'Klaar nu! Zij zijn veilig. Wij hebben godverdomme wel wat anders aan ons hoofd!'

Ze schreeuwt door de inmiddels praktisch uitgestorven barak. Janny schudt haar zus door elkaar, tot die zich geïrriteerd probeert los te maken uit haar greep en terug begint te schelden. Janny laat haar niet gaan, tot Lien echt giftig wordt en ze bijna als kemphanen staan te vechten, zoals vroeger, met rode wangen van opwinding. Dan zet ze een stap naar achteren en ademt uit.

'Zo,' zegt Janny. 'En dan nu naar buiten met je kin omhoog.'

De honden gaan tekeer en de ss'ers blaffen in het Duits dat ze door moeten lopen. Snel, rennen, met hun blote voeten door de ijskoude modder, de wind schuurt langs hun onbedekte lichamen. Ze zijn doodsbenauwd voor de Deense doggen die met hun vierkante kaken naar ze klapperen, het schuim uit hun bek spat tegen hun huid als ze langslopen.

In rijen opstellen en dan een voor een langs de selectie. Mengele staat opgewekt klaar met zijn medische staf en keurt met zijn ogen ieder lichaam. Zijn uniform is onberispelijk als altijd, een symmetrisch gezicht met opgeschoren slapen die onder een pet verdwijnen, zijn bruine ogen vol verwachting over wat de selectie vandaag weer gaat brengen. Vooral tweelingen brengen hem in vervoering, maar die treft hij bijna niet meer aan in oude ladingen – hij pikt ze er op het perron meteen uit. Zijn werklust is ongekend, zelfs op vrije dagen duikt hij op tussen de andere artsen in de hoop een mooie vangst te doen. Het wetenschappelijk onderzoek naar rassenhygiëne dat hij aan de universiteit van Frankfurt verrichtte kan hij hier in Birkenau onbeperkt uitvoeren – en meer. Nog geen tien jaar eerder was hij, begin twintig, al gepromoveerd op 'Rassenmorfologisch onderzoek naar de voorkant van de onderkaak', maar zijn arische fantasieën kennen geen grenzen en de voorraad proefkonijnen in Birkenau is oneindig. Mengele probeert donkere ogen blauw te maken en is bezig met een experiment waarbij hij de bloedsomloop van tweelingen op elkaar aansluit. De vrouwen hebben gehoord dat hij tweelingkinderen met aders en al aan elkaar naait, rug aan rug, pols aan pols. Maar er zijn ook verhalen dat hij melk en koekjes voor ze meeneemt. Ze weten niet goed meer wat te geloven.

'Volgende!'

Het veld vol knokige vrouwen verschuift gelijkmatig, als een lopende band met mensen. De voorkant wordt geïnspecteerd. Omdraaien, de achterkant. Terugdraaien en zijn handgebaar afwachten. Naar links betekent arbeid of experimentenblok, naar rechts betekent de gaskamer. Mengeles gezicht is soepel, niet star, zoals bij veel andere ss'ers; hij loopt kwiek rond, knikt her en der, zijn engelachtige gelaat het toonbeeld van charme. Een Russische gevangene vertelde dat Mengele een keer vrachtwagens vol kinderen onder de vijf jaar in een gigantische vuurkuil liet kiepen, omdat ze op die leeftijd zo moeilijk naar de gaskamers gaan. Een stuk of tien laadwagens vol kleintjes reden achteruit tot aan de rand van de kuil, waarna de kinderen een voor een onder supervisie van Mengele door ss'ers aan een arm of been in de vlammen werden gegooid. De kinderen die er brandend weer uit probeerden te klimmen werden met lange stokken achterovergeduwd.

'Volgende!'

Een stap naar voren. Ze komen steeds dichterbij. Lien is al bijna aan de beurt. Ze kunnen het niet helpen naar Mengeles handen te staren, waarmee hij als een verkeersleider de richting aangeeft.

Links.

Rechts.

Hij loopt een stukje tussen de rijen door, vriendelijk, zijn houding kaarsrecht als een ruiter te paard. Iedere paar seconden geeft hij het stille oordeel.

Links.

Rechts.

Iedereen in het kamp is vermagerd, maar de een is er erger aan toe dan de ander.

Is dat een buikje dat daar onder de navel ontstaat? Naar rechts, zwangeren willen we niet.

Is dat uitslag? Er wordt van dichterbij gekeken, een andere arts komt erbij en samen bestuderen ze het blote meisje. Een knikje: naar rechts.

Een vrouw wordt in haar bovenarm geknepen, zit er nog wat vet op om te kunnen werken? Naar links.

Iemand heeft een bochel. Mengeles interesse is gewekt; hij klopt erop, gaat met zijn vingers over de ruggengraat van de vrouw, voelt dan aan haar ribbenkast, die uitsteekt als een open scheepsromp, en knikt instemmend. Naar het experimentenblok.

Jij, handen voor je uitsteken, omdraaien. Je hebt schurft, *Krätze*: naar links, naar het *Krätzeblock*. De schurftmijt viert hoogtij in het kamp, het beest graaft gangen onder de huid en legt daar eitjes, wat een helse jeuk veroorzaakt, maar dood ga je er niet aan. Als je bent opgelapt ben je weer bruikbaar. Precies zo was Anne Frank al naar het Krätzeblock gestuurd, dat door een hoge muur van de rest van het kamp gescheiden is. Margot had net gedaan alsof ze onwel werd, zodat ze mee mocht. Janny heeft ze sindsdien niet meer gezien.

Links.

Rechts.

De groep vrouwen wordt allengs kleiner, de massa splijt als de zee terwijl Mengele erdoorheen loopt. Aansluiten in de rij, Janny staat iets achter Lien en houdt haar scherp in de gaten. De arts wandelt tussen de vrouwen door, komt steeds dichterbij, keurt en knikt, is monter en geestdriftig als altijd.

Hij stopt bij Lien en begint te lachen. Janny's adem stokt. Mengele heeft zijn duimen nonchalant achter zijn riem gehaakt. Hij praat tegen haar zus, Janny spitst de oren.

'*Was hast du gemacht?*' Geamuseerd en met een schuin hoofd kijkt hij naar Lien, Janny kan het spleetje tussen zijn voortanden zien glinsteren. Lien reageert niet. Janny ziet hoe haar schouders en nek verstrakken. Waarom zegt ze nou niets?

Mengele buigt zich verder naar haar toe en wijst met een glimlach naar haar gezicht.

'*Woher hast du denn das Veilchen?*'

Lien begrijpt het niet. Ze trekt één schouder op, schudt kort met haar hoofd.

Een *Veilchen* – een viooltje? Bedoelt hij de bloem, wat zegt hij nou?

'*Ich habe keine Blumen*,' antwoordt ze vertwijfeld.

Dan valt het kwartje. Ze herpakt zich. Janny ziet het aan haar rug, die ontspant. Liens kin gaat omhoog en ze kijkt de dokter onverschrokken aan.

'*Ach so. Ja, ich hab mich mit einem Mädchen gestritten, und sie hat mir mit einem Holzschuh auf's Auge geschlagen.*'

Mengele barst in lachen uit, geeft haar een klap op haar blote kont en wijst naar links. Lien mag lopen.

Janny ontspant haar vuisten en voelt hoe haar nagels langzaam uit haar vlees trekken.

De vrouw achter Lien is op van de zenuwen als Mengele bij haar aankomt. De zussen kennen haar, ze komt uit een bekende lijstenmakersfamilie uit Amstelveen. Ze spreekt geen woord Duits, dus als hij ook tegen haar begint te praten, gaat ze bijna hyperventileren. Mengeles mondhoeken zakken en hij trekt een wenkbrauw op terwijl hij haar bestudeert.

'*Und du? Was hast du gemacht?*'

Ontstemd kijkt hij naar haar buik, die nog niet zo ingevallen is als die van de rest, en wacht op antwoord. Wanhopig kijkt de vrouw om zich heen, snapt niet wat er van haar verwacht wordt, tot Mengele naar haar buik wijst.

'*Nein, nein...*' Ze stottert en schudt wild met haar hoofd. 'Ik... ich... heb... mijn kleintje is thuis, twee jaar.' Ze gebaart met haar hand op kniehoogte en knikt vragend naar de dokter in de hoop dat hij het begrijpt. Dat doet hij niet.

Rechts.

'Nee!' Ze gilt, smeekt in het Nederlands, maar Mengele is klaar met het gesprek en wil doorlopen. De vrouw begint te huilen, schreeuwt dat het een misverstand is, het wit van haar ogen is bloeddoorlopen. Janny bijt op haar onderlip, kan zich bijna niet inhouden. Mengele doet een stap terug en slaat de vrouw hard op haar hoofd. Dan gebaart hij naar de bewaking dat ze haar weg moeten leiden.

Enkele seconden later is Mengele ook voorbij Janny en heeft ze groen licht gekregen. De rijen zijn bijna opgedroogd en er is nog amper volk op het veld; ze zou opgelucht moeten zijn, maar ze is zo woedend over wat er zojuist met de Nederlandse vrouw is gebeurd dat ze briesend over het kampterrein stampt. Dan ziet ze een Nederlandse Aufseherin staan, een ss-bewaakster. Zonder nadenken stormt ze op de vrouw af en grijpt haar bij haar arm.

'Die vrouw is niet zwanger en dat weet jij! Ze is een politieke gevangene en geen jodin. Als zij vergast wordt, ben jij persoonlijk verantwoordelijk.'

Janny is klein, maar ze sist de vrouw vanuit haar tenen in het gezicht. Dan draait ze zich om en loopt terug naar haar barak. Als door een wonder wordt de Nederlandse vrouw daadwerkelijk voor de poort van de gaskamer weggesleurd en zien ze elkaar later levend terug.

4

De Marseillaise

Janny en Lien vrezen de Kapo's het meest. Deze door de SS aangewezen gevangenen, zowel mannen als vrouwen, worden eerder onder misdadigers dan onder leraren gerekruteerd en scheppen er genoegen in hun medegevangenen te vernederen. De zussen hadden zich in de eerste week al afgevraagd hoe het kon dat hun eigen blokoudste, een gezond ogend Pools-joods meisje genaamd Rosa, hen zo sadistisch behandelde – tot ze zagen hoe Rosa door de Kapo's werd behandeld. Als ze voor hen onderdeed, zou het haar de kop kosten. Het duurt niet lang voordat Lien met de toorn van zo'n Kapo te maken krijgt.

Ruth Feldman is een struise Nederlandse vrouw bij hen in het blok, voormalig hoofdverpleegster van de Centrale Israëlitische Ziekenverpleging. Ze zat bij hen in de wagon van Westerbork naar Auschwitz, werd bij aankomst samen met hen opgeroepen en had met hen 'de sauna' doorlopen – het gebouw waar ze die nacht zijn gebrandmerkt.

Op een dag zitten de zussen met Ruth in het schijthuis, zoals ze de latrines noemen: een lang stenen gebouw met van de ene tot de andere kant een rij ronde gaten waarop ze hun behoefte moeten doen. Het stinkt er vreselijk en het is er smeriger dan in een varkensstal maar het is, om die redenen, een van de weinige plekken waar de SS niet komt en je dus even met elkaar kan praten. Ruth heeft diarree en het lukt haar niet van het gat op te staan, hoewel Janny en Lien al klaar zijn. Het duurt niet lang voor een Kapo komt binnenstormen om ze weg te jagen. Als Ruth niet overeind komt, doodziek en bang zich te bevuilen, wordt de vrouw woedend. Ze stort zich op Ruth en probeert haar met geweld door het gat naar beneden te duwen, de strontput in. De vrouwen krijsen en gillen, terwijl Ruth wanhopig probeert uit het gat omhoog te kruipen. Lien trekt zonder nadenken haar houten klomp uit en zwiert die met volle kracht op de kop van de Kapo. Het geluid van een fles die ontkurkt wordt. De Kapo laat Ruth los en het geschreeuw ebt weg. Dan draait Lien zich om en rent voor haar leven, met de Kapo scheldend op de hielen. De vrouw raakt haar op het enorme kampterrein al snel kwijt en tegen de tijd dat de hulptroepen zijn ingeschakeld, is Lien opgegaan in de massa.

Als ze veel later in de barak terugkeert, valt Janny geweldig tegen haar zus uit voor ze elkaar omhelzen – ze weten allebei dat, als de Kapo haar te pakken had gekregen, ze Lien had doodgeslagen. Toch redt het incident hun waarschijnlijk het leven, want als ze Ruth weer zien zegt ze: 'Ik meld me aan als verpleegster en jullie gaan met me mee.'

~

Hoe hard de nazi's ook proberen de gevangenen volledig van hun persoonlijkheid te ontdoen, in de barak blijft hun laatste beetje menselijkheid hardnekkig overeind. Ze imiteren een ss-officier die met zijn uitgestoken onderkaak als van een piranha en zijn korte beentjes over het terrein waggelt en slaafs in de houding springt zodra er een meerdere langsloopt. Ze roddelen over die Kapo met haar kuikenzachte angoratrui, korte rokje, hoge laarzen en opgestoken haar. Janny droomt ervan die angoratrui in de Poolse modder te begraven tot het laatste beetje pluis is gesmoord. Maar de meeste gesprekken in de barak gaan over eten. Over gehaktballen en stamppot met een kuiltje jus, beetgare pasta met bolognesesaus en brokken Parmezaanse kaas, en over Franse lamskoteletjes met honing en tijm uit de oven. Over rode wijn uit houten vaten, koffie van zwartgeblakerde bonen en over een glas verse citroenlimonade met klingelende ijsblokjes. Ze vertellen elkaar erover tot het knagende gat in hun buik is gevuld met denkbeeldig eten.

Als het te gezellig wordt, komt de Kapo binnen om er een einde aan te maken.

'*Jetzt wird nicht gefressen, jetzt wird gestorben!*'

En terwijl ze de barak uit stormt, loopt een magere vrouw in gerafeld hemd wijdbeens achter haar aan met dezelfde arrogante houding en vuile blik, zodat ze toch nog de grootste lol hebben, driehoog op hun britsen.

Elke dag is een strijd: om eten en leven, vechten om gejatte spullen of een goede positie bij het waterkraantje, waar vrouwen elkaar soms de bekers uit handen slaan voor een druppel, om de verscheurde deken die je na de arbeid op je brits aantreft; van de stukjes stof knopen vrouwen een onderbroek tegen de tocht die onder hun hemdjurk kruipt. Maar tegelijkertijd proberen ze elkaar met hun laatste restje strijdvaardigheid uit de ellende omhoog te trekken. Janny moet lachen om de furie van de Italiaanse vrouwen en geniet van de vindingrijkheid van de Françaises. Met een stukje glas en een vertrapt kammetje met drie pinnen erop fatsoeneren ze hun geschoren schedel en stekelige wenkbrauwen, tekenen een sierlijke boog boven hun ogen met wat natgemaakte aarde. Ze knopen een doekje om hun nek en kijken er koket bij. Het is geen ijdelheid, maar *esprit*, zoals Janny het nieuw geleerde woord overdreven articulerend aan haar zus uitlegt.

In alle lelijkheid is ook Liens stem niet gedoofd. Ze zingt soms zachtjes voor Janny; de slaapliedjes die ze voor de kinderen zong, of Jiddische liederen uit haar repertoire met Eberhard. Het brengt ze terug naar de tijd in 't Hooge Nest, toen ze wel bang maar niet stervende waren – en bovendien nog allemaal samen. Het lijkt soms een leven geleden. Maar als Lien zingt, sluit Janny haar ogen en ziet zichzelf na een lange dag vanaf de tramhalte aan de Ericaweg richting het huis lopen, begeleid door de torenvalk die hoog boven haar biddend in de strakblauwe hemel hangt. Het bos verschijnt, het schelpenpad, het hekje, de rode luiken, iemand zit aan de eettafel in de voorkamer en zwaait naar haar. Langs de schuur, een groet naar Japie, gebogen over zijn werktafel, Lien staat achter in de tuin met de drie kinderen voor het theehuis te zingen. Als ze haar vingers uitstrekt, kan ze hen bijna aanraken.

Op een dag worden ze allemaal de barak uit gejaagd.

'Läusekontrolle! Alles ausziehen! Raus, raus!'

Een paar honderd vrouwen laten hun lompen in bundeltjes op de vloer vallen en snellen naakt de oktoberkou in. Het is geen appel, ze worden aan hun lot overgelaten op het kampterrein en kruipen in groepjes tegen elkaar aan. Hun blote voeten zakken weg in de modder.

'Niks luizencontrole,' zegt een vrouw in het groepje van de zussen, 'kleren uit betekent de gaskamer.'

Ze huiveren. Iedereen kent het verhaal van Mengele, die bij een tyfusuitbraak duizend zigeuners naakt hun barakken uit joeg, rechtstreeks naar de gaskamers. Voor zijn effectieve aanpak van epidemieën had hij zelfs een medaille gekregen, de 'tyfusmedaille', zoals ze er soms grinnikend naar verwijzen. Maar nu valt er niets te lachen.

Als marsmannetjes staan ze zwijgend op het kale veld onder de Poolse herfstlucht te wachten, met hun stokdunne lichamen en grote wiebelhoofden. Opeens begint de Franse Michelle in hun groepje te zingen. Met een zachte sopraanstem heft ze de eerste tonen aan van 'Chevaliers de la table ronde', een bekend Frans drinklied over de ridders van de ronde tafel, dat normaal gezien wordt begeleid door viool, tamboerijn en gitaar. Het gaat over wijn proeven en drinken met plezier en begraven willen worden in de wijnkelder met je mond onder de tap, afgewisseld met een refrein, '*Oui, oui, oui; non, non, non*', dat normaal gesproken door omstanders wordt meegezongen terwijl ze de armen in elkaar haken en in het rond zwieren. Beduusd kijken de anderen op. Trefzeker zingt Michelle verder en in plaats van de liedtekst fabriceert ze met glinsterende ogen een spotvers over Hitler en de laffe collaborateurs van Vichy – verwijzend naar het niet-bezette deel van Frankrijk waarvan de regering sympathiseert met de nazi's. Zodra ze de melodie snapt, valt Lien in en ook een paar andere vrouwen neuriën zachtjes mee.

Als de laatste tonen zijn vervlogen begint Lien een Jiddisch versje te zingen. Het is een vrolijk deuntje met een grappige tekst. Steeds meer vrouwen komen om hen heen staan en degenen die het lied kennen doen zachtjes mee. Liens stem dwarrelt boven de gekortwiekte hoofden uit en cirkelt om hen heen, brengt ze samen terwijl de Kapo's in hun barak alles overhoopgooien. Aansluitend zet Lien het Jiddische partizanenlied in, 'Zog nit keyn mol, as du geyst dem letstn veg' – Zeg nooit dat je de laatste weg neemt –, en enkele Poolse vrouwen vallen haar verrast bij. Het lied is pas kortgeleden in het Poolse Vilnagetto ontstaan, maar heeft zich al snel onder joden in de rest van bezet Europa verspreid. Lien kent nog niet de hele tekst, maar de Poolse vrouwen vullen haar aan. Het duurt niet lang voordat alle vrouwen van hun barak om hen heen staan, naakt en rillend van de kou, samen in een grote cirkel, hun gezichten naar elkaar gericht – zo goed en zo kwaad als ze kunnen zingen ze mee.

Lien is nog niet uitgezongen of ze kijkt Michelle aan. Die heeft haar eerder de woorden van 'Le chant de la libération' geleerd, het volkslied van het Franse verzet. Michelle knikt en samen heffen ze de strijdhymne aan. Alle Françaises doen mee, maar ook vrouwen uit andere landen kennen het van de ondergrondse Radio London – de BBC heeft het als begintune ingesteld. Zeker sinds de nazi's de Marseillaise hebben verboden, is 'Le chant de la libération' als schaduwvolkslied omarmd – behalve dan natuurlijk in Vichy.

Ami, entends-tu le vol noir des corbeaux sur nos plaines?
Ami, entends-tu les cris sourds du pays qu'on enchaîne?
Ohé partisans, ouvriers et paysans, c'est l'alarme!
Ce soir l'ennemi connaîtra le prix du sang et des larmes.

Vriend, hoor je de donkere vlucht van de raven over onze vlaktes?
Vriend, hoor je de gedempte kreten van ons geketende land?
Partizanen, arbeiders, boeren, grijp uw wapens!
Vanavond zal de vijand de prijs voor bloed en tranen leren kennen.

Het lied wordt normaal begeleid door tromgeroffel waarop je goed op de plaats kunt marcheren – en dat doen ze. Terwijl ze zachtjes samen zingen gaan hun knieën omhoog op een gelijkmatige cadans, hun voeten in de pas met de woorden. Even vergeten ze de schoorsteen die achter ze rookt, de kou, de honger, het nummer op hun onderarm. Samen vormen ze één stem en iedere blote voet die neerdaalt in de opspattende modder doet hun bloed wat sneller stromen.

Die dag wordt niemand naar de gaskamers gestuurd. Zelfs hun blokoudste, Rosa, normaal gezien koud als staalplaat, is tot tranen geroerd door de Jiddische liedjes en stopt Lien een extra stuk brood toe. Korte tijd later wordt Michelle doodgeslagen en een grote groep Françaises alsnog weggevoerd. Maar als de vrachtwagen optrekt en richting de gaskamers wegrijdt, horen ze hen achter het tentzeil uit volle borst de verboden Marseillaise zingen:

Allons enfants de la Patrie,
le jour de gloire est arrivé!
Contre nous de la tyrannie
L'étendard sanglant est levé.
L'étendard sanglant est levé:
Entendez-vous dans les campagnes
Mugir ces féroces soldats?

Ils viennent jusque dans vos bras
Égorger vos fils, vos compagnes!

Komt, kinderen des vaderlands,
de dag der overwinning is aangebroken!
Tegen ons is het bloedige vaandel
van de tirannie gehesen
Het bloedige vaandel is gehesen.
Hoort ge in de velden
het brullen van die vreselijke soldaten?
Zij naderen tot in uw armen
om uw zonen en echtgenoten te kelen!

~

Dan wordt Lien ziek. Miserabel voelen ze zich allemaal, de hele tijd, maar zolang ze kunnen opstaan en tijdens appel en werk overeind blijven, ploegen ze door de mist over de Poolse moerasgronden, dag na dag. Een paar mensen proberen tijdens appel te ontsnappen, maar altijd tevergeefs. Voor de ogen van hun medegevangenen worden ze opgehangen. Daarna moeten de achterblijvers weer aan het werk. Ze vouwen plastic voor vliegtuigen, trekken met hun laatste krachten schoenen uit elkaar en zeulen met stenen van de ene door een Kapo aangegeven plek naar een andere. Van geen van de arbeidstaken is het doel hun duidelijk. Niets vragen en blik op oneindig, blijft Janny als een mantra herhalen, ook als de pijn in haar kapotgetrapte enkel tot in haar kiezen doortrekt. Een van de meiden uit hun groep negeert dat advies: ze doet haar mond open, klaagt en kan onmiddellijk boeten. Geknield op een steen moet ze een dag lang een kei hoog boven haar hoofd houden; bij iedere centimeter die ze haar armen laat zakken klinkt het knallen van de zweep tegen haar magere lichaam.

Op een ochtend wil Lien echt niet meer. Het is nog donker als ze op appel worden geroepen, vier of vijf uur, en ze mogen niet te laat komen. Maar het kan haar niet meer schelen. Haar oogleden optillen is al te veel gevraagd, laat staan haar benen over de rand van de brits zwieren en dat slappe lijf overeind houden. Dan maar dood. Ze is heet als een kachel en de energie verlaat haar lichaam zo snel dat Janny beseft dat ze moet ingrijpen. Een meisje in hun barak heeft roodvonk, een besmettelijke bacteriële infectie in haar keel die met hoesten wordt overgedragen. Ze hadden het pas door toen het kind onder de rode vlekken zat – haar tong, haar gezicht, haar hele lichaam – en misschien al de halve barak had besmet. Met tegenzin brengt Janny haar zus naar het *Krankenblock*, de ziekenboeg, en laat haar daar met zwaar gemoed achter. Het is de eerste keer dat ze gescheiden zijn.

De dagen daarna sluipt Janny als een roofdier rond de ziekenbarak. Ze is er niet gerust op en houdt de artsen en verplegers nauwlettend in de gaten. Hun lichaamstaal, het gefluister, de gesprekken van mensen die de barak verlaten: in alles zoekt ze aanwijzingen. De ss-artsen speuren ook in de ziekenbarakken naar de zwaksten voor de Selektion – maar wanneer? Lien slaapt en slaapt en niemand weet wat haar mankeert. De koorts kost haar lichaam het laatste beetje energie en ze zegt niets meer. Enkele tientallen meters verderop doet Janny 's nachts geen oog dicht en kan alleen maar aan moeders woorden denken, die laatste avond voor het transport met z'n vijven in Westerbork: *Zorg dat jullie bij elkaar blijven!*

Op de derde dag grijpt ze in. Ze loopt naar de ingang van de ziekenbarak en spreekt een Tsjechische arts aan. De vrouw luistert naar haar, knikt en gaat naar binnen. Bij het bed van Lien houdt ze stil.

'*Komm mit*, opstaan. Je zus staat buiten.'

Lien slaat haar oogleden op, zucht en sluit ze weer. Ze schudt zachtjes haar hoofd.

'Kan niet. Ik ben ziek.'

De vrouw pakt haar bij de schouder, trekt aan de stof van haar hemd en dringt aan.

‘Kom, ze gaat niet weg voor je meekomt.’

De vrouw blijft aan haar bed staan tot Lien eindelijk haar stakerige benen over de rand schuift en zichzelf opduwt, zodat de arts haar onder haar oksels overeind kan tillen. Bij de ingang draagt ze Lien over aan Janny, die dankbaar naar haar knikt. Haar zus is nog niet beter, maar de koorts is gezakt.

‘Als je me daar niet had weggehaald, hadden ze me naar het gas gestuurd,’ zegt Lien enkele dagen later tegen haar zusje, slap maar niet meer ziek. Ze hebben gehoord dat er weer een selectie aankomt. Janny haalt haar schouders op. Als ze niet voor elkaar zorgen, houdt alles op.

~

Tegen het licht van de felle schijnwerper is de man vervaagd tot een silhouet, maar hij is het, onmiskenbaar. Met zijn handen achter de rug, zijn mondhoeken licht gekruld en energiek als altijd staat hij voor de menigte als een dirigent voor zijn koor. Gespannen wachten ze op zijn volgende handbeweging. Naast hem een lange tafel met collega-SS’ers, pen en papier in de aanslag. Een weegschaal scheidt de vrouwen van de tafel. De zaal is tot de nok toe gevuld, de klus die ze vandaag moeten klaren is een grote.

Mengele knikt en de volgende vrouw doet een stap voorwaarts. Ze is naakt en kaal. Haar uitstekende ribbenkast creëert een puntdak boven de ingevallen navel, twee flapjes vel vormen de herinnering aan borsten. Wervels als een kralenketting op haar rug. Net als bij degene achter haar, en degene daarachter. Op de weegschaal. Ze kan bijna niet blijven staan, haar knieën botsen tegen elkaar. De hand van Mengele.

Rechts. Afgeschreven.

Volgende.

De vrouw is een kopie van haar voorganger, maar lijkt over net wat meer veerkracht in haar ledematen te beschikken. Een minuscuul verschil.

Mengele wijst.

Links.

Volgende.

De rechtergroep wordt snel groter. Te oud. Te ziek.

'Ik ben negenentwintig!' roept de vrouw tegen Mengele, 'en ik heb nog nooit diarree gehad!'

Hij knippert niet eens met zijn ogen.

'Rechts!' Zijn stem galmt door de ruimte. Onbewogen, alsof hij in de gymzaal sportteams staat in te delen.

Volgende.

Edith Frank stapt naar voren.

Mengele gebaart meteen.

Rechts.

Ze duikt onder de schijnwerper door en draait zich snel om; nu komt het belangrijkste.

'Volgende!'

Anne en Margot komen naar voren. Annes lichaam zit onder de korstjes van oude schurftzweren. Ze is onlangs uit de ziekenbarak ontslagen; Margot is al die tijd bij haar gebleven. Samen stappen ze in het licht van de schijnwerper voor de selectietafel. Margot stoot haar zusje aan en Anne recht haar rug.

'Naar links!'

Een pen krast op papier. De meisjes verdwijnen aan de andere kant onder de metalen lamp, het donker in. Edith hapt naar adem.

'De kinderen! O god… de kinderen!' schreeuwt ze hun na, maar ze zijn al weg.

Het is 30 oktober 1944 en de laatste selectie in Auschwitz-Birkenau zit erop.

5

Sterrenkamp

Een homp brood, een stukje worst en een reep harde kaas. Doorlopen, naar het volgende perron. *Dalli dalli.* Honden, zwepen, geschreeuw. Ze kennen het inmiddels. Op een drafje door. Gereedstaande veewagens, net als in Westerbork.

'Schneller! Hier rein!'

Omhoog, erin, de bekende geur. Het is niet erg, ze gaan tenminste Auschwitz verlaten, daar lijkt het althans op. Nog meer mensen erbij, ze schuifelen door. De zussen knijpen in elkaars hand, niet loslaten. Het inmiddels vertrouwde gevoel van vreemden die tegen je aan worden gedrukt. De lichamen worden alleen steeds hoekiger. De deur gaat dicht, op het laatste moment worden een paar pannen water tussen de benen door naar binnen geschoven, een doffe klap en het doek valt. Pikzwart. Knipperen met je oogleden maar het maakt niet uit, open of dicht. Lientjes adem naast haar. Licht, ijl. Ze kan haar gezicht niet onderscheiden maar ze weet zeker dat Lien haar ogen op haar gericht heeft. Ze kijken elkaar aan zonder elkaar te zien.

'We gaan hier weg,' fluistert Janny, en ze weet dat haar zus knikt.

~

Het voelt alsof ze teruggaan. Terug in de tijd, terug in de ruimte, terug naar Nederland. Het zoevende geluid van de wielen over de rails, het ritme van de voegen onder hun voeten dat de tijd verslaat. Ze tellen iedere bonk tot ze duizelig zijn, tot de minuten weer zoveel uren worden dat ze op oude trucs moeten terugvallen om niet te bezwijken. Zo dicht mogelijk bij de deuren blijven, lucht happen bij de kier. Bij de zijwanden staan, waar je een beetje beschermd bent. Rug tegen rug dommelen. Toch is het niet hetzelfde. Ze zijn zoveel zwakker dan toen. Zelfs voor het ophouden van de schijn van beschaving hebben ze de energie niet meer; het is ieder voor zich.

Ze stoppen steeds, rijden korte stukken en dan galmt er weer een luchtalarm. Eerst het geluid van een startende brommer, gevolgd door de lange aanloop van de sirene, steeds hoger, tot een koor van sirenes uit alle windrichtingen hun harstlag overstemt. Beschietingen, luide knallen, bewakers springen van de trein en zoeken dekking terwijl zij stijf van angst in de stilstaande wagons achterblijven en zich afvragen wat er in hemelsnaam buiten gebeurt. Ze hebben het idee dat er ieder moment een bom op hun hoofd kan vallen. De blijdschap om de oprukkende geallieerden is verdwenen.

Een dag. Een nacht. De eerste mensen bezwijken en liggen tussen hun benen. Dekens worden van lichamen weggegrist. Stoppen, deur open, een stuk brood en wat water, deur dicht. De lucht in de wagon is dik en zwaar, ze worden kortademig, hun spieren verslappen en hun hoofd bonst. Ze drukken hun gezichten tegen de wanden, hun mond tegen de kieren aan voor wat zuurstof. De kou, het is zo koud, maar zelfs de kou verdrijft de stank niet. De wielen denderen voort over het spoor. Ze weten niet waarheen, maar zolang ze dat geluid horen weten ze dat ze leven.

Een dag. Een nacht. Ze mogen eruit, even. De horizon, de weilanden, bomen naast een sloot; alles is donker en grijs en nat maar het is heerlijk. Iemand zegt dat ze in Duitsland zijn, ze rijden dus echt terug. Erin, snel, laat elkaar niet los. Als laatste instappen zodat ze dicht bij de deur staan, bij de luchtspleten. Achter in de wagon, op de vieze grond, bekende gezichten, de ogen wijd open, de onderkaak verstrakt. Het sluiten van de deur en de stalen grendel, duisternis. De drijfstangen komen moeizaam weer in beweging.

Lawaai buiten, ze staan stil. Piepend staal van andere treinen om hen heen, schelle fluitsignalen, gesprekken in het Duits voor hun deur, gelach. Hees gefluister uit een donkere hoek.

'Volgens mij zijn we in Ravensbrück.'

Het vrouwenkamp bij Berlijn? Verhalen over kinderen die levend in het vuur worden gesmeten, baby's die worden achtergelaten in lege kamers. Janny en Lien rillen en omhelzen zichzelf, hun vingers verkrampt rond hun stakerige bovenarmen, een vieze paardendeken om hun schouders geslagen. Een schok, ze verschuiven een stukje, de trein vertrekt weer.

Een dag. Een nacht. Als stervende vissen happen ze naar zuurstof. Wie nog leeft drukt zich tegen de wanden van de wagon en krast met de nagels langs het hout. Ze dachten niet dat er nog iets van ze over was om weg te nemen, maar dat was een illusie. Vader, moeder, Jaap: soms slaan de zussen hun oogleden op en lijken ze in levenden lijve naast hen te zitten. Ze kunnen hen bijna aanraken. Maar als ze hun vingers naar ze uitstrekken, betasten ze een vreemde. Een snauw, een tik. Waar zijn hun geliefden? Zijn ze achtergebleven in Auschwitz? Ze hebben koortsige wangen en een bevroren lijf en de beelden spoken door hun hoofd. Hun familie weg, hun gezinnen weg, de vrouwen en meiden met wie ze in Auschwitz waren, weg. De wagon schommelt bij iedere wissel, iemand valt over hen heen, ze duwen haar van zich af. Er is al uren niet meer gesproken, misschien is er nooit gesproken, misschien hebben ze niet eens een stem. Niemand weet wie nog bij bewustzijn is en wie is weggegleden. Zelfs de stank deert niet meer. Een kneep in een vinger, ben je er nog? Een kneepje terug.

En dan stoppen ze.

~

Is er iets lekkerders dan de geur van dennenbomen in de herfst? Via de haartjes in je neus recht naar je hersenen, knisperend en fris als het begin van een nieuwe dag. De bedden opgemaakt, het katoen strak ingestopt aan het voeteneinde, de eerste ijsbloemen tekenen zich al af op de ramen. Naar beneden en via de keukendeur naar buiten, ademwolken blazen, de lucht als bevroren ijzer tegen je wangen maar nog niet zo stervenskoud als in de maanden die eraan komen. Met Bob een wandeling maken op de hei, hand in hand. Zover ze kunnen kijken een glooiend landschap met struikgewas onder een donzige laag mist, alsof ze door de wolken in de hemel lopen. Ze hoeft haar voeten niet te plaatsen, het gaat vanzelf. Ze zweven over wattenbollen. Voor hen zweeft ook een stelletje. En daarvoor nog een, en nog een. Een oneindige rij van voorovergebogen gestalten die over de hei slingert en aan de paarse horizon verdwijnt. Een krijtige zon begint achter een donker wolkendek te vervagen en al snel voelt ze een druppel op haar wang. Ze kijkt omhoog. De hemel sluit zich boven hen, trekt een dekzeil van schaduw over de hei. Ze moeten terug naar 't Hooge Nest, voor het losbarst. Janny draait zich om, er botst iemand tegen haar aan. Ook de rij achter hen is eindeloos lang. Bob trekt aan haar hand, sleurt haar vooruit.

'Janny, kom!'

Lien sist naar haar zusje, rukt aan haar arm.

Ze lopen verder, struikelen af en toe over een boomwortel, een steen. Geen gevoel in haar voeten, hoger optillen. Geen zwevende wolken. Janny weet weer waar ze zijn. Station Celle, Duitsland. Daar werden ze eruit gejaagd, ze konden nog amper op hun benen staan.

'*Raus!*'

Ze moesten de lijken uit hun wagon halen, maar ze konden niet meer. Hun handen sjorden en trokken zonder dat zijzelf eraan vastzaten. Laten liggen op het perron, log en bleek, voeten uiteengeklapt. Lopen, voortgedreven door honden en bewakers.

Ze trekken de paardendekens nog wat strakker om zich heen,

maar de kou bijt in hun blote kuiten. Het begint te regenen. De wind trekt aan, maar de boslucht is nog steeds heerlijk. Longen, hart, lopen.

Toen ze in het begin van hun tocht door het stadje liepen, ging hun bloed sneller stromen, hun hoofden schoten omhoog. De bewoonde wereld. Normale mensen. De bewakers en hun honden vormden een haag tussen de stoet strompelende geraamten en de bevolking. In de openingen zochten ze hoopvol hun gezichten, hun ogen, straat na straat, kilometer na kilometer. Een man, een vrouw, een bakker, een slager, een groepje kinderen, een ouder echtpaar. Maar als ze hun blik vonden, sloeg men de ogen neer. Mensen passeerden hen in tegengestelde richting, op de fiets en op paardenwagens, maakten een boog om hen heen en deden alsof ze hen niet zagen. Voetgangers aan beide zijden bleven in de berm staan en staarden hen na. Niemand zei iets.

Ze ploeteren door, hoeveel kilometer nog? Celle hebben ze al uren geleden achter zich gelaten. Het bospad waarover ze lopen komt uit op een stuk hei. Nu lopen ze onbeschut. Regen striemt tegen hun wangen, loopt in stroompjes naar hun nek, blijft liggen in de kuiltjes achter hun sleutelbenen. Windvlagen maken snelheid op de open vlakte, nemen een aanloop en proberen hen omver te beuken, iemand gaat onderuit. Niet stoppen. Knieën omhoog en eroverheen stappen. Wie uit het ritme valt is verloren. De druppels worden hagelstenen, de wind zwelt aan tot een storm. Het is noodweer. Bevelen zijn nog amper hoorbaar boven de herrie. Hun lichamen hellen ver voorover. Prikkeldraad. Het kampterrein.

Bergen-Belsen.

De zussen kijken elkaar aan, grijpen elkaar vast en ademen lang uit, glinsterende hagel valt uit hun haargrens via hun ooghoeken over hun wangen. Iemand zei het al toen ze op station Celle aankwamen, maar ze durfden het niet te geloven. Het is echt zo. Dit is goed. Bergen-Belsen is goed. Hier zijn geen gaskamers. Dit is gewoon een kamp.

Als dieren in een kraal worden ze achtergelaten. Geen telappel, geen rijen, geen arbeid, geen geschreeuw. Alleen een mistig, kaal terrein vol grijze silhouetten in de regen, tenten en schuren zover ze kunnen kijken. Janny en Lien zakken uitgeput neer op een hoger gelegen zandheuvel en kruipen dicht tegen elkaar aan, hun doorweekte dekens tot hun neus opgetrokken. Het lijkt wel of ze onder de grond zijn, overal is rook en stoom, mensen zitten op hun hurken, iedereen maakt zich klein, loopt gebogen alsof er een laag plafond is. Een tiener zwalkt verdwaasd voorbij, op een gestreept overhemd na is hij poedelnaakt, zijn benen steken als twijgen onder de stof vandaan. Een vrouw op de grond grijpt de hand van een passerende bewaker en drukt haar lippen ertegen aan, ze laat hem niet gaan tot hij haar een duw tegen haar voorhoofd geeft en ze achterover in de modder valt. Iemand roert in een pot boven een vuurtje, een vrouw staat voorovergebogen met ontbloot bovenlijf terwijl een andere vrouw een emmer ijskoud water over haar haren gooit. Een dampwolk schiet als een steekvlam omhoog.

Ze maken zich klein in hun dekens. De honger voelen ze niet meer, de leegte is een blok cement in hun maag dat er al maanden zit. Maar de kou die in hun botten zit, de kou die van hun huid roze schuurpapier heeft gemaakt en hun kaken op slot houdt, aan de kou kunnen ze maar niet wennen. Door de regen nadert een vormeloze gedaante. Twee kale koppen als van bevroren vogeltjes steken erboven uit. Ze staren elkaar aan. Een warme gloed en de kaken komen los. Een kreet van blijdschap schiet weg op de wind. Dan werpen ze de dekens van zich af en vliegen de vier elkaar huilend in de armen. Het zijn Anne en Margot.

~

Bergen-Belsen was nooit opgezet als vernietigingskamp, maar als een krijgsgevangenenkamp op de Duitse hei, voor onder meer grote aantallen Russische militairen. In de loop van de oorlog heeft het kamp zich uitgebreid over een terrein van dertig vierkante kilometer, met diverse deelkampen. Door de slechte omstandigheden en de vele infectieziekten bezweek het merendeel van de militairen al snel. Aandoeningen als dysenterie en vlektyfus werden van buurman op buurman overgegeven en verder verspreid door luizen en mijten. Zodra iemand de ziekte had, liep het leven letterlijk uit zijn lichaamsopeningen uit hem weg, tot bijna alle vijandelijke uniformen waren geleegd zonder dat er een schot gelost had hoeven worden.

Pas een jaar voor de aankomst van de zussen, in 1943, heeft de ss de regie van het kamp overgenomen en wordt Bergen-Belsen ook een wisselkamp voor joden. De bedoeling is deze mensen uit te wisselen voor Duitse krijgsgevangenen in andere landen. De uitverkozen joden staan op een zogenaamde Palestinalijst en worden ondergebracht in het *Sternlager*, het Sterrenkamp. Ze dragen verplicht een gele ster op hun kleding. Van uitwisseling komt weinig terecht, maar de mensen die er gevangenzitten verrichten meestal geen dwangarbeid en dragen geen gevangeniskleding – bovendien zijn er geen gaskamers. Zodoende verspreidt zich door Europa al snel het gerucht dat dit een van de betere locaties is om in terecht te komen.

Die mythe wordt binnen enkele maanden gelogenstraft. In het voorjaar van 1944 besluiten de Duitsers duizenden Poolse en Hongaarse vrouwen uit de getto's op te halen en bovendien uit andere concentratiekampen alle zieke, maar niet-terminale joden naar Bergen-Belsen over te brengen om te 'herstellen'. Hiervoor wordt een nieuwe accommodatie bijgebouwd: een *Zeltlager*, tentenkamp, van grote circustenten met ruimte voor enkele duizenden vrouwen. In de barakken liggen soms wel zevenduizend mensen. Er is verder geen medische zorg, geen sanitair, geen extra water- en voedselvoorziening noch enige vorm van organisatie om hen te ontvangen, laat staan om ze te laten herstellen.

De tenten zijn in de nazomer van 1944 nog maar net in het Lüneburger heidelandschap verrezen, of een logistieke ramp voltrekt zich. Propvolle treinen dumpen hun lading op station Celle, zestien kilometer verderop, en dagelijks verschijnen legers uitgemergelde gevangenen aan de poorten van het kamp. Mannen, vrouwen, kinderen; de influx is niet te overzien. De ss geeft de gevangenen opdracht op de appelplaats van het Sterrenkamp in hoog tempo extra barakken te bouwen voor de nieuwe ladingen zieken die ze uit Birkenau verwachten: zo'n drieduizend vrouwen. Het is de bedoeling dat ook het transport van de zusjes in deze barakken wordt gehuisvest, maar ze zijn niet op tijd af.

De tenten zijn inmiddels tot de nok toe gevuld met creperende mensen – soms bijna duizend per tent – en tegen de tijd dat Janny, Lien, Anne en Margot begin november aankomen, is het aantal kampbewoners van Bergen-Belsen verdubbeld. De grootste golf moet dan nog komen. Vanwege het oprukkende Rode Leger zullen in de maanden die volgen steeds meer concentratiekampen worden geëvacueerd. Van die massale evacuatie zitten Janny, Lien, Margot en Anne in de voorhoede; ze hadden nog geluk met hun veewagons. Na de jaarwisseling jagen de Duitsers honderdduizenden mannen, vrouwen en kinderen die nog maar nauwelijks op hun benen kunnen staan in eindeloze dodenmarsen voor de oprukkende fronten uit. Als dominostenen vallen ze onderweg om, van uitputting, door de kou, of omdat ze ter plekke worden geëxecuteerd door bewakers. Een enkele gelukkige redt het tot aan Bergen-Belsen.

In de winter van 1944-1945 zakt Bergen-Belsen weg in een vrije val van ziekte en chaos waarop niemand meer vat heeft. Binnen een paar maanden tijd overlijden op het terrein tienduizenden gevangenen en hopen de lijken zich aan de randen van het kamp op als menselijke houtwallen.

6

De storm

De tenten zijn overvol. Alle slaapplanken zijn tot driehoog bezet en de eerste paar dagen liggen ze met z'n viertjes dicht tegen elkaar aan op wat stro op de grond. Janny en Lien nemen de tien jaar jongere zusjes Frank onder hun hoede, zorgen dat ze zich iedere dag bij het kraantje op het terrein wassen, ook al giert er een ijzige wind en voelen ze enorme weerstand om in de kou hun deken af te doen en de dunne jurk uit te trekken. Schoon blijven, eten, bij elkaar blijven. Toen ze de meisjes op het zandheuveltje ontdekten, was de blijdschap onbeschrijfelijk geweest. Ze hadden al zo'n lange weg afgelegd, van Nederland naar Polen naar Duitsland, en ze hadden al zoveel mensen verloren sinds ze in Westerbork waren aangekomen. Ze vroegen elkaar wie ze tijdens het transport hadden gezien en in welke wagon ze hadden gezeten. En waar was hun moeder, Edith?

'Geselecteerd,' zei Anne alleen maar.

Ze zijn doodmoe en slapen veel, hoewel ook hier de luizen bijna met hun dekens weglopen. De beestjes zitten overal; kleerluizen, hoofdluizen, schaamluizen. Soms staart Janny gebiologeerd naar de kaalgeschoren schedel van een van de andere gevangenen en lijkt het net of de huid beweegt. Net als ze denkt dat ze nu echt haar verstand heeft verloren, ziet ze de levende laag luizen als een helm over het hoofd van hun gastvrouw kruipen.

Overdag worden ze aan het werk gezet in een stoffige barak, waar ze van oude leren schoenen met de hand de zolen moeten verwijderen. Als tegenprestatie krijgen ze een beetje waterige soep en een stuk brood. Het is zwaar werk en hun nagels en vingertoppen veranderen al snel in bloederige stompjes, om hen heen sterven mensen aan bloedvergiftiging. Anne en Lien vallen uit. Margot en Janny houden het langer vol.

Het begint weer te regenen. Eerst zachtjes, wat onschuldig geroffel op het tentdoek, maar al snel zwellen de buien aan tot kletterende watervallen die over het canvas worden uitgestort. De wind gilt over het terrein en de tentdoeken klapperen als zweepslagen. De vloer wordt nat, het stro raakt doorweekt en hun dekens druipen van het vocht. In de nacht van 7 november barst het echte noodweer los.

Tegen de avond, als iedereen weer een plekje moet vinden om te slapen, staan Anne en Margot buiten in de regen te kibbelen. De tenten zitten vol zieke en verwarde vrouwen. Naar binnen en naar buiten komen is al een drama, alsof de bezoekers van een heel stadion tegelijkertijd door dezelfde ingang moeten. Als je eenmaal binnen bent, kom je er niet makkelijk meer uit tot de volgende ochtend: in de tent is het donker en er liggen een paar honderd vrouwen op elkaar gepakt. Even plassen is er dan niet meer bij, hoewel de latrines – niet meer dan open kuilen vol diarree – zo smerig zijn dat je daar in het donker niet eens wil zijn. Net als in een stadion hanteert ieder haar eigen tactiek: sommigen staan altijd vooraan omdat ze de beste plaatsen willen; anderen laten zich meevoeren door het lot. De strategie van Janny en Lien is steeds dezelfde geweest: ze kijken op een afstandje toe hoe men vecht en dringt, en pas als de massa zich heeft geschikt betreden ze als allerlaatsten de tent en zoeken rustig een plekje. Maar vanavond willen de zusjes Frank niet op hen wachten: het weer is zo slecht dat ze zo snel mogelijk naar binnen willen.

Janny en Lien blijven in de kou wachten en zien hoe de ene na de andere gebogen gestalte tussen de tentdoeken verdwijnt, er lijkt geen einde aan de rijen te komen. Pas als het laatste staartje is verdwenen, glippen ze naar binnen. De tent is voller dan ooit – er komen nog steeds iedere dag ladingen mensen binnen – en ze moeten naar de nok toe klimmen om een plekje te vinden.

Het is donker en het gebruikelijke rumoer van hoestende, kreunende, ruziënde vrouwen wordt deze avond overstemd door de storm en de regen. Het hele kampterrein lijkt op zijn grondvesten te schudden. Rukwinden draaien om de tent, trekken en duwen tegen de zijwanden, hagelstenen beuken op het dak. Water loopt al door de doorweekte stof heen, op hun gezichten, op de grond. Het tentdoek begint op sommige plaatsen gevaarlijk laag te hangen, ze kunnen het met hun vingers bijna aanraken. Janny en Lien kruipen dicht tegen elkaar aan. Als het begint te bliksemen wordt het binnen doodstil. Lichtflitsen schieten door de tent en verlichten de van angst vertrokken gezichten. De donder neemt een roffelende aanloop en ontploft dan met zo'n harde knal recht boven hen dat ze verwachten dat de aarde onder hen zal splijten en ze met tent en al in de diepte zullen verdwijnen. Verstijfd liggen ze in bed. Dan een gil, hels kabaal, het geluid van scheurende stof en klievend hout, de britsen vallen onder hen weg, een harde klap op hun kop en het voelt of ze onder water zakken. Ze krijgen geen adem, alles is zwart, stemmen klinken ver en gedempt. De stutpalen hebben het begeven, het canvas is gescheurd en de hele tent is ingestort, met een paar honderd vrouwen erin.

Pikdonker, maaiende armen, een schop tegen een kaak, omhoog, naar boven, onder het zeil vandaan, zuurstof. Regen slaat op haar kruin, een teug adem en Janny is eruit. Waar is Lien? Hier, ik ben hier. Weg, snel, over hoofden en lichamen kruipen, vanonder het tentdoek stijgt gegil en gekerm op, ze zien geen hand voor ogen. Ze redden het naar het open veld, alles trilt, hun tanden klapperen. Overal liggen gewonde vrouwen, er zijn meer tenten ingestort; waar eerst zwarte silhouetten in het landschap verrezen is nu niets meer. Levenloze lichamen in de modder. Het canvas op de aarde beweegt heen en weer als een Chinese draak terwijl honderden vrouwen eronderuit proberen te komen, op handen en voeten. Janny en Lien hebben geluk gehad: aangezien ze bovenin lagen, zijn ze niet door de anderen bedolven en konden ze door een scheur in het doek uit de tent kruipen.

Eindelijk komt de ss aanrennen. Hun geschreeuw vervliegt in de storm, ze zien alleen opengesperde monden. Iedereen die zichzelf heeft weten te redden wordt de keukentent in gejaagd. Daar staan ze rillend op elkaar gepakt tot uren later de eerste waterige zonnestralen de ravage onthullen.

Het terrein is bezaaid met puin, hout, kleren, mensen. Gewonde vrouwen lopen kermend en gedesoriënteerd rond; ze hebben in het donker niet gezien dat ze konden schuilen in de keukentent. Het hele Zeltlager is van de kaart geveegd. Er is geen extra water of voedsel, geen medische hulp. Van de keukentent worden ze naar de schoenenbarak overgebracht en daar vinden ze Anne en Margot terug. De meisjes rillen van de kou, maar ze zijn ongedeerd. Ze sluiten elkaar in de armen en staren naar de bende om hen heen: tafels vol ontmantelde schoenen en stapels lompen, een dikke laag vuil bedekt de grond. Niemand gelooft meer dat de verplaatsing naar Bergen-Belsen hun redding is.

~

De overlevenden van de stormnacht worden ondergebracht in een klein vrouwenkamp naast het Sterrenkamp. De bewakers creëren een brede haag van prikkeldraad gevuld met strobalen, zodat ze van de vrouwen in het Sterrenkamp zijn afgesneden; alleen al nabij de afrastering komen en met iemand aan de andere kant praten wordt zwaar bestraft, laat staan spullen of voedsel overgooien. Bij ontdekking volgen strenge straffen: van een dag met een kei boven je hoofd in de vrieskou zitten tot de kogel. Toch wagen mensen het erop; in het Sterrenkamp hebben gevangenen het beter, en voor een warme trui of een blikje eten willen sommigen hun leven wel wagen.

In hun nieuwe vrouwenkamp zijn maar een paar barakken, sommige vrouwen worden in andere kampgedeelten ondergebracht, maar er komen steeds weer nieuwe transporten bij en er is simpelweg niet voldoende plek voor iedereen. 's Avonds moeten ze maar zien of ze ergens een slaapplaats kunnen vinden, mensen die niet op tijd een brits vinden worden doodgeschoten. In alle chaos zijn Janny en Lien de zusjes Frank een paar dagen kwijt.

De situatie verslechtert met de dag. In Birkenau werden de zwaksten ertussenuit gepikt terwijl ze aftakelden en bleven zij steeds over met de sterksten. Hier moeten ze van die aftakeling getuige zijn, van iedere kleine stap in het proces, tot het moment dat iemand haar laatste adem uitblaast terwijl ze naast je ligt. Het kleine crematorium loeit en spuwt zwarte rookpluimen, maar het is niet genoeg. Iedere nacht doven overal op het immense kampterrein honderden levens en iedere ochtend stapelen de lijken zich op buiten de barakken. Dagelijks melden zich grote groepen nieuwe gevangenen aan de poort, toch groeit de kampbevolking niet zo snel als de aantallen nieuwkomers suggereren. Rantsoenen worden kleiner, schoon water is schaars en de open kuilen vol stront die dagelijks door tienduizenden gevangenen worden gedeeld, zijn infectiehaarden: tyfus, tuberculose, dysenterie. Iemand met wie je 's avonds nog hebt gepraat ligt de volgende ochtend op de stapel buiten de barak. Het went niet. Eén ding wordt al snel duidelijk: wie alleen is, maakt geen schijn van kans. Janny en Lien gaan op zoek naar bekenden, zodat ze een groepje kunnen vormen, en vinden Anne en Margot terug. Vanaf dat moment zorgen ze dat ze met een stel Nederlandse vrouwen dicht bij elkaar blijven.

In de barak zijn drie Nederlandse zusterparen: Janny en Lien Brilleslijper, Anne en Margot Frank en Annelore en Ellen Daniel. Uit een later transport sluiten zich nog het Nederlandse meisje Sonja Lopes Cardozo en mevrouw Auguste van Pels bij hen aan. Sonja is pas negentien jaar en heeft dezelfde route afgelegd als de zusjes Frank en Brilleslijper: gepakt tijdens de onderduik en via

Westerbork in Auschwitz beland, waar ze haar ouders en één jaar oudere broer Matthieu heeft achtergelaten. Ze weet niet of ze nog in leven zijn. Haar ouders zijn Greetje van Amstel en Lodewijk Lopes Cardozo uit de Kerkstraat in Amsterdam, kennissen van Janny en Lien van voor de oorlog. Sonja is een opgewekt en slim meisje op wie ze allemaal zeer gesteld raken. Ze zeurt nooit en probeert steeds de moed erin te houden; ze snijdt poppetjes uit broodhompen en geeft die aan de anderen, wat zorgt voor een glimlach op hun ingevallen gezichten. Auguste van Pels heeft met de meisjes Frank in het achterhuis ondergedoken gezeten en is de oudste van het stel: zij is al in de veertig. Sommigen denken dat ze de moeder van Anne en Margot is, omdat ze zo hecht zijn. In dezelfde barak zit ook nog Rachel van Amerongen-Frankfoorder, een joodse vrouw uit een socialistisch milieu, die naast haar baan bij de Bijenkorf illegaal werk voor het verzet heeft gedaan. Ook zij zat in dezelfde periode als het gezin Brilleslijper en het gezin Frank in kamp Westerbork en is daarna in Auschwitz beland.

De vrouwen houden elkaar in de gaten, spreken elkaar moed in en ritselen op alle mogelijke plekken voedsel dat ze met elkaar delen. Er staat altijd iemand op wacht om te kijken of er eten aankomt; als je niet vooraan staat is je kans voor die dag verkeken.

Anne en Margot delen de brits onder die van Janny en Lien, en samen proberen ze de lege uren te vullen door elkaar verhalen te vertellen. Kinderverhalen, sprookjes, moppen, herinneringen aan Amsterdam en natuurlijk uitgebreide verhandelingen over maaltijden. Sommige vrouwen in de barak vinden het vreselijk als er over eten wordt gesproken; ze worden er misselijk van en maken zich scheldend uit de voeten. Maar niet de vier zussen. Als volleerde kokkinnen bemannen ze een fantoomkeuken, stellen menu's samen en beschrijven tot in detail de gerechten die ze zullen eten bij thuiskomst.

Op een dag dromen ze weg over hoe ze gevieren het statige Café Américain aan het Leidseplein binnenlopen en daar in het restaurant gul van de kaart bestellen. Terwijl de anderen met gesloten ogen het opkomende speeksel wegslikken en zichzelf al het prachtige café met de gewelfde plafonds zien binnenlopen, barst Anne ineens in tranen uit. Ze weet dat de kans dat ze ooit naar Amsterdam zullen terugkeren met de dag kleiner wordt en zelfs de mooiste luchtkastelen kunnen die realiteit niet goed meer buiten de deur houden.

~

Tegen het einde van 1944 loopt hun barak vol met transporten meisjes en vrouwen uit Hongarije, Tsjechoslowakije en Rusland; het zijn joden, zigeuners en politieke gevangenen. De taalbarrière maakt het moeilijk contact te maken. Als Janny op een ochtend op telappel staat, spreekt een Hongaars meisje haar in gebrekkig Duits aan. Ze is zichtbaar in paniek, maar Janny begrijpt niet goed wat het kind van haar wil. Even later komt ze terug met een vriendin en een koffer vol spullen. Janny begrijpt dat er in hun barak een grote ontluizing aankomt, wat inhoudt dat de meisjes alles moeten afstaan wat ze bij zich hebben. Of Janny misschien de koffer voor hen wil bewaren tot na de ontluizing? Zonder nadenken neemt ze de koffer aan en verstopt hem bij Lien in het hoogste bed. Als de Hongaarse meisjes die avond opgelucht terugkomen om hun koffer op te halen, willen ze Janny betalen voor haar gunst. De handel in het kamp is levendig en de ruilmiddelen zijn een stukje brood of een ui, een warme trui of een onderbroek gemaakt van een stuk deken. Maar Janny weigert; ze vindt dat ze niets bijzonders heeft gedaan en is blij dat ze de meisjes heeft kunnen helpen. De verborgen koffer markeert het begin van een verbond met een groep Hongaarse politieke gevangenen, die haar en Lien vanaf dat moment helpen wanneer ze kunnen.

Een paar van die Hongaarse vrouwen werken in de keuken van de SS en stoppen haar af en toe wat extra's toe. Een ui, een aardappel, wat zuurkool voor Lien, die aan diarree lijdt, en zelfs een keer een beker melk. Het goedje is zuur en klonterig, maar dit zijn de reddingslijnen die hen van de lijkstapels weghouden. Misschien nog wel belangrijker dan voeding is dat de Hongaarse vrouwen nieuwe informatie hebben. Met handen en voeten en in gebrekkig Duits hoort Janny de vrouwen uit en rapporteert 's avonds bij haar Nederlandse vriendinnen. De geallieerden komen eraan, Hitler is al bijna op de knieën gedwongen en als ze nog even, heus heel even maar, volhouden, komen ze hier levend uit. Of het waarheid of fictie is weet niemand, maar iets anders om op te teren hebben ze niet.

Op 1 december 1944 wordt Josef Kramer de nieuwe kampcommandant van Bergen-Belsen. De zussen kennen hem nog uit Birkenau. Met zijn lompe postuur, kop als van een breedbekkikker en opeengeperste lippen was hij de bruut naast de tengere engel des doods, Mengele. Mengele deed met fluwelen hand de selectie en Kramer was verantwoordelijk voor de gang naar de gaskamers. Deze voormalige boekhouder uit München vond bij de SS de begeestering die hij in zijn professie ontbeerde, en had in de afgelopen tien jaar een glorieuze carrière binnen de concentratiekampen gemaakt. Van bewaker klom hij stap voor stap op tot kampcommandant. Hoewel er bij zijn komst in Bergen-Belsen op het hele terrein geen gevangene meer te vinden is die nog een vinger tegen de nazi's kan oprichten, voert hij een terreurbewind in. Van mishandeling en het loslaten van honden op mensen, tot de executie van hele groepen aan de rand van de massagraven: Kramer zal niet voor niets de geschiedenisboeken in gaan als het Beest van Bergen-Belsen.

Vanaf januari 1945 sterven er gemiddeld meer dan tweeduizend mensen per week in het kamp. Iedere ochtend stapelen zich zo'n driehonderd nieuwe lijken buiten de barakken op en er valt met geen mogelijkheid tegenop te stoken. In het heidelandschap verschijnen kuilen zo groot als sportzwembaden, waarin de slachtoffers van het stuiptrekkende naziregime verdwijnen; hun graven anoniem maar hun nalatenschap voor altijd met de aarde van het Lüneburger natuurgebied verbonden.

7

Het feest

Janny ziet haar zus en de zusjes Frank verslechteren; hun gekortwiekte schedels met scherp uitstekende jukbeenderen zijn net doodshoofden. Van de Hongaren hoort ze dat de geallieerden snelle vorderingen maken, ze moeten zichzelf in leven zien te houden tot de troepen zich aan de poorten melden. Ze maakt een plannetje om op de laatste decemberavond tegelijkertijd kerst, oudjaar en Chanoeka te vieren. Iedereen is enthousiast; de voorbereidingen alleen al brengen goede moed. Vanaf dat moment sparen ze iedere dag een kruimel brood en via haar vriendinnen in de SS-keuken krijgt Janny twee handenvol aardappelschillen. Anne ritselt ergens een teen knoflook, de zusjes Daniel 'vinden' op wonderbaarlijke wijze een raap en een wortel, en Lien zingt liedjes voor de bewaaksters en verdient daarmee boterhammen en een schepje zuurkool. Op de ochtend van de grote dag bewaren ze allemaal iets van de bruine ochtenddrab in hun tinnen bekers, zodat ze ook nog iets te drinken hebben.

Die avond verzamelen ze zich met hun Hollandse groepje opgewonden op de bovenste bedden onder het dak van de stenen barak, de voedingswaren tussen hen uitgestald. Ze zijn er allemaal: Janny, Lien, de zusjes Frank, de zusjes Daniel, en Auguste en Sonja. Ze praten en eten en maken elkaar lekker met verhalen over wat ze zullen doen als ze thuis zijn. Anne droomt al weg bij het vooruitzicht; het eerste wat ze wil doen is eten bij het chique restaurant op de hoek van de Leidsestraat en de Prinsengracht: Dikker & Thijs. Meer vrouwen uit de barak verzamelen zich om hen heen, nieuwsgierig naar het rumoer dat de gebruikelijke bedrukte sfeer doorbreekt. De kou, de pijn in hun botten en het gemis van hun dierbaren wordt heel even vergeten terwijl ze hun feestdiner vieren, in kleermakerszit op de houten bedden. Dan zet iemand een oud schoolliedje in:

Een karretje dat op de zandweg reed
De maan scheen helder, de weg was breed
Het paardje liep met luste
'k Wed dat het zelf zijn weg wel vindt
De voerman lei te rusten
Ik wens je wel thuis m'n vrind, m'n vrind
Ik wens je wel thuis m'n vrind

Ze vallen allemaal in en wiegen op de britsen mee op de muziek. En door, met 'Constant had een hobbelpaard', en daarna 'Kling klang klokje' en 'Het zonnetje gaat van ons scheiden'. Als een kleuterklas op zangles klappen ze mee, spreken de Nederlandse woorden uit alsof ze nog nooit zoiets moois hebben gehoord. Sommige vrouwen in de barak raken geïrriteerd door zoveel vrolijkheid en er wordt gesist dat ze stil moeten zijn, in het Frans, in het Russisch, in woorden die ze niet begrijpen maar waarvan de strekking hun duidelijk is. Het deert niet, de energie die al lang geleden hun lichamen heeft verlaten stroomt door hun ledematen en maakt ze licht in het hoofd.

Dan opeens reageren de Tsjechische vrouwen feller dan de rest. Ze buigen zich voorover vanaf hun britsen met hun vinger tegen hun lippen gedrukt.

'Ssst! Ssst!'

Janny en de anderen schrikken en houden hun mond. Ze zijn bevriend met deze groep en begrijpen niet goed wat er mis is. Vier Tsjechische vrouwen beginnen te zingen en de rest van de barak valt ook stil. Het is prachtig. Vierstemmig zingen ze het Nederlandse liedje, met een loepzuivere melodie en in gebroken Nederlands: 'Constant had een hobbelpaard, zonder kop of zonder staart, zo reed hij de kamer rond, zomaar in zijn blote... Constant had een hobbelpaard' en zo door. De spanning in de ruimte is ineens doorbroken en de groep Nederlandse vrouwen onder het dak barst in huilen uit, bevrijd van het idee dat ze zich nog langer groot moeten houden.

~

Het is begin 1945, de dood grijpt om zich heen en het enige wat Janny kan doen is met vingerhoedjes water blussen. Lien en zij proberen te redden wie er te redden valt. Bijna iedereen in hun kleine vrouwenkamp is inmiddels te ziek en te slap om te werken. Anne, Margot, Sonja, Auguste: ze blijven in de barakken, die broeinesten van bacteriën zijn. Ook Lien voelt zich slecht. 's Nachts lekt het ijswater door de daken heen op de britsen en 's ochtends kunnen ze de doden in hun eigen natte dekens wikkelen en buiten op de stapel gooien.

Janny heeft zich weer als verpleegster aangemeld en duwde zonder het te vragen ook Liens arm omhoog toen de SS meer kandidaten zocht: ze zijn nu verpleegster en hulp-verpleegster. Ze krijgen een witte band om hun arm, hebben toegang tot de kampapotheek en kunnen zich wat vrijer over het terrein bewegen. Als een driftige werkmier loopt Janny rond, beveelt en delegeert. Haar lichaam krimpt met de dag en haar hoofd voelt steeds zwaarder, maar ze houdt zich vast aan de belofte die ze haar moeder en haar kinderen heeft gedaan: Lien en zij komen hieruit. Er moet water verzameld worden om zieken te drinken te geven, en om lichamen en kleren mee te wassen. Door de chaos en overbevolking in het kamp is het niet veilig bij de pomp, en ook als je terugloopt naar de barakken kan het water zomaar uit je handen geslagen worden. Janny stelt een escorte van vrouwen samen om met haar mee te gaan, zodat ze veilig water kan halen. Met kroezen en bekers en eetpannetjes lopen ze op en neer, houden mensen schoon en proberen de smerigste kleding uit te spoelen en in de vrieskou droog te krijgen. Er heerst tyfus en ze hebben niets om die ziekte mee te bestrijden. Om de zieken in ieder geval een laatste gevoel van menselijkheid terug te geven, jat Janny handenvol stinkend spul uit de apotheek om luizen en vlooien mee te lijf te gaan.

Op een ochtend vraagt Lien haar zusje mee te lopen naar een klein blok in hun kampgedeelte, net gevuld met een nieuw transport. Tot Janny's verbazing zitten er alleen maar Nederlandse vrouwen op een kluitje, met een paar heel kleine kinderen en enkele oudjes. Een aantal van hen kent ze, zoals Marianne 'Zus' Asscher met haar drie kinderen. Sommige vrouwen kunnen niet eens meer op hun benen staan en de kinderen zijn er slecht aan toe. Er wordt niet gejammerd of gehuild, enkel gestaard met grote ogen die weinig meer registreren.

Het blijkt geen nieuw transport te zijn; de vrouwen vertellen dat ze tot nu toe met hun mannen in een ander gedeelte van het kamp zaten. Het zijn allemaal families van diamanthandelaren, die al langer in Bergen-Belsen zijn maar hun lot hebben kunnen uitstellen door te betalen. Toen ze diamanten noch goud meer hadden om de kampcommandant en zijn officieren om te kopen, waren hun mannen op transport gezet. Ze hadden het in Bergen-Belsen volgehouden omdat ze bij elkaar waren, maar nu de families uiteengerukt zijn is het hele setje als een kaartenhuis in elkaar gestort. De wil om te leven is met het transport van hun mannen vertrokken.

De zussen gaan meteen aan de slag. Vrouwen worden weggestuurd om water te halen, de oudjes worden op een brits geholpen, kinderen worden buiten in de ijzige kou gewassen en met stukken stof ruw drooggewreven. Her en der proberen ze wat voedsel voor de groep te ritselen. Zus Asscher is apathisch, haar twee zoontjes, Brammetje en Jopie, hangen tegen haar aan en haar dochter Truusje, eind 1943 geboren in Westerbork, ligt als een pop met gespreide ledematen in een vieze wagen. Janny vangt Liens blik; ze denken hetzelfde. Liselotte. Kathinka. Ze schudden de gedachte van zich af en gaan verder, er is geen tijd te verliezen.

De nieuwe groep vrouwen en kinderen is er zo slecht aan toe dat Janny en Lien worden aangesteld als voltijdverzorgers van de kleine barak en er hun intrek nemen. Ze vragen Anne en Margot met hen mee te verhuizen, maar Margot heeft diarree en mag vanwege het besmettingsgevaar van buiktyfus het blok niet verlaten. Anne probeert zo goed en zo kwaad als dat gaat voor haar oudere zus te zorgen, en Janny en Lien houden de meisjes in de gaten. Ze worden verantwoordelijk gesteld voor de zieken en doden in hun nieuwe, kleine 'diamantbarak', ze moeten water en eten voor iedereen halen en de barak schoonhouden; uren achtereen pulken ze kleerluizen uit dekens en kleding om voor enige verlichting te zorgen.

Tot de groep diamantvrouwen behoort ook ene mevrouw Henriëtte van Amerongen. De zusjes Brilleslijper vertellen haar dat er in hun vorige barak ook een Van Amerongen zit: Rachel. Het blijkt haar schoondochter te zijn. Snel gaan ze Rachel halen en hoewel de hereniging mevrouw Van Amerongen zichtbaar goed doet, is het niet voldoende: ze is te ziek om nog overeind te krabbelen en overlijdt korte tijd later. Janny en Lien sluiten haar ogen en dragen haar naar de stapel. Voordat een vreemde ermee vandoor gaat, redden ze nog wel haar bontjas en trouwring, die ze later die dag aan Rachel overhandigen.

Janny moet tijdens het dagelijkse appel aan de ss-bewaking melden hoeveel mensen er echt niet meer kunnen lopen of staan. Tijdens zo'n appel buigt een bewaakster zich over de wagen van Truusje Asscher en komt met een schok weer overeind. Truus' buikje is opgeblazen als een ballon, met armen en benen die er als twijgen uitsteken. Geschrokken schrijft de bewaakster een bon uit voor een dagelijkse halve liter melkpap. Truusje stopt diezelfde middag nog met ademen, maar de bon gebruikt Janny voor talloze andere kinderen.

In nog een andere barak hebben de Duitsers een groep Nederlandse kinderen geplaatst, van wie ze niet zeker weten of het vol-joden zijn. Janny en Lien proberen de zusjes Frank een beetje op te beuren en vragen Anne en Margot of ze hen willen helpen deze kinderen te verzorgen. Voorlezen, met ze spelen, nagels en haren knippen, alles om de kleintjes de dag door te slepen. Anne en Margot gaan een aantal keer mee, zingen Nederlandse kinderliedjes en vertellen een paar sprookjes, maar al snel voelen ze zich te slecht om hun barak nog te verlaten. Margot kan niet meer op haar benen staan en Anne blijft aan de zijde van haar oudere zus.

In een laatste poging de meisjes een beetje leven in te blazen, zetten Janny en Lien de overgebleven kinderen van Zus Asscher, Jopie en Brammetje, bij ze neer om mee te spelen, maar de zusjes hebben zich teruggetrokken in een schemerwereld, te zwak om op de kleuters te reageren. Lien en Janny verzamelen eten dat ze af en toe naar de meisjes brengen, maar op een dag treffen ze hun britsen leeg aan; Anne en Margot zijn naar de ziekenbarak verplaatst. Het is slecht nieuws: in de ziekenbarak krijgen ze geen behandeling, maar worden ze wel blootgesteld aan nog meer bacteriën. Iedereen die er ligt is terminaal, lijdt aan dysenterie of vlektyfus.

Lien en Janny zoeken de meisjes daar op en proberen ze te overtuigen met hen mee te komen – tevergeefs. In de ziekenbarak wordt gestookt, dus ze hebben het er warm en bovendien mogen ze met z’n tweetjes één brits delen. Anne vertelt hun dat ze bij Margot wil blijven. Margot zegt niets meer.

8

Stad der doden

Janny staat aan de voet van de gigantische kuil en kijkt omhoog naar de sterrenhemel boven de Lüneburger hei. Een wassende maan schijnt de stapels lichamen in de diepte bij. Ze staat daar maar, met afhangende schouders, de punt van de deken waaruit zojuist een bloot vrouwenlichaam is gerold nog tussen haar vingers geklemd – die moet weer mee terug –, haar kortgeknipte hoofd naar boven gericht. De stank is zo penetrant, zelfs als ze haar lippen opeenperst en haar adem inhoudt, dringt de geur van ontbinding haar neus binnen. Zwermen vogels cirkelen boven de lichamen en duiken dan de kuil in. Janny beweegt niet, staart naar de hemel en zoekt naar een teken van de sterren.

De dodenmarsen brengen nog steeds colonnes mensen binnen en het kamp puilt uit. In een barak die is berekend op tachtig soldaten zitten meer dan veertienhonderd vrouwen gepropt. Nieuwkomers moeten met andere gevangenen vechten voor een plekje op de vieze grond. Velen zien er de doorslaggevende reden in hun lichaam de rust te gunnen waarnaar het snakt en zakken ter plekke door de knieën. De kleerluizen waren altijd al een probleem, maar door een gebrek aan bestrijding en een overvloed aan nieuwe gevangenen gaan de sluizen nu echt open en een ware plaag neemt het kamp over. Honderdduizenden minuscule beestjes gaan de barakken rond, zuigen zich vol met menselijk bloed en spinnen zo rond iedere keet een web van vlektyfus waaraan geen ontsnappen mogelijk is. Het begint met hoofdpijn, misselijkheid, pijn in alle spieren en gloeiende koorts. Na een kleine week bedekt een felrode huiduitslag het lichaam en zakken de meesten weg in een koortsdelier. De patiënt bevindt zich in een nevel tussen leven en dood, en in de wintermaanden van 1945 is er nog zelden iemand die aan de lichte kant ervan tevoorschijn komt.

Ook Lien ligt doodziek in bed. Margot is al langer ziek en verslechtert nu snel. Janny peest door de barakken, probeert te doen wat ze kan en gaat tussendoor even bij Margot en Anne kijken. Margot heeft hoge koorts en kan alleen nog maar fluisteren. Anne wijkt niet van haar zijde, maar is ook al koortsig, met gloeiende wangen en grote ogen. Ze probeert voor haar zus te zorgen, maar Janny ziet dat ze al met één been in een andere wereld is. Ze kan zo weinig voor ze doen.

Janny voelt dat ze zelf ook ziek is – de gloeiende wangen, het wazige zicht. Het is een race tegen de klok. Ze moet door, haast zich van de ene barak naar de andere, probeert Lien schoon te houden, knipt bevroren vingers en tenen af, haalt water voor de eindeloze rij zieken en kauwt oud brood voor, maar levens glippen als zand tussen haar vingers weg. Een vrouw in haar barak overlijdt met haar levende baby nog in de armen. Alsof het lopendebandwerk is, sluit ze ogen die niets meer zien, verwijdert bruikbare spullen voor andere gevangenen en draagt lichamen naar de kuilen. Maar er is niet tegenop te werken. Als sprokkelhout liggen de lichamen over het kampterrein verspreid, ledematen reiken naar de hemel. Er heerst stilte in de barakken en op het terrein, hoewel het aantal gevangenen inmiddels tot een kleine stad is uitgegroeid.

Opeens verschijnt Anne voor Janny. Ze is naakt en heeft alleen een deken om haar knokige schouders. Het is ijskoud, de sneeuw begint net een beetje tussen de bomen om het terrein heen weg te smelten. Janny trekt haar naar zich toe.

'Wat doe jij nou hier? Waar zijn je kleren?'

'Margot is zo ziek.' Het meisje komt amper uit haar woorden. 'En de luizen...' Ze trekt met haar hoofd en kriebelt met haar vingers, smal als spinnenpoten.

'Iedereen is ziek, Anne. Kom hier,' zegt Janny, terwijl ze kleren bij elkaar begint te rapen en ze in Annes handen drukt. Eten is er bijna niet meer, soms krijgen ze dagen niets van de kampleiding, maar ze geeft Anne een beetje van het laatste brood dat ze voor Lien heeft bewaard.

'Neem dit mee en blijf in je barak. Ik kom zo snel mogelijk bij jullie langs. Ga.'

Kort daarna valt Margot uit haar brits, met haar hoofd op de betonnen vloer, en wordt niet meer wakker. Anne ging er al van uit dat haar vader en moeder dood waren; met het overlijden van haar zus heeft ze geen reden meer om achter te blijven en ook zij laat los. Als Janny en Lien een paar dagen later weer bij de meisjes gaan kijken, treffen ze hun brits leeg aan. Ze gaan buiten op zoek tussen de stapels lijken en vinden de levenloze lichamen. Met de hulp van twee andere vrouwen wikkelen ze de zusjes in dekens en dragen ze naar een van de kuilen, waar ze ze een voor een in de diepte laten zakken.

~

Alles is wazig, alsof het netvlies van haar ogen is gestript. Kleuren zijn weggevallen en ze ziet alleen nog silhouetten in grijstinten over het veld zwalken. Janny's hoofd bonst continu en voelt te zwaar voor haar nek. Dagen en nachten vloeien in elkaar over, weken en levens verstrijken. Lien is iets minder ziek, maar Janny kan bijna niet meer op haar benen staan. Het kampterrein is een op hol geslagen kermis van krankzinnigen, zieken en stervenden. Van tijd tot tijd gaat het luchtalarm, het loeit vanuit de bomen over de vlakte zonder dat er iets gebeurt, zodat de kampbewoners op een gegeven moment niet eens meer opkijken om te zien of de geallieerden hen komen redden. Overal struikel je over de dode lichamen, niemand heeft nog energie ze op te ruimen. Ze liggen in de goten, op de paden, of nog in de barakken; het zijn er honderden, of duizenden – er is niemand die telt.

De meeste mensen liggen en hangen apathisch op britsen, tegen muren, of zitten gewoon op de koude aarde buiten. Er is bijna geen voedsel meer, soms wat koolraap in water; warm, koud, vaak bedorven. Van de Hongaarse vrouwen hoort Janny de wildste verhalen. De Engelsen zouden er al lang zijn maar het kamp niet in durven vanwege de ziekten. De Duitsers zouden explosieven onder het kamp hebben gelegd en gaan het opblazen met hen allen erin. Er gebeurt niets.

Het wordt minder kil buiten, of misschien is het de koorts die haar botten opwarmt. Janny jat aspirines uit de apotheek en vreet ze op, ze moet op de been blijven om water te kunnen halen voor Lien en zichzelf. Lien is haar enige kans op overleving, zonder haar wil ze niet terug naar Nederland.

Weer luchtalarm, vliegtuigen, schoten van alle kanten, ze weten niet of het van de Duitsers of van de geallieerden komt. Bewakers vluchten weg en opeens is het doodstil in het kamp. Een paar gevangenen gaan een kijkje nemen in de SS-barakken en verschijnen alweer snel in de deuropening: ze zijn weg! Mensen beginnen te schreeuwen, te rennen, Hitlerportretten worden van de muren gerukt. Janny kan bijna niet meer bewegen en aanschouwt het allemaal van een afstand. Ergens liggen twee torenhoge bergen koolraap, die door uitgehongerde gevangenen worden besprongen. Binnen enkele minuten zijn alle rapen verdwenen. Het idee dat ze nu echt bevrijd zullen worden ontketent bij sommigen een dierlijke razernij. Overal worden vuren ontstoken, rode vlammen schieten omhoog in het grijze landschap. Gevangenen trekken SS-jasjes aan om warm te worden, waarop ze door andere gevangenen worden aangevallen.

Opeens wordt er weer geschoten, iemand roept dat de moffen terug zijn. Er wordt gefloten voor telappel, gevolgd door het gebruikelijke geschreeuw van bewakers die roepen dat ze moeten opschieten. In droomachtige toestand sleept Janny zichzelf naar de appelplaats. Ze voelt zich draaierig, haar hoofd zo licht dat het lijkt of ze zweeft.

Daar staat kampcommandant Josef Kramer. Hij en zijn mannen dragen opeens witte banden om hun bovenarmen en doen op een vreemde manier aardig. Uit alle hoeken naderen gevangenen, argwanend, ze proberen te horen wat hij te zeggen heeft. Kramer stapt op een verhoging en wenkt ze, *Kommen Sie her, kommen Sie, meine Damen*; zijn gezicht vertrokken in een grimas. Er wordt gejoeld, iemand roept dat er helemaal geen appel is, de Engelsen staan aan de poort, luister niet naar hem!

Janny staat daar maar, terwijl mensen aan alle kanten langs haar heen rennen. Kramer krijgt klappen en een schop van mensen in uniform, de witte manchetten worden van hem afgerukt en hij wordt in een jeep gegooid. Terwijl Janny toekijkt, voelt ze hoe zich vanuit haar buik een warme gloed over haar lichaam verspreidt. Dan ziet ze maanmannetjes in rubberpakken op haar afkomen en gaat ze tegen de vlakte.

Het is 15 april 1945 en de Engelsen bevrijden Bergen-Belsen. Verspreid over het kampterrein treffen ze zestigduizend uitgemergelde gevangenen en dertienduizend lijken in diverse stadia van ontbinding. In razendsnel opgezette noodhospitalen begint een reddingsoperatie voor de overlevenden, van wie er in de weken die volgen nog een kwart zal overlijden.

9

De laatste weg

Janny leunt met haar hoofd tegen het raam en kijkt naar buiten, neemt ieder beeld in zich op en probeert door te ademen. Via Zuid rijden ze Amsterdam binnen. De lente versiert de straten met kleuren die ze bijna is vergeten. Violet en fuchsia en appeltjesgroen en een lucht van eindeloos blauw. Ze staart omhoog, de gezichten van vader, moeder en Japie dringen zich op en verschijnen aan de hemel, in de rode bakstenen, tussen de bladeren aan de bomen. Ze ontkomt er niet aan. Dit is het seizoen waar ze zo van houden. De stad ontwaakt uit zijn winterslaap. Ramen gaan weer open, katoenen lakens wapperen buiten, het Waterlooplein zoemt van bedrijvigheid. Het werken viel vader en moeder altijd minder zwaar als de zon weer tevoorschijn kwam. Zouden zij nu ook naar deze lucht staren, ergens anders in de stad? Een felle pijnscheut achter haar slapen, haar zicht wordt troebel. Ze knijpt haar oogleden dicht en duwt het beeld van haar ouders en Japie van zich af. Niet aan denken. Komt later.

Noorder Amstellaan, Apollolaan.

De statige huizen aan de brede Apollolaan. Om de hoek van de chique gezusters Jansen – zouden ze nog leven? Een aaneenschakeling van robuuste, houten voordeuren aan weerszijden van de groene middenberm schiet aan het autoraam voorbij. Bob en Eberhard die in hun goede goed bij de gezusters Jansen langsgaan voor het huurcontract, 't Hooge Nest, hun bestaan in de bossen, het illegale werk in Amsterdam, de mislukte opdracht op het Roelof Hartplein, het verraad. Ze weet nog hoe ze daar stond, op de driesprong Van Baerlestraat, J.M. Coenenstraat en Roelof Hartstraat. Haar stevige tred, Robbie aan de hand. Toen was het ook zo'n mooie dag. Het lijkt honderd jaar geleden, een flard van een film die ze ooit zag. Niet zij, niet haar eigen leven, minder dan een jaar geleden. Janny kijkt even naar haar handen, die rusten op haar stakerige bovenbenen. Blauwe aderen duwen tegen de bijna doorzichtige huid; er zit een ruimte tussen haar dijen waar een voetbal in past. De auto zoeft verder. Een vuist knijpt haar buik af, ze voelt haar maaginhoud omhoogkomen, maar slikken lukt niet.

De kruising van de assen Apollolaan-Stadionweg, het RVS-gebouw van staal en glas; het staat er nog.

De Toren van de Arbeid. Zoeklichten van de Duitsers boven op het dak. Ze kijkt even opzij en vangt de blik van haar zus, die hetzelfde denkt. Lien zit kaarsrecht naast haar in een te warm konijnenbontjasje – geruild tegen het dagelijkse rantsoen sigaretten dat ze kregen in een opvangkamp in Soltau, vlak bij Bergen-Belsen. Haar handen liggen onbeweeglijk in haar schoot. Praten lukt hun geen van beiden.

Rechtsaf, de Beethovenstraat in, over het water, de tweede links.

Ze wiegen met de auto mee naar de ene, dan naar de andere kant. Hun schouders raken elkaar even en ze trekken zich allebei terug. Alles in de stad lijkt anders – leger, stiller –, maar als ze over de bruggen rijden is er niets veranderd. Het water is al die tijd blijven stromen alsof de wereld niet stilstond. Ze hebben verhalen gehoord over een hongerwinter die duizenden mensen het leven heeft gekost. Extreme kou, geen verwarming, het westen van Nederland van alles en iedereen afgesloten. Maar het water van Amsterdam stroomt nog.

Jacob Obrechtstraat. Smalle huizen met gewelfde ramen maken plaats voor brede blokken met rechthoekige kozijnen.

Janny schuift over de achterbank en verplaatst haar voeten, haar vingers wrijven hard over haar handpalmen. Ze probeert weer te slikken, maar haar mond is gortdroog. In de verte ziet ze het pleintje al, ze kan het Concertgebouw bijna uittekenen. 'Hier rechtsaf,' hoort ze haar zus tegen de chauffeur zeggen. Hij draait aan het stuur. 'Nummer 26,' wijst ze.

Johannes Verhulststraat 26. Haakon en Mieke.

De auto stopt. Smalle huizen met een entree onder een boog, balkons gestut door zware ornamenten. Janny kan niet bewegen, staart omhoog naar de trappen die naar de voordeur leiden, zwarte vlekjes dansen voor haar ogen. De autodeur slaat dicht, Lien rent de trappen op, snelt bijna direct weer naar beneden met een briefje in haar hand, draait een kwartslag, rent de stoep over en stopt een paar deuren verder. Janny houdt het niet meer. Na wat een eeuwigheid lijkt verschijnt Lien weer, nu met een tweede brief in haar handen, ze holt naar de auto en ploft naast haar neer. Ze duwt de brief in Janny's gezicht. De letters verplaatsen zich over het papier. Janny duwt hem weg.

'Kan ik niet.'

'Geef maar.'

De man achter het stuur reikt naar achteren en pakt hem aan.

'Er hing een briefje voor ons op de deur,' zegt Lien. '*Mochten Lientje en Janny hier langskomen, drie huizen verder, bij Jopie Bennet, ligt een brief van Eberhard voor jullie.*'

Lien hijgt tijdens het praten. Ze is nog niet echt hersteld, zij allebei niet. Ze wogen nog geen 28 kilo toen de Engelsen kwamen.

De tandarts leest voor: '*Bob woont met beide kinderen op Amstel 101, en ik woon in Oegstgeest bij mijnheer Blomsma.*'

Lien grijpt Janny's hand en knijpt erin. Haar mondhoeken gaan trillerig omhoog.

'Daar ga je, zus.'

Janny probeert terug te lachen, maar het lukt niet. Haar lichaam reageert nergens meer op.

Amstel 101. Hoezo? Ter hoogte van wat is dat ongeveer? Ze kan niet nadenken.

De man kent de weg niet; hij komt hier niet vandaan. Ze hebben hem ontmoet in het oude schoolgebouw in Enschede, waarin ze waren ondergebracht. Ze werden er niet verwacht en niet welkom geheten; het was de zoveelste ellendige stap tijdens de lange tocht terug naar huis. Zoveel reizende mensen onderweg. Overal vrachtwagens, alle kanten op. Iedere dag maar zo'n dertig kilometer. Stoppen, ontluizen, registreren. Het was alsof Nederland hen niet terug wilde hebben.

Op een dag kregen ze een driekleur in handen gedrukt en toen ze met de wagens de grens overgingen, zongen ze allemaal luidkeels het Wilhelmus. Iedereen in de vrachtwagen stond te janken en eindelijk, ja, eindelijk werden ze hartelijk ontvangen. Hagen juichende kinderen stonden langs de kant met wapperende vlaggetjes. Maar het was niet voor hen, het was voor de soldaten, die met lolly's en chocola en andere lekkernijen in soortgelijke camions de grens overkwamen. De kinderen dropen teleurgesteld af, en zij stonden daar met die vlag in hun handen.

In Enschede werden ze voor de honderdste keer ontluisd en voor de duizendste keer geregistreerd. En dan zaten ze ook nog bij NSB-vrouwen ingedeeld. Toen een van hen tegen ze begon te schreeuwen, was Janny het zat en had ze de leiding tot de orde geroepen.

'Welkom in Enschede? We worden naar een stinkende, leegstaande school gebracht, we moeten weer op stro slapen en wat krijgen we godbetert te vreten? Koolraap! We verdommen het!'

Maar het haalde niets uit: vanwege de besmettelijke ziekten was het iedereen verboden Zuid- en Noord-Holland in of uit te gaan. Het was al eind mei, maar zij mochten geen kant op. Pas toen ze na een paar dagen een kennis van Jan Hemelrijk tegen het lijf liepen kwam er schot in de zaak. Ze kregen permissie naar huis te gaan, en deze tandarts, die op zoek was naar een verloren familielid, was zo goed hen en twee andere vrouwen op deze zondagochtend weg te brengen.

Ze hebben eerst een oudere dame in Harderwijk afgezet en daarna een jonge vrouw in Hilversum. In de voormiddag kwamen ze in Harderwijk aan. Het was doodstil op straat, de vier vrouwen zaten stijf van de spanning in de auto, nerveus over de ontvangst. Maar toen de familie van de vrouw haar zag, ontplofte de straat van blijdschap. Snel door naar Hilversum. Op het adres van de tweede vrouw was alles donker, het huis leeg. Man, kinderen: verdwenen. De blik op haar gezicht was onverdraaglijk, maar de zussen wilden door. Naar Amsterdam. Janny met een witte beer en een kussensloop gevuld met rozijntjes en marsepein op schoot, haar kaken op slot. Lien op haar paasbest ernaast. Ze stuurt de tandarts de goede kant op vanaf de Johannes Verhulst.

'Rijd eerst maar terug naar de Berlagebrug, dan rijden we vanaf daar de Amstel af.' De man trekt op. Het huis van Mieke en Haakon glijdt uit beeld.

Dezelfde weg terug, over het water, afslaan naar de Apollolaan, rechtdoor over de Noorder Amstellaan. Langs een bankje. Daar heeft ze met Bob weleens gezeten.

Bob. Ze heeft de gedachte aan hem en de kinderen goed op afstand weten te houden, bang dat ze anders in een eindeloze put zou vallen.

Maar de laatste weken dringen beelden van de kinderen en Bob zich aan haar op. Liselottes gezicht onder een wollen mutsje, een strik onder haar kin. Robbie, met een schaterlach springend door de bladeren in het bos. Bob, die uit zijn werk komt, zijn fiets aan de hand, of in de stoel tegenover haar zit en haar 's avonds voorleest. Zou hij haar nog herkennen? Janny's hand schiet omhoog, duwt wat weerbarstige pieken op haar hoofd plat. 'Nee! Niet afknippen!' had ze uitgeroepen toen de Zwitserse verpleegster weer een luis vond. Zo zwak als ze was, had ze dat toch weten te voorkomen. Niet weer een kale kop.

Wat was ze ziek geweest. Zeker veertien dagen was ze buiten kennis geweest, iedere deur in de gang tussen leven en dood had ze geopend. Steeds opnieuw was er iets om voor terug te keren. Schone lakens op haar kapotte huid. Warme botten onder een zonnestraal door het raam. De lieve stem van de verpleegster. Dokter Jim, de rooie Ier die uitstraalde dat alles goed zou komen. Iedere dag dezelfde vraag zonder dat ze kon antwoorden.

'*Where are you from*?'

Sprankelende ogen, een guitige lach.

'Amsterdam.'

Eindelijk lukte het. Geen geluid, hij moest liplezen.

Ik ga je zus zoeken, had hij gezegd. Als jij belooft wat te eten, ga ik je zus zoeken. Maar Janny kon niet eten, ze had zoveel zweren in haar mond dat ze niet kon slikken. Een band werd aangetrokken rond haar borst, ze kreeg geen adem: ze moest eten, anders zou hij Lientje niet zoeken. Tijdens haar coma flarden van gesprekken van de zusters, over ontbindende lijken, de talloze zieken, nog steeds honderden doden per dag, massagraven. Ze moest Lientje op tijd vinden, maar ze kon niet bewegen, haar geest was losgekoppeld van haar lichaam.

Het Daniël Willinkplein, waar de drie Amstellanen in een Y bijeenkomen, met als markant middelpunt het 12-verdiepingenhuis.

Terwijl ze het gebouw passeren tuurt Janny omhoog. Die betonnen wolkenkrabber met zijn ijzeren balkonnetjes. Lien en zij hadden zich vroeger giechelend afgevraagd wie daar nu in godsnaam wilde wonen, zo hoog. *Die Lientje zal wel dood zijn.* Ze hoort het de verpleegster nog fluisteren tegen dokter Jim, het was alsof iemand ijswater recht in haar aderen injecteerde. Haar lichaam was kil en lam, met voeten die slap naar buiten vielen en handpalmen die weerloos naar het plafond wezen, maar van binnenuit liep ze over. Tranen stroomden over haar wangen en bleven maar komen, zonder dat ze iets kon doen om ze weg te vegen.

De wolkenkrabber in hun rug, ze kruisen de Rijnstraat. Weinig mensen op straat. Tram 8 rijdt al sinds 1942 niet meer. Verder over de Amstellaan, in de verte de brug.

Lien gebaart naar de aardige man: rechtdoor. Janny droomde 's nachts van Lientje, liep in haar nachtpon op blote voeten over het kampterrein te zoeken tussen de stapels lijken, grabbelde tussen ledematen en werd wakker met steeds weer het gezicht van de zuster boven haar bed, een verontschuldigende blik in haar ogen; geen nieuws. Ze zag Lientjes silhouet overal om zich heen, ze zag haar door het raam aan het einde van de zaal, ze zag haar tussen de bedden lopen, ze hoorde haar stem, zo vertrouwd dat het leek alsof die uit haar eigen lichaam kwam, en ze stak haar hand op. Een oerkreet, een omhelzing alsof ze in elkaar op konden gaan, zodat ze nooit meer gescheiden konden worden.

'Ik haal je hier weg, ik laat je niet meer achter, ik neem je mee!' fluisterde Lien in haar oor. Ze regelde twee sterke vrouwen en ze hadden Janny zo uit de ziekenboeg weggedragen, snel, voordat iemand het zag, naar de barak waar Lien verbleef. Maar ze was zo slap, ze kon niet eten. Lien kauwde voor, duwde het voedsel zachtjes in haar mond. Het ging niet. Janny lag op het benedenbed en kon alleen maar huilen. Zo ziek. Lien voerde haar als een vogeltje, *toe maar, je moet wat eten, het vliegtuig naar Nederland vertrekt bijna, kom op*, maar Janny stikte bijna en werd met spoed naar de ziekenboeg teruggebracht.

Het vliegtuig vertrok zonder hen.

De Berlagebrug. De afsluiting van Amsterdam.

Van andere Hollanders onderweg hadden ze vernomen dat een paar dagen na de bevrijding een troepenmacht van Canadezen over de Berlagebrug de stad in was komen rijden. Wat een gezicht moet dat zijn geweest. Terwijl ze de brug naderen, ziet Janny de toren die uit de middelste pijler is opgetrokken en boven de rest van de brug uitsteekt. Als je de brug via de Amsteldijk vanuit het centrum nadert, zie je boven op die toren Genius van Amsterdam in keramiek. De beschermvrouwe rijst uit het water, terwijl de middagzon op haar kroon schittert. Vader heeft hen van jongs af aan op die details gewezen, zonder dat zij wilden opletten. Blijkbaar heeft ze toch iets onthouden.

De brug over. Ritmisch gebonk van de tramrails onder de banden, als een treinspoor.

Janny houdt haar adem in en knijpt haar billen bij elkaar, probeert de voegen niet te voelen, niet te horen. Weg van die brug.

Na nog een week mocht ze dan toch weg, met een buisje pillen voor haar hartkrampen. Dokter Jim maakte zich zorgen, maar het hart klopte nog en dat was alles wat telde. Ze zaten op houten banken achter in camions met vreemden, iedereen even miserabel en opgewonden, bang voor wat ze thuis zouden aantreffen, wie er nog leefde en of hun huizen nog overeind stonden. Als ze vijfentwintig kilometer per dag reden was het veel, maar het was genoeg, want ze hadden overleefd waar ze vandaan kwamen en wisten niet of ze aankonden wat hun te wachten stond. Lientje hield zich groter dan ze was maar voelde zich beroerd; ze nam stiekem Janny's hartpillen en bezweek er bijna aan. Noodhospitaal, maag leegpompen, maar de volgende dag zaten ze alweer in een goederentrein. Iedereen wilde dat de deuren onderweg openbleven, daar was geen discussie over.

'Linksaf,' zegt Lien tegen de tandarts.

De Weesperzijde. Amstel 101 – waarom zijn ze daar? De Nieuwe Achtergracht staat haaks op de Amstel, zouden ze misschien allemaal, samen... Bob, de kinderen, vader, moeder en Japie, in een nieuw huis?

Janny's lichaam drukt zwaar in de bank, alsof ze de auto wil tegenhouden, wil vertragen. De kade en het water vervloeien, misschien rijden ze wel het water in. Langzaam kopje-onder. Ze ziet Bob, Liselotte en Robbie in het water, kniediep, vanaf het laatste heuveltje als je het bos uit komt, waar het IJsselmeer zich als een prentenboek aan je voeten ontvouwt. Misschien herkennen ze haar niet eens. Geen haar. Geen vet op de botten. Enkele levens ouder. Ze draait zich om, alsof vluchten nog een optie is. Op de Berlagebrug kijkt Genius met haar zonnekroon hen na, haar hand bemoedigend geheven in een groet.

Janny barst in huilen uit. Hard, met lange uithalen en snot en tranen. Ze kan niet stoppen. De tandarts gluurt even met angstige ogen over zijn schouder, ze rijden door over de Weesperzijde en Janny loeit op de achterbank. Lien wordt woedend.

'Wees nu toch blij, mens, we zijn er bijna! Ik moet verdomme nog helemaal naar Oegstgeest.'

Maar Janny huilt maar door en Lien wordt steeds kwader. Ze draait zich om in haar chique jasje en gaat tekeer tegen haar zus.

'Ben jij nou helemaal gek geworden? Nou gaan we eindelijk naar Bob en de kinderen en dan zit jij gewoon te janken! Wat moet dat voorstellen? Ben jij nou echt gék geworden?'

Ze vloekt en tiert zoals Janny dat zo vaak tegen haar heeft gedaan de afgelopen tijd.

‘Stomme idioot! En nou houd je ermee op, hoor je me?’

Door haar tranen heen begint Janny te lachen. De tandarts rijdt plankgas rechtdoor en kijkt quasigeïnteresseerd naar het statige Amstel Hotel, terwijl de zussen achterin doorruziën.

De auto moet vaart minderen als ze over de smalle gracht van de Amstel rijden, het water aan de linkerkant en grachtenpanden aan de rechter. Vlak voor Theater Carré, waar rechtsaf aan de Nieuwe Achtergracht het ouderlijk huis ligt, zijn ze opeens stil. Terwijl de auto langzaam het straatje voorbijrijdt, kijken ze allebei naar rechts, alsof daar iets te zien zou zijn. Alsof Joseph ze daar staat op te wachten, zijn armen wijd en zijn borst vooruit. Niemand. De straat is leeg. Ze passeren Carré, de auto gaat nog maar stapvoets, de brug op. Dan grijpt Lien Janny vast.

‘Kijk! Dat zijn jullie halve gordijntjes uit Den Haag!’ Ze wijst naar het hoekpand aan de overzijde van de brug.

‘Ik zie Bob!’

De tandarts is nog niet gestopt of Lien vliegt de auto al uit. Janny durft niet op te kijken en blijft daar maar zitten met een geknakte nek en haar handen in haar schoot, haar lichaam doet niets meer. Bob komt naar buiten rennen, rukt de autodeur open, tilt haar op als een veertje en draagt haar naar binnen. Robbie danst en jubelt om hen heen.

‘Zien jullie nu wel: mijn moeder is terug! Kom allemaal kijken, mijn moeder is terug!’

Hij loopt mee naar binnen en rent dan weer de straat op.

‘Jongens, kom allemaal kijken, ik heb weer een eigen moeder! Mijn moeder is terug!’

Het joch struikelt over zijn eigen voeten door de voordeur, valt zijn moeder in de armen en kijkt zijn vader aan. ‘Papa, ik heb het toch gezegd: mama heeft mij beloofd dat ze terug zou komen.’

Iedereen staat in de hal en huilt en omhelst elkaar. De vreemde tandarts, Bob, Lien en Janny. Robbie heeft het kussensloop van zijn moeder in handen en deelt rozijntjes uit aan voorbijgangers. ‘Mijn moeder is thuis! Kom allemaal kijken, mijn moeder is thuis!' roept hij over de gracht.

Janny is weer een beetje bij zinnen en zoekt Liselotte.

'Waar is mijn meisje?'

Ze vindt het beduusde kind verscholen onder een bed, haar ogen groot. Janny haalt haar eronder vandaan en drukt haar zachtjes tegen zich aan. Robbie nestelt zich erbij en zo zitten ze daar op de grond, in hun nieuwe huis aan de Amstel 101.

'Blijf toch een nachtje bij ons slapen,' stelt Bob Lien voor, maar die schudt haar hoofd.

'Ik wil naar Oegstgeest, naar Eberhard,' zegt ze. Ze kijkt de tandarts vragend aan.

'Kom,' zegt die zonder te aarzelen.

~

Piet Verhoeve en Haakon Stotijn stemmen hun instrumenten en maken zich klaar. Het is een van hun laatste huisconcerten bij de familie Blomsma aan de Emmalaan in Oegstgeest en ze hebben er zin in. Haakon zal eerst een hoboconcert spelen, dan komt Piet met een pianoconcert van Beethoven, daarna spelen ze samen een sonate voor piano en hobo, en ze eindigen met de bruiloftscantate van Bach. Geen stijf, kerkelijk stuk vol treurnis en boetedoening, maar een lichtvoetige tekst gezongen door een sopraan die het opbloeien van de liefde vergelijkt met de aankondiging van de lente. Mevrouw Kramer neemt de aria's voor haar rekening.

Het huis stroomt vol met gasten, er heerst een opgewekte stemming. De concerten zijn een begrip in de omgeving geworden; gedurende de hongerwinter zijn ze velen tot troost geweest. Niemand weet dat Piet, zoals deze mensen hem kennen, al een jaar bij de Blomsma's zit ondergedoken.

Het spelen gaat voortreffelijk en ze zijn al bijna bij het einde van het concert gekomen. Mevrouw Kramer zet haar laatste aria's in, begeleid door zowel Haakon als Piet. Haar zuivere stem dwarrelt door de bevrijde straten op de vrolijke noten van de cantate:

Und dieses ist das Glücke,
Daß durch ein hohes Gunstgeschicke
Zwei Seelen einen Schmuck erlanget,
An dem viel Heil und Segen pranget.

Door de Emmalaan rijdt een auto, stapvoets en aarzelend. Nieuwsgierige gezichten verschijnen achter de ramen; hier is in geen maanden een personenauto gezien, de afgelopen jaren enkel militaire voertuigen. De hoge tonen van Haakons hobo reiken tot ver buiten het huis op deze stille zondagmiddag. De auto houdt abrupt stil. De deur zwaait open, iemand rent het pad op.

Piet laat zijn vingers over de toetsen dansen, zijn bovenlichaam wiegt mee op Bachs volksmuziek. Hij kijkt tevreden toe hoe in de volle huiskamer mensen met gesloten ogen van de muziek genieten. Dan opeens verschijnt er een gezicht vlak achter het raam. Twee grote bruine ogen, zwart piekhaar. Mevrouw Kramer zingt door maar zijn handen bevriezen boven de toetsen. Hij springt van zijn kruk, duikt over de vleugel heen, door en over het publiek, rent naar de voordeur en neemt Lientje in zijn armen. Ze zoenen en ze huilen en ze knijpen elkaar bijna fijn, Lien is zo mager dat Eberhard het in zijn eigen botten voelt. Hand in hand gaan ze samen naar binnen, waar iedereen met glinsterende ogen en zakdoeken in de hand in de kamer staat, opgewonden over deze bijzondere hereniging. Lien wordt met een staande ovatie onthaald. Ook Haakon drukt Lien aan de borst en het concert is ten einde.

'Nee, nee, ga door!' Lien neemt plaats op een van de stoelen en kijkt vol verwachting naar haar man.

'Ik heb zo lang geen goede muziek gehoord, gaan jullie alsjeblieft verder.'

Ze kijken Eberhard vragend aan, een korte knik, en ze nemen

hun plaatsen weer in. Mevrouw Kramer is zo van slag dat ze tussen de noten door snikt, maar als Haakon met zijn solo de laatste aria inluidt is haar stem trefzeker en missen Eberhards vingers geen toets. Een oorverdovend applaus vult het huis en de straat; ze staan allemaal op en klappen hun handen blauw. Alleen Lien blijft op haar stoel zitten, te uitgeput om overeind te komen. Eberhard knielt voor haar en neemt haar smalle gezicht in zijn handen.

'Morgen haal ik Kathinka op bij Cilia en Albert in Wassenaar, en dan zijn we weer samen.'

Buiten trekt een auto op en rijdt de straat uit. Lien had de tandarts graag bedankt voor wat hij voor hen heeft gedaan, maar hij is stilletjes vertrokken. Ze zijn er nooit achter gekomen wie hij was.

MENSCH, DURF TE LEVEN (BIS)

In de verte klinkt het geruis van het verkeer op de A1 en onder mijn voeten knisperen verdorde bladeren, verder is het hier stil en verlaten. Tussen de bomen door valt licht op een graf dat eruitziet als een oud kinderbed: verroeste spijlen, een grafzerk als hoofdbord. Onkruid groeit tussen de spijlen door. Ik loop ernaartoe, probeer een naam te ontwaren, een gedeelte van een jaartal; niets. Volgende. Een verzakte steen waar vlak voor de naam een jong kerstboompje is gegroeid. Ik duw het opzij om de letters te zien. Vervaagd. Verder, langs onthoofde engelen en afgebrokkelde zuilen die scherp tegen de hemel afsteken. Behoedzaam loop ik met grote stappen door de dikke laag bladeren, maar bij iedere stap schep ik er met mijn hiel een paar omhoog. Het lijkt wel herfst, maar het is de heetste dag van het jaar: 37 graden. Hittegolf in Nederland.

Het eerste halfuur heb ik gezocht op de Rooms-Katholieke Begraafplaats. Ik kwam aanlopen via de ventweg naast het drukke kruispunt van de Brediusweg en de Amersfoortsestraatweg, en liep rechtstreeks naar het uitgestrekte veld; vanaf de straat waren de graven duidelijk zichtbaar. De begraafplaats was keurig onderhouden, met glanzende grafstenen en gekaderde voetpaden. Een oudere mevrouw met een gieter was bezig het graf van haar man te verzorgen; iedere week een ochtend, vertrouwde ze me toe. Er waren daar weinig bomen, de zon beukte op mijn kruin en het zweet liep langs mijn slapen, toch zag ik de vrouw in mijn ooghoeken kordaat heen en weer lopen over het terrein, naar de kraan.

Ik liep en las, rij na rij, zerk na zerk. Jaartallen die me aan grootouders deden denken en jaartallen die me aan vrienden deden denken. De jaartallen die me aan mijn kinderen deden denken sloeg ik over en na een tijdje stond ik daar maar in het midden van de begraafplaats en draaide langzaam rond. Alles kwam me te nieuw, te net-dood voor. Ik herinnerde me een artikel over ruimtetekort in Nederland en geruimde graven. De moed begon me in de schoenen te zakken. De oude dame had me al die tijd nauwlettend in de gaten gehouden en kon het niet langer aanzien.

'Wie zoek je, kind?'

We stonden tegenover elkaar, gescheiden door tien rijen grafstenen. Ik legde het haar uit en ze dacht na, staarde in de verte terwijl de volle gieter haar arm uitrekte. Ik voelde me bezwaard. Natuurlijk wist deze vrouw niet waar ik moest zoeken, maar nu had ik haar medeplichtig gemaakt.

'Ben je al op de Oude Begraafplaats geweest?'

Ik veerde op.

'Dat is dit toch?'

Ze lachte en schudde haar hoofd.

'Dit is de katholieke begraafplaats, dáár liggen de protestanten en de joden.'

Ze wees naar een plek achter ons, tussen de bomen.

'De Oude Begraafplaats Naarden?'

Ze knikte en terwijl ik haar bedankte begon ik al te lopen, blij met deze nieuwe mogelijkheid. Maar het zou vast niet veel voorstellen in die kleine, dode hoek, ingeklemd door een woonwijk en het kruispunt van hotel Jan Tabak.

'Ik loop met je mee.'

Een eind verderop liep de vrouw parallel aan mij dezelfde kant op, de gieter nog steeds in haar hand. Bij de poort troffen we elkaar.

'Kijk,' – ze wees naar een pad dat tussen de bomen verdween – 'als je dat pad op loopt kom je aan je linkerzijde een hek tegen. Dat is de Oude Begraafplaats Naarden. Ik weet niet of je erin kan.'

Ik bedankte haar nogmaals en liep omhoog, het pad op, de

begroeiing in. De bomen sloten zich achter mijn rug en opeens bevond ik me midden in het groen. Een groot, stalen hek tussen verzakte pilaren. Dicht. Links ervan een kleiner hek. Een duw, het geluid van schurend staal en ik was binnen.

Het is enorm, misschien wel drie keer zo groot als waar ik net was, en het is prachtig. Een hoofdlaan strekt zich voor me uit, afgezet met lindebomen. Aan weerszijden een ratjetoe van grafmonumenten overwoekerd door de natuur. Grijs hardsteen omringd door wild gras, houten kruisen versierd met slingers van klimop en gebroken marmeren dekstenen waaruit fluweelzacht mos groeit. Georganiseerde chaos, in blokken verdeeld door taxushagen. Ik wandel tussen de verroeste hekken en wilde struiken, sta stil bij een neogotisch kerkje op een familiegraf, ontdek minikapellen en tijdloze ornamenten en heb het gevoel alsof ik op een van de drukste kruispunten van 't Gooi een geheime plek heb ontdekt.

Ik kan me niet herinneren dat ik eerder zo verrast ben geweest door een plek in deze omgeving als nu. Toch wel, besef ik opeens, één keer eerder: toen ik voor het eerst het bospad naar 't Hooge Nest op kwam rijden, en het huis en de tuin zich aan me openbaarden. Zoals het huis daar op die heuvel stond, statig en tijdloos, met zijn rug naar de woonwijk die eromheen was gebouwd en zijn blik gericht op het bos en het water, onaangedaan door de drukte van alledag; ik was sprakeloos. Een veilige haven. Een plek die uitnodigde tot klimmen en schaterlachen, of stil op een bankje zitten en in een vuurtje porren. Het spontane plan om op deze vrijdagmiddag naar het graf op zoek te gaan, meer ingegeven door werkvermijding en lamlendigheid vanwege de hitte dan dat het een onmisbare stap in mijn onderzoek is, voelt opeens volkomen logisch.

Waar ik nu sta moet het zwart van de mensen hebben gezien, op die winterse vrijdagmiddag, 18 november 1932. De wandelpaden van de begraafplaats gevuld met honderden rouwenden; de heren in lange, wollen jassen en met hoge hoeden op, de dames in bont en met zorgvuldig gekapt haar. Alle prominenten uit de Nederlandse kunst- en theaterwereld waren aanwezig. Cabaretier Louis Davids, operazangeres Antoinette van Dijk, Stella Fontaine – grootmoeder van de bij mij thuis zo geliefde Dieuwertje Blok –, cabaretduo Tholen en Van Lier, de eerste Nederlandse detectiveschrijver Ivans. Ze waren er niet voor niets: Dirk Witte was een bekende Nederlander avant la lettre; de eerste tekstschrijver wiens liedjes landelijke faam genoten. Samen met Jean-Louis Pisuisse gold hij als pionier van de Nederlandse kleinkunst. Zijn dood was een schok. Drie dagen eerder had hij afscheid genomen van zijn vrienden in café Schiller op het Rembrandtplein, werd in de auto op weg naar huis onwel en reed de Weespertrekvaart in. Pisuisse was een paar jaar daarvoor ook al zo tragisch aan zijn einde gekomen, toen een door hem ontslagen zanger hem en zijn vrouw op het Rembrandtplein doodschoot. Wittes liedjes waren onlosmakelijk verbonden met de Eerste Wereldoorlog en als zodanig in het collectieve geheugen van Nederland gegrift. Zijn vrouw Jet Looman liet het laatste couplet van zijn lijflied 'Mensch, durf te leven' op de grafsteen graveren:

Het leven is heerlijk, het leven is mooi
Maar – vlieg uit in de lucht en kruip niet in een kooi
Mensch, durf te leven!
Je kop in de hoogte, je neus in de wind
En lap aan je laars hoe een ander het vindt
Hou een hart vol van warmte en van liefde in je borst
Maar wees op je vierkante meter een vorst
Wat je zoekt kan geen ander je geven
Mensch, durf te leven!

Het graf moet in 1971 al zo verwaarloosd zijn geweest dat de tekst niet meer leesbaar was. Witte werd in het familiegraf van de Loomans bijgezet. Ik zoek er al ruim een uur naar, zonder resultaat.

Ik neem plaats op een bankje in de schaduw onder de bomen en denk aan de lange weg die me hiernaartoe heeft geleid, sinds we in 2012 in 't Hooge Nest kwamen wonen. Ik bestudeerde de Jodenvervolging, de concentratiekampen en de politieke situatie van die tijd. Ik bracht ieder afzonderlijk oorlogsjaar in kaart en volgde de route van de familie Brilleslijper. Ik probeerde mijn eigen 'stippenkaart' te maken van NSB'ers in 't Gooi, verdiepte me in de rol van de Nederlandse elite en zocht naar patronen bij het verzet. Ieder jaar op 4 en 5 mei plaatste ik een tafel voor 't Hooge Nest, met daarop een gastenboek waarin ik kort de oorlogshistorie had opgeschreven en het verzoek om informatie over die periode.

In het Shoah-archief van Steven Spielberg vond ik foto's van de onderduikkinderen in onze tuin en via Amerikaanse universiteiten anekdotes over het huis en de verzetsactiviteiten. Ik zocht contact met experts, biografen, nabestaanden en vrienden, ontwikkelde een bijzondere band met de kinderen van Janny en Lien en kreeg verhalen toevertrouwd die een scriptschrijver niet zou kunnen verzinnen. Ik kreeg toegang tot Janny's persoonlijke nalatenschap in het Anne Frank-archief, waar ik brieven van de zussen en hun geliefden vond, en de handgeschreven verklaring van Janny dat Anne en Margot Frank bij haar in Bergen-Belsen waren overleden. Ik reisde door Israël en vond daar meer informatie over 't Hooge Nest dan in Nederland, maar bovenal kreeg ik van de mensen die ik er ontmoette de dringende boodschap: vertél dit verhaal, want het is anders dan veel verhalen die de wereld kent. De joden lieten zich niet gewillig naar hun dood leiden – er waren wel degelijk joodse verzetslieden. En vrouwelijke bovendien.

De onderduikkinderen van 't Hooge Nest zijn nu zeventigers. Ze kwamen uit diverse windstreken terug naar het huis en zagen dat op de plekken waar zij in de oorlog speelden, nu in vrijheid mijn kinderen spelen. Het bureau waaraan dit boek ontstond bevindt zich recht boven het luik waarin razendsnel alle belangrijke papieren werden verstopt toen de Jodenjagers het huis omsingelden. Ik realiseer me dat de ware restauratie van 't Hooge Nest niet zat in het herstellen van de muren, maar in de reconstructie van de uitzonderlijke gebeurtenissen die zich tussen die muren hebben afgespeeld.

De zon is inmiddels bijna verdwenen. De graven zijn in donkere schaduwen verzonken, warme lucht hangt tussen de bomen. Ik kom overeind en hervat mijn zoektocht. Een paar kilometer verderop wachten de torenvalk en een koud biertje op me, maar ik ga niet weg voordat ik Dirk heb gevonden. Tussen de bladeren zie ik opeens een glanzend grijs vlak boven de aarde uitsteken, niet vervallen, niet overwoekerd; alsof iemand me verwachtte en er net een doekje over heeft gehaald. Ik loop erheen en daar ligt hij, in het familiegraf van de Loomans: Dirk Witte, 1885-1932. De steen is verder leeg, zijn beroemde strijdkreet is verdwenen. Het is niet erg. Ik zou Dirk willen vertellen hoe Janny en Lien zijn woorden in het door hem gebouwde huis tot leven hebben gebracht. De herinnering aan de oorlog lijkt te vervagen, maar hun onverschrokkenheid zit voorgoed in de stenen van 't Hooge Nest gebeiteld.

En lap aan je laars hoe een ander het vindt!
Mensch, durf te leven.

NA 'T HOOGE NEST

- Joseph Brilleslijper, geboren op 27 februari 1891, op 6 september 1944 gearriveerd in Auschwitz-Birkenau en naar alle waarschijnlijkheid direct na aankomst vergast.
- Fijtje 'Fietje' Brilleslijper-Gerritse, geboren op 14 januari 1891, op 6 september 1944 gearriveerd in Auschwitz-Birkenau en naar alle waarschijnlijkheid direct na aankomst vergast.
- Rebekka 'Lien' Rebling-Brilleslijper, geboren op 13 december 1912, overleden op 31 augustus 1988. Verhuisde in 1952 naar Oost-Berlijn, waarna het Nederlanderschap haar werd afgenomen. Toen zij in maart 1964 voor het huwelijk van haar nichtje Liselotte naar Nederland kwam, werd ze op Schiphol door de vreemdelingenpolitie ingesloten. Janny was woedend en belde iedere invloedrijke figuur in haar vriendenkring om haar getraumatiseerde zus vrij te krijgen en haar een Nederlands paspoort te geven, hetgeen uiteindelijk lukte. Lien trad tot op hoge leeftijd wereldwijd op met een repertoire van Jiddische en verzetsliederen, onder meer met Eberhard en dochters Kathinka en Jalda.
- Marianne 'Janny' Brandes-Brilleslijper, geboren op 24 oktober 1916, overleden op 15 augustus 2003. Janny, Bob en de kinderen bleven in het huis aan de Amstel wonen. Janny verzette zich ook na de oorlog, samen met Bob, hevig tegen het voortdurende, openlijke antisemitisme in Nederland, en heeft zich de rest van haar leven ingezet voor de erkenning van oorlogsslachtoffers – ze was onder meer betrokken bij het Auschwitz Comité, de

Anne Frankstichting en de Stichting 40-45. Ieder jaar tijdens de herdenking van de Februaristaking had Janny een grote pan linzensoep op het vuur staan voor mensen die in de kou terugkeerden van het monument *De Dokwerker*, om de hoek van haar huis.

- Jacob 'Jaap' Brilleslijper, geboren op 7 juni 1921, aangekomen in Auschwitz op 6 september 1944, na 15 september 1944 maar uiterlijk op 30 september 1944 in Auschwitz overleden.
- Eberhard Rebling, geboren op 4 december 1911, overleden op 2 augustus 2008. Kreeg als een van de eerste Duitsers na de oorlog het Nederlands staatsburgerschap. Werd muziekredacteur bij *De Waarheid*. Verhuisde in 1952 naar Oost-Berlijn, waardoor het Nederlanderschap hem weer werd afgenomen, en werd directeur van het conservatorium aldaar. Ontving een Yad Vashemonderscheiding.
- Bob Brandes, geboren op 20 februari 1912, overleden op 27 september 1998. Werkte onder meer bij de Gemeentegiro en was tot het einde Janny's steun en toeverlaat bij het verwerken van de vele familieverliezen en de levenslange nasleep van haar oorlogsverleden. Bob leed aan een ernstige vorm van epilepsie en moest veel medicijnen slikken; Janny zei vaak: 'Leefde Gerrit [Kastein] nog maar; die had gezegd dat hij hem na de oorlog zou helpen.'
- Kathinka Rebling, geboren op 8 augustus 1941. Verhuisde als kind met haar ouders naar de DDR, kreeg vanaf jonge leeftijd vioolles, ging op haar achttiende naar het conservatorium in Moskou en promoveerde in navolging van haar vader als muziekwetenschapper. Keerde terug naar Berlijn om les te geven en gaf wereldwijd concerten en masterclasses.
- Jalda Rebling, geboren op 13 februari 1951 in Amsterdam, verhuisde een jaar later met haar ouders en zus Kathinka naar de DDR. Ze ging naar de Theaterschool van Berlijn, werd toneelspeelster en zangeres en specialiseerde zich in Europees-

joodse muziek. Ze is chazan en spiritueel leider van de Ohel Ha'Chidushcongregatie in Berlijn.

- Robert Brandes, geboren op 10 oktober 1939. Beeldend kunstenaar, woonachtig in Nederland.
- Liselotte Brandes, geboren op 6 september 1941, woonachtig in Nederland.
- Jetty Druijf, geboren op 16 januari 1919, op 31 juli 1944 gedeporteerd naar Theresienstadt, op 28 september 1944 gedeporteerd naar Auschwitz, overleden in Auschwitz op 3 oktober 1944.
- Simon Isidoor van Kreveld, geboren op 27 januari 1921, op 31 juli 1944 gedeporteerd naar Theresienstadt, op 28 september 1944 gedeporteerd naar Auschwitz, overleden in Auschwitz op 3 oktober 1944.
- Pauline (Puck) van den Berg-Walvisch, (soms ook geschreven Paulina, of Walvis), geboren op 26 mei 1924, op 3 september 1944 gedeporteerd naar Auschwitz-Birkenau, op 27 oktober 1944 gedeporteerd naar kamp Libau, dat op 8 mei 1945 werd bevrijd door de Russen. Op 11 juni 1945 teruggekeerd in Nederland. Huidige situatie onbekend.
- Abraham 'Bram' Teixeira de Mattos, geboren op 31 mei 1888, op of omstreeks 6 september 1944 gearriveerd in Auschwitz-Birkenau en op 31 oktober 1944 in Auschwitz vergast.
- Louise 'Loes' Teixeira de Mattos-Gompes, geboren op 12 augustus 1890, op of omstreeks 6 september 1944 gearriveerd in Auschwitz-Birkenau en naar alle waarschijnlijkheid direct na aankomst vergast.
- Rita (Grietje) Jaeger, geboren in 1920, in kamp Westerbork gebleven als werkster tot de bevrijding in april 1945. Overleden op 30 november 2015.
- Chaim Wolf (Willi) Jaeger, geboren op 17 maart 1914, in kamp Westerbork gebleven als bakker tot de bevrijding in april 1945. Overleden in 2006.
- Jan Hemelrijk, geboren op 28 mei 1918, overleden op 16 maart

2005, na de oorlog hoogleraar Statistiek aan de universiteit van Amsterdam. In het boek *De Avonden* van Gerard Reve zijn de personages Herman en Lidia gebaseerd op Jan en Aleid Hemelrijk. Samen met Bob van Amerongen was Jan oprichter van de beroemde PP-verzetsgroep – vernoemd naar de fantasiebeesten Porgel en Porulan uit het gedicht 'De blauwbilgorgel' van Cees Buddingh'. Hierover is de documentaire *Fatsoenlijk land* gemaakt, door Loes Gompes en Sander Snoep. Bij het overlijden van Jans vader Jaap Hemelrijk in 1973 krijgt het bospad dat op de Buerweg uitkomt – waar Janny met de rest van de familie verbleef – een nieuwe naam: het Hemelrijklaantje.

- Aleid Hemelrijk-Brandes, geboren op 16 december 1914, overleden op 28 november 1999.
- Leo Fuks, geboren op 29 december 1908, overleden op 12 juli 1990. Na de oorlog universitair docent Modern Hebreeuws en Jiddisch.
- Louise Christine 'Loes' Fuks-de Betue, geboren in 1905, overleden in 1962.
- Maarten 'Mik' van Gilse, geboren op 2 juni 1916, gefusilleerd op 1 oktober 1943.
- Jan Hendrik 'Janrik' van Gilse, geboren op 5 juni 1912, bij een vluchtpoging doodgeschoten door SD-agenten op 28 maart 1944.
- Jan van Gilse, geboren op 11 mei 1881, overleden op 8 september 1944.
- Gerrit van der Veen, geboren op 26 november 1902, gefusilleerd op 10 juni 1944. Het hoofdkantoor van de SD en de Euterpestraat in Amsterdam werden na de oorlog naar hem vernoemd: de Gerrit van der Veenschool (nu Gerrit van der Veen College) en de Gerrit van der Veenstraat.
- Elleke Spijer, geboren op 20 juli 1924, overleden op 4 maart 1973 te Haren.

- Herbert Spijer, geboren op 25 april 1925, overleden op 25 augustus 1948 te Enkhuizen.
- Dirk Uipko Stikker, geboren op 5 februari 1897, overleden op 23 december 1979. Directeur van Heineken, 1935-1948. Na de oorlog onder meer de eerste voorzitter van de VVD.
- Frits Reuter, geboren op 19 februari 1912, overleden op 8 november 1985. Na de oorlog Tweede Kamerlid voor de CPN en vakbondsbestuurder.
- Rhijnvis Feith, zenuwarts te Den Haag, geboren in Utrecht op 21 juli 1909 en overleden in Den Haag op 13 januari 1964.
- Gerrit Kastein, geboren op 25 juni 1910, overleden op 21 februari 1943. Op 20 juni 2017 werd de kamer op het Binnenhof van waaruit Gerrit uit het raam sprong naar hem vernoemd: de Gerrit Kasteinkamer.
- Karel Emanuel Poons, geboren op 14 augustus 1912, overleden op 12 maart 1992. Na de oorlog medeoprichter en directeur Scapino Dansacademie.
- Marion Pritchard-van Binsbergen, geboren op 7 november 1920, overleden op 11 december 2016. Na de oorlog werkzaam voor de (voorloper van de) VN in de Verenigde Staten, waar zij bleef wonen, een psychologenpraktijk had en tot haar dood lezingen gaf over de Holocaust. Ze ontving een Yad Vashem-onderscheiding.
- Fred Lodewijk Polak, geboren op 21 mei 1907, overleden op 17 september 1985. Na de oorlog directeur Centraal Planbureau, Eerste Kamerlid, hoogleraar en oprichter Teleac.
- Grietje Kots, geboren op 7 januari 1905, overleden op 13 mei 1993. Na de oorlog werkzaam als masker-, poppen- en marionettenmaker, schilder en beeldhouwer.
- Anton Mussert, geboren op 11 mei 1894, op 12 december 1945 ter dood veroordeeld, op 7 mei 1946 op de Waalsdorpervlakte geëxecuteerd.
- Eduard 'Eddy' Moesbergen, geboren op 26 juni 1902. Na de

oorlog vervolgd en ter dood veroordeeld in november 1948. In 1949 gratie gekregen van koningin Juliana, straf omgezet in levenslang. In 1959 opnieuw gratie gekregen, straf ingekort tot drieëntwintig jaar (de langste straf van alle leden van de Colonne Henneicke). In 1961 vrijgelaten en naar Nieuw-Zeeland geëmigreerd, naar zijn vrouw en vier kinderen. Overleden op 8 november 1980.

- Willi Lages, geboren op 5 oktober 1901, overleden op 2 april 1971. Na de oorlog vervolgd en ter dood veroordeeld, gratie verleend, omgezet in levenslang. In 1955 geïnterneerd; in 1966 werd hem 'op humanitaire gronden' (hij had darmklachten) een strafonderbreking van maximaal drie maanden verleend. Hij vertrok naar Duitsland, werd geopereerd en leefde vanaf dat moment als een vrij man, omdat hij niet kon worden uitgeleverd.
- Harm Krikke, geboren op 1891, na de oorlog vervolgd en ter dood veroordeeld, na gratie omgezet in levenslang. Datum van overlijden onbekend; een familiebericht in de *Friese Koerier* d.d. 15 juli 1969 vermeldt het overlijden van ene Harm Krikke op 12 juli 1969.
- Willem Punt, geboren op 12 oktober 1894 te Ransdorp. In de oorlog rechercheur van politie Amsterdam, na de oorlog aangeklaagd, overleden op 31 maart 1963 te Amsterdam.
- Annie Bochove, geboren op 9 juli 1913. Direct na de oorlog, begin 1946, vroeg het echtpaar Bochove emigratiepapieren aan; ze wilden naar de Verenigde Staten verhuizen. De papieren kwamen pas binnen op 16 juli 1949, en op diezelfde dag overleed Annie. Ze ontving postuum een Yad Vashemonderscheiding.
- Bert Bochove, geboren op 1 oktober 1910, emigreerde na de oorlog naar de Verenigde Staten, waar hij op 13 augustus 1991 in Californië overleed. Hij ontving een Yad Vashemonderscheiding.

- Eva Besnyö, geboren op 29 april 1910, overleden op 12 december 2003. Maakte na de oorlog naam als fotografe.
- Mieke Stotijn-Lindeman, later Riezouw-Lindeman, geboren op 15 december 1914, overleden op 23 april 2009. Na de oorlog politiek actief (Communistische Partij Holland en later PvdA) en oprichtster wijkcentrum Vondelpark-Concertgebouwbuurt Amsterdam.
- Haakon Stotijn, geboren op 11 februari 1915, overleden op 3 november 1964. In 1940 aangesteld als solohoboïst van het Concertgebouworkest.
- Kurt Kahle, geboren op 18 oktober 1897, overleden in 1953 door een auto-ongeluk. Na de oorlog film- en documentairemaker.
- Marianne Gerritse-Lootsteen (moeder Fijtje), geboren op 28 mei 1858, overleden op 23 december 1916.
- Jacob Gerritse (vader Fijtje), geboren op 19 augustus 1858, overleden op 27 december 1936.
- Isaäc Gerritse (broer Fijtje), geboren op 5 mei 1882, overleden in Auschwitz op 27 augustus 1943, vijf van zijn zes kinderen overleden in concentratiekampen.
- Mozes Gerritse (broer Fijtje), geboren op 15 augustus 1895, overleden in werkkamp Jawischowitz (kolenmijn), bij Auschwitz, op 1 januari 1944. Zijn vrouw en beide kinderen overleden in concentratiekampen.
- Debora Beesemer-Gerritse (zus Fijtje), geboren op 7 januari 1898, overleden in Sobibor op 21 mei 1943. Haar man en drie van haar vier kinderen overleden in concentratiekampen.
- Alexander Gerritse (broer Fijtje), geboren op 10 november 1900, overleden in Auschwitz in 1942 of 1943, zijn vrouw en drie kinderen overleden in concentratiekampen.
- Trees Lemaire, geboren op 15 januari 1919, overleden op 10 december 1998. Na de oorlog galeriehoudster in Amsterdam, hoofd documentaireafdeling van de VARA en Tweede Kamerlid PvdA. Tot hun overlijden waren Trees en Janny beste vriendinnen.

- Carolina 'Lily' Biet-Gassan, geboren op 20 juli 1913, overleden op 14 oktober 1975.
- Anita Leeser-Gassan, geboren op 17 september 1935, na de oorlog advocaat en kinderrechter, vicepresident rechtbank Amsterdam.
- Edith Frank-Hollander, geboren op 16 januari 1900, overleden op 6 januari 1945. Wanneer Anne en Margot eind oktober 1944 naar Bergen-Belsen worden gestuurd, denken ze ten onrechte dat hun moeder in Auschwitz naar de gaskamers is gevoerd. Edith overlijdt kort daarna alsnog aan ziekte en uitputting in Auschwitz.
- Otto Frank, geboren op 12 mei 1889, overleden op 19 augustus 1980. Op 27 januari 1945 bevrijdden de Russen kamp Auschwitz. Otto keerde terug naar Nederland en zocht dag en nacht naar informatie over het lot van zijn dochters Anne en Margot. Via het Rode Kruis werd hij verwezen naar de zussen Brilleslijper. In juli 1945 gaat hij bij zowel Lien als Janny langs en zij vertellen hem dat Anne en Margot in Bergen-Belsen zijn overleden.
- Margot Frank, geboren op 16 februari 1926, overleden in februari of maart 1945 in Bergen-Belsen.
- Anne Frank, geboren op 12 juni 1929, overleden in februari of maart 1945 in Bergen-Belsen.
- Ida (Simons-)Rosenheimer, geboren op 11 maart 1911, overleden op 27 juni 1960. In september 1943 naar Westerbork gedeporteerd, waar ze als pianiste in het kamporkest speelde. In september 1944 naar Theresienstadt gedeporteerd, in februari 1945 naar Zwitserland gebracht en in de zomer van 1945 naar Nederland teruggekeerd. Na de oorlog maakte ze naam als schrijfster, het boek *Een dwaze maagd* uit 1959 werd een bestseller.
- Alexander de Leeuw, geboren op 15 mei 1899, dook tijdens de bezetting af en toe onder, tot hij in mei 1941 werd gearresteerd en in juli 1942 op transport naar Auschwitz werd gezet, waar hij op 4 augustus 1942 is vergast.

- Kees Schalker, geboren op 31 juli 1890. Hij werd eind 1943 opgepakt bij een ondergrondse CPN-vergadering en op 12 februari 1944 op de Waalsdorpervlakte gefusilleerd.

BRONNEN

Dit verhaal is tot stand gekomen op basis van informatie uit talloze bronnen, een deel daarvan is oral history. Bijna alle verhalen heb ik bij meerdere bronnen of aan de hand van officiële documentatie kunnen controleren. Over één aspect bestaat onduidelijkheid. Janny Brilleslijper heeft altijd gezegd dat ze de familie Frank voor het eerst zag op het Centraal Station in Amsterdam, hoewel ze hen toen nog niet persoonlijk kende. Op de namenlijsten van de transporten van Amsterdam naar Westerbork van het Nederlandse Rode Kruis komen de familie Frank en Janny Brilleslijper echter niet op dezelfde datum voor. Dat kan twee dingen betekenen: Janny heeft het niet goed gezien of het zich niet goed herinnerd, of in de lijsten zat een administratieve fout, hetgeen vaker voorkwam. Aangezien ik in het hele verhaal Janny's herinneringen volg en zij daarin altijd consistent en gedetailleerd was, heb ik ervoor gekozen haar versie aan te houden.

~

PERSOONLIJKE DOCUMENTATIE EN INTERVIEWS

Voltooid en onvoltooid verleden tijd, memoires voor besloten kring, van Janny Brandes-Brilleslijper, 1986.

Eberhard Rebling: 90 jaar!, memoires voor besloten kring van Janny Brandes-Brilleslijper, 2001.

Sag nie, du gehst den letzten Weg, memoires van Lin Jaldati en Eberhard Rebling, Berlijn: Buchverlag Der Morgen, 1986.

Persoonlijke documentatie Eberhard Rebling en familie Brilleslijper in de Yad Vashemarchieven.
Persoonlijke documentatie van Janny Brandes-Brilleslijper en de familie Brilleslijper in het Anne Frankarchief.
Persoonlijke gesprekken met onder anderen Kathinka Rebling, Jalda Rebling, Rob Brandes, Willy Lindwer, Ad van Liempt en vele andere betrokkenen.
Geregistreerde gesprekken met onder meer Janny Brandes-Brilleslijper, Lien Rebling-Brilleslijper, Eberhard Rebling, Karel Poons, Marion Pritchard, Bert en Annie Bochove, Jan Hemelrijk en vele andere betrokkenen.
Gefilmde getuigenis Janny Brandes-Brilleslijper, USC Shoah Foundation, the Institute for Visual History and Education, 1996.
Gefilmde getuigenis Janny Brandes-Brilleslijper, *De laatste zeven maanden van Anne Frank*, een documentaire van Willy Lindwer, 1988.
Gefilmde getuigenis Jalda Rebling, Jiddish Book Center, 11 maart 2014.
Slesin, Aviva. *Secret Lives: Hidden Children and Their Rescuers During World War II*, documentaire, 2002.

Politieverhoren, getuigenverklaringen, transportlijsten e.d., Nationaal Archief.
Briefwisselingen en documenten van het Nederlandse Rode Kruis.
Bouwtekeningen, vergunningaanvraag en staat van inlichtingen van de architect bij de bouw van 't Hooge Nest, 1920.

ARCHIEVEN & WEBSITES

Adolf Eichmann's Testimony in Jerusalem about the Wannsee Conference, Haus der Wannsee-konferenz, Gedenk- und Bildungsstätte.
100 jaar Joods Bussum, Joodse Gemeente Bussum, online archief.
Anne Frank Stichting, www.web.annefrank.org.

Archief *De Vrije Kunstenaar*, Vakbeweging in de oorlog, www.vakbewegingindeoorlog.nl/documenten/vrije-kunstenaar.
Archief Eemland, www.archiefeemland.nl.
Archieven.nl, afdeling erfgoedgids, kranten, personen, www.archieven.nl.
Art Is My Weapon: The Life and Work of Lin Jaldati, Mediaproject David Shneer.
Artistiekbureau, online tijdschrift van Nick ter Wal, informatie over o.a. Gerrit van der Veen en Mik van Gilse.
Auschwitz Bulletin, Nederlands Auschwitz Comité.
Beeldbank WO2, NIOD, www.beeldbankwo2.nl.
Beleidsnota Bestuur Gooise Meren, Beheervisie Oude Begraafplaats Naarden, 2004
De laatste getuigen uit concentratie- en vernietigingskampen, een educatief vredesproject. Brussel: uitgeverij Asp, 2010.
De Theaterencyclopedie, Bijzondere Collecties (UVA) en Stichting tin. www.theaterencyclopedie.nl/wiki.
Dodenakkers.nl, archief van de Stichting Dodenakkers, Funerair Erfgoed, o.a. over de dood van Jan Verleun en luitenant-generaal Seyffardt.
Drenthe in de oorlog, Lourens Looijenga en RTV Drenthe, www.drentheindeoorlog.nl.
Encyclopaedia Britannica, Encyclopædia Britannica, Inc. 2010, www.britannica.com.
Herinneringscentrum Kamp Westerbork, archief en collectie van Kamp Westerbork, www.kampwesterbork.nl.
Het 'Illegale Parool'-archief 1940-1945, www.hetillegaleparool.nl.
Het Verzetsmuseum Amsterdam, Collectie & bibliotheek van het museum.
Historical Papers, krantenarchief Van Wits University.
Holocaust Survivors and Remembrance Project, Holocaust Rescuers, www.isurvived.org.
Humanistische Canon, Humanistisch Verbond i.s.m. Humanistisch

Historisch Centrum, www.humanistischecanon.nl.
Jewish Virtual Library, American-Israeli Cooperative Enterprise (AICE), Jewishvirtuallibrary.org
Joods Monument, Joods Cultureel Kwartier, www.joodsmonument.nl.
Kranten Regionaal Archief Alkmaar, Regionaal Archief Alkmaar, www.kranten.archiefalkmaar.nl.
Krantenviewer Noord-Hollands Archief, www.nha.courant.nu.
Nederlands Instituut voor Oorlogsdocumentatie (NIOD), Instituut voor oorlogs-, holocaust- en genocidestudies, www.niod.nl.
Nederlandse vrijwilligers in de Spaanse Burgeroorlog, database van het Internationaal Instituut voor Sociale Geschiedenis, www.spanjestrijders.nl.
Notulen van de Wannseeconferentie, d.d. 20 januari 1942, Haus der Wannsee-konferenz, Gedenk- und Bildungsstätte, en Yad Vashem, The World Holocaust Remembrance Center.
Nuremberg Trials Project, Harvard Law School Library.
Onderzoeksgids oorlogsgetroffenen WO2, terugkeer, opvang, nasleep. Het Nederlands Instituut voor Oorlogsdocumentatie (NIOD) en het Huygens Instituut voor Nederlandse Geschiedenis (Huygens ING). www.oorlogsgetroffenen.nl.
Parlementaire enquête regeringsbeleid 1940-1945, parlement.com
Stichting Joods Erfgoed Den Haag, www.joodserfgoeddenhaag.nl.
Stichting Oneindig Noord-Holland, www.onh.nl.
The Holocaust Education & Archive Research Team, H.E.A.R.T., www.holocaustresearchproject.org.
Toespraken van Reichsführer-SS Heinrich Himmler in Poznan op 4 en 6 oktober 1943, Harvard Law School Library, Nuremberg Trials Project.
United States Holocaust Memorial Museum, archieven en interviews, www.ushmm.org.
Wallenberg Lecture 1996, Marion P. Pritchard, 16-10-1996.
World Holocaust Remembrance Center Yad Vashem, The Holocaust

Martyrs' and Heroes' Remembrance Authority, www.yad-vashem.org.

BOEKEN

Agamben, Giorgio. *Remnants of Auschwitz*. Daniel Heller-Roazen (vert.). New York: Zone Books, 2002.

Block, Gay en Malka Drucker. *Rescuers: Portraits of Moral Courage in the Holocaust*. New York: Holmes & Meier Publishers, 1992.

Braber, Ben. *Waren mijn ogen een bron van tranen: Een joods echtpaar in het verzet, 1940-1945*. Amsterdam: Amsterdam University Press, 2015.

De Jong, dr. Loe. Het Koninkrijk der Nederlanden in de Tweede Wereldoorlog. Den Haag: Sdu, 1969-1991.

Enzer, Hyman A. en Sandra Solotaroff-Enzer (red.) *Anne Frank: Reflections on Her Life and Legacy*. University of Illinois Press, 1999.

Fischel, Jack. *The Holocaust.* Westport: Greenwood Press Guide, 1998.

Fournet, Caroline. *The Crime of Destruction and the Law of Genocide: Their Impact on Collective Memory*. Ashgate Publishing, 2007.

Gompes, Loes. *Fatsoenlijk Land. Porgel en Porulan in het verzet.* Amsterdam: Rozenberg Publishers, 2013 / digitale versie Rozenberg Quarterly, 2014.

Goudriaan, Buck. *Verzetsman Gerrit Kastein (1910-1943). 'Een communistische intellectueel van een vreeswekkende koelbloedigheid'.* Leiden: De Nieuwe Vaart, 2010.

Hoeven, Liesbeth. *Een boek om in te wonen: De verhaalcultuur na Auschwitz.* Dissertatie Tilburg 2015. Hilversum: Verloren, 2015.

Keller, Sven. *Günzburg und der Fall Josef Mengele: Die Heimatstadt und die Jagd nach dem NS-Verbrecher*. Oldenbourg, 2010.

Kershaw, Ian. *Hitler*. Margriet Agricola (vert.). Amsterdam: Spectrum, 2011.

Klemperer, Victor. *Tot het bittere einde. Dagboeken 1933-1945*. Amsterdam: Atlas, 1997.

Land-Weber, Ellen. *To Save a Life: Stories of Holocaust Rescue*. University of Illinois Press, 2006.

Lee, Carol Ann. *Anne Frank 1929-1945: Het leven van een jong meisje, de definitieve biografie*. Marja de Bruijn (vert.). Amsterdam: Uitgeverij Balans, 2009.

Lee, Carol Ann. *Anne Frank 1929-1945: Pluk rozen op aarde en vergeet mij niet*. Mark Benninga et al. (vert.). Amsterdam: Uitgeverij Balans, 1998.

Levi, Primo. *If this Is a Man*. Stuart Woolf (vert.). Londen: The Orion Press, 1959.

Liempt, Ad van. *Aan de Maliebaan, de kerk, het verzet, de NSB en de SS op een strekkende kilometer*. Amsterdam: Uitgeverij Balans, 2015.

Liempt, Ad van. *Frieda: Verslag van een gelijmd leven*. Herinneringscentrum Westerbork, 2007.

Liempt, Ad van. *Kopgeld*. Amsterdam: Uitgeverij Balans, 2003.

Lindwer, Willy. *De laatste zeven maanden van Anne Frank*. Meppel: Just Publishers, 2008. De gelijknamige documentaire van Lindwer verscheen in 1988.

Minney, R.J. *I Shall Fear No Evil: The Story of Dr. Alina Brewda*. London: Kimber, 1966.

Pollman, Tessel. *Mussert & Co: De NSB-leider en zijn vertrouwelingen*. Amsterdam: Boom, 2012.

Presser, J. *Ondergang. De vervolging en verdelging van het Nederlandse jodendom, 1940-1945*. Den Haag: Staatsuitgeverij, 1965.

Rol, Co. *En nu een gewoon Hollandsch liedje. Leven en werken van Dirk Witte (1885-1932)*. Uitgegeven door Stichting Vrienden van het Zaantheater, 2006.

Romijn, P. *Burgemeesters in oorlogstijd: Besturen onder Duitse bezetting*. Amsterdam: Uitgeverij Balans, 2006.

Schütz, Raymond. *Achter gesloten deuren: Het Nederlandse notariaat, de Jodenvervolging en de naoorlogse zuivering*. Amsterdam: Amsterdam University Press, 2010.

Schütz, Raymund. *Kille mist: Het Nederlandse notariaat en de erfenis van de oorlog*. Amsterdam: Boom, 2016.

Seymour, M. en Mercedes Camino. *The Holocaust in the Twenty-First Century*. Londen: Routledge, 2017.

Went, Nicholaas. *Hoe de Leider voor volk en vaderland behouden bleef*. Bussem: Autonic, 1942.

Würzner, Hans. *Österreichische Exilliteratur in den Niederlanden 1934-1940*. Amsterdam, 1986.

Zee, Sytze van der. *25000 Landverraders, de SS in Nederland / Nederland in de SS*. Den Haag: Kruseman, 1967.

TIJDSCHRIFTEN/ARTIKELEN/KRANTEN

Bruggeman, Hans. 'In memoriam: Jannie Brandes-Brilleslijper (1916-2003), Verzetsvrouw', in: *Auschwitz Bulletin*, nummer 3, september 2003.

Flap, Henk en Peter Tamme. 'De electorale steun voor de Nationaal Socialistische Beweging in 1935 en 1939', in: *Mens & Maatschappij*. 83: 1, p. 23, 2008.

Meyers, J. 'Mussert in mei veertig', in: *Maatstaf*, jaargang 30, 1982.

Rolfs, David W. en professor Schaberg. 'The Treachery of the Climate: How German Meteorological Errors and the Rasputisa Helped Defeat Hitler's Army at Moscow', in: *Special Topics in History: World War II*, 2010.

Shneer, David. 'Eberhard Rebling, Lin Jaldati, and Yiddish Music in East Germany, 1949-1962'.

z.n. 'Mensch durf te leven', in: *De Omroeper*, 19: 2, p. 75-80, juni 2006.

Artikelen van Dwight Jon Zimmerman (Voorzitter van de Military Writers Society of America), Defense Media Network, Military History

Delpher, regionale krantenarchieven en online krantenarchief
De Huizer Courant
De Jacobsladder, kwartaaluitgave van de Historische Vereniging 'Otto Cornelis van Hemessen'
De Typhoon, Dagblad voor de Zaanstreek
De Zuidkanter
De Groene Amsterdammer
De Omroeper, Stichting Vijverberg
Historisch Nieuwsblad
Leeuwarder Courant
Maatstaf, tijdschrift
The New York Times
Nieuw Israëlietisch Weekblad
Ons Amsterdam (tijdschrift)
Over Oegstgeest, halfjaarlijks tijdschrift
Vrij Nederland

DANKWOORD

Dit uitzonderlijke verhaal kon alleen maar worden verteld dankzij de hulp van anderen, en ik ben schatplichtig aan velen. Dank aan de inwoners van de omliggende dorpen die in hun geheugen diepten, oude documenten en foto's in mijn brievenbus achterlieten, aan de deur kwamen of me mailtjes vol persoonlijke verhalen stuurden.

Aan de nabestaanden van de oorlogsslachtoffers die zo moedig wilden meewerken en mij ondanks hun eigen opgerakelde pijn en verdriet bleven aanmoedigen.

Aan de schrijvers en historici uit wier kennis ik kon putten en die mij inspireerden, onder wie wijlen Evelien Gans, die ik zo graag een exemplaar van dit boek had willen overhandigen.

Aan de archivarissen van kranten, bibliotheken, concentratiekampen en archieven in binnen- en buitenland, die enthousiast meezochten en op eigen initiatief met meer informatie kwamen.

Aan de mensen in de omgeving van 't Hooge Nest die ons gezin liefdevol opnamen, mij foto's, informatie en anekdotes aanleverden en af en toe een oogje in het zeil houden, onder wie Fransje Sydzes-Westerman, Frans Bianchi, Randi en Alois Stas, oma Aartje en opa Lambert Kruyning, Maria Wesselius, de families Kos en Westland, Marijke en Nico Buijs en vele anderen.

Aan het Nederlands Letterenfonds, de medewerkers van de Anne Frank Stichting, de medewerkers van Yad Vashem, Loes Gompes, David Shneer, Co Rol, Sylvia Braat, Louise Paktor, Buck Goudriaan, Marise Rinkel Bochove en Paul Schiffers.

Aan vakmeesters Willy Lindwer en Ad van Liempt, die mij op

cruciale momenten een zetje in de rug gaven.

Aan het hele team van Lebowski Publishers en Uitgeverij Overamstel, en aan capo Oscar van Gelderen, *my jaunty publisher with an impish smile.*

Aan mijn redacteur en maatje Jasper Henderson, een man die je, op het moment dat je al je werk het raam uit wil gooien, vertelt dat je eerst eens even rustig een banaan moet eten.

Aan de kinderen van Janny en Lien, die mij liefdevol in hun midden opnamen, mij hun vertrouwen en hun herinneringen schonken, en alle persoonlijke documentatie van de zussen ter beschikking stelden; ik kan alleen maar hopen dat ik jullie recht heb gedaan.

Aan mijn lieve familie en vrienden, die me steunden en begrip hadden voor mijn fysieke, en vaak ook geestelijke, afwezigheid.

Ten slotte aan mijn eerste, en hopelijk ook laatste, liefde Joris – de Marlin to my Dory en soms ook de Creed to my Rocky –, mijn bonusdochter Anne en mijn kinderen Josephine, Duc en Cees, die me in zware tijden overlaadden met kussen, knuffels, omeletten met mayonaise en schepzakken snoep; jullie maken me gelukkiger dan jullie ooit zullen beseffen.

Je gedurende langere tijd onderdompelen in de details van de Holocaust verandert een mens wezenlijk, maar uit de eigengereidheid, moed en humor van de zussen Brilleslijper kan ik een leven lang putten. Om met de woorden van die andere verzetsstrijder, Albert Camus, te eindigen: 'Au milieu de l'hiver, j'apprenais enfin qu'il y avait en moi un été invincible.'